KB082008

정의라는
감정에
대하여

정의라는 감정에 대하여

일상에서 마주하는
내 안의 정의감 발견하기

로버트 C. 솔로몬 지음

김영미 옮김

odos

서문

상처 하나가 손가락을 감염시키듯이, 생각 하나
가 마음을 물들게 한다.

에티오피아 속담

당신은 25센트로 오늘 날씨를 알아보러 기상청에 전화를 걸 수도 있고, 혹은 내일 굶어 죽어 갈 에티오피아 아동 한 명을 살릴 수도 있다(만약 유머 전용 전화에 쓴다면 그 비용으로는 두 명을 살릴 수 있다). 우리가 듣기로, 당신에게 필요 없을 수도 있고 혹은 먹고 싶어 할 수도 있는 빅맥 스낵 가격도 안 되는 1달러로, 아프리카의 한 가족에게 일주일간 음식을 제공할 수 있다고 한다. 야간 피자 가격으로는 인도 사람 한 명을 실명 상태에서 구할 수도 있다. 이런 것들은 평안한 우리의 마음속에서 폭발력을 갖는 생각들이다. 그래서 우리는 얼른 그 생각들을 지워버리려 한다.

혹자는 잡지에 찍힌 두 살 정도의 아이 사진(실제로는 일곱 살인가?), 거미의 팔다리처럼 가느다란 팔다리와 이제는 너무나 익숙해진 기아 상태의 역설을 보여 주는, 부풀어 오른 배를 떠올린다. 그러나 악의적인 사실은, 심지어 우리 마음이 움직인다 하더라도 (어떻게 안 그럴 수 있겠는가?) 우리에게는 합리화하는 비열한 능력이 만반의 준비를 갖추고 있다. 굶어 죽는 백만 명의 아이들은 우리 마음이 포착할 수 없는 통계이다(한 명의 죽음은 비극이지만, 백만 명의 죽음은 통계라고 말한 이는 스탈린이었다). 통계는 거짓말보다 더 나쁘다. 특히 그것이 사실일 때는 그러하다. 통계가 우리에게 정보를 주는 동안에도, 통계는 사실들에 대해 우리가 무감하게 만든다. 통계는 "우리가 뭔가 해야 해" 같은, 자연스럽게 생겨나는 그 인자한 충동을 그저 '헉'하고 내뱉는 공포감, 더 나쁘게는 통계학자의 방법의 타당성에 대한 논쟁에 그치게 만든다. 예를 들자면, 위에서 언급한 나라의 빈곤에 대한 최근 연구들은 정의를 진작시키기 위한 노력의 일부로 이뤄졌다기보다, 이데올로기 논쟁의 무기로 의도된 것처럼 보인다. 꼼꼼하게 설계된 숫자와 이론들의 네트워크로 인해 그 한 아동과 그 아동과 유사한 다른 아동들에 대한 우리의 자연스러운 연민이 무디어지고, 우리는 아무것도 안 한다.

최근에 지인 중 한 명이 신형 마쯔다 RX-7을 샀다. 25만 명의 에티오피아인 식사를 해결할 수 있는 가격으로. 그는 이렇게 말했다. "무슨 의미가 있겠어요? 우리가 무엇을 주든, 그건 턱도 없을 거예요." (내 생각에) 주장의 요지는, 끔찍한 기아의 운명으로부터 한 명 내지 다섯 명, 혹은 심지어 백 명의 아동을 살리는 것은 죽어 가고 있는, 그리고 이미 죽은 수백만 명의 사람들을 고려하면 그다지 중요하지 않다는 것이었다. 사실, 오늘 우리가 구하는 그 똑같은 아동들이 다음 주나 다음 달에 굶어 죽을 가능성도 크다.

물론 그가 실제로 이렇게 말한 것은 아니다. 주저함이나 기교를 부리지 않고 내뱉는 이런 똑같은 무감함을 다음과 같은 고등학교 교장 선생님에게서도 찾아볼 수 있다. 자기 학교 학생들 중 한 명이 에이즈에 걸려서 등교가 금지되었다는 말을 듣고 그는 "그 아이는 두어 달 후에 죽을 것인데, 무슨 의미가 있지요?"라고 했다.

15만 달러의 이윤을 내고, 오스틴에 있는 소박한 집을 막 매매한 대학 동료에게 이 주제를 꺼냈다. "무슨 소용이 있겠어요? 어쨌든 그 돈은 절대 올바른 사람에게 가지 않아요."라고 그녀가 말했다.

내가 보기에, 그녀의 주장은 이러한 것이었다. 즉, 구호 기금의 30내지 40%, 혹은 몇몇 경우에는 60내지 70%가 행정비용, 비효율성과 낭비로 쓰일 것이다, 혹은 에티오피아의 경우, 구제에 사용되기보다, 적대적이고 혐오스러운 정부의 군사비용에 사용될 것이라는 것이었다. 그것이 의미하는 바는, 그 집으로 그녀가 벌어들인 이윤의 (소득 공제 가능한) 5%가 만 명 혹은 2만 명의 생명을 구하는 대신에, 그저 7천 명 내지 8천 명의 생명을 구하는 것이 될 것이라는 점이다.

하지만 물론, 그녀는 이렇게 말하지 않았다.

정치적으로 급진적인 내 친구는 혁명이 아니고서는 이 사람들을 구제할 수 없을 것이라고 응수했다. 그것이 언제 어떻게 일어날 것인지에 대해서 그는 몰랐다.

정치적으로 보수적인 동료 교수는 자유 기업 체제의 장점, "시장의 마법"에 대해 말하기 시작했고, "이 사람들은 스스로 일어났어야 했다"라는, 예측 가능한 결론을 덧붙였다.

이들은 모두 선한 사람들이다. 직장에서 배려 깊고, 생일에는 관대하며, 벗에게 친절하고 그저 자신들의 일을 할 뿐이다. 그러나 그들이 하는 "일"의 일부는 합리화하는 일인 듯하며, 그 전제는 그다지 매력적이지 않다. 과대망상증이 있다: 나의 재능이 차이를 만들어 내지 못 한다면, 그렇다면 무슨 소용이 있지? 같은 생각. 돈을 뜯긴다는 두려움이 있다. 내 돈이 내가 전혀 좋아하지 않는 사람들에게로 간다는 두려움. (왜 내가 내 통제력에 대한 그런 제한을 수용해야 하나?) 자선에 대해서는 연민과, 결국에는 우월감과 "후원한다"는 생각과 너무나 연결되어 있는, 사라지지 않는 부정적인 이미지가 있다. 그러므로 선량한 평등주의자로서, 우리들은 주지 않음으로써 우월해 보이는 것을 피하려 한다. 마지막으로 단순한 위선이 있다: "개별적인 관대함"을 높이 사는 사람들이 항상 팁은 적게 주고 (아무 웨이트리스를 붙잡고 물어보라) 모든 자선 사업에서 오류를 찾고야 만다.

우리의 실패는 탐욕이나 이기심이라기보다, 세상의 악의를 지우려고 하는, 고집스럽고 유아적인 주장이다. 심지어 우리의 자각이 차이를 만들어 낼 수 있는데도 말이다. 세상이 너무 나빠서 우리가 세상을 바꾸기 위해 할 수 있는 것이 그리 많지 않다는 인식 속에서, 우리를 더 냉담하고 무정하게 만들려면 TV 속의 폭력과 추함이 얼마나 더 많이 고안되어야 하는가 말이다. (특정인이 그걸 고안하는 건 아니다) (리얼리즘은 체념, 냉소주의, 절망의 다른 이름이 아닌가?) "다른 사람들이 더 상황이 안 좋다는 것을 기억하라"라고 하든가, 혹은 심지어 "오직 하나님의 은혜로 저는 삽니다."라고 하는 교회학교 가르침이 있다. 그러나 이런 지혜의 말들은 진부한 이야기, 세상에 대한 그저 타협할 수 없는 사실이 되어 버렸다. 감사를 느끼는 대신에 우리는 그저 운이 좋다고 느끼거나, 우리의 재산을 우리가 번 것처럼 가장한다. 혹은 상당한 자기기만의 대가를 치르고, 우리는 합리화한다. 희생자들의 곤경에 대해 그들의 "게으름"을 인용하면서 그 희생자들을 비난한다. 혹은 "그들은 그렇게 살기로 선택한다"라든가 심지어 "그들은 있는 그대로 행복하다"라는 도저히 생각할 수 없는 것들을 시사한다. 그런 다음 우리는 이용당한 느낌을 가진다. 우리가 느낄 수 없는 것처럼 보이는 것이 움직여서 신속하게 행동하게 된다.

세상의 비참함에 뒹굴면서 울부짖느라 쓴 시간이 아무에게 도움이 안 된다는 것은 사실이다. 그러나 나쁜 합리화와 간과하는 것도 마찬가지다. 하지만 결국, 실제로 우리가 세상이다. 변명의 여지가 없다. 정의가 어디에선가 발견되어야 한다면, 그것은 우리 속에서 발견되어야 한다.

감사의 말

이 책은 명백히 내 동료 교수들을 위한 책이 아니다. 그럼에도 불구하고 정의에 대한 관심을 다시 한 번 핵심 주제로 삼고 관심을 끌어온 철학자들과 사회사상가들에게 나는 말할 수 없는 빚을 지고 있다. 좀 더 개인적으로 말하자면, 매사추세츠의 애머스트에 있는 리 보위Lee Bowie, 메러디스 마이클 부부Meredith Michaels, 그리고 "명제적 태도" 그룹에 감사를 표하고 싶다. 그들은 조잡한 나의 초고에 관심을 가지고 경청하고 격려해 주었다. 시드니에 있는 데이비드와 제니 암스트롱David and Jenny Armstrong, 멜버른의 피터와 레나타 싱어Peter and Renata Singer, 오스트레일리아와 뉴질랜드에 소재한 몇몇 우호적인 철학과들, 특히 오클랜드 대학의 철학과에 감사를 표하고 싶다. 더 가까이 고국에서는, 졸업논문을 정의에 대해 쓰고 줄곧 (특히 3장의 늑대들과 원숭이들 부분에서) 나를 보조해 준 마크 머피Mark Murphy, "그녀의 지원이 없었으면" 내 작업이 "가능하지 않았을" 캐서린 히긴스

Kathleen Higgins에게 아주 특별히 감사의 빚을 졌다. 무엇보다 내 벗이자 편집자인 제인 아이세이Jane Isay에게 감사를 표하고 싶다. 그녀는 내가 이 책을 쓰도록 맨 처음 격려한 사람이고 나와 더불어 이 책의 여러 해석을 거쳤다. 그리고 우리 모두에게 가장 중요한 존재로는, 국제사면위원회, 미국시민자유연맹ACLU, 그린피스, 옥스팜, 세이브더칠드런, 케어, 휴먼소사이어티에 소속된 사람들과, 때때로 아주 악용당하고 오해를 받아온 조직에 속한 다른 모든 사람들이 있었다. 이들은 나로 하여금 정의에 대한 개별적 열정의 옹호가 무의미한 실천이나 단순히 학술적인 실천이 아니라, 우리 시대의 긴급명령이고, 우리 자신의 행운과 풍요에 대한 유일한 도덕적 대응이라는 사실을 지속적으로 상기시켜 주었다.

목차

2장 정의, 탐욕, 그리고 좋은 삶

3장 "타고난" 감정으로서의 정의

서론

민주주의 언어에 넘쳐나고, 특정 사실과 연결하
지 않으면서 모든 경우에 사용되는 이 추상적인
어휘들은, 그것들이 전달하고자 하는 생각들을
확대하고 모호하게 한다. 이 어휘들은 말의 양
식을 더 간결하게 하되 그 속에 담긴 사고는 덜
명확하게 만든다. 그런데 언어와 관련해서, 민주
주의 국가들은 수고로움labor보다 모호함obscurity
을 더 선호한다.

알렉시스 드 토크빌, 『미국의 민주주의』

당신이 프랑스 음식점 쉐누에서 호화로운 저녁식사를 하러 가는 중인데, 홈리스인 걸인 한 명이 당신에게 다가와 푼돈을 정중하게 구걸한다. 당신은 어떻게 하겠는가? 무시할 것인가? 사과할 것인가? 지갑을 꺼내려고 하겠는가? 경찰을 찾겠는가? 당신의 감정은 무엇일까? 연민? 분노? 경멸? 두려움? 스스로 의롭다고 느끼는 우월감? 정치적 비판이 당신 마음을 빠르게 훑고 지나갈까? ("대체 정부는…?" 이라든가 "왜 이 사람들은…?") 같은 비난. 아님 신학적이 될까? ("오직 은총만이…"라든가 "인자하고 권능하신 하나님이 어떻게…?") 당신은 어떻게 행동해야 하나? (동전 몇 푼을 주나? 당신의 저녁을 함께 나누나? 길에서 그와 동참하나? 의원에게 글을 쓰나? 사회주의 캠페인을 벌이나?) 당신은 어떻게 반응해야 하고, 어떻게 생각해야 하나? 아니면 그저 그 상황을 간과하고 그저 가던 길을 가서 부르고뉴 풍의 소고기를 음미할 것인가? …

이 책은 **정의**에 대한 책이다. 하지만 바로 말하겠는데, 이 책은 자유주의의 운명에 대한 또 다른 소책자나 혹은 또 다른 거대 서사가 아니다. 이 책은 이론에 대한 주석, 이론에 대한 공격, 혹은 경제학과 게임이론의 가장 최신 기술들을 구사하는, 기술적 기교를 철학적으로 멋있게 과시하는 것도 아니다. 심지어 전문가 동료 교수들마저도 (경외감은 아닐지언정) 경악하게 만들어 입을 떡 벌리게 하는 그런 기술적 기교의 철학적 과시가 아니다. 바라건대, 이 책은 지적인 독자들이 읽고 이해하기에 쉬운, 정의에 대한 책이다. 이 책은 그저 연민을 청하는 부탁, 정의를 청하는 부탁이다.

오늘날 정의는 사회철학에서 가장 "인기가 있는" 단일 주제이다. 선도적인 대학들의 대학원 세미나에서뿐 아니라, 워싱턴에서, 유명한 씽크탱크에서 매일 논쟁이 일어나는 주제이다. 하지만 그런 이유로, 나는 오늘날 가장 중요한 이 철학적 쟁점이 『뉴욕 리뷰 오프 북스New York Review of Books』와 『내셔널 리뷰National Review』의 독자들보다 더 많은 독자층을 얻지 못한 것이 무책임하다고 생각한다. 이것은 우리의 매일 매일의 복지와 세상에서의 우리의 위치에 대한 인식에 중요한 주제이다. 정의는 모든 시민 한 사람 한 사람의 개인적 책임이다. 그런데 정의에 대한 논의들은 너무 전문화되고 학술적이 되고, 전혀 읽히지 않아서 그저 또 하나의 지적인 퍼즐 같은 것, 학문 분야의 알렉산더 대왕을 기다리는 고르기아스의 매듭[1] 같은 개념이 되어 버렸다. 명석한 사상가들은 자신들이 대학원에

---

1.   고르기아스의 매듭Gordian knot : 복잡한 매듭처럼 풀기 힘들지만, 허점을 찾아내거나 발상을

서 가졌을 수도 있는 사고를 옹호하기 위해, 고립된 지식의 나무에 달린 나뭇가지에 붙어 평생을 보내면서 윤색과 웅수라는 보호막 고치를 잣고 있다. 그 결과, 수많은 중요한 공적 쟁점에서와 마찬가지로, 공적인 논의와 주의와 관심은 유보되어 왔다. 한편 전문가들은 자신들의 정의 이론들에 너무나 사로잡혀서, 정의를 실천할 시간이 너무나 얼마 없다.

이 책은 우리가 어떻게 살 것인지, 우리가 어떻게 살아야 한다고 느끼는지에 대한 책, 우리가 어떤 사람이고, 우리가 되고 싶어 하는 사람은 어떤 사람인지에 대한 책이다. 나의 핵심적인 주장은 이런 것이다. 즉, 정의, 아니 보다 정확히 말해, 부정의에 대한 예리한 의식, 부정의에 대해 무엇인가 하자는 촉구는 선한 삶의 핵심적인 요소이며, 따라서 그것은 우리 각자 한 사람 한 사람 모두의 관심이자 책임이라는 것이다. 이 주제는 정의에 대한 특정 이론이나 개념에 대해 반대하는 것이 아니라, 우리의 타고난 연민을 질식시키고 실천을 방해하는 그 모든 추상적이고 비인격적인 설계에 대해 반대하는 것이다. 그러므로 이 책은 완벽하지만 실재하지 않는 또

전환함으로써 쉽게 풀 수 있는 문제를 비유하는 말이다. 소아시아의 고대 국가 프리기아Phrygia의 왕 고르디아스는 자신의 전차에 아주 복잡한 매듭을 묶어 두었다. 그리고 그 매듭을 푸는 자가 훗날 아시아를 정복하게 되리라는 예언을 했다. 고르디아스 역시 예언을 통해 왕이 된 사람이기 때문에 사람들은 고르디아스를 믿고 매듭을 풀기 위해 애썼다. 그러나 아무도 복잡하게 묶인 매듭을 풀지 못했다. 이때 페르시아를 정복한 여세를 몰아 프리기아의 수도인 고르디움Gordium까지 점령한 알렉산더Alexander 대왕이 이 소문을 듣고 달려왔다. 매듭을 찾아낸 알렉산더는 다른 사람들처럼 매듭을 풀려고 달려들었지만, 쉽게 풀리지 않았다. 그런데 발상의 전환이던가? 알렉산더는 이내 칼을 꺼내 전차에 묶인 매듭을 단숨에 잘라 버렸다. 그렇게 매듭은 전차에서 풀리게 되었고, 고르디아스의 예언처럼 훗날 알렉산더는 동방을 정복하고 왕이 되었다 —옮긴이주.

다른 사회를 위한 청사진이 아니다. 이 책은 (다소) 이런 사회를 수용함으로써 시작한다. 이 책은 어떤 위대한 명분에 대한 옹호나 이데올로기적 분노의 표현이 아니며, 예언자, 성인, 영웅에 대한 책도 아니다. 이 책은 극히 익숙한 인간적 감정과 정의에 대한 책이지, 모호한 추상적인 것이나, 정교하게 복잡한 과정이 아니다. 이 책은 세상을 뒤흔들어 놓고자 하는, 혹은 소수의 불로소득을 또다시 정당화시키고자 하는 또 다른 철학자-왕에 의해 고안된 영원한 진리나, 거대한 계획이나 이상적인 사회에 대한 것이 아니다. 나는 이어질 페이지에서, 지난 20여 년 동안 저술되어 온 수백만의 사려 깊고, 때로 통찰력이 있는 그런 말들을 요약하거나, 옹호하려고 하지 않을 것이다. 나는 학술적으로 복잡하지 않게, 기본 쟁점들을 다루려고 한다.

동시에, 나는 그 학문적인 복합성들이 위장하면서 동시에 표현하는 모든 전통에 도전하고자 한다. 합리성이라는 아주 전문화된 개념을 고압적으로 강조하고 공정성과 유대감이라는 보다 평범한 우리의 감정을 완전히 무시하는 그런 전통에 나는 도전하고자 한다. 나는 초점을 비인격적인 제도와 정부의 정책으로부터 개별적인 사람들과 그들의 개인적인 열정으로 전환시키고자 한다. 정의는, 그 전통이 주장한다기보다 전제하는 것처럼, 우리 사회가 다소 심하게 고수하는 하나의 이상이 아니다. 무엇보다, 정의는 거대 이론이라기보다, 개별적 성격을 띤 기능이며, 일상적으로 매일매일 느끼는 감정의 문제이다. 사고는 당연히 사고를 칭송하는 경향이 있지만, 때때로 사고는 감정에 굴복해야 한다. 루소는, 그 어떤 것보다 더 내 작업의 영감이자 배경이 되는 글에서, "사람을 사람으로 만들기 전에 철학자로 만들 필요는 없다"라고 했다.[2] 우리는 정의에 대한 우리의 감정을 과도하게 지성적으로 만들어 왔다. 그 결과 우리의 감정은 우리의 이론들만큼 혼란스러워졌다. 이론들로 인해 감정이 사그라든게 아니라 할지라도 말이다.

그러므로 이 책은 또 다른 정의론이 아니라, 지금 우리의 지적 세계를 채우고 있는 정의론들에 대한 보완이다. 이 책은 다른 방식으로 다른 시각으로 제기하는 단 하나의 논점을 가진 책이다. 내가 좋아하는 작곡자이지만 내가 가장 좋아하지 않는 그의 작품을 언급해서 말하자면, 이 책은 라벨의 〈볼레로Bolero〉와 유사하다. 의도적으로 단순한 하나의 테마가 계속 연주되고 있으며, 많은 꾸밈과 다양한 오케스트레이션으로 진행되지만, 일반적인 의미에서 발전되는 것은 거의 없는 그런 작품이다. 다시 말하자면, 그 테마는 이런 것이다. 정의는 완벽한 사회를 위한 유토피아적인 계획이 아니라, 개인과 집단의 동료애와 책임감이라는 개인적 감정이라는 것 말이다. 그것은 추상적인 이론적 이상이 아니라, 감정들의 집합, 극히 일상적인 성격을 띤 미덕이다. 진보적이지만 냉소적인 너무나 많은 사상가들이 제시했던 것과 다르게, 우리는 본질적으로 혹은

---

2. 루소Rousseau, 『불평등의 기원에 대한 담론Discourse on the Origins of Inequality』, 35.

태생적으로 이기적인 존재가 아니다. 우리는 본질적으로 그리고 태생적으로 사회적이고 사교적인 존재이며, 우리 사이의 관계와 대조와 비교는 "우리 자신의 이해관계"라는 다소 인위적인 의식보다 훨씬 더 중요하다.

그런데 사회적 감정의 이 집합이 돌봄과 연민 같은 그런 칭송받는 감정으로 이뤄진 것이 아니라는 점을 미리 덧붙여야겠다. 물론 이런 감정들이 정의에 필수적이지만 말이다. 우리는 사회 세계의 단순한 참관자가 아니라 참여자들이며, 정의에 대한 우리의 인식을 구성하는 감정들은 온화한 구경꾼의 감수성이어서는 안 된다. 정의 감정에는 또한 시기, 분노, 복수심과, 우리가 박탈당하거나 속임수를 당했을 때 느끼는 다른 모든 감정들이 포함되어 있다. 달리 말해, 진정한 인간적 정의는 실제 인간들의 감정들이 성인처럼 특별하게 증류된 것이 아니라, 그 실제 감정들을 포함한다. 인간의 영혼은 어둡고 이기적인 영혼과 계몽되고 연민 가득한 영혼으로 나뉘어 있어, 그 두 면이 영혼을 지배하려고 서로 싸우는 그런 것이 아니다. 우리는 최근에 화려한 팡파르를 울리고 있듯이, 남성적 철학 진영과 여성적 철학 진영, 한쪽에는 엄격한 규율로 정의된 정의의 윤리가 있고, 다른 한편으로는 보살핌의 양육적인 의미가 있는 식으로 분열되어 있는 것도 아니다. 우리는 그보다 훨씬 더 복합적인 존재이고, 정의도 마찬가지이다.[3]

---

3. 정의와 보살핌 사이의 페미니즘적 대립은 체셔 칼호운Cheshire Calhoun의 논문 「정의, 보살핌, 그리고

정의란 무엇인가?

> 정의는 다양한 이름으로 세상을 지배한다. 본
> 성과 인간성, 과학과 양심, 논리와 도덕, 정치경
> 제학, 정치학, 역사, 문학과 예술. 정의는 인간의
> 영혼에서 가장 원초적인 것이고, 사회에서 가장
> 근본이 되는 것이며, 가장 신성한 사상이며, 대
> 중들이 오늘날 가장 열렬하게 요구하는 것이다.
> 정의는 종교의 정수이자 동시에 이성의 형식이
> 고, 신념의 은밀한 대상이고, 지식의 처음이자
> 중간이요 끝이다. 정의보다 더 보편적이고 더 강
> 력하고 더 완전한 것이라 할 수 있는 게 무엇이
> 겠는가?
>
> 프루동, 혁명과 종교의 정의에 대하여

정의란 무엇인가? 플라톤의 『국가*The Republic*』의 서두에서 소크라
테스는 이 질문을 던졌고, 그때 이후 우리는 그 질문을 해 오고 있
다. 이 질문은 아마도 가장 최초의 위대한 철학적 질문이고, 여전
히 가장 중요하고 우리가 피할 수 없는 철학적 질문이다. 이 질문

젠더 편견Justice, Care and Gender Bias』에 의해 가장 설득력 있게 옹호되고 있다. 고전적인 진술
은 캐롤 길리건Carol Gilligan의 저서 『다른 목소리로In a Different Voice』에서 찾아볼 수 있다. 특히
호전적이고 다른 목소리를 내는 주장은 넬 노딩즈Nell Noddings의 저서 『돌봄*Caring*』이다. 새러 루
딕Sara Ruddick의 『모성적 사유*Maternal Thinking*』도 볼 것.

은, 인생에서 우리가 받을 자격이 있는 것에 대한 본질적인 질문들과 우리에게 상처 주는 사람들을 어떻게 처벌해야 하는가에 대한 다소 곤란한 질문들을 포괄할 뿐 아니라, 좋은 삶에 대한 그 기본적인 질문들, 예를 들어 좋은 삶이 무엇이며 우리는 어떻게 그것을 발견하고, 어떻게 그렇게 살 수 있는지에 대한 질문들도 포괄한다. 우리보다 재능이 덜한 사람이 우리보다 더 잘살기 때문에 시기심을 느껴야 하는가? 우리는 그렇게 많이 가지고 있는 반면 다른 사람들은 너무나 적게, 심지어 집이나 먹기에 충분한 음식을 가지고 있지 않을 때, 우리는 죄책감을 느껴야 하는가? 다른 사람들이 우리에게 심각하게 해를 주었을 때 우리는 복수심을 느끼는 것을 허용해야 하나? "제로섬" 세계, 혹은 "인정사정없는" 세계에 살면서 다른 이를 희생하고 우리의 자존감을 얻고 있을 때, 우리는 경쟁적으로 스스로를 생각해야 하는가? 아니면, 좋은 삶이 다른 어딘가에서 발견될 것인가? (낭만적이지 않은) 사랑과 우정과 아름다움 같은, 일반적으로 경쟁적이지 않은 더없이 귀중한 기회들이 이미 충만한 세계에서 말이다.

그런 질문들에 대한 우리의 답변들은 다르다. 그 이유 중 일부는 우리가 서로 다르고, 또 무엇이 옳고 무엇이 옳지 않은가에 대한 개념들이 사회마다 다르기 때문이다. 소위 정의라고 하는 것은 호머 시대의 그리스와 그보다 4백 년 후의 플라톤과 아리스토텔레스 시대의 아테네에서의 개념처럼 인식되지 않아 왔을 것이다. 그것은 봉건시대의 프랑스, 플로렌스의 르네상스 시대, 제인 오스틴의 부르주아 런던 사회에서 볼 수 있는 정의 개념과 매우 다르다. 현대의 일본이나 이란에서 볼 수 있는 정의 개념과도 매우 다르다. 뉴욕과 텍사스주에 있는 댈러스의 개념은 당연히 다를 것이다. 그럼에도 불구하고 (**진리**처럼) 정의는 쉽게 변이를 허용하는 그런 개념이 아니다. 정의에 대한 이해들은 다를 수 있으나 정의 개념은 하나인 것으로 보인다.[4] 실제로, 정의 개념은, 거의 종교적인 개념, 인간 생명의 바로 그 존재에 필수적인, 논박할 수 없이 거대하고 우주적이고 보편적이라는 함의를 가지고 있다. 그러므로 정의라는 바로 그 단어는 우리를 놀라게 하고, 우리를 고정시키며, 우리를 오도하는 경향이 있다. 너무나 명백하게 정의는 부인할 수 없이 명예로운 어떤 것, 아마도 영웅적인 어떤 것, 어떤 경우든, 거대하고 경의로우며, 아마도 심지어 신성한 어떤 것을 지칭한다. 아주 최소한의 경우에, 정의는 세계 정부, 혹은 경제적 분배의 이상적 제도, "마땅히" 있어야 하는 형사사법제도(범죄자는 처벌받지 않으면 안 되고, 죄 없는 사람은 잘못 벌을 받아서는 안 되는 것), 만인이 풍요롭고 행복하며, 신의 뜻이 양심적으로 인간성의 방식에 적용되는, 유토피아적인 세계의 상태를 지칭한다.

그런데 정의에 대한 그런 인식의 가장 놀랍고 직접적인 결과는

---

4. 여기서 원문은 Conceptions may differ but the concept of justice seems to be one 임. conception은 어떤 개념에 대한 이해를 의미한다고 보았고, concept는 많은 사람들이 보편적으로 받아들이는 개념을 의미한다고 보았음 —옮긴이주.

정의가 항상 멀리 존재한다는 것, 정의는 항상 다른 어떤 것, 희망하고 간구하고, 아마도 필사적으로 노력해서 구하는 것이지, 이미 "우리 내부에" 있는 어떤 것, 우리 자신의 것이 아니라는 점이다. 정의는 우리 손 밖에 있고, 개인적인 관심사이지만 개인의 책임의 문제는 아니다. 정의는 눈이 멀었다. 사랑이 눈이 먼 것과 같은 방식이 아니라(사랑은 개인의 구체성들을 매우 예리하게 포착한다), 지체 높은 귀부인이 눈이 먼 것처럼 눈이 멀었다. 의도적으로 눈을 가리고, 구체성을 자각하지 못하며, 비인격적이고 과학적인 저울로 우리를 내려다보며 판단하는 그런 귀부인처럼 눈이 멀었다. 세상에 대처하는 도구로 신념을 구사하는지, 아니면 냉소를 구사하는지에 따라 정의는 일어날 수도 있고 일어나지 않을 수도 있다고 우리는 전제한다. 한편 우리는 신문 기사 제목을 보고 욕하고 슬퍼하면서 우리 일을 계속해 나간다. 우리는 최근에 있었던 잔혹한 일이나 정치 스캔들에 화를 내고, 가장 최근에 나온 "우물에서 건진 어린 소녀" 이야기에 감상적이 된다. 그러나 정의는 우리와 거의, 혹은 아무 상관이 없다. 물론 우리의 월급이 우리가 정말 마땅히 받아야 하는 것보다 더 낮고, 3년 전부터 아파트 보증금을 받지 못한 상태이고, 부당하게 받은 교통신호 위반 딱지("신호등이 정말로 노란색이었고, 게다가 자전거를 탄 사람 역시 그곳을 통과했다")가 있는 경우엔 예외이다. 정의가 이루어지기를 바라지만, 우리 자신이 그것을 이룰 사람은 아니다.

(재판관이나, 클린트 이스트우드 영화에 나오는 인물처럼) 특별한 경우가 아니고는, 우리가 정의를 우리 자신의 책임으로 보지 않는 것이 문제다. 그 대신에 우리는 정의가 우리 손을 벗어난 것, 다른 사람의 책임이라 생각한다. 우리는 우리 자신을 부정의의 잠재적 희생자로만 본다. 더 올라간 세금의 희생자, 인정머리 없는 치안판사의 희생자, 혹은 폭력 범죄의 희생자로말이다. 우리는 정의의 실제적인 행위자로서 우리 자신을 보지 않는다. 물론 우리 모두 저마다 자신의 견해가 있고 2년마다 혹은 4년마다 인근의 투표소에서 작은 점을 표기해서, 정의를 결정하는 데 우리의 작은 몫을 한다(전국 투표에서 거의 절반만 그렇게 하고, 지방 관리 선거에서는 그보다 훨씬 적은 수가 그렇게 한다. 오직 선동가만이 이 최소의 공적 행동을 시민의식과 동일시하고, 투표 행위를 정의 의식과 착각할 것이다). 자본주의라고 하는 그 거대한 경제 분배체제의 궁극적 정의에 대해 우리는 강한 견해를 가지고 있다. 그러나 이것 역시 정의에 대한 관심이라기보다 집행 연기의 문제에 더 가깝다. 사실, 이 문제는 뒤에서 전개할 내 논지에서 주된 공격 대상이다. 혹자는 "시장의 매직"을 높이 사고 자신의 길을 가면서 돈을 벌고, 시장이 정의를 돌볼 것이라고 기대하면서 만족스럽게 잘 산다. 혹은 어떤 이는 "그 체제"를 비판하고, 자본주의의 본질은 절대 정의를 낳지 못 하는 것이라고 선언한다. 그런 뒤 자신의 방식대로 살면서 돈을 벌고 잘 산다. 총체적인 사회 변화만이 진정으로 정의로운 사회를 이룰 수 있다고 철저하게 믿으면서.

달리 표현하자면, 우리는 정의에 대해 이야기하고, 우리의 견해와 주장을 수반하는 강한 감정을 실제로 가지고 있을 수도 있다. 그러나 우리는 정의를 우리 자신의 것, 우리가 그것에 대해 무엇인가를 해야 하는, 매일 매일의 일상적인 어떤 것으로 보지는 않는다. 대신, 호소해야 하고 기도해야 하는 우주적인 힘, 행동의 동기라기보다 희망의 대상으로 우리는 정의를 생각한다(마치 신에 대한 생각처럼). 정의를 이렇게 멀리 있고 거대하고, 비인격적인 것으로 보는 것은 고대의 사고, 적어도 플라톤으로까지 거슬러 올라간다. 플라톤은 『국가The Republic』를 비롯한 다른 저서에서, 정의가 신적인 형상Form, 말하자면 기껏해야 이 세상에서 불충분하게 근접할 수 있을 따름인 (심지어 그런 일도 매우 드문) 초월적인 이상이라고 하는, 너무나 놀라운 의견이지만 궁극적으로는 천상과 관련짓는 의견을 제시했다. 그러나 정의의 역사에서 플라톤은 (중심적이라 하더라도) 다소 분열적인 역할을 담당했다. 그 역시 정의를 개인적인 미덕, 선한 삶을 규정하는 미덕이라고 보았다. 그의 스승 소크라테스는 신적인 형상을 가르친 선생이었을 뿐 아니라, (불완전하게나마) 자신의 삶에서 그것을 모범적으로 보여 주었다. 그리하여 우리는 거대한 추상으로서의 정의 개념뿐 아니라, 하나의 개념이나 이론이 아닌, 개인적인 미덕, 살아가고 생각하고 느끼는 방식으로서의 정의 개념 역시 가지고 있다. (사실, 플라톤 자신의 결론이 다소 모호하여 『국가The Republic』 독자들은 소크라테스의 정의 개념을 정리해 보려 오랫동안 애써 왔으나, 소용이 없었다.) 우리가 정의에 대해 논하지만, 의인화된 정의는 또 다른 소크라테스적인 영웅이나 적어도 영웅적인 정치가를 기다리고 있는 듯이 보인다.

개인적인 미덕으로 정의를 보는 소크라테스의 개념과, 추상적인 형상, 초월적인 이상으로서의 정의 개념 사이의 논쟁에서, 궁극적인 승리를 거둔 것은 거대한 추상으로서의 정의 개념이었고, 개인적인 미덕으로서의 정의 개념은 거의 상실되어 왔다. 오늘날의 철학자들은 개인적인 미덕으로서의 정의 개념이 다소 개념적으로 혼란스럽다고 주장하는 경향이 있다. 그런데 오늘날의 정의 개념이 대부분 거우 몇십 년 되거나, 많아야 백 년 정도 된 것이며, 정의 개념들은 매우 유동적이라는 것을 기억하는 것이 중요하다. 많은 개념들이 30년대 뉴딜 시대부터 시작되었으며, 보다 최근에는 자유시장의 페티시즘과 구 공화파의 시민 미덕에 대한 매우 미국적인 해석이 불편하게 공조하는 가운데 보강되었다. 그러나 이 모든 것들은 매우 새로우며, 이 모든 것들로부터 단일한 하나의 이상이 대두했다고 말하긴 힘들다. 실로, 현대의 논의는 존 롤스^{John Rawls}가 신기원을 이룬 그의 저서, 『정의론<i>Theory of Justice</i>』을 출간한 1971년까지 실제로 시작되지 않았다. 그의 저서에 대해서는 이어질 페이지들에서 자주 언급될 것이다. 그런데, 그 저서에서 플라톤이 제시한 거대 추상 개념은 확정적이 되었다. "정의는 사회 제도들에서 으뜸가는 미덕이다"라고 롤스는 우리에게 말한다. 그런 뒤 그는 정의를, 평등에 대한 고결하나 매우 추상적인 옹호, 우리 사회에서 "가장 이익이 박탈된 사람들"에 대한 마찬가지로 추상적인 관심으로 만들어 버린다. 롤스가 그런 감정들passions을 완전히 부인하는 것처럼 보이는 건 아니지만, 그는 정의에 대한 우리의 인식을 정의의 원칙을 적용하고, 정의의 원칙으로부터 행동하고자 하는 "효율적인 욕망"에 불과한 것이라 말한다.[5] 달리 말해서, 우리의 감정들이 정의와 관련되는 한, 그 감정들은 우리의 이론만큼이나 비인격적인 것이 되어 버린다.

---

5.   존 롤스John Rawls, 『정의론A Theory of Justice』, 567. 뒤에 내용이 있음.

정의의 역사

> "눈에는 눈으로, 이에는 이로, 손에는 손으로,
> 발은 발로, 불에는 불로, 상처에는 상처로, 매에
> 는 매로 갚을 지니라"
>
> 엑소더스 21장 24~5절.

정의와 정의에 대한 우리의 인식은 역사 속에서 극적인 변화를 겪
어 왔다. 정의는 맥락과 불가분의 관계가 있다는 것이 이 책의 주
요 주제 중 하나이므로, 이런 변화의 성격과 방향을 이해하는 것
이 중요하다. 간단히 말해, 정의의 역사는 개인의 중요성과 존엄성
에 대한 인식이 점점 증대되어 오고, 타인에 대한 우리의 관심의 범
위가 근본적으로 확대되어 온 것이라 생각한다. 이 모든 것은 선을
향한 것이지만, 대가가 있다(이 대가에 대해서는 이제 막 이해하기 시작하
고 있다). 그 대가는 공동체 의식의 상실이며, 그 결과 자아에 대한
보다 확대된 의미의 상실(나는 이 상실이 일시적이길 바란다), 추상적인
이성에 대한 특별한 강조, 그 결과 서로서로에 대한, 서로서로를 위
한 기본 감정에 대한 신뢰와 존중의 희석화가 일어난다. 이 책에서
나는 자아에 대한 이런 더 큰 사회적 인식을 부인하지 않는 개인

주의를 주장함으로써 이런 거대한 역사적 경향에 대한 온건한 교정책을 추구해 보고자 한다. 그러기 위해, 이제는 글로벌한 범위의 정의 의식을 포괄하도록 교육되고 확장된 감정passions을 새롭게 강조하고자 한다.

다시 고대 시대로 돌아가 보면, 호머와 구약의 많은 부분에서 발견되는 애초의 정의의 의미는 개인적인 감정the personal passions의 영역, 특히 우리의 복수심에 명확하게 자리하고 있음을 알 수 있다. 그러므로 정의를 고려할 때 복수심이 거의 항상 배제되고 있으며, 실제로 복수심이 정의와 반대되는 것으로 여겨지는 것은 흥미로운 현상이다("내가 원하는 건 복수가 아니라 정의야!"라는 말은 우리가 통탄할 만한 부당한 일을 당했을 때 흔히, 거의 필연적으로 외치는 소리다). 심지어 플라톤도 악을 악으로 갚지 말라고 실제로 주장함으로써, 복수를 정의의 일부로 보는 생각에 반대했다. 그러나 6~7백년 전에 『일리어드』의 폭력적 세계에서는 정의가 복수와 거의 다름없었고, 아가멤논이 그의 동생 메넬라오스에게 인질을 잡은 것에 대해 비난하면서 다음과 같이 촉구할 때에 볼 수 있듯이, 심지어 정의 개념이 대량학살과 같이 쓰이기도 했다. "안 돼, 그 어미 자궁 속에 있는 태아에 이르기까지 단 한 명도 살려 두지 말자." 호머는 "그가 정의를 촉구했기 때문에 그의 형제의 마음을 돌렸다"라고 설명하고 있다.[6] 이렇게 볼 때 정의는 심지어 공평하려는 것이 아니다. 왜

---

6. Homer, *Illiad* 6. 51-65. R. Lattimore, 2d ed. (Chicago: Univ. of Chicago Press, 1975)

냐하면 범해진 것보다 훨씬 더 잔인하게 공격자를 벌하도록 배우기 때문이다. 이런 점에서 정의는 간명한 자기주장, 자신의 명예와 결백이 옹호되어야 하며 그것을 범하는 자는 최악의 벌을 받을 만하다는 무조건적인 주장을 의미한다. 그것은 전사와 승자의 정의이며 강한 자의 정의이다. 호머에 의하면 오디세우스는 자기 아내에게 구혼한 사람들 모두를 한 명도 예외 없이 죽였는데, 그 이유는 단지 그들이 자신을 죽었다고 여기고 자기 아내에게 (헛되이) 구혼하려 했기 때문이었다. 정의가 연민과 자비로 담금질되어야 한다는 생각은 아직도 천 년을 더 기다려야 했으며 복수는 정당한 감정이었다.

우리는 구약의 다소 잔인한 교훈들을 바로 이러한 잔인한 상황 속에서 다시 고려해야 한다. "눈에는 눈으로, 이에는 이로"라는 말은 죄가 없는 우리의 귀에 끔찍하게 들리지만, 고대 세계의 맥락에서 볼 때 이 금언은 복수에 대한 요청이라기보다, 복수심의 문명화이다. 가해자와 그의 가족 전체를 죽이지 말고, 눈에는 눈만 빼라는 것이다. 정의는 균형과 제한과 한계를 요청한다.[7] 그런데 고대 시대의 이 복수로서의 정의감에서 명확한 점은, 정의는 전혀 이상이 아니며, 추상적인 것은 더더욱 아니라는 것이다. 정의는 구체적

---

[7]   우리는 또한 아브라함이 자신의 유일한 아들인 이삭을 죽이려는 생각에 충격을 받는다. 그리고 급기야 아브라함의 세계에서 장자의 희생은 일반 운임 비용이고 신의 개입은 그 실행을 종식시키라는 메시지였다는 것을 깨닫게 된다. 키르케고르가 말하는 염려스러운 "윤리적인 것의 목적론적 정지"에 대해서도 마찬가지이다. 그 속에서 신의 행동은 이해할 수 없는 것으로 여겨진다. 왜냐하면 신의 행동이 도덕에 대한 신적 순종과 대립되기 때문이다.

위반에 대한 보복이다. 다시 말해 정의는 세상이 어떤 식으로 되어야 한다는 것에 대한 어떤 전체적인 이론을 적용하려는 시도가 아니라, 부정의에 대한 다소 신중한 반응이다. 개인, 가족 전체 혹은 부족, 혹은 심지어 한 국가 전체나 국민들이 관련되어 있건 아니건 간에, 정의는 결단코 개인적인 것이다. 정의는 특정 행위가 용납되어서는 안 된다고 말하는 것 외에, "좋은 사회"에 대해 아무 주장도 하지 않는다. 복수로서의 정의는 이 책에서 추구하는 바가 아닐 수 있지만, 그것은 정의에서 제거할 수 없는 부분이다. 더 나아가 복수로서의 정의는 손쉽게 이해되고, 매우 구체적이며, 인류의 전체 역사 속에서 철저하게 정립된 것이다.

BC 5세기 아테네의 황금시기 무렵, 소크라테스, 플라톤, 아리스토텔레스의 철학적 사색 시기에, 정의의 개념은 훨씬 더 고상해져서, 복수에 덜 관심을 가지게 되었고, 공동체와 도시국가 시민들의 복지의 조화로운 작용에 훨씬 더 많은 관심을 가졌다. 정의는 더 이상 부족과 관련된 그 원초적 감정의 충족이 아니라 시민의 미덕의 실천이었다. 정의는 (티오그니스[8]의 말을 빌리자면) "모든 미덕의 총체"가 되었으며, 앙갚음하려는 전사의 갈망 대신에, 도회적인 문명화의 표시가 되었다.[9] 구약에서는 고대의 복수심이 합리화되고, 수정되고, 교훈적이 되었다. 신약과 더불어 복수에 대한 갈망은 정의

---

8. 티오그니스Theognis. BC 6세기경에 활약한 고대 그리스의 엘레게이아 시인. 오랜 전통적인 귀족의 교양과 근본 원칙을 중심으로 민중에 대한 증오와 귀족의 긍지를 노래하였다 —옮긴이주.

9. Aristotle, *Nichomachean Ethics* 5.1, trans. T. Irwin.

의 핵심에서 더욱 멀어졌고, 조건이 붙기는 하지만, 자비의 요소가 체계적인 약속이 되었다(구약에서는 종종 하나님의 변덕이 문제였다). 정의, 사랑, 자비의 구별이 이미 명확해졌지만, 정의는 복수보다 사랑과 보살핌에 더 가까워졌다. 기독교의 발전과 이슬람의 탄생과 더불어 구약의 선지자들이 여전히 존재했지만, 정의는 부족과 개인의 기원으로부터 점점 더 멀어졌고, 신학과 종교적 도덕성에 대한 새로운 추상적 사고와 더 관련을 가지게 되었다. 하지만 정의는 여전히 개인적인 감정에 그 근원을 가지고 있었다. 비록 그 개인적 감정이 우리 자신의 감정이라기보다 하나님이나 알라신의 감정이긴 했지만 말이다. 새로운 점은, 이론의 추상화가 허용했고 동시에 장려하기도 했던, 이론과 갈수록 확장하는 범위의 혼합이었다.

이렇게 확대된 범위와 추상성이 시사하는 가장 중요한 함축 중 하나는 정의의 문제가 그저 개인과 가족에 대한 위반보다 사회적 부정의와 더 관련이 있다는 것이다. 가난한 사람들과 억압받는 사람들의 고통이 관심사가 되었다. 매우 부유한 사람들과 매우 가난한 사람들 사이의 거대한 불공평은 다소 난처한 일이 되었다. 사실이지 부유하거나 심지어 잘살고 있다는 바로 그 사실이 경건한 신자들을 수세에 몰아넣을 수 있었다. 예를 들어 성 프란치스코의 시대에 자신의 전 재산을 가난한 사람들에게 준다는 생각(아리스토텔레스에게 있어서는 매우 어리석은 일이었다)은 이상적인 생각이었다. 그러나 정의가 하나임의 의지와 전체 사회 조직과 점차 더 연결되어

감에 따라, 정의는 개인의 동기나 개인의 미덕과는 점차 덜 관련을 가지게 되었다. 결국 부정의에 대한 그 특유하고 여전한 관심은 "사회적 정의"에 대한 매우 현대적이고 매우 추상적인 개념이 되었다. 말하자면 평등은 아니라 하더라도 공평함 같은 것을 확신하기 위해, 경제에 대한 신적 개입보다 정부의 개입을 규정한 그런 개념이 되었다. 많은 사회사상가들은 여전히 이 개념에 대해 정당하게 의심을 품고 있다. 예를 들어 프리드리히 하이에크[10]는 이 개념을 일컬어 "지적으로 평판이 안 좋은 것, 대중 선동이나 싸구려 저널리즘의 표시"라고 했다.[11] 불가능한 꿈을 꾸지 않고, 과정 속에서 자유 사회를 망가뜨리지 않으면서 실제적인 어떤 차이를 만들어 낼 수 있다는 생각은 여전히 그렇게 설득력이 있지는 않다. 하지만(때때로 "자유주의적" "보수주의적" 같은 오도하는 용어로 요약될 수 있는), 지금은 고전적이라 할 수 있는 논쟁의 양쪽이 애초에 이런 관심들을 촉구한 정의(혹은 부정의)에 대한 개인적 감정보다 비인격적 제도의 정당성을 확신하고 있음을 주목해야 한다.

정의의 문제가 지금의 지배적인 형식을 띠게 된 것은 19세기 중반에 이르러서였다. 지금의 지배적인 형식 속에서 정의는 복수나 개인적 미덕과는 전혀 관련이 없고, 전체 사회 속에서의 부의 분배

---

10. 프리드리히 하이에크Frederich von Hayek는 오스트리아에서 태어난 영국의 경제학자이자 정치철학자이다. 그는 신자유주의 아버지로 불린다. 1938년 영국 시민권을 취득하였다. 1974년 화폐와 경제 변동에 관한 연구로, 이데올로기적 라이벌인 스웨덴의 경제학자 군나르 뮈르달과 더불어 노벨 경제학상을 수상했다—옮긴이주.

11. 프리드리히 하이에크, 『사회적 정의의 신기루The Mirage of Social Justice』

에 외곬으로 관심을 가진다. 특히 우리의 물질주의 시대에 정의는 전적으로 세속적이고 매우 경제적인 부분에 초점을 맞추게 되었다. 사회가 생산(혹은 획득)한 재화가 그 어느 누구도 너무 많이 가지지 않고 그 어느 누구도 너무 적게 가지지 않는 방식으로 분배되는 것이 중요한 문제가 되는 것이다. 우리의 최초의 경제학자라고 해도 무방할 아리스토텔레스는 2천 년도 더 전에, 그의 저서 『니코마코스 윤리학Nichomachean Ethics』에서 이 문제를 길게 다루었다. 그러나 분명히 그는 전체적인 제도를 염두에 둔 것은 아니어서 정의를 개인적인 미덕, 특히 정치인들의 개인적인 미덕이라 강조했다. 다른 모든 덕목과 마찬가지로 정의는 주로 올바른 판단의 문제였다. 정의는 롤스가 말하듯이 제도의 미덕이 아니라 구체적인 개인들의 미덕이었다. 물론 특별히 중요한 것은 통치자들(정치가나 왕)의 좋은 판단과 공정함에 대한 인식이었다. 거의 대부분의 역사를 통틀어, 왕은 그저 어느 것이나 가질 수 있다고 생각되었다(적어도 왕은 그렇게 생각했다). 모든 토지들은 근본적으로 왕의 것이었고, 애덤 스미스가 전자본주의 사회에 대해 말한 급진적인 문구를 적용하자면, "국가의 재산"은 왕족의 재산의 규모에 의해 측정되었다. (스미스가 그의 『국부론Wealth of Nations』에서 길게 비판했던 17세기 "중상주의" 사회에서도 여전히 상황이 이러했다.)[12] 물론 오늘날에는 (만약 왕이 존재한다면), 왕도 여느 다른 직원들처럼, 공로와 책임에 대한 정해진 기준에 따

---

12. Adam Smith, *The Wealth of Nations*, book 4, especially chapter 7.

라 협상된 봉급을 받을 것이다. (사실 스웨덴에서는 왕이 주차하는 특권도 특별하게 받지 못 한다) 그러나 평등, 특히 물질적 부와 복지의 평등에 대한 추상적 사고는 도외시되어 온 몇몇 예언자들의 말로부터 사회의 중심 무대로 옮아 왔다.

우리의 새로운 개인주의와 평등과 공정에 대한 관심이 정의에 대한 개인적 의미를 더 높이지는 못했다an increasing personal sense of justice. 딱 그 반대이다. 오늘날, 모든 관심이 구체적 사례에서의 개인의 책임, 공정 의식으로부터 정부와 다른 국가 기관의 성격과 기능과 합법성에 대한 문제로 옮아갔다. 개인의 "능력merit"이라는 가장 중요한 개념, 이것이 그 사람의 신분에 대한 귀족적 관심이든, 아니면 그 사람이 비난받아야 할 부분에 대한 형사상의 관심이든, 혹은 그 사람이 마땅히 받을 만하고 성취한 것에 대한 성취 지향적인 관심이든 간에, 이 개념이 다음과 같은 훨씬 더 비인격적인 문제들에 대한 선호로 인해 관련이 없어지는 경향이 있다. 부가 어떻게 분배되어야 하는가? 수입은 어떻게 균등해져야 하는가? 정부는 사적인 사업에 관여할 권리를 가지고 있는가? 정부는 시민의 권리, 특히 사적 소유에 대한 권리를 침해할 권한을 가지고 있는가? 물론 어떤 의미에서 (의식주 같은) 사회의 재산은 항상 "분배되어" 왔고, 따라서 항상 어떤 설계가 작동되고 있었다. 비록 그것이 "먼저 그곳에 도착하는 사람이 가진다" 라든가 "그것을 유지할 수 있는 사람이면 누구나 그것을 소유한다" 같은 것이라 하더라도 말이다. 그러나 정의에 대한 이론은 거의 없었고, 문제를 제기하는 사람도 거의 없었다. 자신들이 가진 것에 대해 단순히 실망하거나 감사하기보다 부러워하고 분개할 줄 알았던 소수의 똑똑한 괴짜를 제외하고는 말이다. 대부분의 기성 사회에서 분배는 그저 전통이나 행운이나 힘에 의해 결정되었다. 명백한 도둑질("국가에 대한 범죄"가 아니라, 개인적인 부정의)의 경우를 제외하고, 정의의 문제는 제기되지 않았다. 오늘날 분배는 사회철학과 정책의 문제이며, 역설적이게도 그것과 더불어 정의에 대한 우리의 인식이, 쇠퇴하지 않은 곳에서도, 타협되어 왔다.

언제나 큰 부자는 존재해 왔다. 물론 가난한 사람도 언제나 존재해 왔다. 그러나 문명화되고 감상적인 18세기 같이, 최근에도 이 괴리가 공적인 난처함이나 부정의의 외침 같은 것을 유발한 원인이 되지 않았다. 애덤 스미스는, 예컨대, 역사상 그 어떤 책에서보다도 전체적인 번영의 가능성에 대한 자신감과 낙관론을 표현했던 책인 『국부론』에서 그것에 대해 거의 언급하지 않았다. 빈곤은 개인의 자선 행위와, 가난한 사람들을 길거리에 나오지 못 하게 하여 범죄에서 멀어지게 하는 정부의 구빈원을 통해 완화될 수 있을 뿐, 그 어떤 인간적인 해결책으로는 안 되는, "신의 작용"으로 여겨졌다. 당대 런던의 빈곤과 잔혹성에 대한, 눈을 뗄 수 없는 묘사로 디킨스가 자기 동포의 양심을 뒤흔든 것이 겨우 19세기 말이었다. 그리고 실로 빈곤의 문제와 그 해결책에 대한 저항이 정의의 중심 문제가 된 것은 거우 지난 70여 년의 기간 동안이었다. 이것은 우리가 이해해야 할 극히 중요한 역사적 사실이다. 왜냐하면 정의에 대한 우리의 의식이 어느 정도는 타고난 것이고 그리하여 보편적인 것이라고 나는 주장하려고 하는 한편, 우리의 비전은 우리의 감정과 더불어 길러져야 하는 것이기 때문이다. 사람들은 항상 연민과 동정심을 가지고 있을 수 있다. 그러나 그런 감정들의 범위는 우리의 철학, 즉 누가 중요하고 누가 중요하지 않은지, 무엇이 "타고난 것"이어서 변화할 수 없는지, 무엇이 안 그런 것인지 등에 대한 우리의 철학에 달려 있다. 빈곤은 우리가 그것에 대해 무엇인가 할 수 있고, 또 해야 하는 비극이라는 생각은 이제 막 정의에 대한 우리의 의식의 일부가 되어 가고 있다. 우리의 정의 의식이 너무나 많은 인간 역사를 간과한 것은 인간의 냉혹함이나 무력감을 두드러지게 보여 주는 것이 아니라, 진정 보편적인 도덕적 의식의 (때늦은 것이라 할지라도) 놀라운 발전을 강조한다. 그리고 이 발전은 실천적 이성의 추상화를 통해서가 아니라 현대의 커뮤니케이션, 여행, 공유된 경험을 통해 가능해진, 세계에 대한 더 많은 노출과 개인적 공감을 통해서 이루어졌다. 가난한 사람들과 억압받는 사람들은 더 이상 "타자"가 아니며 우리는 더 이상 무지나 절망의 호사를 누리지 못한다.

정의와 절망: 정의에 대해 생각하지 않는 방법

모든 혁명과 모든 전쟁과 모든 전복은 항상 정의의 이름으로 단행되어 왔다. 특이한 것은 기도로 정의의 통치를 불러내는 이들이 구 질서의 옹호자만큼이나 새 질서의 지지자들이라는 것이다. 중립적인 목소리가 공정한 평화의 필요성을 선포할 때 모든 교전 집단 사람들은 이 공정한 평화가 오직 적이 섬멸될 때 (…) 에만 가능할 것임을 동의하고 확신한다. 각자는 자신을 올바른 위치에 놓고 적을 틀리다고 보는 (…) 정의 개념을 옹호한다. 모든 적대자는 (…) 정의가 자신의 편이라고 항상 선포하고, 그것을 증명해 보이기 위해 최선을 다했다. (…) 결정권자에게 의존하게 될 때마다 정의가 환기된다. 그러다 문득 깨닫게 된다. 그 생각에 붙어 있는, 믿을 수 없으리만큼 다양한 의미의 복수성과 그 사용이 유발한 그 특별한 혼란을.

카임 페를만, 『정의 개념과 논쟁의 문제*The Idea of*

Justice and the Problem of Argument』

글로벌한 관점을 취해 보면 세상의 지독한 끔찍함은 우리의 정의감을 자극하고 또 압도하고도 남는다. 진정 정의에 대해 진지하다면 가장 희망적인 사람들 외에 모든 이들은 절망에 압도당하기 쉬

울 것이다. 숫자가 압도적이다. 나치 수용소에서 6백만 명의 유대인
이 살해당했고, 1985년 동아시아 기근으로 굶어 죽은 아기가 5백
만 명이다. 올해 미국에서 빈곤선 이하의 삶을 사는 이가 2천만 명
이고, 4명의 아동 중 1명이 제대로 된 학교 교육이나 경력을 쌓을
기회를 못 가진다. 며칠 전만 해도 중국 북서부 지역의 지진으로
만 명이 죽거나 불구가 되었다. (나는 헤드라인 기사를 응시하면서 안도
의 한숨을 내쉬는 나 자신을 발견한다. 내가 아는 사람이 하나도 없다는 안도
감 말이다. 다행히도 중국은 매우 먼 곳에 있다.) 오늘날 세계에는 지독한
가난 속에서 살아갈 수 있도록 허락받을 수 있는 장소를 찾아 이
국경에서 저 국경으로 몰래 빠져나가야 하는 사람들인 망명객 1천
2백만 명이 있다.[13] 한편 남미에는 6천 명의 정치범들이 재판도 없
이 감옥에서 썩어 가고 있다.[14] 그러나 남미 역시 너무나 멀리 떨어
져 있어 남미에 대해 생각하지 않는 일은 더욱 쉽다. 우리는 무엇
을 할 수 있나? 스탈린이 한 냉소적인 말을 기억하기만 하면 된다.
"한 명의 죽음은 비극이지만 백만 명의 죽음은 통계다." 우리는 어
떻게 대처하나? 어떻게 생각해야 할까? 글로벌한 비극에 대해 무감
하고 단단해지면서 "현실적"이 되는 것이 더 낫지 않을까? 우리의
"국가 이익"에 대해, 즉 국내 상황에서 위대한 사회의 효율성이나
실패에 대해 추상적으로 논의하는 것이 훨씬 더 쉽지 않을까?

---

13. *Newsweek*, Aug. 21, 1988.

14. 1988년 9월 22일 자 국제 앰네스티가 밝힌 수치에 의거함. 국제 앰네스티는 국가권력에 의해 처
벌당하고 억압받는 각국 정치범들을 구제하기 위해 설치된 비정부기구임 —옮긴이주.

너무나 폭력적이고, 증오와 박탈이 가득한 세계에서 우리는 무엇을 할 수 있을까? 우리의 자연스러운 반응은 고개를 돌려 가정과 삶의 세부적인 것들로 향하는 것이다. 그러나 일단 눈을 뜨고 감수성을 변화시키면 여기 가정에서도 부정의를 보게 된다. 하지만 우리의 훈련된 자기기만은 여기서도 눈을 돌리게 한다. 내 벗들과 대학 동료들이 말하는 바에 의하면, "괜찮은" 사람이 되고, 자신의 가정에 잘하고, 직장에서 양심적이 되는 것만으로 충분하다. 게다가 "가령 우리가 개입한다면" 우리는 그저 문제를 더 악화시키는 것은 아닌지? 세상의 부정의에 압도되고, 정의에 대한 추상적이고 초월적인 이상에 유혹당해 우리는 정의에 대한 의식을 잊어버리게 된다. 아니 더 적절하게 표현하자면, 포기하게 된다. 그것은 우리의 통제를 넘어선다. 그러므로 이 책의 주제는 정의가 익명의 제도들, 시스템들, 정부들의 특징이 아니라, 무엇보다 개인적 관심의 문제이자 개인적 덕목이고, 또 꼭 그렇게 되어야 한다는 것이다. 정의는 우리의 느낌, 의도, 시도의 문제이지, 결과의 문제가 아니다. 우리는 정의를, (만약 제대로 실행된다면) 모든 문제들을 해결해 줄, 고양되고 추상적이고 경이로운 개념으로 너무나 고양시켜 놓았고, 정의의 실행을 (신으로까지는 아니라 하더라도) 제도들과 시스템들에게 너무 일임을 해서, 정의에 대한 개인의 책임은 거의 사라지고 말았다. 심지어 정의의 이름으로 선출되거나 임명된 사람들 사이에서도 말이다. 따라서 여기서 옹호되어야 할 생각은, 정의가 기본적으로 어떤 이상적인 상태, 즉 세상의 방식이나 완벽한 정부 시스템을 위한 설계가 아니라, 매일의 일상 속에서 우리가 살아가는 방식, 우리가 느끼는 방식, 우리가 우리의 상황에 행동하고 반응하고 추구하는 방식이라는 점이다. 우리는 우리의 노력이 어떤 효력을 가질지 모르며 우리는 틀림없이 세상의 문제들을 해결하지 못할 것이다. 그러나 정의는 우리 삶을 구성하는 조직이고, 우리 삶을 구성하는 조직이어야 하지, 완벽한 사회에 대한 꿈이 아니다. 정의는 우리가 단지 받는 위치에만 있는, 처벌과 보상의 추상적인 제도가 아니다. 정의는 (만약 발견되어야 하는 것이라면) 모든 개인의 세계관과 책임 속에서 발견되어야 한다. 정의는 (우리가 창조한 것이자 우리의 책임이기도 한) 시장에 맡겨져서도 안 되고, 혁명이 일어날 때까지 미뤄져서도 안 되고, 정부나 대통령의 경제자문위원회에 이양되어서도 안 된다.

정의를 세상이 마땅히 되어야 하는 방식으로 생각하거나, 이상적으로 정부나 신에 의해 "위로부터" 부과되는 것으로 생각하지 않는 방법은 무엇일까? 정의를 정책의 개념으로만 생각하면, 벌써 이런 환상에 빠지는 것이 된다. 즉, 사태가 올바르게 운영되면 부정의가 없을 것이며, 게다가 정의에 대해 걱정할 필요가 없을 것이라고 생각하게 된다. 그러면 정의는 정말로 우리의 통제를 벗어나게 되고, 더 이상 우리의 책임이 아니게 된다. 왜냐하면, 정의가 더 이상 문제가 아닐 것이기 때문이다. 하지만 여기서 나의 논지는 이렇다. 모든 것을 올바르게 하는 일관된 거대한 설계, 정책 같은 것은 없으며, 신비하게도 우리의 책임을 없애 주는 그런 완벽한 세계는 없다는 것이다. 세상은 필연적으로 불완전하고, 부정의는 불가피하다. 그 말의 의미는 이러하다. 정의에 대한 추상적 관심, 즉 모든 사람들을 만족시켜 줄 (혹은 만족시켜야 할) 하나의 청사진에 대한 추구는 부적절하다는 것, 이 연구에서도 그런 정의를 추구하는 것이 아니며, 진정한 관심은 구체적인 부정의들, 수천 혹은 수백만이라 하더라도 그런 부정의들을 교정하는데 주어져야 한다는 것이다. 그 말은 정의가 우리 개개인의 각각의 손에 있고, 앞으로도 그럴 것이라는 뜻이다. 그것에서 벗어날 수가 없으며 고등 법원에 항소할 수도 없다. 정부들은 정부가 하게 되어 있는 일을 할 것이며, 신은 신이 할 일을 할 것이다. 그러나 우리는 정의의, 그리고 부정의의 궁극적인 도구들이다. 세상의 끔찍한 상태에 대해 절망하고 더 나은 것을 바라는 것은, 우리가 우리의 책임들을 회피하고 부인하는 무수한 방법들 중 또 다른 두 가지 방법들일 뿐이다.

물론 그렇다고 정의가 상황의 전체적인 설계와 아무 관련이 없다거나, 사회구조가 개인의 태도와 책임감에 아무 영향을 미칠 수 없다는 말이 아니다. 훌륭한 삶을 살기 위해서는 훌륭한 도시에 살아야 한다고 고대 그리스인들이 말하곤 했다. (이제는 근교 도시와 우아한 농촌의 삶에도 자리를 허용하고, 아무리 훌륭한 도시라 하더라도 몇몇 인근 도시는 제외하는 식으로) 그 말을 좀 고쳐야 하겠지만, 그 감정은 여전히 똑같다. 훌륭한 국가가 훌륭한 시민들을 만들며 정신적으로 빈곤한 국가는 정신적으로 빈곤한 시민들을 만든다. 공정한 제도가 공정한 개인들을 만든다. 그러나 훌륭한 국가와 공정한 제도는 그저 갑자기 불쑥 생겨나는 게 아니다. 존재론적 관점에서 볼 때, 자비롭고 공정한 마음을 가진 개인들이 정의의 제도보다 더 우선적이고 중요하다. 역사적으로나 임의적으로 볼 때, 사회가 개인보다 앞서고, 사회가 개인을 만든다. 그러나 개인의 관점, 책임의 관점에서 볼 때 우리의 관심을 끄는 것은 바로 개인이다. 우리가 배양하거나 잠재워 온 감정들의 토대 위에서, 우리가 살고 있는 사회와 세계가 어떠해야 할 것인지를 결정해야 하는 사람은 다름 아닌 우리 한 사람 한 사람이다. 현대의 정의 이론들은 법칙과 정책들의 중요성을 강조하고 사회과학의 가장 최신의 수학적 모델들을 좋아한다. 그러나 우리의 정의 감각의 진정한 중요성은 정확히 그 규칙들과 정책들이 불분명하거나 불확실할 때, 개인의 책임과 공적이지 않은 합리성(혹은 비합리성)이 쟁점이 될 때 대두한다. 장 폴 사르트르가 자주 언급했듯이, 항상 위태로운 것은 우리의 개인적 자유, 우리가 결심하는 존재의 유형이며, 이 자유야말로 현대 이론의 비인격적인 전제들이 부인하거나 간과하는 것이다. 정의를 믿는다고 해서 불가능한 낙관주의를 제시하는 것이 아니며, 세상의 절망을 향한 것도 아니다. 그것은 우리의 개인적 비전과 관심을 확장시키는 것이며, 우리가 어디서 부정의를 발견하건 그 부정의에 의해 스스로 움직여지는 것을 허용하라는 것이다. 그리고 가장 중요하게는 우리가 할 수 있는 것을 하라는 것이다.

정의의 수사학

> 정의는 그것이 지닌 유일한 의미로 볼 때, 담론
> 의 편의를 위해 꾸며진 가상의 인물이다. 그리
> 고 그 담론의 명령은 어떤 특정한 경우에 적용
> 되는 효용의 명령이다.
>
> 제러미 벤담, 『도덕과 입법의 원칙 입문*Introduction*
> *to the Principles of Morals and Legistration*』

> … 온갖 논지가 전개되는 것은 관객과의 관계
> 속에서이다.
>
> 카임 페를만, 『정의 개념과 논쟁의 문제』

우리는 권리선언, 부정의에 대한 비판, 동등한 대우에 대한 주장에
너무 익숙해져 있어서 **권리, 정의, 평등** 같은 말들이 실제로 어떤
것을 대표한다고 생각하기 쉽다. 그 말들이 아마도 실제의 사태를
나타내는 것이 아니라, 적어도 우리가 세상을 측정하는 어떤 종류
의 기준, 이상, 정확한 등식을 나타내는 것이라 생각하기 쉽다. 그
리고 그 주장을 증명하려는 듯이, 운이 좋은 경우에 우리는 세상
이 실제로 이상에 맞는 것을 발견한다. 대법원이 정부의 사생활 침
범보다 개인의 사생활 권리를 지지한다든가, 요리조리 빠져나가는
범인이나 권력을 남용하는 폭군이 응당 받아야 할 것을 받는다던

가, 불리한 입장에 있는 이들이 일어나 싸워 이기는 일이 있다. 그럼에도 불구하고 나는 정의의 언어가 논리적이거나 설명적이라기보다 수사적이라고 주장하고자 한다. 정의의 개념들은 이상적인 기준을 가리키지 않고, 정치 담론에서 중심적인 역할을 한다. 에드먼드 모건^{Edmund Morgan}(『Inventing the People』의 저자)이 "국민"의 개념이 "미국과 영국의 국민들이 만들어 낸 것"이라 주장할 때 그러듯이, 우리는 그 개념들이 "만들어졌다"라고 말할 필요도 없다. 그렇게 하면 너무 과하게 들릴 것이다. 마치 우리가 스스로 정신없이 만든 것처럼. 한편 기실 정치학처럼 수사학도 부정적인 개념이나 부정직한 개념이 아니다. 그것이 과도하게 이상화된 다른 개념과 비교되지 않는 한 말이다. 일관된 정의의 이상은 없다. 정의 주장justice claims은 항상 맥락 속에서 일어나고, 해당 지역의 상황과 고려를 미리 전제한다. 명확한 판단 기준이 없는 곳에서 (맥락들이 충돌하거나 서로 겹칠 때 종종 일어나는 상황임) 정의의 언어는 (철학자들이 희망하듯) 합리적 계산을 위한 도구가 아니라, 설득의 도구이다. 또 다른 관점이라기보다, 어느 하나의 관점을 "보도록" 우리가 설득당할 때, 영향을 받는 것은 우리의 이성이 아니라 감정이다.

만약 정의 주장이 항상 맥락적이고 지역적 조건과 고려를 미리 전제한다면, 정의를 규정할 때 너무나 흔히 그런 것으로 여겨지는 포용의 원칙이 협상과 설득에 열려 있을 것이라는 논리가 뒤따른다. 우리가 보기에 빈곤 속에 살아가는 사람들에 대한 연민은, 그들의 눈에 인근의 풍요로운 도시 사람들의 반복되는 지루한 존재 방식으로 보이는 것을 그들 자신들이 수용하는 대신, 고대의 부족의 의례에 맞춰 그렇게 살기를 실제로 더 선호하고 있다는 것을 우리가 알게 되면 (그것은 우리의 합리화인 것만은 아니다.) 누그러진다. 노동 윤리라고 우리가 찬미하는 것은 노동이 불필요하고 야심이 일종의 정신병이라고 (아마도 그게 옳을지도 모른다) 여겨지는 사회에서는 조롱받는다. 오늘날 러시아에서는 페레스트로이카와 개인의 주도권 충동이 기존의 정의감(여기서는 개인의 보상보다 균등을 뜻한다)과 성급하게 부딪힌다.[15] 고용계약제 노동과 봉건주의의 학대와 부정의에 대해 우리가 생각하는 것이 무엇이든 간에, 우리의 생각이 봉건사회에 전면적인 재앙을 야기할 것이라는 것, 자유시장 체제의 옹호가 공공의 질서뿐 아니라 정의에도 적으로 간주되어 교수형(혹은 더 나쁜 벌)에 처해질 것임은 명확하다. 인구가 밀집한 도시에 핵폭발 장치를 설치해 둔 곳을 알아내기 위해 그 죄수를 심문하는 중이라는 것을 우리가 알게 될 때에는 심지어 고문에 대한 우리의 공포도 증발한다. 정의를 수사학으로 본다는 것은 정의를 어떤 추상적인 이상에 현실을 맞추려고 하는 시도라고 보지 않는다는 뜻이다. 그보다 세상의 존재 방식을 받아들이면서, 우리 자신과 다른 사람들에게 구체적인 이런 부정의들을 공격하고 저런 특수한 행동 실천을 채택하자고 설득하는, 우리 안에 있는 노력으로 정의를 본

---

15. *Newsweek*, Oct. 9, 1989.

다는 뜻이다. 우리의 정의감은 우리가 할 수 있는 것을 하자는 우리의 설득이다.

엘리자베스 볼가스트Elizabeth Wolgast는 자신의 최신 저작,『정의의 문법A Grammar of Justice』에서, 정곡을 찌르고 있는 듯이 보인다. 정의는 이상이 아니며 정의에 대한 문제들은 항상 어떤 구체적인 문제적 상황에서 시작되므로 핵심 개념은 정의가 아니라 부정의라고 그녀는 또한 주장한다. 그러나 부정의 역시 해석의 영향을 받을 뿐아니라, 매우 상이하고 대립적인 견해가 있을 수 있는, 전반적으로 논쟁적인 개념이다. 아랍과 이스라엘 사이의 논쟁은 통상적으로 양측 다 부정의에 의거해서 설명되고 있고(적어도 과거에는 그랬다), 좀 더 민사상의 맥락에서 보면 대부분 부부간의 분쟁, 세금 분쟁은 각 측에서 범해졌다고 주장되는 부정의와 닿아 있다. 볼가스트와 다른 몇몇 저자들의 결론에 의하면, 정의의 이상적인 상태 혹은 모두가 동의하는 표준은 없으며 부정의를 정의하는 단일한 세트의 위반도 없다는 것이다. 유진 듀프릴 교수Eugene Dupreel[16]는『도덕론 제2권Treatise on Morals Vol. II』에서 "정의의 이상이란 존재하지 않는다. (…) 정의의 이상은 여러 형태들을 띠고 있고, 그 각각은 그 자체로는 결코 순수한 정의일 수 없는 내용을 담고 있다"라고 말했다. 카

---

16. 유진 듀프릴Eugene Dupreel (1879~1967): 벨기에 철학자. 그는 1907년부터 1950년까지 Université libre de Bruxelles의 교수로 논리, 형이상학, 그리스철학, 도덕철학 및 사회 이론을 가르쳤음 — 옮긴이주.

임 페렐만은 "정의가 특권이 가득한 혼란한 개념"[17]이라고 덧붙였다. 나는 정의 개념이 혼란스럽기보다 탈구되어 있고, 그 결과 정의 개념이 과도하게 이상화되고 거짓이 되어 버렸다고 주장하고 싶다.

정의를 수사적이라고 주장한다고 해서, 정의가 실제적이 아니라고 말하는 것은 아니다. (이런 태도는 냉소적인 입장을 취하는 것이고 또한 도덕적 회의주의자의 입장을 취하는 것이기도 하다.) 정의는 분명히 실재한다. 우리는 그저 잘못된 곳에서 정의를 찾고 있는 것뿐이다. 정의는 감수성 안에 있지 기준 속에 있지 않다. "우리는 정의가 행해지는 것을 보고 싶다." 하지만 정의감을 구성하는 것은 다름 아닌 보는 것seeing과 원하는 것wanting이다. 오늘날 세계의 상충하는 감수성들과 요구들의 도가니가 하나의 합리적인 해결을 허용할 거라는 보장이 없다. 기실 그럴 가능성이 거의 없다. 문제는 합리적인 것에 대한 추구가 어떤 한 해결이 합리적이라는 주장만큼이나 문제적이 되었다는 것이다. 달리 말하면, 그런 추구가 중립적인 참관인으로 입장을 잡지만 기실은 어떤 한 세트의 이해관계나 이데올로기를 거의 항상 지지하는 그저 또 다른 수사적 장치가 되어 버린다는 것이다. 정의감은 좋은 사람의 가장 중요한 속성 중 하나일 수 있지만, 주의 깊게 통제된 "정의의 영역"[18]에서가 아니면, 정

---

17. Elizabeth Wolgast, *A Grammar of Justice*; E. Dupreel, Treatise of Morals (translated and quoted in Chaim Perelman, The Rhetoric of Justice)

18. "정의의 영역sphere of justice"은 마이클 왈저Michael Walzer의 『정의의 영역Sphere of Justice』에서 인용했음.

의감이 모든 사람들에 의해 정의라고 인정되는 그런 일의 사태를 도출할 수 있을 거라는 보장이 없다. 전반적으로 세계에서 우리가 할 수 있는 것은 우리의 사례를 압박하고 우리가 발견하는 부정의에 저항해 싸우되, 우리가 추구하는 목표가 어쨌든 간에 천국에 예시되어 있다는 환상은 가지지 않는 것이 전부이다.

노블레스 오블리주: 부자인 것이 잘못인가?

> (…) 프랑스에서 부자는 부자이고 모든 사람들
> 은 그의 부가 호령하는 상당한 권력에 기꺼이 경
> 의를 표한다. 누구도 그것을 못마땅해 하지 않
> 는다. 누구도 그것을 문제 삼지 않는다. 그러나
> 부자는 부자이기 때문에 정의상 좋은 사람이거
> 나 현명한 사람이라고 누구도 생각하지 않는다.
> 그것은 프랑스 사람은 결코 범하지 않는, 그러나
> 우리는 종종 범하는 혼동이요 실수이다.
>
> 루이스 라팜,[19] 『미국의 돈과 계급Money and
>
> Class in America』

"덕이 부보다 더 낫다."

케냐 속담

정의는 개인적 성향의 문제이지 세상의 상태가 아니다. 실제적으로 이 말이 의미하는 바는 정의에 있어 중요한 것은 궁극적으로 우리가 무엇을 하는가이지 세상의 존재 방식이 아니라는 것이다. 많

---

19. 루이스 라팜(Lewis Lapham, 1935~). 미국의 작가. 1976~1981까지, 1983~2006까지 미국 월간 『하퍼스 매거진Harper's Magazine』 편집장 역임. 『미국의 돈과 계급Money and Class in America』 은 2021년 저작임 ―옮긴이주.

은 사람들은 세상의 자연적인 불공평과 불평등을 불의와 혼동한
다. 하지만 인생에서 유리한 입장으로 태어나는 것과 성공하기 위
해 남을 밟아야 하는 것 사이에는 매우 큰 차이가 있다. 이 세상에
서 부자인 것의 문제점은 다른 사람들이 가지지 못 하는 사치품과
유리함을 가진다는 것이 아니다. 그것은 오만을 선호해서 행운을
무시하는 어떤 태도를 가지고 있고, 잘사는 사람들의 그 특별한 의
무, 한때 노블레스 오블리주로 불렸던 그 의무를 간과한다는 점이
다.

　내 친구의 친구는 스물여섯 나이의 수백만장자이다. (단순한 백만
장자는 더 이상 그리 높이 평가되지 않는 듯하다.) 그는 의무감에서 포르
쉐(카레라, 4리터, 최대출력 305, 스포일러를 장착한 섹시한 검은색 차)를 소
유하고 있고, 이국적인 해안가 두 곳에 콘도미니엄이 있고, 일생 동
안 매년 계좌에 약 백만 달러가 들어온다. (주식 시장에 투자하는 건
아니다.) 그는 필수적으로 은퇴해 있고 무엇을 해야 할지 모른다. 이
제 돈을 버는 것은 지루하다. 돈을 쓰는 것도 지루하다. 돈을 벌
면서 쓴다는 생각은 더욱 그를 지루하게 한다. 그는 축소하고 자기
비하적인 태도로 자신의 부와 성취에 대해 말한다. 하지만 분명히
그는 우월감을 느끼고 심지어 성유를 바른 듯이 느끼는 데, 자신
의 똑똑함이나 부유함때문이라기보다, 그것들이 특별한 지위에 대
한 보상인 것처럼 보이기 때문이다. 가끔 그는 자기가 운이 좋았다
는 것을 암시하지만, 그의 목소리나 몸짓에는 감사나 겸손함이 티

끌만큼도 없다. 그런 굉장한 행운과 어울릴 듯한 의무감 같은 것을 그는 전혀 느끼지 않는다. 그의 정치학(만약 누군가가 그것들을 그렇게 명명한다면)은 꽤 "보수적"이다. 기실 그것은 편집증, 이기심, 그리고 조야한 합리화로 얼버무린 들끓는 분노의 복합체라고 할 수 있을 것이다. 그는 가난한 사람의 곤경에 대해 그들을 비난하며, 그들이 자신들의 곤경에 대해 왜 뭔가를 하지 않느냐고, 경멸하면서 의아하게 여긴다. 그는 자선단체나 자신이 지지할 것으로 추정되는 정치인들에게 거의 기부하지 않는다. 결국 그는 자신이 냉소주의자이고 비관주의자인 것을 인정한다. "내가 번 것에 그저 의지하고 있다"라고 그는 인정한다. 그의 견해에 의하면, 서른이 넘었는데 아직 부자가 아닌 우리 같은 사람들은 기껏해야 지도를 잘 못 받은 이상주의자이거나, 혹은 나쁘게는 입증된 실패자들이다. 말할 필요도 없이, 그는 일정한 기간 동안 직업을 유지해 본 적이 없다(투자은행가로서의 4년간은 거의 수많은 회사들처럼 쪼개져 있다). 이제 그는 특별히 무엇인가를 할 계획이 없고, 그럴 재정적 필요도 없다. 하지만 그가 실제로는 돈을 벌기 위해 일을 한 적이 없다는 것, 역사상 우연히 들어맞은 시기에 월스트리트에서 생겨난, 버릇 없으나 운이 좋은 젊은 전문가 애라는 것, 어쨌건 그는 그가 그렇게 경멸하는 대부분의 사람들에게 있어 삶을 의미 있게 만드는 그런 필수적인 것들을 놓쳤거나 어쩌면 피해 갔다는 것을 사람들(특히 그의 부모들)이 지적할 때면 그는 방어적이 된다.

그런 사례를 우리는 어떻게 생각하나? 우선, 그것은 당신 또한 서른 살 미만의 수백만장자인지의 여부에 달려 있다. 하지만 대부분의 사람들은 내 친구의 친구를 사회적 병폐의 한 징후라고 여긴다. 그의 부는 그 자체로 문제가 되지 않는다. 왜냐하면 그보다 더 부자인 많은 남녀의 사람들이 있고, 또 언제나 존재해 왔기 때문이다. 그의 나이도 마찬가지로 문제가 되지 않는다. 왜냐하면 부모나 조부모나 조상 덕택에 자신들이 벌지 않은 거대한 재산을 가진 젊은 사람들이 존재하고 있고, 또 언제나 존재해 왔기 때문이다. 물론 거의 20%의 아동들이 먹고 입을 것이 충분하지 않는 나라에서 어떤 사람이 특정 나이에 그렇게 많은 부를 가진다는 생각에 반대할 사람이 있을 것이다. 하지만 내 친구의 친구의 가치를 폄하하는 사람들과 분석가들 중 그런 식으로 주장하는 사람들은 절반도 안 될 것이다. 그들은 직접 번 돈이든 물려받은 돈이든, 재산을 믿는다. 그들 중 몇몇은 또한 재산을 가지고 있다. 다른 사람들은 그런 재산을 원하거나 꿈꿀 것이다. 그들이 내 친구의 친구에게서 반대하는 것은, 그의 재산이 전체로서의 그의 삶과 어울리는 혹은 어울리지 않는 방식에 대해서이다. 달리 말해서, 극단적으로 운이 좋은 그의 상황들이 그의 속에, 그저 자기가 가진 것을 고수한다는 것 외에 달리 어떤 도덕적 혹은 사회적 반응을 이끌어내지 못 하는 방식에 대해 반대하는 것이다. 행운에 대한 감각, 관대함에 대한 감각이 없고 공동체의 의무에 대한 감각이 없다. 물론, 그런 반대가 분노를 위장한 표현에 다름 아니라는 반박이 항상 가능할 것이다. 그러나 너무나 놀라운 것은, 그에게 너무나 많은 것이 기대된다는 것이 아니라, 너무나 적은 것이 밝혀진다는 것이다. 지난날의 악덕자본가들은[20] 중역회의실에서는 무자비했을지 모르나 자신들의 박애정신에 대해서는 자부심을 느끼고 있었다. 기실 그들은 자신들의 행운과 부를 박애정신에 기초해서 정당화했다. 혁명기 이전 프랑스의 부르봉 왕가의 왕들과 거대 귀족들, 플로렌스의 메디치가, 봉건시대의 대영주들이 자신들의 부와 권력을 신이 준 것으로 여겼을 때, 단지 뻔뻔한 것만은 아니었다. 그들은 감사의 필요성과 그런 부가 자신들에게 부과한 실제적인 사회적 의무를 인식하고 있었다. 플라톤과 아리스토텔레스 또한 거부의 아들들을 향해 말을 하고 있었다. 플라톤과 아리스토텔레스는 부에 대해 반대하는 설교를 하지 않았다. 그들은 부를 좋은 삶의 전제조건으로 보았다. 그런데 좋은 삶의 본질은, 재정적 근심에서 벗어나 예술, 종교, 철학, 정치, 정의 같은, 삶의 보다 고차원적인 것에 관심을 돌릴 수 있도록 그런 특권과 권력과 지위와 부를 사용하는 것을 의미했다. 야심이나 성취를 위해서가 아니라, 공동체적 인식과 봉사를 위해서 활용하는 것이었다. 바로 그것이, 내 친구의 친구의 삶의 비전에서 빠져 있는 것이다. 내 친구의 친구의 삶의 비전은 부유한 삶

---

20. robber barons를 번역한 말. 19세기 후반부터 20세기 초반까지 트러스트를 바탕으로 막대한 부를 축적한 미국의 대부호들을 지칭하는 표현이다. 도적 귀족이라고 부르기도 한다 ─ 옮긴이 주.

이 전혀 아니다. 그것은 단지 부자의 삶에 지나지 않는다.

그러나 부를 공격함으로써 정의를 옹호하는 것은 처음부터 정의의 사례를 버리는 것이다.[21] 아주 부자와 아주 가난한 사람 사이의 빈부 격차에서 우리가 느끼는 불공평에 대한 예리한 의식을 정의에 대한 초월적 이상, 즉 불평등이 전혀 없어야 할 것을 요구하며, 사람들이 적당히 수수한 물질적 관심만 가져야 한다는, 정의에 대한 이상을 혼동하는 것은 잘못이다. 이런 세계는 우리가 사는 세계가 아니다. 팩트는 우리가 사는 사회는 물질주의적인 사회라는 것이다. 우리가 어떤 존재가 되든 우리는 소비사회에 산다. 이런 사회에서는 사람의 지위가 적어도 일정 부분, 우리가 가진 것, 우리가 버는 것에 따라 결정되고, 컬러 텔레비전 세트는 단순한 낙이나 사치품이 아니라 삶의 필수품으로 여겨진다. 잘못된 것은 물질 상품과 안락함에 대한 우리의 집착이 아니라, 그것들을 즐기게 하는 도덕적 관점이다. 부와 풍요와 함께 의무와 책임이 온다. (그리고 이 책을 살 수 있는 사람은 글로벌한 의미로 부자이다.) 하지만 그저 소수 철학자들의 불가능한 꿈을 충족시키기 위해 좋은 삶을 포기하라고 우리에게 요구하는 정의 감각을 주장하는 것으로는 효력이 없을 것이다. 우리에게 인상을 주는 것은 소크라테스의 도발적인 질문과 그의 명석함이지 그의 가난이 아니다. 기실 아리스토텔레스뿐 아

---

21. 너무 이상적으로 정의를 정의하고 옹호하면, 정의를 위한 구체적인 사례들을 놓친다는 의미인 듯하다 ─ 옮긴이주.

니라 칸트도, 부는 관대함과 정의를 가능하게 하는 반면, 빈곤은 사람을 비열하게 만든다고 주장했다. 우리 자신의 복지가 우리가 가질 수 있는 정의감의 전제라고 말하는 것이 꽤 합리적일 것이다. 미국적 삶에 대한 공격이나 부와 소비주의와 사업에 대한 반대 캠페인은 정의감을 보여 준다기보다 시기와 분개라는 동기를 종종 드러낸다. 더 많이 가지고 있는 사람들에 대한 시기와 그들이 가지고 있는 것에 만족하는 사람들에 대한 분개 말이다.

물질적 성공에 대한 공격은 미국만큼 오래되고, 기독교만큼 오래되고, 철학과 정의 개념만큼 오래된 것이라 할 수 있다. 사실 그것은 아마도 재산 자체만큼 오래된 것, 말하자면 평상시보다 더 많은 마스토돈mastodon[22] 사체들을 모아 놓은 최초의 네안데르탈인으로 거슬러 갈지도 모른다. 그러므로 우리가 늘 받고 있는 사회학적 메시지에 대해, 현재 전염병같이 퍼지는 탐욕에 대해, 혹은 그것에 반대하는 예측 가능한 반응에 대해, 부와 "유명한 부자의 삶"에 대한 미국의 무한한 경외 등에 대해 신경 쓰지 말아야 한다. 토크빌은 1835년에 미국인의 돈에 대한 사랑을 언급했고, 존 애덤스는 1780년대에 뉴욕시의 무신경한 상업주의에 대해 불만을 표했다. 그러므로 1986년 10월에 『더 뉴욕타임스 매거진The New York Times Magazine』이 우리는 "성취의 척도로 부에 점점 더 집착하고 있다"라

---

22. 제3기 마이오세에서 플라이스토세에 걸쳐 번성했던 동물. 마스토돈은 코끼리나 매머드보다 키가 작고 몸이 작달막했다. 위아래 양턱에 코끼리 상아 모양의 엄니가 발달하였다. 엄니는 최고 폭이 8cm, 길이가 15cm나 되었으며, 식물을 먹기에 적당한 구조를 하고 있었다 ─옮긴이주.

고 선언했을 때 우리는 그렇게 깊은 인상을 받지 않는다. 현재의 "돈의 발견"은 몇 년 전 소위 베이비붐 세대가 품고 있던 돈에 대한 다소 순진한 개념을 배경으로 볼 때 의미를 가질 수 있을 뿐이라고 로버트 사무엘슨$^{Robert Samuelson}$이 잘 지적하고 있다.[23] 그러나 사무엘슨이 지적하듯이, 돈을 좋아하거나 편안함을 창출한다고 해서, 그것이 곧 "무신경한 물질주의"에 굴복해야 한다는 뜻은 아니다. 그리고 부에 대한 "새로운" 강조가 꼭 보수적인 정치로의 전환을 필수요건으로 하는 것은 아니다. 물질적 안락과 성공이 정의와 무관한 것은 아니다. 그러나 그 어느 것도 그 자체로 올바름을 증명하지 않으며, 공동체에 대한 참여, 휴머니즘적 관심에 대한 통상적 요구를 면제시켜 주지 않는다. 우리의 소비사회는 쇠퇴하지 않고 있지만, 방향을 다시 잡고 우리의 정의에 대한 의식을 부각시켜야 한다.

정의에 대한 의식은 관심의 문제이지 자기희생이나 스스로 부여한 가난이 아니다. 문제는 우리가 무엇을 하든 그건 아주 약소할 것이라는 생각보다, 자신의 양심을 달래는 일 외에는 어떤 일도 하지 않기로 결정한다는 점이다. 사실, 우리가 그렇게 특권적인 자리에 있으면서 정의에 대한 생각이나 실천을 피하기 위해 우리가 구사하는 다량의 합리화는 너무나 역겨운 것이다. 우리 대부분에게 있어 부와 자유의 불공평과 불평등은 가난한 사람들, 절박하고 궁핍한 사람들에 대해 너무나 많이 가지고 있는 사람들이 보이는 무

---

23. Newsweek, Oct. 20, 1986.

신경하고 무정하고 무감한 태도만큼 못마땅하지 않다. 정의는 좋은 삶의 일부로 간주되어야 한다. 그런데 우리에게 있어 좋은 삶은 대체로 소비와 물질적 성공이 있는 삶이다. 정의는 좋은 삶에 대한 대안이나, 방해물로 제시되어서는 안 된다. 이런 점에서 우리는 듣기 좋은 "올바름"의 징 소리를 되풀이해서 쉴 새 없이 떠들어 대는 정의 이론들뿐 아니라, 부와 자본주의의 폐해에 대해 되뇌는 경향이 있는 정의 이론들에 대해서도 매우 의심해야 한다. 우리보다 훨씬 가난한 사람들에 대한 효과적인 정의감과 관심을 증진시키기 위해서가 아니라 차단하기 위해서.

누가 정의로운가?

우리 할아버지가 말씀하셨듯이 모두가 다른 사
람들을 위해 자신의 삶을 희생할 필요는 없다.
우리는 단지 다른 사람들을 돕기 위해 시간을
조금 내면 된다.

아룬 간디, 『뉴스위크』 1989.3.4.일 자 신문에서 인용.

플라톤은 정의로운 사회와 정의로운 개인 사이의 오래 지속된 유
추를 하면서, 각각은 그 부분들의 "조화"에 의존한다고 하면서, 그
어느 것도 그 다른 것 없이는 가능하지 않다고 강조했다. 그런데
플라톤이 정의dikaiosyne라는 말로 의미한 바는 우리를 너무나 사
로잡고 있는 추상적인 규율이나 정책과는 전혀 다르다. 정의는 "좋
은 삶," 우리 모두가 같이 잘사는 방식과 다름 없다. 플라톤의 스승
이자 영웅인 소크라테스는 좋은 삶에 대한 단순한 이론가가 아니
라, 좋은 삶의 모델이었다. "청년들의 정신을 부패하게 한다"는 죄
목으로 사형 선고를 받았을 때 그는 자신이 말한 바, 더 오래 살기
위해 "자신의 영혼을 부패시키기"보다, 처형을 당하기로 했다. 그러
나 나는 정의를 위해 사는 것이 자신을 희생시키는 것, 정의를 위

해 죽는 것이라는 인상을 주고 싶지 않다. 71세에 죽은 소크라테스는 금욕적이지도 않고 순교자도 아니었다. 그는 인생에서 좋은 것들을 충분히 탐닉하면서 잘산 것으로 악명 높다. 지난 2천4백 년 동안에 우리는 이런 생각을 가지게 되었다. 즉, 정의를 지지하도록 부름을 받는 한, 순교자의 위치나 적어도 극단적인 자기 박탈과 희생의 위치에 불가피하게 놓이게 된다는 생각 말이다. 그래서 선택은 성인이냐 죄인이냐의 선택, 정의의 옹호자이냐 이기적인 게으름뱅이이냐의 선택이 된다. 플라톤은 소크라테스를 성인으로 만들어 버렸고 그래서 우리는 정의의 행위를 드물고 극적인 것, 성인과 영웅에게만 어울리지 일상생활의 삶과는 전혀 어울리지 않는 것으로 생각하는 경향이 있다.

그러나 왜? 일상생활에 맞는 선, 명예, 미덕의 어휘조차 왜 없을까? 그 이유는 정의를 대변하는 사람에 대해 생각할 때 어떤 특정한 (예컨대 판사나 행정가 같은) 역할에 의거해서만 생각하는 경향이 있기 때문이다. 우리는 정의를 우리 모두가 공유하는 미덕, 충만한 삶의 일부뿐 아니라, 충만한 삶과 동일선상에 있는 미덕으로 생각하지 않는다. 실제로 가장 뛰어난 몇몇 철학자들은 **정의로운 사람** just person에 대한 고대의 이상은 일종의 범주상의 오류이고 그런 정의는 개인이 아니라 제도에만 적용된다고 주장했다.[24] 정의는 개인

---

24. 여러 저자들에게서 볼 수 있는 정의 개념들로부터 이렇게 주장할 수 있다(예를 들어 롤스Rawls에 의하면, "정의는 제도들의 최초의 미덕이다"). 그러나 여기에서 옹호된 일반적인 입장과 매우 많이 공감하는 윤리적 저작을 쓴 버나드 윌리엄스Bernard Williams는 또한 다음과 같이 주장하기도 한

의 인격과 분리되어 특수한 능력이 되었고, 개인적 관심사가 아닌 정치적 관심사가 되었다. 그 결과 우리는 개인적 미덕으로 정의를 말하는 적합한 방식조차 가지고 있지 않다. 대신 정의에 대한 요청은 하늘이나 이상적인 권력을 향한 호소, 혹은 더 큰 정부를 향한 청원이 되었다.

정의가 평범한 미덕이라면 우리는 정의를 성자의 정화된 이상을 통해서가 아니라, 평범한 사람들의 느낌과 생각의 구성물이라고 이해해야 한다. 성자는 드문 사람들이다. 고백하건대, 지금 우리가 보기에 성자들이 많았던 오래전의 그 시기들에 대해 나는 의혹을 가졌었다. 살아 있는 성인 같은 분들도 몇 분 계셨을 것이다 (가장 먼저 마더 테레사가 떠오른다). 하지만 그런 성인은 이 책에서 내가 관심을 두고 있는 이상이 아니다. 나는 보통의 사무직 사람, 보통의 남편과 아내, 보통의 대학생, 심지어 일상적인 관료에 관심이 많다. 하지만 개별 사람이 아니라 기능면으로 관심이 많다. 나는 눈에 띠게 특별한 삶이 아니라, 선한 삶의 성격에 관심이 있다. 나는 영웅보다, 몽테뉴가 "매일 매일의 삶의 영웅"이라고 한 존재에 관심이 있다. (전자는 요즘에 람보와 너무나 많이 유사하다.) 성자됨과 관련한 문제는, 그것이 우리가 모방해야 할 이상으로가 아니라, 하나의 교훈, 즉 비교를 통해 우리의 도덕적 부패를 드러내는 교훈으로 너

다. 즉, 미덕으로서 정의의 구체적인 개념은 일종의 범주적 오류이다. 특히 아리스토텔레스의 경우에 그러하다. 아리스토텔레스에 대해서는 아멜리 로티$^{Amelie Rorty}$가 편집한 『아리스토텔레스 윤리학에 대한 에세이』에 실린, 「미덕으로서의 정의Justice as a Virtue」에서 상당한 분량으로 이 문제를 논의하고 있다.

무나 자주 활용된다는 점이다. 성자들은 순수한 형태로 담겨진 우리 자신의 매일의 이상들을 대변한다고 간주된다. 그러나 여기에 진짜 문제가 있는데, 그건 우리가 그런 정화된 형태를 가질 수 있는가 하는 점이다. 즉, 악이 포함되지 않는 미덕, 질투와 분개 같은 "추한" 감정들 없이 사랑과 연민 같은 "훌륭한" 감정을 가질 수 있는가 하는 점이다.

요즘 철학자들은 성인됨에 대해 많이 논하지 않는다. 그들은 성인됨에 대해 이야기하던 것과 똑같은 방식으로 객관성과 초연 같은 철학적 미덕에 대해 논한다. 그들은 열두 가지 다른 방식으로, 한때 "이상적 관찰자"라고 부른 그 가설적 인물을 찬미한다. 초연하고, 감정에 좌우되지 않고, (공감과 연민 같은) 올바른 태도를 죄다 가지고 있고 (시기와 탐욕 같은) 잘못된 태도는 하나도 없는 그런 인물을 찬미한다. 그러나 우리는 질문해야 한다. 우리가 이상적이면서 여전히 인간적일 수 있는지, 혹은 인간적인 것을 여전히 이해하고 있는지 등에 대해서 말이다. 나는 정의에 대해 우리가 가지고 있는 모든 이상화된 개념에 맞서서, 정의는 더 추한 감정들, 시기, 질투, 분개, 앙심 같은 그런 달갑지 않은 감정들을 필요로 한다(단지 그런 감정들을 관용하거나, 미루려고 하지 않고 말이다). 성자들과 영웅들에 대한 우리의 이상화에 맞서서, 나는 이렇게 주장하고자 한다. 정의는 우리 모두에게 달려 있는 일이라고. 완벽한 사람들이 존재하건 아니건, 완벽한 세계가 우리 모두에게 완벽해질 것을 허용(혹은 요구)

하든 아니든, 우리는 불완전한 세계에 살고 있고, 우리가 교정할 수 있고, 때로는 심지어 손쉽게 교정할 수 있는 부정의에 둘러싸여 있다.

정의에 대한 열정: 교화를 위한 담론

> 내가 오늘 네게 명한 이 명령은 네게 어려운 것
> 도 아니요 먼 것도 아니라 하늘에 있는 것이 아
> 니니 네가 이르기를 "누가 우리를 위하여 하늘
> 에 올라가 그의 명령을 우리에게로 가지고 와서
> 우리에게 들려 행하게 하랴" 할 것이 아니라 …
> 그렇다. 그 말씀은 네 삶과 네 마음에 무척 가까
> 워서 너는 그것을 행할 수 있느니라.
>
> 신명기 30장 11절-14절

정의는 우리 시대의 몇몇 가장 훌륭한 사람들이 연구해 온 주제이
다. 입장들이 제기되고, 정의되고, 다시 정의되고, 또다시 정의되었
다. 자격 요건들이 자격을 얻었고, 반대 입장들은 더 많은 반대 입
장들로 답변되고, 또 답변되었으며, 파급 효과가 더욱 세세하게 갈
라지고 윤색되었다. 중립적이고 합리적인 단일한 입장에 대한 희망
은 번번이 좌절되었다. 그 시도 자체가 서로 비교할 수 없는[25] 이데
올로기들과 검토되지 않은 주관적인 선호도를 드러내며, 프루동과
대조적으로, 우리는 정의에 대한 보편적이고 강력하며 완전한 체

---

25. incommensurable을 '비교할 수 없이 다른'으로 해석했음 —옮긴이주.

계에 도달하지 못했다. 오히려 그 반대로, 다양한 이론들이 더 세련되어지고 더 빡빡하게 정의되어감에 따라, 논의는 전문가의 집착이 되고, 전문가의 정의에 대한 성찰과 지적인 평범한 시민이 정의에 대해 가지는 생각과 감정 사이의 간격이 점점 더 넓어지고 있다. 따라서 여기서 내가 하고자 하는 것은 길거리 수준에서 정의에 접근하는 것이다. 즉, 다시 말해 그 고차원적인 정책 관련 질문과 방법론에 대한 그 복잡한 질문들을 미뤄 두고, 우리로 하여금 정의에 대해 좀 더 관심 갖는 존재가 되게끔 하는 개인적 감정에 대해 살펴보고자 한다. 달리 말해 내 목표는 냉소적으로 쓰이는 '동정심이 많은 사람'[26]이라는 표현이 결코 다시는 사람을 바보로 만드는 효과적인 표현이 아니라, 마땅히 그래야 하듯, 미덕의 한 징후임을 확실히 하는 것이다.

이 책에서 나의 논지는 그런 감정들이 본질적으로 사회적이라는 것이다. 이 감정들은 본래 타고난 것이면서 동시에 사회 속에서 계발되고 길러지는 것이다. 사람들은 본질적으로 이기적이지 않다. 그러나 물론 우리는 우리를 명백하게 이기적으로 만들며, 그리하여 역설적으로 우리의 보다 큰 자기 이해관계를 해치게 하는 그런 태도들을 키울 수 있다(우리는 그렇게 해 왔다). 한 걸음 더 나아가 보

---

26. 'bleeding heart'를 번역한 말. 'bleeding heart'는 원래 피나는 예수의 심장 이미지에서 온 표현인데, 동정심이 많다는 것을 의미함. 그런데 20세기에 오면서 미국 정치권에서 상대방의 위선적인 행동을 비아냥거리기 위해 많이 사용되었음 — 옮긴이주.

면, 우리는 이크족 사람들[27.] 같은 삶, 연민과 공정의 감정, 심지어 시기와 질투 같은 감정도 뚜렷한 목적에 봉사하지 않는 그런 문화를 너무나 쉽게 상상해 볼 수 있다. 심지어 악명 높은 이크족 사람들도 이와 같지 않음이 드러났다. 만약 그들이 그랬다면 한 민족으로 살아남지 못했을 것이다. 현대 미국 사회도 이와 같다는 것, 즉 연민은 나르시시즘으로 인해 이미 쇠락하고 모든 사람들이 최고가 되려 한다고 주장하는 많은 사회 비평가들과 대조적으로, 나는 구체적인 정의 감각을 가지고 그렇게 생생하게 존재해 온 사회들이 거의 없었음을 주장하고자 한다. 우리가 잘못된 부분은 이런 것에서 찾아볼 수 있다. 즉 추상적인 것에 대한 우리의 편향, "이성"의 이름으로 행해지는 합리화, 우리의 정의의 감각이 예리하고 건강하게 있는 특정한 맥락에서 프랑스 포스트모더니스트인 리오타르가 "전체화"라고 말한 것("공산주의" "국가의 안전"에 대한 공허하면서 위험한 일반화들)으로 건너뛰는 것에 대한 애호에서 찾아볼 수 있다. 우리는 이런 거대한 일반화와 이론들을 의심하고, 정의를 사적인 미덕, 세상에 대해 열려 있고 수용적이면서 (공감하는) 열정이 있는 상태로 보자는 것이 나의 주장이다. 사실, 다원주의와 우리 사회를 바라보는 전례 없는 국제적인 인식이 우리로 하여금, 차이들의 합법성을 이해하고, 다른 사회들과 기꺼이 공유하는 것에 특히 열정적

---

27. 아프리카의 이크 족Ik tribe의 삶에 대해서는 콜린 턴불Colin Turnbull의 유명한 책, 『산에서 사는 사람들The Mountain People』에 자세히 묘사되어 있다. 인류학자인 콜린의 저서에서 이 종족 사람들이 매우 불친절하고 이기적인 사람들로 묘사되어 있는데, 콜린의 묘사와 다르게 이들이 관대하고 협동적인 문화를 이룬 것이 알려졌다 —옮긴이주.

이도록 만들었다. 힘과 풍요로움에 대한 우리 특유의 인식이, 비록 오만함을 조장할 때조차도, 우리보다 훨씬 못사는 세상의 수백만의 사람들에 대한 깊은 우려감(죄의식이 들어간)을 우리 속에 유발하기도 한다.

이 책은 무엇보다 교화하고자 하는 시도이다. 이 책은 감정들passions, 특히 연민compassion에 대한 요청이되, 이 덕목을 비합리적인 어떤 것, 자비하지만 어리석은 어떤 것, 세상과 실제로 아무 관련이 없고, 우리의 현대의 성격에서 보다 어두운 측면들을 거의 간과하는 그런 단편적인 자비심으로 변화시키지 않으면서 하는 요청이다. 나는 이 책이 이 나라를 번창하게 만들었던 도덕적 힘에 대한 책이라고 생각하고 싶다. 하지만 이 책이 또한 경고로 들리지 않는다면, 부정직할 것이다. 우리 스스로 다음과 같은 것을 상기시키도록 하자. **자유시장**처럼, **자유국가**도 하나의 실험이라는 것, 그런 실험의 장기적인 실현 가능성을 보장해 주는 것은 역사책에 거의 없다는 것 말이다. 우리의 괄목할 만한 자유와 번영에 정의의 감각(아니 정의에 대한 열정)이 수반되지 않는다면, 우리 사회의 운명이 불확실하다는 것을 말해야 한다. 사실, 많은 다른 문화들(결코 모든 문화들은 아니다)이 우리의 번영과 창의성을 부러워하고 있으며 돈을 벌 수 있을 때 돈을 버는 일을 꺼리는 사람들은 지상에 거의 없다. 왜냐하면 보편적 상업주의에 대한 옹호가 우리에게 계속 말하고 있기 때문이다. 그러나 우리의 정치적 약속들이 순전히 자아에 봉사하는 위선으로 인식된다면, 즉, "인권"에 대한 우리의 말이 우리의 재정적 이해관계의 또 다른 측면에 불과한 것으로 드러난다면, 정의를 향한 미국 국내의 노력이 아동 중 20%가 빈곤 속에 살고 수백만의 성인들이 거리에서 살아가는 그런 사회를 세계에 보여 준다면, 우리에게 세계에 대고 가르칠 뭔가를 가지고 있을지는 불명확하다. 그렇다면 우리는 관련 있는 유일한 척도인 정의의 척도에 따라 자격이 있는 건 아니면서, 세상의 자원을 불공평하게 소유하고 있는 또 하나의 사회에 불과하다. 우리 지도자들이 우리의 안전을 수십억 달러에 달하는 군사 장비에 기반하고, 학교에서 1분간의 침묵 기도가 필요하다는 것을 주장한다면, 부정의까지는 아니더라도 무관심의 평판이 내일 조간신문의 뉴스처럼 전 세계에 퍼져나갈 것이다. 미국인들은 자신들의 물질적 이해와 집단적인 "국가 안보" 외에는 다른 것에 거의 관심이 없다는 말이 떠돈다. 우리의 최상의 수사학에 맞는 국가적, 개인적 특징을 우리가 전개할 수 없다면, 우리의 주장처럼 우리가 인간성의 모델이 아니라, 마치 신이 자격을 부여한 것처럼 자격이 안 되는 보상들을 누린 저 고대의 왕조들과 야심만만했던 전쟁군주들처럼, 그저 운이 좋은 부유한 국민일 뿐이라면, 그렇다면 우리는 또한 곧 알게 될 것이다. 땅도 하늘도 우리의 무정한 오만을 더 이상 지지하지 않을 것이라는 것을 말이다.

　나의 활동가 친구들은 내가 이 책에서 무엇을 해야 할지 실제로

말하지 않는다고 분명 불평할 것이다. 급진 진영은 내가 우리의 현
상태를 전복시키지 않고 단지 현 상태를 수용하고 있다고 불평할
것이다. 보수 진영은 내가 너무 리버럴하다고 분명 불평할 것이다.
그리고 자유 진영에서는 내가 너무 보수 진영 쪽으로 갔다고 주장
할 것이다. 여기서 내가 염려하는 것은 이데올로기들 사이의 선택
이 아니다. 대담하고 거대한 구조적 행동을 옹호하면, 그건 또다시
정의의 추구를 (모든 사람들이 매일의 일상 속에서 가져야 하고 실천해야
할) 개인적 관심사가 아니라 특화된 경력으로 바꿔 버릴 것이다. 여
기서 내가 메우고자 하는 것은 다름 아니라 개인적인 것과 몰개인
적인 것the impersonal 사이의 바로 그 간극이다. 정의가 개인적으로
느껴지지 않는다면 더 이상 정의란 전혀 있을 수 없다는 것이 나의
주장이다.

1장 정의 감각: 감정과 이론들

"다른 사람들의 고통에 민감한 마음을 안 가진
사람은 없다. … 연민의 마음이 결여된 이는 누
구든 사람이 아니며, 수치심이 없는 이는 누구
든 사람이 아니다. 그리고 옳고 그름의 마음이
없는 이는 누구나 사람이 아니다.

맨시우스

정의는 무엇보다 감정들의 성좌a constellation of feelings로 구성되어 있으며, 이 감정들의 성좌는 우리의 거대 이론들이 뿌리내릴 수 있는 심리적 토양을 단독으로 제공할 수 있다. 그러나 정의감에는 대여섯 가지의 아주 다른, 그리하여 종종 상충하기도 하는 감정들이 있음은 명확하다. 그 중 두 개의 감정만 거론해 보면, 끔찍한 빈곤 속에 있는 사람들에 대한 동정심과 연민, 어렵게 번 재산을 빼앗길 때 느끼는 올바른 분개의 감정 등을 들 수 있다. 또한 명확한 것은, 이 상이한 감정들이 갈등을 일으킬 수도 있다는 점이다. 특히 궁핍한 사람을 돕기 위해 정부가 힘들게 번 당신의 수입에 세금을 매겨 빼앗아 갈 때 그러하다. 어떤 감정에 우선권을 주어야 하는가, 당신의 연민인가 아니면 분개인가? 물론, 문제의 일부분을 차지하는 것은, 당신이 힘들게 번 수입을 정부가 가져갈 권리가 있다고 당신이 생각하는지, 아니면, 당신이 좋아하는 것을 가난한 사람에게 주는 당신 자신의 자선 감정에 맡겨야 한다고 생각하는지의 여부이다.

그러나 이 정치적인 문제에 대답하는 방식은 이미 감정의 합법성과 감정의 상대적인 강점에 의존하고 있다. 느끼는 올바른 방식이 있는가? 그런 갈등을 우리는 어떻게 풀어야 하는가? 해답이 없고 다만 성격의 충돌만이 있는 것인가? 아니면 공동의 감정을 키우고, "사회적 계약"이나 일련의 주장과 신념을 통해서가 아니라, 무엇이 옳고 적합한지에 대한 공유된 감각, 공유된 정의 감각a shared sense of justice을 통해서, 전체적인 합의를 제공하는 것에서 해답을 찾을 수 있는가?

물론, 이것은 통상적인 제안이 아니다. 감정은 협상될 수 없고 의존될 수 없는 것으로 여겨진다. 종종 근시안적이고 빈번하게 자기중심적인 개인의 감정들은 사회적 조화를 만들어 내지 않는다는 것이 명백한 것으로 긴주된다. 그리하여 이 다원주의적이고 폭력적인 세계에서 다소 절망감을 가지고 우리가 추구하는 것은 우리의 제한된 지평을 넘어서서 모든 사람을 포용할 수 있는 "객관적인" 정의감이다. 우리의 감정이 얼마나 명예롭든, 혹은 얼마나 강렬하든 간에, 감정을 따르는 것은 충분하지 않다. 어떤 안내가 필요하다. "우리의 정원을 가꾼다"라든가 '품위 있는' 사람이 되는 것만으로는 충분하지 않다; 우리는 같이 살아가고 있고, 모두를 위한 정원을 가지기에는 이미 너무 작은 세상을 공유하고 있다. 잘못을 저지르지 않는 것만으로는 불충분하다. 우리에겐 더 큰 시각, 우리 각자가 세상에 어떻게 꼭 들어맞게 있을 것인지, 다른 사람들과 더불어 세상에서 어떻게 살아갈 것인지에 대한 그림이 필요하다. 철학은 단지 계산만 해서는 안 된다; 철학은 우리의 지평을 넓히고, 우리의 감정을 풍요롭게 하고, 우리에게 이야기를 말하고, 영화를 만들어 주며, 우리를 교육시키고, 우리를 감동시켜야 한다. 이런 더 큰 시각을 우리에게 제공하는 것은 단순한 이성이 아니라 감정들이다.

시각의 이런 필요성에 대한 응답으로, 플라톤 이래 사회사상가들과 정치철학가들은 사적인 것을 초월하고, 객관적이고, 불변하며, 보편적인 개념을 (그것이 신의 이름이든, 혹은 이성이나 자연의 이름이든, 혹은 단순한 공평함의 이름으로든) 우리 모두에게 부과하려고 노력하면서, 정의에 대한 이론들을 잇달아 고안해 왔다. 그 의도의 고귀함은 부인할 수 없으나 우리의 이해력이 너무나 못 미쳤다. 우리는 우리 자신을, 그리고 우리 자신의 작은 세계의 호화로움과 좌절을 초월하기를 원한다. 모든 감정을 뒤에 남겨둔 것은 철학가의 실수이다.

이 고상한 이론적 접근의 문제점은 그것이 불쑥 나타나는 것처럼 보이고, 그 결과 정의의 아주 인간적인 감정적 토대를 간과하고, 정의를 필요하면서도 가능한 것으로 만드는 우리 내부의 감정들을 무시하는 경향이 있다는 점이다. 너무나 많은 철학적 사유에서 그러듯이, 철저히 사적이고 주관적인 감정들로부터, 사적인 것이 전혀 개입되지 않은, 보편적이고 "객관적인" 원칙들로의 비약이 일어난다. 배제되는 것은, 애정과 소속에 의해 규정되지만 결코 단순히 사적이거나 주관적인 것만은 아닌, 그 중간 차원에 있는 삶의 모든 부분들이다. 예컨대 가족들과 공동체들, 심지어 국가들도 해당한다. 정의는, 무엇보다, 일련의 원칙들이나 정책들이 아니다. 정의는, 무엇보다, 세상에 참여하는 방식이고, 다른 사람과 함께 존재하는 방식이며, 우리를 다른 사람들과 연결시켜 주는 ("이성"을 통해서가 아니라) 애정과 소속의 감정들이다. 이런 감정들을 배양하지 않고는 (이런 감정들 중 몇몇 감정들은 결코 매력적이지 않다) 정의의 원칙들은 추상적인 이상에 불과하다. 우리를 올바르게 만드는 정책들은, 그것이 아무리 정당하다 하더라도 야망이 지나치고 심지어는 관련이 없는 것처럼 보인다. 어느 경우든 "실제 세계"에 적용하기에 부적절해 보이며, 모든 변화들에 대해 냉소적인 사람들과 회의적인 사람들이 너무나 재빨리 우리에게 상기시키듯, 사람들은 "늘 있는 그대로의 방식"으로 존재한다.

그러나 우리는 어떠한가? 적어도 토머스 홉스가 "자연 상태"의 인간의 삶을 "고독하고, 빈한하고, 심술궂고, 야만적이며, 짧은" 것으로 특징지은 그 고전적 설명 이래로, 우리는 모두 기본적으로 혼자 힘으로 꾸려 나가며, 아마도 가끔씩 한줄기 어진 마음을 베풀거나 혹은 변덕으로 어진 마음을 베푸는 존재라는 것이 지배적인 가설이다. 우리가 보살피거나 관대하다면, 그건 오직 우리에게 가장 가까운 사람들에 대해서만 그렇다. 이방인들과 외국인들에 대해서는 오직 방어적인 악의의 감정만 있다. 그래서 다른 어떤 것, 우리로 하여금 협력하게 하거나, 혹은 적어도 서로 살인하지 않게 할 어떤 권위가 우리에겐 필요하다. 이리하여 사려 분별로부터, 그리고 모든 이들이 동의하는 "계약"에 의해 사회가 형성된다. 자연 상태에 있을 때 서로 협력하기보다 서로 살인하는 경향이 더 큰 개인들의 자발적인 연합이 사회이다. 따라서 (단기적 관점에서 볼 때) 그렇게 하는 것이 자신의 이해관계에 역행하는 것이라 하더라도, 서로 돕고 공적 제도를 지원해야 할 근거를 우리에게 주기 위해, 정의 이론들은 우리의 자기 이해에 비추어 더 관심을 끄는 협력적인 계획들이다.

이 책 도처에서, 나는 "타고난" 인간성에 대해 전혀 돌보이려는 기색이 없는 이 모델에 대해서, 그리고 상호 동의된 계약에 의거한 사회의 형성에 대해서 많은 이야기를 할 것이다. 다양한 변주가 있지만, 현재 출간된 책에서, 혹은 출간 준비 중인 책에서 거의 모든 정의 이론의 토대를 이루는 것은 바로 이 모델이다. 여기서 나는, 이 모델이 전제하는 이분법의 폐해, 즉 한편으로는 우리의 타고난 성향(대부분 이기적인 성향)과, 다른 한편으로 우리의 사회적, 계약적 의무와 기대를 전제하는 이분법의 폐해를 지적하고자 한다. 우선 말하자면, 그것은 미심쩍은 구분이다. 성향과 의무를 나누고 우리의 타고난 존재와 사회적 존재를 나누고, 우리 감정의 타고난 성향과 우리로 하여금 사회를 형성하고 그 속에 살게 하는 합리성 사이를 나누는 미심쩍은 구분이다. 그것은 감정과 이성을 나누는 악한 이분법이다. "자연 상태"와 "사회적 계약"이라는 이 두 고전적인 비유는 우리에게 위험한 호소력을 가진다. 그 비유들은 우리로 하여금 우리의 감정("타고난" 것이며 전 사회적이라고 잘못 인식되고 있는 감정)에 거리를 두게 만들고, 어쩌다 우리가 여기에 태어나고 양육되었기 때문에 사회 속에 있다기보다, 우리의 자발적인 선택에 의해 사회에 살고 있다는 매력적인 허구를 품도록 조장한다. 그 비유들은 우리 자신이 선택하지 않은, 원치 않은 의무를 제거하고, 가장 비합리적인 기대들을 "권리"로 옹호하는 손쉬운 방법을 암시한다. 이 비유들은 우리를 우쭐하게 해서 바보같이 다음 같은 생각을 가지게끔 한다. 즉 우리는 자연보다 우월하고, 우리의 감정보다 더 똑똑하며, 우리의 존재(특히 우리의 사회적 존재)를 스스로 책임져 온 이성적 존재라고 생각하게 한다. 이 두 비유 속에서 우리는 정의에 대한 철학적 이론들이 지닌 신화 형성의 상당한 능력을 이미 알아챌 수 있다. 그 이론들의 형성이 얼마나 정확하고 얼마나 단호한 것으로 추정되든지 간에. 정의 이론들은 우리의 감정들을 명료하고 체계적으로 표현하는 것으로 기능할 수 있지만, 우리 감정들에 대한 합리화, 불명료함, 장애로 작용할 수도 있다. 바로 그렇기 때문에, 우리의 감정들, 너무나 쉽게 축출되는 정의에 대한 직감을 들여다보고, 이런저런 정의 이론만이 아니라, 정의 이론이라는 바로 그 개념 자체에 대해 의혹의 눈길을 던지는 것이 중요하다. 감정들은 이런저런 정의 이론을 지지하는 (혹은 지지하지 않는) 증거 혹은 "직감" 인 것만이 아니라, 정의 감각의 바로 그 본질이다.

정의란 배양되어야 할 열정이지, 형성되고, 숙달되고, 사회에 부과된 추상적인 원칙들(그것의 합리성에 대해 우리가 인정하든 안 하든 간에)이 아니라는 것이 이 책의 논지이다. 정의는 소크라테스의 통찰과 더불어 시작된 것이 아니라, 기본적 감정들의 촉발과 더불어 시작된다. 그 감정들로는 시기, 질투, 분개, 개인적으로 속았다는 느낌이나 무시당한다는 느낌, 앙갚음하고자 하는 욕구 등이 있다. 하지만 물론, 냉소적인 사람들이 절대 인정하지 않으려고 하는 나눔, 연민, 공감, 관대함의 기본 감정들도 있다. 정의의 원칙들이 무엇이건 간에, 돌봄에 대한 인간의 근원적인 감각, 다른 인간들, 아주 멀리 떨어져 있고 사적으로 우리가 전혀 모르는 다른 존재들의 복지를 이해하고 개인적으로 보살피는 능력 없이는, 그 원칙들이 전혀 의미가 없다. 사랑이 있는 곳에 정의 감각은 필요 없다는 이유로, 우정과 가족이 끝나는 지점에서 정의가 떠맡는다고 아리스토텔레스와 다른 사람들이 주장해 왔다. 그러나 사랑이 불가능한 사람에게 정의 감각 역시 불가능하다는 것 역시 맞는 말이다.

국가와 제도 속에서의 정의의 성격에 대해 너무 많은 강조점을 두어 왔기 때문에, 예를 들어 가족과 관계와 같은 좀 더 친밀한 상황에서의 정의의 성격은 거의 부인되어 왔다. 존 롤스[John Rawls]는 가족 관계에서 정의를 제외시켰고, 로버트 노직[Robert Nozick]은 덧붙여 논평하기를 그런 관심은 참을 수 없게 거슬린다고 했다.[28.] 그러나 정의가 아니라면, 어떤 종류의 관심이 (사랑과 관심을 포함하여) 가족의 자원 분배를 명할 수 있겠는가? 왜 정의는 (처음부터) 국가, 정부, 제도의 특징이어야만 하는가? 정말이지 가족은 정의의 이상적인 모델로 기능해서는 안 되는가? (예를 들어 루소의 경우 그랬듯이 말이다. 그런데 루소는 결코 그런 모델을 가지지 못했다.) 정책과 제도들에 대해서만 말하는 통상적인 (이제는 제도화된) 실행과 대조적으로, 나는 사적인 관계, 가족, 공동체, 보다 큰 사회와 인간성 사이를 왔다 갔다 할 것이다. 결국, 우애, 형제애, 자매애의 비유(과연 그것이 비유이기만 한 것인가?)보다 궁극적인 정의감에 더 본질적인 것이 무엇인가?

내 논지의 보다 논쟁적인 측면 중 하나는, 복수심, 격분, 억울함 같은 "부정적" 감정들이 정의의 배양에서 본질적 위치를 차지하고 있다는 것이다. 이 감정들의 역할은 종종 부인되거나 간과되어 왔다. 정의가 감정적인 거리감, 천사와 이상적인 관찰자와 사회의 건국 조상들에게만 궁극적으로 어울리는 그런 종류의 순수함을 필요로 한다는 생각이 우리로 하여금 다음 사실에 눈멀게 했다. 즉, 정의는 공감과 연민뿐 아니라, 억울함, 질투, 시기 같은 감정에서 나왔으며, 그 감정들을 필요로 한다는 사실에 눈멀게 했다. 공격성이 없는 사랑은 없으며, 부정의, 구체적으로 자신이 겪은 부정의에 대

---

28. 롤스[Rawls], 『정의론[A Theory of Justice]』, 74, 300; 로버트 노직[Robert Nozick], 『무정부, 국가, 유토피아 Anarchy, State and Utopia』, 167.

한 예리한 감각 없이는 정의도 없다는 말이 흔히 언급되어 왔다(예를 들어 콘라트 로렌츠$^{Konrad\ Lorenz}$가 그렇게 말했다). 그렇다면, "부정적" 감정들은 그렇게 부정적인 것이 아닐지도 모른다. 예를 들어 악을 싫어하는 것은 슐라 소머즈 $^{Shula\ Sommers}$가 흔히 주장하듯이,[29] 가장 긍정적인 감정 중 하나가 아닐까? 개인적인 침범에 대해 "부정적으로" 반응하는 것이 우리 자신에 대한 인식에서 본질적이고, 그럴 경우 그것은 악이라기보다 덕이 아닐까? 올바른 분개는 성자들에게조차 적절한 감정이며, 질투는 아무리 괴롭다 해도, 소유의 감정적 대가이다. 시기심은 중요한 감정이며, 우리로 하여금 더 많은 것을 원하게 하고 더 경쟁적이 되게 함으로써 자본주의와 소비사회를 떠받치는 것이라는 주장이 제기되어 왔다.[30] 널리 알려져 있듯이, 원한이 소위 말하는 도덕의 주된 구성요소라고 프리드리히 니체가 상세히 논했다. 여기서 내가 말하고자 하는 논지는, 우리의 정의감이 이런 다소 악한 감정들을 간과할 수 없으며, 어느 정도는 이런 감정에서 전개되어 나오기까지 했다는 것이다. 이는 정의가 연민, 존중, 의무감 또한 필요로 하며 그것을 전제로 한다는 것을 부인하는 것이 아니다. 이런 감정들은 추상적인 이성적 원리들에 의거해서는 이해될 수 없다는 것이다. 애덤 스미스와 다른 이론가들이 인

---

29. 슐라 소머즈$^{Shula\ Sommers}$는 매사추세츠 보스턴 대학에서 심리학을 가르쳤으며, 감정과, "긍정적" 감정과 "부정적" 감정 사이의 다양한 구분에 대한 비교문화적인 연구들을 진행한 저자이다. 「자신의 감정들에 대해 평가하는 성인들Adults Evaluating Their Emotions」을 볼 것.

30. 헬무트 쇼에크$^{Helmut\ Schoek}$, 『시기심: 사회적 행동 이론*Envy: A Theory of Social Behavior*』

식했듯이, 이 감정들은 "도덕적 감정"들이며, 그 기원은 (그것이 "타고난" 것이든 아니든 간에) 개인의 영혼에 위치되어야 하며, 우리의 정의 감은 이성 단독에서만이 아니라, 이런 감정들로부터 전개되어 나온다.

정의의 감정들과 자신에 대한 인식

> 가치 선택의 기능을 제거하거나 심지어 모호하
> 게 하는 모든 교의와, 선택된 가치들을 위해 욕
> 망과 감정들을 징집하는 것은, 판단과 행위에 대
> 한 개인의 책임을 약화시킨다.
>
> 존 듀이, 『코멘터리Commentary』, 1946년 6월

정의가 추상적인 정책이나 이론이라기보다, 개인적인 미덕이라고
말하는 것은 정의가 무엇보다 자신의 자아의식, 세상, 특히 사회 세
계에서 자신의 위치에 대한 의식이라고 말하는 것이다. 그런데 우
리는 자아를 파편화시켜 호주머니 혹은 "능력" (말하자면 감정과 이성)
안에 집어넣는다. 우리는 스스로를 정신과 육체로 분리한다(이때에
도 감정을 끼워 넣기가 왜 그리 어려운지 궁금하다). 우리는 인생의 동기를
"이기적인" 내지 "이타적인" 것으로 잘못 구분하며 인생의 다양한
역할들(예컨대 "사적인" 것, "공적인" 것, 혹은 "전문적인" 것 등)과 수십 개
아니 수백 개의 다른 범주들을 사용하여 우리 자신을 작은 조각들
로 잘라 내고, 스스로를 혼란스럽게 만든다. 그러나 자아는 많은
특징들(드문 경우에 대여섯 가지의 인격)을 가지고 있을지라도, 자아는

양립할 수 없는 부분들의 집합체가 아니며, 정의는 영혼의 한 부분의 미덕인 것만이 아니다. 즉 말하자면 올바른 "믿음들"을 가지는 문제가 아니다. 그러므로 우리의 정의 감각이 무엇보다 감정에 놓여 있다고 내가 주장할 때, 나는 감정의 반란이라든가, 이성보다 열정이 우세하다고 주장하는 것이 아니다. 그저 나는, 연민, 분개, 동정, 감사, 죄, 원한, 시기, 심지어 악의도 정의를 이해하는 데 필수적인 역할을 한다는 것을 주장하고 있는 것이다. 어떤 생각, 어떤 이론을 고수하더라도, 만약 그 사람이 감정에 의해 움직이는 것이 아니라면, 정의가 담당할 역할이 없다. 어떤 사람이 아무리 훌륭하고 설득력이 있는 정의론을 작업한다 하더라도, 그 사람의 동기가 열정이 아니라면, 그것은 정의를 표현한 것이 아니라, 기껏해야 관리적 효율성과 통찰의 표명일 것이다.

플라톤과 아리스토텔레스는 정의 감각이 훌륭한 삶a good life에 전체적으로 통합되어야 한다는 것을 인식했기 때문에, 정의는 열정의 산물(적어도 일부만이라도)이라고 주장했다. 사람이 자신의 감정에 어긋나게 행동하고 감정과 조화를 이루지 못 한다면, 그 사람은 행복한 사람으로 여겨지지 않는 것은 물론이고, 훌륭한 사람으로 여겨지지 않을 것이다. 자아에 대한 이런 전체적인 시각은 내가 여기서 옹호하는 주장에서 중심적이다. 이런 시각이 보다 현대적인 이론에 나오는 도덕적 자아에 대한 빈번하게 이분법적이고 전투적인 설명과 아무리 반대된다 하더라도 말이다. 도덕교육에서 가장 중요한 요소는 도덕주의적 진정제와 추상적 계명을 가르치는 것이 아니라 감정을 함양하는 것임을 플라톤과 아리스토텔레스는 알았으며, 내 주장도 그러하다. 인간은 이기적으로 타고나지 않았다(대부분의 동물도 마찬가지이다). 우리는 사회적으로 타고났지만 우리의 사회적 감정은 사회의 산물(보다 더 직접적으로는 가족의 산물)이고 우리는 그 속에서 자란다. 그래서 안셀무스[Anselm][31]·와 아벨라르[Albelard][32]에서 키르케고르[Kierkegaard]와 바쓰[Barth]에 이르기까지 기독교 저자들은 자신들의 종교를 제의와 믿음으로만 이해할 수 없으며, 신앙으로 이해해야 한다고 주장했다. 즉 그저 정해진 틀과 합리화가 아니라 감정으로 이해해야 한다고 주장했다. 그런데 우리는 그 노선을 따라오다 어디선가 곁길로 새서, 정서적인 것과 감정적인 것을 간과하거나 추방하는 한편, 실행performance과 단순히 인지적인 것만 과도하게 강조하기 시작했다. 실로, 정의 개념 자체가 부패해서 정책들과 신념들과 그저 일치하게 되고, 사회적 심리 속에 있던 그 뿌리와 우리를 인간으로 만들어 주던 열정에서 단절되었다. 정의론에 대해 수천 명의 사람들이 쓴 저서들과 논문들이 있으나, 정의에서 열정의 중요성에 대해서는 가끔 언급될 뿐이다. 내가 여기서 논

---

31. 안셀무스 칸투아리엔시스[Anselmus Cantuariensis] (1033/4~1109). 이탈리아 출신의 신학자이자 철학자. 1093~1109 동안 영국 캔터베리 대주교를 지냈다. 스콜라철학의 창시자. 신의 존재 논증과 십자군에 공개적으로 반대한 것으로 유명하다 ─옮긴이주.

32. 피에르 아벨라르[Pierre Abélard] (1079~1142). 중세 프랑스 철학을 대표하는 철학자이자 신학자. 중세 철학사 전체를 지배한 보편 논쟁에서 빼놓을 수 없는 인물. 흔히 스콜라철학의 아버지로 불린다 ─옮긴이주.

의하고자 하는 것이 바로 그 점이다.

　어떤 점에서 정의에 대한 우리의 관심이 너무나 지적이고, 너무나 비인격적이고 이론적인 것은 아이러니이다. 왜냐하면 고대 그리스 시대 이후 우리 자신에 대한 개념에 일어난 하나의 중요한 변화가 있었다면, 그것은 주관적이고 사적이고, 개별적인 것에 대한 많은 찬사 어린 지향이었기 때문이다. 기실 우리 자신과 우리의 정신에 대한 현재의 사유 방식은, 코기토cogito를 향한 데카르트의 극적인 주관적 선회와 베이컨과 로크의 급진적인 경험주의와 더불어, 기껏해야 겨우 17세기로 거슬러 올라간다. 플라톤과 아리스토텔레스와 초기 기독교인들은 우리와 달리 정의에 있어서 열정의 중요성을 강조했던 것 같다. 우리가 사람 성품의 단 한 가지 가장 중요한 측면은 행동이나 사상이 아니라, 바로 그 사람이 느끼는 감정이라고 여기면서, 다른 문제들에서 개인의 "내면적" 감정생활을 그렇게 강조해 온 것은 불과 지난 2백 년 동안 일어난 것이다. 지난 200여 년 동안 일어난 일은, 로버트 스톤Robert Stone이 "감성적 개인주의"[33.]라고 부른 것, 즉, 자율적인 개인의 열정과 다른 감정들에 대한 이 새로운 찬미가 극적으로 발흥한 일이다. 그러나 아이러니하게도, 그 똑같은 기간 동안 우리가 가진 정의 감각에서 훨씬 더 멀어진 태도가 일어났다. 우리는 더 많은 내면의 감정을 가지고 있고, 그 감정들에 더 많은 관심을 기울이고 있는 듯 보이지만, 타인과 세상

---

33. 원어로는 affective individualism임 —옮긴이주.

의 상태에 대해서는 감정을 덜 가지고, 그 감정들에 대해 덜 관심을 가지고 있는 것 같다. 그리하여 우리는 이성이, 즉 이성만이 정의 감각을 설명할 수 있고 증진시킬 수 있는 반면, 감정은 일반적으로 이기적이라는 그런 잘못된 생각을 가지게 되었다. 흄과 루소 같은 철학자들은 18세기에 정의에 있어서 열정의 중요성을 강조했으나, 뒤이은 정의의 역사는 그런 참조들이 거의 간과되었음을 알려 준다. 심지어 흄과 루소를 자신의 선구자라고 말하지만 기실 흄과 루소의 가장 근본적인 통찰과 반대되는 듯이 보이는 철학자들에 의해, 흄과 루소는 좀 더 법률적인 방향으로 재해석되기까지 했다.

물론 이런 전환에 대한 설명은 철학적 사고를 훨씬 더 넘어서서 이런 것들로 거슬러 올라갈 수 있다. 즉, 퇴폐적인 귀족적 감상성과 위험한 급진파의 민중적 열정에 대한 부르주아 계급의 공격, 프로이트와 그의 수많은 추종자들의 거의 편집증적 비전들, 일반적으로 감정과 감상에 대해 다시 전개된 불신으로 거슬러 올라간다. 그러므로 우리는, 법이 실제로 도덕성을 결정한다(혹은 어쨌건 도덕성을 강제하는 주된 수단이다)라는 이상한 생각과 더불어, 합법성에 대한 특히 현대적인 강조 현상에 대해 살펴봐야 한다. 하지만 분명히 철학자들 역시 이런 전환과 많은 관련이 있어 왔다. 이마누엘 칸트가 열정들과 다른 모든 "성향들"에 대조되는 것으로 제기한 원리들을 근본적으로 이해하지 않고서는, 그리고 감정들을 행복과 불행의 원인으로 간주하면서도, 실용성이나 정의의 척도로는 감정들을 믿지 않았던, 다양한 실용주의자들의 윤리학에 대한 과학적 접근을 근본적으로 이해하지 않고서는, 사회 정치사상에서 지금 이뤄지고 있는 논의들에 대한 이해를 시작조차 못 한다. 그리고 또, 미국 독과 프랑스의 혁명의 시기 무렵에 (우연이라고 할 수 없게) 융성했던, 인권과 시민 권리의 추상적 본질에 대한 풍부한 문헌들이 존재했다. 이런 추상적 원리들이 강력한 지적인 무기였으며, 그것들은 또 점차 복잡해진 사회의 구체적 사람들 혹은 집단들의 야심과 싸우는 강력한 방어가 되었다. 그러나 "권리"의 언어는 (열정이 권리 침해의 징후나 신호인 경우를 제외하고는) 열정에 대한 이해를 증진시키지 못했다. 그리고 개인적인 정의 감각은 다시 법적 장치에 의해 탈환되었고, (개인의 권리 보호를 자신의 목적으로 재정의한) 정부와 제도들에게로 밀려났다.

여기서 나는 그런 법적이고 원리적인 전통에 반대되는 주장을 하려는 것이 아니라, 그런 전통이 그 자체만으로는 윤리적으로 공허하다는 것을 주장하고 싶다. 물론 법이 본질적인 것이다. 그러나 우리 사회가 "인간이 아니라 법"에 의해 통치되는 사회여야 한다는 우리 건국 조상들의 중심적인 신조에 대해 조금은 의혹을 가지고 살펴봐야 할 때이다. 법은 최상의 상태에서와 마찬가지로 최악의 상태에서도, 사람들의 신념과 열정의 표현이다. 헤겔이 150년 전에 (비록 모호할망정) 그렇게 설득력 있게 논의했던 바와 같이, 사회의 도덕과 정의는 무엇보다 법적인 형식뿐 아니라, 어떤 실체 또는 내용을 필요로 하며, 이 내용은 본질적으로 사회적이며 감정적인 존재로서 애초에 말로 표현될 수 없는, 비이성적인 우리의 삶 속에서 찾아져야 한다. 그러나 우리는 우리의 감정들을 간과해 왔고, 그 결과 너무나 법적이고 너무나 원리에 입각한 우리의 정의 감각이 그 근저에 있는 원천을 잃어버리게 되었다. 그렇다고 올바른 감정들을 가지는 것만이 사람을 정의로운 존재로 만든다고 말하는 것이 아니다. 그보다 감정들이 행동을 유발시킬 뿐 아니라 사유도 유발시킨다는 것, 그리고 그 이름에 값하는 모든 감정은 행동과 발화에서 양쪽의 표현을 요구한다는 것을 말하고자 한다. 정의에 대한 열정은 그저 방향성 없는, 반지성적인 감정의 폭발이 아니다. 그것은 그야말로 세상에 대한, 지적이고 감각적이고, 공감 어린, 그리고 개인적으로 개입된 관점이다. 정의와 자비심의 분리, 윤리학과 감정의 분리, 이성과 열정의 분리는 현대에 일어난 가장 큰 철학적 비극들 중 하나이다.

이 책에서 내가 말하고자 하는 것은 정의에 대한 이런 열정을 어떻게 하면 배양시킬 수 있을까 하는 점이다. 그리하여 정의에서 상실되었지만 여전히 본질적인 이 요소들을 재도입하고, 자아와 사회에 대한 전체적인 인식(이때 열정이 중심적인 역할을 한다)을 옹호하고자 한다. 이제 적대적이 된 플라톤의 영혼의 파편들 사이의 분열을 고치고, 정의에 대한 우리의 사고와 감정들을 재통합하고자 한다. 내가 "정의"라는 말의 바로 그 의미를 공격하고 있다는 반론이 분명 있을 것이다. (그리스에서) 플라톤과 아리스토텔레스에게 있어서 정의가 무엇을 뜻했든 간에, 지금은 정의가 매우 다른 것을 의미한다. 정의는 이제 연민과 자비심과 대립하게 되었다. 그러나 나는 연민과 자비를 모두 되돌릴 수 있으며, 그렇게 해야 한다고 주장하고 싶다. 왜냐하면 정의는 이런 (그리고 다른) 감정들의 표현이며, 그것들을 분리하는 것은 착오이기 때문이다. 그러나 오늘날, 너무나 많은 사회 정치 이론에서, 모든 문제는 합리성만의 문제가 되었다. 최근에 나는 우리 시대의 가장 똑똑한 몇몇 정치 이론가들의 대화를 들으면서 당혹스러운 매혹을 느끼며 앉아 있은 적이 있다. 그들은 부조리한 느낌이나 당혹감을 느끼는 기색이 조금도 없이 최근의 대통령 선거에 투표하는 것이 합리적인지 아닌지에 대해 논쟁하고 있었다. 투표용지에 나와 있는 후보자들을 동의하는지의 여부나, 투표하지 않음으로써 항의를 표현할 것인가의 여부에 대한 문제가 아니었다. 그보다는("합리적 선택 이론rational choice theory"에 의거해서), 수백만의 다른 사람들이 또한 투표를 하고 있고 투표소로 오는 교통편 등을 감안할 때 투표하는 노력이 과연 그런 수고를 할 가치가 있는 것인지의 여부에 대한 것이었다. 시민권이 자신의 정치 과정에 자발적으로 참여하는 것의 문제라기보다, 합리적 사고의 문제가 된다면, 무언가가 실제로 상당히 잘못된 것이다.

복수의 문제와 부정적 감정들

남녀를 막론하고 도둑에 대해서는 손을 잘라라.
그것은 그들의 행위에 대한 대가이고 알라신이
본보기를 위해 내리는 처벌이다.

코란

형사 사법에서 처벌 문제를 둘러싼 다양한 논쟁과 관심만큼, 우리의 가장 인간적인 면(즉, 우리의 사적인 열정)을 부인하는 이런 이상한 현상이 잘 나타나는 곳이 없을 것이다. "실용주의자들"(처벌의 "억제 이론"[34]을 믿는 사람들)과 "응보형주의자들"(정의의 요구를 충족시키기 위해 처벌이 필요하다고 믿는 사람들) 사이의 지속적 논쟁은 처벌 개념에 연료를 주는 듯이 보이는 열정, 즉 복수의 감정을 간과할 뿐 아니라, 그것에 대한 언급을 노골적으로 추방한다. 이렇게 말한다고 해서, 처벌이 복수에만 복무해야 한다고 말하는 것이 아니다. 그것은 처벌이 복수의 필요를 일부 충족시켜 주는 면이 있으며, 이 요소

---

34. deterrence theory. 범죄자에 대한 체포, 기소, 처벌의 가능성이 증가할수록 범죄율은 줄어든다는 이론─옮긴이주.

없이는 의미가 없다는 뜻이다. 7, 8년 전에, 수전 자코비[Susan Jacoby]35. 는 (『와일드 저스티스Wild Justice』라는 책에서) 우리가 복수의 욕망을 부인하는 것은 빅토리아 시대에 성적 욕망을 부인하는 것과 유사하며, 이것에 대해 우리는 유사한 심리적 대가를 치르고 있다[36]고 주장했다. 나는 그렇게까지는 주장하지 않겠지만, 처벌에 대한 현재의 논쟁들과 이론들이 (불러일으킨 그 모든 열기에도 불구하고) 복수의 성격에 대해 정서적으로 진부하며 순진하다고 말하고 싶다.[37]

복수의 동기만큼 금방 이해되는 동기는 별로 없다. 물론 그러므로 이 동기가 합법적이라든가 복수 행위가 언제나 정당화될 수 있다는 뜻은 아니다. 그러나 통탄할 부당 행위에 대해 복수한다든가, 악에 대해 복수하는 것, 그것이 우리의 정의감 바로 그 근저에 놓여 있고, 실로 그것이 우리 자신에 대한 의식, 우리의 존엄성, 옳고 그름에 대한 우리의 감각 핵심에 놓여 있다고 생각한다. 우리는 개인적 명예심이 전부였던 저 고대 그리스 전사들과 다를 수 있다. 그렇지만 우리는 도덕적 삶의 단순한 관찰자나 피해자도 아니다. 복수에 대한 열망은 삶에 대한 우리의 참여, 좀 더 도덕적으로는

---

35. 수전 자코비[Susan Jacoby] (1945.7.4.~) 미국 저술가. 1965년 미시간 대학교 졸업. 미국의 반지성주의에 관한 그녀의 2008년 저서 『비이성의 시대The Age of American Unreason』는 『뉴욕타임스』 베스트셀러였음 —옮긴이주.

36. Susan Jocoby, *Wild Justice*. (New York: Harper and Row, 1983)

37. 액튼[H. B. Acton]의 저서 『처벌의 철학The Philosophy of Punishment』에 실릴 보복적 처벌에 대한 다양한 논문들과, 로버트 거스테인[Robert R. Gerstein]의 논문, 「자본의 처벌: 어느 보복주의자의 반응 Capital Punishment: A Retributivist Response」과 톰 도날슨[Tom Donaldson]의 편저에 실린 다우니[R. S. Downie]의 글을 보라.

악에 대한 우리의 인식에서 본질적인 측면인 것 같다. 복수는 악을 "물리치는" 것이고 잘못에 대해 "똑같이 갚아 주는" 것이다. 복수는 우리의 심리에서 피할 수 없는 부분이고, 아마도 심지어 그것은 우리의 본능일지도 모른다. 복수는 "눈에는 눈, 이에는 이"라는 탈리오 법칙[38]이라는 계량의 모습으로 나오는 구약적 정의의 토대를 이룬다. 그리고 신약은 복수를 거부하지 않고 그것을 그저 신에게로 돌린다. 응징은 처벌의 (유일한 목적은 아닐지라도) 핵심을 이룬다. 응징이 처벌의 일부가 아니라면, 처벌은 처벌이 아닐 것이다. 응징의 열망은 복수의 열망이다.[39.]

복수란 무엇인가? 그것은 아무리 혹독하다 하더라도 단순한 처벌은 아니다. 그것은 단순히 의무나 합리성 같은 추상적 의미가 아니라, 개인적이고 감정적인 강렬함을 전제한다. 하지만 그것은 단순한 공격이나 자기주장도 아니다. 보다 깊은 철학적 의미에서, 그것은 똑같이 갚아 주는 것이고 세상을 균형으로 되돌리는 것이며, 상황을 올바르게 하고 범법자에게 되갚아 줄 응징이나 보복 행위를 의미한다. 무엇보다 복수는 사상이 아니며 이론은 더더욱 아니다. 그보다 복수는 도덕적 자아와 그 경계에 대한 원초적 감각, 감

---

38. lex talionis를 탈리오 법칙으로 번역했음. 피해자가 입은 피해와 같은 정도의 손해를 가해자에게 가하는 보복의 법칙을 의미 —옮긴이주.

39. 로버트 노직[Robert Nozick]은 응징은 개인적인 것이 개입되지 않을 수 있는 반면 복수는 그렇지 않다고 언급함으로써, 응징과 복수를 구분한다. 그러나 물론, "개인적인 것"의 범위가 여기서 내가 문제 제기하는 바로 그것이다. 『철학적 해명[Philosophical Explanations]』의 366-74에 나와 있는 그의 매우 훌륭한 논의를 보라.

정이다. 복수의 현실이나 정당성을 부인하면, 도덕적 자아에 대한 이런 감각을 부인하는 것이고 자아의 경계들을 교화하면서 없애는 것이며, 그렇게 되면 존엄성이나 통합성integrity을 이야기하는 것이 아무 의미가 없게 된다. 그런데, 이런 (자아의) 경계들은 그저 개인만 규정하지 않는다. 오히려 그 경계들은 대개의 경우, 우리가 마음을 쓰는 가족, 친구, 세계를 둘러싼다. 그러므로 복수의 감정을 느끼지 않는 것은 미덕의 징표가 아니라, 냉담함과 기권의 징후, 축소된 자아의식, 세상에 대해 "내 문제가 아니라는 식"의 도덕관념이 없는 태도일 수 있다.

물론 위험이 있다. 심지어 정당한 경우라 하더라도 폭력은 더 큰 폭력을 낳는다. 복수의 행위는 바로잡기 위한 또 다른 공세를 낳을 수 있다. 그리고 복수 행위가 범죄를 저지른 바로 그 사람에 대해서 행해진 것이 아니라, 그와 연관된 다른 사람, 예컨대 (피의 복수의 경우처럼) 같은 가족, 부족, 혹은 사회 집단의 일원에 대해 행해진 것이라면, 확대의 가능성은 끝이 없다. 사르데냐 왕국에서는, 복수의 고대 법전("피는 물이 아니다")에 따라, 국가와 같은 "제삼자"에게 의뢰하는 법 없이, 수 세기 동안 가문의 반목이 지속될 수 있었다. "존엄과 명예를 훼손할 목적으로, 그런 위반을 일으킬 사건이 예견될 때, 일어난 행위는 모욕적이다."[40] 뉴기니에서 연구해 온 인류학자

---

40. Pietro Marongiu and Graeme Newman, *Vengeance*. (Toronga, N.J.: Rowman and Littlefield, 1987)

벅 쉬플린^{Buck Shiefflin}에 의하면, 뉴기니에서는 모든 죽음이 다른 가
문 출신의 적 때문인 것으로 여겨졌다고 하며, 다른 가문의 그 사
람은 당시 요술(지금은 법으로 금지되어 있음)을 부린 것으로 비난받아
절대적으로 맞아 죽었다.[41] 또다시, 반목은 여러 세대에 걸쳐 계속
일어날 수 있게 된다. 그러므로, 제도화를 통해 복수의 확산을 제
한하거나 제거할 필요성에 대해 우리는 금방 이해할 수 있다. 그런
데 처벌이 더 이상 복수를 충족시키지 못 한다면, 처벌이 범죄 피
해자의 감정적 필요를 간과한다면, 처벌은 더 이상 그것의 일차적
목적에 맞지 않는 것이 된다. 처벌이 범인을 갱생시키고 다른 범죄
를 억제하는 데 성공한다 하더라도 말이다(대체로 이렇게 성공하는 경
우는 명백히 없다).[42] 법으로 복수를 제한하는 것은 충분히 이해 가
능하다. 그러나 복수를 합법적 동기가 아니라고 완전히 부인하면,
그것은 문화적, 심리적 재앙이 될 수 있다. 우리가 사법 시스템을
묵묵히 따르기 위해 복수를 억압하면, 보살핌과 연민의 감각을 억
누르게 되는 것은 아닐까?

정의의 너무나 많은 강조점이 분배적 정의[43]의 문제로 이동한
현재의 논의 상황에서, 복수심 같은 "비문명적" 감정들을 정의의 전

---

41. 벅 쉬플린. 1988년 텍사스 대학 인류학 강연 시리즈의 일환으로 한 강연에서 한 말.

42. 특히 사형과 관련해서, (범죄의) 억제의 실패에 대해서는 어니스트 반 덴 해그^{Ernst van den Haag}의 「억제와 불확실성Deterrence and Uncertainty」에서 논의되고 있다. 심지어 가장 선도
적인 억제 이론가인 휴 베도우^{Hugh Bedau}는 그의 논문 「사형과 보복적 정의Capital Punishment and Retributive Justice」에서 그 데이터를 인정하고 있다.

43. distributive justice를 번역한 것. 분배적 정의란 각자에게 자신의 정당한 몫을 누릴 수 있게 하
고, 아무도 불만을 제기하지 않는 방식으로 분배하는 것을 의미함 ─옮긴이주.

체 체계에서 우리는 어떻게 활용할 것인가? 소크라테스와 플라톤은 해를 끼치는 그저 또 다른 사례로 복수심을 보면서 퇴짜 놓았고, 그리하여 그들은 복수심은 항상 잘못된 것이라 결론 내렸다. 그러나 우리는 이런 생각을 수용해서 (영화와 문학을 지표 삼아 말하자면) 분명 우리가 지니고 있는 가장 강력한 감수성 중 하나인 것을 부인할 것인가? 우리가 그럴 수 있을까? 정의가 복수심에 대한 언급을 죄다 빠뜨린다면, 얼마나 많은 다른 열정들도 제거될 것인가? 개인적으로 격노를 수용할 역량과 의향 없이 정의 감각을 지닐 수 있는가? 증오가 발단이 되지 않은 채 악과 싸울 수 있는가? 보호적인 태도 없이 누군가를 돌볼 수 있는가? 시기, 질투, 분개에 대한 이해 없이 분배적 정의를 정말로 이해할 수 있는가? 부자를 선망하는 사람이 아무도 없거나 삶에 속았다는 느낌에 분노하는 마음을 가진 사람이 아무도 없다면, (기본적인 필수 욕구들 위에 있는) 자원의 재분배를 요청할 것인가? 자기 소유라고 느끼거나 소유권 의식을 느끼지 않는다면, 재분배라는 개념에 문제가 있는 것 아닌가? ("재분배란 무엇인가?") 물론 복수와 부정적인 감정들에 대해 우리가 방금 제기했던 문제들은 동정, 연민, 심지어 사랑 같은 관대한 감정에도 마찬가지로 적용된다. 우리가 사람들에 대해 (그리고 살아 있는 다른 존재들에 대해) 상관하지 않는다면, 우리가 정의를 신경 쓰겠는가? (그리고 원을 완성해 보자면) 우리가 우리 자신과 우리의 자존감, 다른 사람들과, 우리 삶에 있는 그 미묘한 균형, (우연적 혹은 악의에서 나온) 모욕에 의해 너무나 쉽게 부서지는 그 균형, 그리고 다른 사람에게 탓을 돌릴 수 있는 혹은 돌려야 하는 상실들에 대해 신경 쓴다는 이유로 우리는 양심을 느끼지 않을까?

복수는 원초적일 수 있지만, 여전히 정의 개념의 핵심을 이룬다. 정의 감각은 거리 두기가 아니라 참여를 요구한다. 정의 감각은 공정함에 대한 추상적인 감각이 아니라 모욕당하는 것이 무엇인지에 대한 예리한 감각을 요구한다. 그것은 보호적인 자아(다시 말하지만 자아에는 가문과 부족이 일부로서 포함됨)에 대한 그 기본 감각과, 사회적 세계 속에서 우리의 위치를 나타내는 점수를 동점으로 만듦으로써 보복하고자 하는, 느껴진 욕구[44]를 포함한다. 이러한 감정 없이, 모욕이나 분개의 수용 없이, 존엄성, 도덕에 대한 어떤 감각을 우리가 가질 수 있는가? 분명, 우리 중 몇몇 사람들은 충분히 성인과 같이, 충분히 스스로에 대한 확신을 가질 수 있을 수도 있다. 혹은 거기에 더해 증오와 분노나 양심을 느끼지 않고 오직 자비와 용서만을 실천하기에 충분할 수도 있다. 우리는 다른 사람들, 그들의 결함과 취약성을 이해하고 인정하기 위해 우리 자신의 개인적 위치에 대한 감각을 모두 초월해야 한다. 그러므로 복수의 전반적인 위험과 대가, 그리고 궁극적인 정당함을 더 인식할 수 있기 위해서는,

---

44. the felt need를 번역한 것. 주관적 욕구(현재적 욕구)의 일종으로 이는 사회적인 욕구상황이 개인·가족이나 집단·지역주민 등 그 담당자에 의해 사회적 해결의 필요성을 포함해서 느끼게 된 상태를 말한다. 그러나 이것은 아직 욕구의 존재가 감성적 수준에서 자각되고 있는 단계에 머물러 있는 것이며 해결의 주체적 행동에 결부되는 것은 아니다. 후자에는 또 다른 매개항(전문 사회복지사의 동기부여)을 필요로 한다 —옮긴이주.

정의에 대한 우리의 감각을 확장하고 수정해야 한다. 그런 열정들을 고려하지 않는 법적 원리들의 체계는 - 그것이 무엇이 되었든- 정의의 체계가 아니다. 게다가, 오직 "이성"(예를 들어 이마누엘 칸트의 이성 같은 개념)[45.]이나 억제 혹은 보상에만 근거한 보복 이론은, 그것이 무엇이 되었든, 처벌 이론이 아니다. 사회를 더욱 효율적이고 평등주의적으로 만들고 갈등과 범죄를 제거하기 위한 뛰어난 이론들은 분명 바람직하지만, 결코 정의에 대한 이론들이 아니다. 정의는 보살핌과 관심, 그리하여 분노와 복수, 개인적 관계들을 전제로 한다. 정의는 법에 대한 합리적인 관계만을 전제하지는 않는다.

복수와 관련해서 내가 제기한 것은 도덕적 분노와 격분 같은 적대적 감정들과 관련해서 볼 때 더욱 맞는 말이다. 도덕이 도덕법에 순종하려는 합리적인 의향으로 구성되어 있다고 주장하는 것은 좋은 일이지만, 진실은 이런 것 같다. 즉, 우리를 움직이게 하는 것 (그리고 그 견해의 옹호자들)은 법을 어기거나 정의의 경계를 위반하는 누군가에 대한 목격이다. 모든 사람이 공평한 세상에 대한 비전을 가지는 것이 가능하든 아니든, 우리의 정의 감각은 부정의에 대한 분노와 격분을 통해 시작되고 움직인다. 물론 우리 자신에 대한 부정의뿐 아니라, 우리와 가까운 사람들, 그리고 교양을 통해, 실제로 모든 사람들과 세상의 모든 피조물에 대한 부정의에 관한 분노와 격분을 통해 시작되고 움직인다. 하지만 이 말의 의미는 우리의 정

---

45. 칸트는 그의 『법철학*Philosophy of Law*』에서 처벌에 대해 논의하고 있다. 특히 195-202를 볼 것.

의 감각과 그것을 구성하는 "도덕 감정"이 그저 공감과 연민 같은 자비로운 감정을 통해서만 이해될 수는 없다는 뜻이다. 우리의 정의 감각을 위해서는 따뜻함뿐 아니라 불과 화염도 필요하다. 전통적인 도덕 감정 이론가들은 공감 감정들만이 아니라, 반감을 가진 적대적 열정 같은 감정의 효율성에 대해 적합한 믿음을 가지지 못했었다고 나는 주장하고자 한다.

감정과 이성

마치 모든 열정에 이성이 하나도 없는 것처럼.

니체, 『즐거운 학문 *Gay Science*』

말할 필요도 없지만, 내가 말하는 모든 것에 내포되어 있는, 감정에 대한 하나의 논지가 있다. 그것은 감정들(혹은 몇몇 감정들)이야말로 우리를 인간이게 하고, 우리의 삶을 의미 있게 하며, 우리를 오늘날의 우리, 앞으로의 가능성을 지닌 우리로 만들어 준다는 것이다. 정의를 그렇게 특별하게 만드는 것은 정의에 대한 이론의 복잡함보다는, 정의에 대한 우리의 강렬한 관심 때문이다. 정의에 철학자들과 심리학자들은 이상적인 인간의 삶이란 전적으로 이성적이고, 감정에 좌우되지 않으며, 세상 일에 신경 쓰지 않는 것이라는 인상을 자주 주었다. 그러나 진실은 이러하다. 즉, 우리의 감정, 특히 관심은 우리의 삶에 대한 침범이 아니라, 우리 삶의 본질이다. 감정은 거친 비합리적인 힘이 아니다. 감정은 흔히 지적이고 예민하며, 유익하고 심지어 현명하기까지 하다. 너무나 많은 전통적인 이론들이 하는 실수들은 이런 것들이다. 즉, 그 이론들은 최악의 상태, 가장 비합리적인 상태에 있는 감정들을 택하고, 이성은 최상의 상태에 있는 이성, 대개 감정에 대한 교정으로서의 이성을 언급한다. 하지만 니체가 말했듯이 모든 감정은 그 자체의 "아주 작은 이성"을 지니고 있고, 심지어 복수심도, 끝이 없고 전적으로 파괴적인 것으로 보통 묘사되는 것과는 상반되게, 그 자체의 만족과 한계 개념을 가지고 있다. 우리는 우리의 애정을 받을 자격이 없는 사람들과 사랑에 빠지고, 그들을 보살필 수 있다. 하지만 그렇다고 사랑과 보살핌이 곧 비합리적이라는 논리가 나오는 건 아니다. 실로, 사랑과 보살핌이 없다면, 합리성의 기초로 작용하는 것이 무엇이란 말인가?

합리성은 감정과 반대되는 것이 아니다. 그보다 합리성은 감정의 내재적인 일부이다. 감정은 판단과 반대되는 것이 아니다. 감정은 판단을 불러일으키고, 판단을 필요로 한다. 감정은 판단, 감정적 판단이다. 감정은 더도 덜도 아닌 판단이며, 딱 그 판단에 의존한다. 우리는 우리 안에 있는 계산적인 측면, 개인적인 것이 개입되지 않으며, 감정에 좌우되지 않는 측면에 너무나 강조를 많이 하다 보니 우리가 포괄적으로 "감정feeling"이라 일컫는 것의 중요성을 인식하는 능력을 많이 상실했다. 아니면, 우리는 우리 존재의 그 본질적인 측면을 방만의 문제라고 비난한다. 어쩌면 우리는 그것을 공포영화와 연속극에서 찍어 내는 감정에 있는 싸구려 공포감 같은 것, 파시스트적인 경찰 살해범, 슬래셔 무비,[46.] 스릴러물 등에서 향유되는 그 대리 감정 같은 것으로 비난한다. 적절한 합리적인 삶에서 때때로 재창조의 기능을 하는 감정을 사람의 마음을 휘젓는 침범이라 여긴다. 감정은 우리 존재에 우연적이고, 이성의 최고의 자질에 순전히 부차적이다. 그러나 컴퓨터와 심지어 노트북과 손에 쥐고 다닐 수 있는 계산기들도 우리가 오랫동안 인간 고유의 것이라 생각해 온 것을 할 수 있으므로, 우리 자신을 이성적 동물로 바라보는 옛 관념을 다시 생각해 봐야 할 때가 되었다. 우리를 동물뿐 아니라 기계와 구별하는 것은 우리의 감정, 그중에서도 정의의 감정이 으뜸이다. 한마디로 말해 정의는 그런 일련의 감정들이고, 단순한 이론들이 아니라, 그런 감정들이야말로 우리를 서로 결속시키고, 우리를 사회 세계의 일원이 되게 만든다.

우리는 보통 우리의 합리적인 계산에 대한 정서적 반응에 반대한다. 하지만 감정은 본질적으로 비합리적인 것이 아니다. 어떤 감정은 비합리적이지만, 안 그런 감정도 있다. 또한 (역설적이게도) 이성은 그렇게 합리적이지 않다. 때때로 이성이 합리적이지만 안 그럴 때도 있다. 나는 고백건대 이성을 깊이 불신하고 있다. 허먼 칸Hermann Kahn[47.]의 "생각할 수 없는 것을 생각하기" 개념은 내가 "합리

---

46. slasher movie. 정체 모를 인물이 많은 살인을 저지르는 끔찍한 내용을 담은 영화를 일컬음 —옮긴이주.

47. 허먼 칸Hermann Kahn(1922-1983). 씽크탱크인 허드슨 인스티튜트Hudson Institute의 설립자이자 20세기 후반의 저명한 미래학자 중 한명 —옮긴이주.

성"의 가식을 비판하기 오래전부터 나를 소름 끼치게 했다. 보다 최근에는 우리 시대의 가장 뛰어난 철학자 중 한 사람이 실용주의적 관점에서 마치 초콜릿케이크의 재료 무게를 재듯이, 스페인 이단 심문소를 옹호하는 주장을 편 것을 보았다. 로버트 노직이 그의 저서 『무정부, 국가, 그리고 유토피아Anarchy, State and Utopia』의 서두에서 처음에는 자유주의적 견해가 "타자들의 욕구와 고통에 대해 냉담해" 보였기 때문에 그 견해를 옹호하는 것이 망설여졌지만, 결국 그것을 주장하게 되었다고 말했을 때, 나는 유사한 의혹의 감정이 들었다. 노직에 의하면, 첫째, 그는 자유주의자들의 논지를 진지하게 받아들이도록 설득당했고, 그런 다음 그것들을 확신하게 되었다고 했다. 그리하여 결국 그는 자신이 계속 유지하는 게 싫었지만 "그들의 견해와 결론에 익숙해"졌다고 했다.[48.] 나는 이 모든 것이 굉장히 불편했다. 반감과 주저함의 감정과, 똑똑하고 심지어 반박할 수 없는 그 반대 논지 사이의 선택을 고려할 때, 나는 용기 있게 내 느낌을 따를 수 있기를 희망한다. 존 롤스가 "반성적 평형"[49.]이라는 설득력 있는 개념(우리가 다른 사람의 관점에서 각각 조정하면서 감정들[직관들]과 이론들 사이에서 앞뒤로 왔다 갔다 한다는 개념)을 언급했을 때, 나는 의혹이 들었다. 왜냐하면 감정들이 거의 빠져 있거나, (감

---

48. Robert Nozick, *Anarchy, State and Utopia*, ix-x.

49. reflective equilibrium을 번역한 말. 반성적 평형은 철학자 넬슨 굿맨의 논의로부터 시작되었고 존 롤스가 그의 저서 『정의론』에서 이를 다루며 본격적으로 알려지기 시작했다. 그는 '인간은 누구나 정의를 분별하는 감각을 지녔다'라고 주장하며, 이를 전제로 '반성적 평형'의 개념을 소개한다 ―옮긴이주.

정들이 이론과 맞지 않을 때는) 비합리적인 것으로 자주 비판받고 있었기 때문이다. 나를 당혹스럽게 하는 것은, 자신들이 가진 정의 개념의 합리성을 믿고 있는 많은 이론가들과 이데올로기 이론가들이 동정 같은 부드러운 감정들을 난폭하게 다루고, 그 감정들을 진지하게 여기는 사람들을 "무른 사람"이거나 "박애주의자"라고 조롱한다는 점이다. 제안컨대, 우리는 모든 이론가들에 대해 믿음을 거두고, 우리의 감정에 새로운 신뢰를 보내야 한다.

우리의 정의 논의에서 감정이 주인공이라면, 이성(즉, 특별한 종류의 추론)은 우리의 적이다. 그것은 소위 "합리화"라고 하는 우리의 합리성의 남용이며, 그것은 자선을 베풀지 않는 것에 대해 지극히 평범한 변명을 낳을 뿐 아니라("그건 새 발의 피야." "우리가 뭘 할 수 있어?" "인생은 공평하지 않아" 등등), 가장 정교한 몇몇 철학 이론들과 사법 이론들을 발흥시킨다. 철학, 결정이론,[50.] 사회과학의 가장 정교한 몇몇 기술에서 설명되는 것은 특히 양과 계산에 대한 집착이며, 그것은 어떤 경우에는 그 학문들을 거의 망가뜨렸으며, 그것들이 다른 것들과 아무 관련이 없는 것으로 만들었다. 경제학자들(보다 정확히 말해 계량경제학자들)은 소비자 지출을 공식으로 만들어 놓고 자신들의 계산이 어긋나면, "시장의 불규칙성"을 매도한다. (우주 비행사가 자신의 계산들이 잘 풀리지 않을 때 "하늘의 불규칙성"을 탓하는가?)

---

50. decision theory. 결정이론 혹은 통계적 결정이론은 수학적, 통계학적으로 불확실한 가운데 어떤 가치와 이에 관련된 결정 문제들을 밝혀내어 합리적인 최적의 결정을 내리는 방법에 대한 이론이다. 결정이론에서는 대안들의 가치에 대해 어떤 평가를 내리게 되며 판단 확률로서 양적 가치를 매기게 된다 ―옮긴이주.

혹은 경제학자들은 소비자들의 "비합리성" 내지 "정서성"[51]을 지적하거나, "인간적 요인"을 설명하기 위해 오차범위 내에서 작업한다. 합리성은 항상 옳다. 사람들의 감정이 끼어들면(왜냐하면 실제로 사람들은 무언가를 신경 쓰기 때문에), 그건 감정들이, 그리고 사람들이 비합리적임을 보여 줄 따름이다.

이것은 사람들이 예측 가능한가 아닌가에 대한 문제가 아니다(사람들은 예측 가능하다). 그보다 이것은 인간 행동에 대한 극히 빈약한 견해의 문제이며, 그것은 보다 사적이고 비과학적인 관점에서 볼 때 오류인 동시에 무례하다. 합리성의 그런 추상적 훈련은 선뜻 복지 프로그램 비판에 가담하고 "미신경제학"[52]과 "낙수 효과"[53] 같은 가장 엉터리 세금 제도를 지지한다. 보수주의자들은 자유주의자들이 모든 사회 문제에 돈을 던져 주는 방식으로 접근한다고 소리 높여 비판하지만, 그 대신 우리가 무엇을 던져야 할지에 대해서 그들은 거의 말하지 않는다. 추상적인 자유주의 건설은 실제 인간의 욕구에 눈감고, "규제된" 사업에 대한 현실적인 이해가 없는

---

51. emotionality를 번역한 말. emotionality는 정서 중에서 제삼자가 관찰 가능한 행동적, 신체적 요소를 의미함. 자극에 대한 정서적 반응을 나타내는 척도임. 실험심리학 연구자들이 주로 사용하는 개념임—옮긴이주.

52. voodoo economics. 부두voodoo는 미국 남부에서 행해졌던 일종의 주술적 종교를 의미. 미신경제학은 정부가 공약과 정책을 내걸지만 실제로 효과가 나타나지 않을 경우 '국민을 상대로 한 일종의 기만행위나 마찬가지'라는 의미에서 사용된다. 지금과 경제 상황이 비슷한 1980년대 초 조지 H W 부시 등이 자주 애용해서 유명해진 경제용어다 — 옮긴이주.

53. the trickledown effect. 부유층과 대기업이 주로 내는 직접세의 감세를 추진해서 그들의 세금을 줄이면, 이들이 돈을 써서 투자와 소비가 활성화되고 경제가 살아나면서 결국 중소기업과 저소득층도 혜택을 본다는 이론—옮긴이주.

너무나 많은 규제를 가한 책임도 있는 정부 정책을 조장했다. 그런 다음 우리는 현대 마르크스 이론 같은 이론적 구축물이 현대 세계에 끼쳐 온 비인간적 잔혹성과 파괴가 얼마나 많이 일어났는지 잊지 말자. 분명히 마르크스주의의 추상적인 약속과 호소력은 다수의 사람들에게 억압과 부정의에 맞서 싸울 지적 장치와 희망을 주었지만, 마르크스 이론의 엄격성은 초월적인 종교전쟁만큼 재앙의 결과를 초래했다. 소위 이 이성이라는 것, 계몽적 사유라든가 세상에 대한 확장된 인식으로서의 이성이 아니라, 세심하게 제한하고 (질적이라기보다) 수량화된 사유의 프레임으로서의 이성은 다른 사람들에 대해 우리의 가장 기본적인 정서적 반응조차 차단하기 위한 방법인 것임을 증명했다. 따라서 내가 말해야 할 많은 부분이 추상적 신념에 대한 비판, 특히, 소위 "이데올로기"라고 하는 딱딱하고 유연하지 못한 형태의 신념에 대한 비판일 것이다. 이런 종류의 합리성은 정의를 구성하는 요소가 아니라, 바로 그것의 대조를 이룬다.

그러나 이런 주장이 논쟁적이고 위험한 방향으로 전개될 수 있음을 감안할 때, 내가 이성, 추론, 지성 같은 것을 공격하고 있는 것이 아님을 명료하게 해 두자. 기호논리학과 계산이 담당할 명확하고 본질적인 역할이 있다. 그리고 정의에 대한 이해(이론 속에서의 정의의 표명까지 포함해서)가 정의에 대한 열정적인 사적 의미와 상반되거나 적대된다고 주장할 사람은 아무도 없을 것이다. 보다 큰 사회문제와 정치의 문제에서 그런 이해는 물론 필요불가결한 것이고, 심지어 가장 친밀하고 지극히 개인적인 상황에서조차 이성은 상호 이해를 증진시키는 본질적인 기능을 하고 그리하여 갈등 해소의 기능을 한다. 그러나 정치에서건 사적인 문제에서건 정의에서 이성은 결코 단순히 계산의 문제가 아니라, 무엇보다 감수성의 문제이다. 우리가 다른 사람들을 설득하여 우리의 견해를 가지도록 할 때, 그것은 우리 계산의 타당성을 보여줌으로써가 아니라, 그들의 감정을 바꾸고, 이와 더불어 상황에 대한 그들의 이해를 바꿈으로써 그렇게 한다. 우리가 사람들을 협상 테이블에 이르게 할 때, 그들로 하여금 추론하게 하거나 심지어 합리적이 되도록 만드는 문제는 오직 부차적인 문제이다. 그것은 무엇보다 그들로 하여금 다른 사람들의 감정과 관점을 인정하거나 적어도 대면하게 하는 문제이다. (중동에 고유한 갈등 같은 가장 비극적인 갈등이 협상 거부를 영속화하는 이유가 바로 이것이다. 그런 갈등들을 그렇게 다루기 어렵게 만드는 것은 단지 이성이 부족해서가 아니다.) 이성과 정서는 둘 다 이성에 필수적이다. 선의만 가지고는, 그것이 아무리 최상의 의도와 결합되어 있다 하더라도, 세상을 더 살기 좋은 곳으로 만들기에 충분하지 않다. 감정만으로는 명백히 정의에 충분치 않다. 지식과 지혜가 없으면 정의에 대한 열정은 공허한 열정이고 기껏해야 인도주의를 향한 친절한 몸짓, 그 수준에 불과할 것이다.

적절한 정의 감각은 관심뿐 아니라, 자신의 한정된 영역 바깥에 있는 사람들의 곤경과 세상의 상태에 대해 알고자 하는 욕구, 호기심도 필요로 한다. "선량한" 사람이 자신의 가족과 지인에게 전적으로 헌신하고, 나머지 세상 사람들에 대해서 눈을 감는 일은 실제로 일어나는 익숙한 역설이다. 정의는 그렇게 제한되어서는 안 된다. 추상적 개념과 이론들이 보다 더 글로벌한 균형을 제공하는 것은, 개인적 선에 대한 이렇게 너무 안락한 한정된 그림에 대해서이다. 정의는 그렇게 제한된 의미로 개인적이지 않다. 글로벌한 의미에서 추상적인 것도 아니다. 그보다 정의는 피터 싱어[Peter Singer][54.]가 레키[Lecky]의 뒤를 이어 소위 "확장하는 원[the expanding circle]"[55.]이라고 부른, 확장된 인식 과정이다. 원 내부의 작은 원들은 우리의 친족과 가장 가까운 친구들을 향한 자연스러운 감정으로 구성되어 있다. 그러나 원이 커짐에 따라, 지인, 이웃, 동료, 민족, 외국인들, 다른 종을 포함하게 된다. 싱어에 따르면 원을 확장하게 하는 것은 이성이라고 하는데, 나는 바로 이 지점에서 그의 논지와 결별하고자 한다. 이성은 우리가 생물학적으로 물려받은 감정의 촉발에 보편적 원칙을 부가하지만, 이성은 또한 그런 감정들을 뒤에 남겨 둘 위험이 있다. 그래서 나는 원을 확장시키는 것은 (추상적 원칙

---

54. 피터 싱어[Peter Singer] (1946.7.6.~) 오스트레일리아 출신의 도덕철학가. 멜버른 대학, 옥스퍼드 대학에서 수학했음. 옥스퍼드 대학, 뉴욕 대학, 콜로라도 대학(보울더 소재), 캘리포니아대학(어빈 소재), 그리고 라 트로브 대학에서 강의하였고 현재 프린스턴 대학 '인간가치 센터'에서 생명윤리를 가르치며 프린스턴대학교 생명윤리학 석좌교수로 활동하고 있음. 또한 동물권익 옹호단체인 '동물 해방Animal Liberation'의 초대 회장을 역임하기도 했음 —옮긴이주.

55. Peter Singer, *The Expanding Circle*.

에 기초해서 계산을 하는 기술적인 의미로) 이성이 아니라, 다른 사람들과 다른 생명체가 놓인 환경과 형편을 인식하게 된다는 구체적 의미에서, 지식과 이해라고 주장하고자 한다. 선행과 정의 사이에 뚜렷이 그어진 선은 없으며, 정동과 애정이 멈추고, 이성이라고 하는 새로운 자질이 효과를 나타내며 자리를 대신하는 그런 지점이 우리 경험에는 없다. 우리의 정서는 점점 더 확장되고 더 좋게 교육되며, 새로운 시각은 옛 시각과 결합하여 세계를 확장하고 세계 속의 새로운 인구를 포용하게 된다.

여러 사람들 가운데, 데이비드 흄$^{David Hume}$은 타인을 향한 우리들의 관심과 박애심이 닿을 수 있는 한계가 있으며, 개인적 감정에 기초한 정의 개념의 문제점은 우리들 사이의 "거리"라고 주장했다. 내가 보기에 이것은 너무 과장된 것이라 여겨진다. 우리가 알고 이미 보살피고 있는 누군가에 대해서보다, 우리가 모르고 결코 만날 일이 없을 사람에 대해 연민을 느끼기 더 어려운 것은 사실일지 모른다. 그러나 "거리"라는 이 문제는 우리 감정의 기능이라기보다, 무지나 냉담함의 문제인 경우가 훨씬 더 빈번하다. 예를 들어 노숙자 문제는 거리의 문제가 아니다. 그 반대이다. 그것은 근접성의 문제이다. 노숙자는 우리가 몰랐던 사람들이 아니다. 길거리에서, 밤마다 방영되는 TV에서, 조나던 코졸이 쓴 감동적인『레이첼의 아이들Rachel's Children』[56]같은 책을 통해서, 우리는 노숙자에 대한 개인

---

56. Jonathan Kozol, *Rachel's Children* (New York: Crown, 1988)

적인 모습을 그려 볼 수 있다. 그들은 우리와 다르지 않으며 무서울 정도로 우리와 비슷하다. 우리와 무척 비슷한 배경, 우리와 무척 비슷한 개인적 이력을 가지고 있다. 그들은 추상적인 의미에서 "동료 미국인들"이 아니다. 재정 파탄 혹은 재앙 같은 이혼, 혹은 한바탕 정신질환, 혹은 천정부지로 치솟는 월세, 제조 공장의 폐쇄가 그들의 "정상적인" 삶을 종식시키고 그들을 길거리로 내동댕이치기 이전에, 그들은 우리와 유사한 가문 출신이었고, 유사한 역량, 유사한 열망을 가지고 있었다. 내가 주장하고자 하는 것은, 그들에 대한 우리의 공감(그리고 희망사항, 그 결과 생긴, 그 문제에 대해 뭔가 해야 한다는 절박함)은 자연스러운 반응이라는 것, (추상적인 시스템이나 정책의 추구가 아닌) 이런 반응이 정의의 핵심을 구성한다는 것이다.

부자연스러운 것은 우리의 연민이 아니라, 우리의 냉담함이다. 노숙자의 동일성은 우리의 공감을 일으키는 한편 우리의 방어도 유발한다. 같은 언어로 말하고, 몇 년 전에는 같은 학교에 다녔을 수도 있고, 같은 단지의 아파트에 세를 얻어 살았을 수도 있는 노숙자는 우리에게 공포심을 느끼게 한다. "오직 신의 은총이 있기를!"은 우주에 대한 감사를 표현하는 추상적인 문구가 아니라, 우리 모두를 위협하는 실제적 우연성에 대한 인식을 드러내는 말이다. 우리 중 몇몇은 방어적인 (그리고 고의적으로 무지 상태로 있는) 이데올로기를 구축한다: "그건 그들 자신의 잘못이야." "그들은 직업을 가져야 해." (많은 노숙자들이 이미 직업을 가지고 있다.) "그들은 술에서 손을 떼야 해." (손쉽게 구할 수 있는 신경안정제보다 그것이 비참함에 대한 보편적인 해결인 것처럼.) "그들의 우울증에 대해 그들은 누군가의 진찰을 받아야 해." (마치 공공 정신 보건이 그렇게 쉽게 이용 가능한 것처럼, 그리고 노숙자 그 자체가 우울증의 충분한 원인이 아닌 것처럼.) 우리는 노숙자에 대한 공감을 표현하기보다, 그들이 실패자가 된 맥락, 혹은 (훨씬 나은 케이스로) 선택에 의해 길거리에 나와 있는 맥락(시대에 대한 보다 터무니없는 언급 중 하나로 "라이프 스타일"의 하나라고 보는 것)을 제공한다. 비극을 고의적으로 오해하고 유용함으로써 우리는 그 문제와 "거리를 둘" 수 있을지 모르나, 거리 그 자체가 중요한 게 아니며, 거리는 감정의 마비도 아니다. 문제는 우리가 우리의 신념(심지어 우리의 이성까지도)으로 하여금 우리의 감정을 방해하도록 허용하고 있다는 것이다.

신념의 병리학

> 그의 동료 인간이 그의 창문 아래에서 벌 받지
> 않은 채 살해될 수 있다. 그의 내면에서 저항하
> 는 본성이 그로 하여금 살해되고 있는 남자와
> 동일시하는 일을 막기 위해서, 그는 단지 자기
> 손을 양 귀에 대고 자기 자신과 약간 논쟁하기
> 만 하면 된다. 야만인은 이런 훌륭한 재능이 없
> 고, 지혜와 이성이 부족하기 때문에 언제나 인
> 간의 첫 번째 감정에 무심코 굴복하게 된다.
>
> 장 자크 루소^{Jean-Jacques Rousseau}, 『불평등 기원론』

> 이데올로기 없는 지식인은 무방비 상태이다.
>
> 어빙 크리스톨^{Irving Kristol}

순수한 의미에서, 물론, 신념은 인생과 감정과 정의에 필수적이다.
세상에서 살고 느끼기 위해서 우리는 세상에 대해 알아야 한다. 정
의는 선량한 마음뿐 아니라, 로레인 코드^{Lorraine Code}가 소위 "인식적
책임"[57]이라 부른, 상당한 양의 지성과 지식을 전제로 한다. 그런데
세상에 대한 개인적 지식일 뿐 아니라, 세상에 대한 독선적이고 객

---

57. Lorraine Code, *Epistemic Responsibility*.

관적인 도덕적 자세(이것은 심지어 그것이 스스로 격노와 분노를 유발할 때에도 감정을 막고, 지식으로 과시하기도 한다)이기도 한, 다른 종류의 신념도 있다. 이런 종류의 신념, 즉 이데올로기는 정의의 적이며, 이것은 문제의 그 신념이 지향 면에서 보수적이든, 진보주의적이든, 혹은 자유주의적이든, 마르크스적이든 혹은 무정부주의적이든지의 여부와 거의 상관이 없다. 기실 나는 종종 이런 생각을 해 왔다. 즉, 거대한 인간 소뇌의 진화가 가져온 이상한 결과 중 하나는, 우리를 우리 자신의 삶과 감정으로부터 거리를 두게 하고, 특정한 방식으로 그것들을 속이는 우리의 능력이 아닐까 하는 것이다. 철학은 우리에게 교화와 관심을 제공해야 하지만, 철학은 너무나 자주 합리화를 통한 도피를 조장한다. 우리의 신념이 우리에게 줘야 하는 것은 방향성과 참여이지 삶의 거절이 아니다.[58]

정의 감각은 감수성뿐 아니라 지성도 필요로 한다. 그런데 정의 이론들은 통찰과 주장뿐 아니라, 눈가리개도 부과하는 듯하다. 그

---

58. 폴 우드러프[Paul Woodruff]는 고대 회의론자들이 그런 견해를 가진 것으로 해석했다. 피로[Pyrrho]와 그 추종자들은 모든 "신념들", 그들을 조롱과 명백한 자기모순의 비난에 빠지게 하는 견해를 수용하는 것을 거부했다. 왜냐하면 신념이 없으면 일상생활에서 그것들이 어떻게 기능할 수 있었겠는가? (그래서 그들은 자신들의 신념에 대해서도 믿지 않았다.) 그런데 (우유는 아이스박스 안에 있다 같은) 일상의 믿음과 대문자로 시작하는 믿음, 예를 들어 대부분의 정치적 이데올로기들과 많은 공식적 종교를 구성하는 그런 종류의 믿음 사이를 구분하는 것이 필요하다. 회의론자들은 대문자 믿음을 거부한 거지, 일상의 믿음을 거부한 것이 아니다. 그래서 후대의 회의주의자인 데이비드 흄[David Hume]도 "타고난" 성향과 삶에서 그를 인도해 온 신념들을 거부하지 않았다. 철학자들이 순수 이성의 산물로 옹호했던 대문자 신념들을 거부했을 따름이다. 그리하여 그는 (그의 저서 『인간 본성론Treatise on Human Nature』 중 416페이지에 나오는) 최상의 논증에서 이렇게 말할 수 있었다. "내가 내 새끼손가락이 찔리는 것보다 세상 절반의 멸망을 더 선호하는 것이 비합리적인 것은 아니다." 이것은 이성의 도덕적 무력함을 강조하려는 것이지, 무감각을 강조하려는 의도는 아니다.

런 눈가리개들은 이데올로기들인데, 이데올로기는 우리의 관심을 불러일으켜야 할 개념과 정보를, 이런저런 정책, 정부, 혹은 시스템에 대한 정확한 비난으로 돌려버리는 방식으로 해석한다. 물론 대규모 차원의 정의는 정책과 정부와 시스템에 대한 관여를 통해서만 일어날 수 있다. 그러나 이것을 주장하는 것과, 모든 사람은 이데올로기를 가져야 한다고 말하는 것은 다르다. 에드먼드 핀콥스 Edmund Pincoffs는 그의 저서 『난제와 미덕Quandaries and Virtues』에서 이렇게 쓰고 있다. "윤리 이론이라 알려진 구조들은 도덕적 분별과 균형을 얻기 위한 도구라기보다 위협이 되고 있다고 주장하고 싶다. … 그 구조들은 도덕적 성찰을 제한하고 뒤틀리게 만든다." 나도 또한 이데올로기는 정의로 가는 통로가 아니라 주된 방해물이라고 주장하고자 한다. 핀콥스는 이렇게 덧붙인다. "정의롭지 않은 사람이 사회 실천의 정의에 권위자가 될 수 있다." 실로 가장 논리 정연한 이론가들이 종종 가장 위험한 딴 속셈을 가진 사람들이라는 것을 우리는 잘 알고 있다.[59.] 사회정책과 정의에 대해 가장 정교한 사유가 연민 감정의 거절이 될 수 있다. 60년대에 캄보디아에서 복무했던 벗이자 동료였던 이가 내게 말한 적이 있다. 그 밑에 있던 병사들 중 대학 교육을 받지 않고 "이성"의 간계와 방식에 정통하지 않았던 병사들이, 당시 (전쟁의 필연은 아니라 하더라도) 전쟁의 일상적 특징이었던 전쟁 범죄에 일반적으로 더 예민하고, 더 반발했

---

59. Edmund Pincoffs, *Quandaries and Virtues*.

다고 한다. 한편 대학 교육을 받은 신병들과 장교들은 전쟁 범죄를 쉽게 합리화하고, 죄의식과 수치심으로부터 뿐만 아니라, 인간성(자신들이 싸우는 적의 인간성뿐 아니라 자신들의 인간성까지)으로부터도 아주 효과적으로 스스로를 분리시킬 수 있었다고 한다. 합리화로서의 이성은 정의와 반비례한다. 이데올로기의 결과로서 사람들이 하는 흔한 언급은 우리의 간담을 서늘하게 한다. 어떤 이는 동성애자들과 약물중독자는 에이즈에 걸릴 만하다고 주장하고, 또 어떤 이는 빈곤하고 궁핍한 사람들은 단지 너무 게으르거나 정부의 보살핌을 지나치게 받아서 직장을 가지지 못 한다고 하며, 또 다른 이는 에티오피아인들이 마르크스주의 정부를 없앨 때까지 원조나 식량을 보내서는 안 된다고 하며, 또 어떤 이는 테러리스트의 국내 여객선 폭발을 옹호하면서 대부분의 승객들이 부유한 자본가들이라는 것, 혹은 테러리스트들이 자신들의 주장을 세상에 주목받게 할 필요성이 있었다는 것을 그 근거로 든다. 이데올로기를 가지는 것이 사람들을 더 공정하게 만들지 않는다. 그것은 매우 흔히 충격적인 무감각, 그로테스크한 견해, 진짜 진심의 불공정으로 이끈다.

정의에 대해 관심을 가지려면 체계적인 사유가 필요하다는 생각은 내 변호를 필요로 하지 않는다. 미국의 도시 거리에서의 마약 범죄로부터, 이따금 우리가 후원하는 정부들 아래에 있는 수백만 명의 사람들의 극심한 빈곤에 이르기까지 가장 두드러지는 정의의 문제들에 대한 간단한 해결책은 없다. 이런저런 경로의 정치적 활동의 복합성을 드러내는 (수백만까지는 아니라 하더라도) 수십만 단어의 글들이 기술되어 왔다. 단호하게 변호해야 할 것은 정의 추구에서 감정의 중요성이다. 즉 정의 이론을 단지 또 다른 일련의 추상적 신념과 주장을 넘어선 어떤 것이 되게 하는 그 사적인 감정의 중요성 말이다. 그 문제는 로버트 노직Robert Nozick[60]이 동물의 권리를 논할 때 괄호 안에 한 말에 잘 나타나 있다. 동물에게는 권리가 없다고 주장하는 사람들에 맞서 논쟁하면서 그는 이렇게 말했다. "동물들은 가치를 지니고 있다. … 이것을 증명하기 어렵다. (사람이 가치가 있다는 것을 증명하는 것도 마찬가지로 어렵다!)"[61] 정말로 어렵다! 그러나 사람이나 동물이 "가치가 있다는 것"을 증명할 필요가 있을까? 그런 요청이 심지어 일어날 수 있다면, 철학과 사회 이론의 전체 프로젝트가 잘못된 것 아닌가? 이론은, 그것이 아무리 잘 표현되고, 지지받거나 입증된다 하더라도, 그 자체만으로는 우리에게 정의 감각의 입문조차도 제공하지 못 한다. 우리는 증거와 입증의 장치가 시작되기 전에, 사람은 (그리고 동물은) "가치가 있다"라는 우리의 정서적 인식과 더불어 시작해야 한다. 우리의 정의 감각에 중요한 것은 바로 그 정서적 인식이지, 순수한 실천적 이성의 추동력이 아니다.

---

60. 로버트 노직Robert Nozick (1938~2002). 뉴욕 브루쿨린 출생. 콜롬비아 대학교 졸업 후 프린스턴 대학에서 박사 학위 취득. 1969년 30세의 젊은 나이로 하버드 대학 철학과 정교수가 됨. 74년 출간된 『무정부, 국가, 그리고 유토피아Anarchy, State and Utopia』는 철학의 영역을 개척하여 넓힌 저작으로 인정받음. 전통적인 자유주의를 정치철학의 진지한 대안으로 부각했음 — 옮긴이주.

61. Robert Nozick, *Anarchy, State and Utopia*, 35-36.

이데올로기의 문제점은, 그 말의 일반적인 의미에서, 지적 엄밀성이나 정확성의 부족이 아니다. 이데올로기 이론가들은 때때로 뛰어나고, (그렇게 인정되는 일이 드문) 그들의 열정은 그들로 하여금 정교한 세부 사항과 기록을 제공하도록 독려한다. 이데올로기는 (미국에서 정치적 의견이라고 내세우는) 한 줄짜리 슬로건과 이데올로기적 무신경의 천박한 전시에 스스로를 맡길 때조차도 근사하게 전개될 수 있다. 문제는 이데올로기에 지적 정확성이 부족하다거나, 이데올로기가 사실들을 무시한다는 점이 아니다. 그보다 이데올로기가 우리의 적절한 정서적 반응을 막는다는 것이 문제다. 이데올로기는 연민의 감정을 막는다. 마르크스주의자와 다른 혁명가들이 너무나 많은 죽음에 대해 악랄한 정권의 전복을 위해 필연적이었다거나 혹은 우연적인 것이라고 하면서 묵살하는 것, 보수주의자들이 가난한 사람의 곤경에 대해 그들을 비난하면서 "그들은 그럴 만하다"라고 말하는 것, 자유주의자들이 그 시스템 속에 살아야 하는 사람들, 혹은 그 시스템에 대해 대가를 치러야 하는 사람들의 고통과 부정의에 스스로 눈감게 하는 그런 시스템을 너무나 애호하는 것을 듣는 일에 우리는 너무나 익숙해 있다.

이데올로기가 감정과 전혀 관련이 없다는 것이 아니다. 이데올로기는 자체 내의 감정들을 생성해 낸다. 즉, 이데올로기는 동일시의 감정, 특히 자부심, 올바른 입장에 있다는 의식, 자신의 신념이 도전을 받으면 인격적으로 위협받는다는 감정 등을 생성한다. 사

실 많은 문제는, 이슈라기보다 자아가 위태롭다는 점이다. 내가 제
안하고자 하는 마지막 생각은, 감정과 신념이 서로서로 적대적이라
는 점이다. 분명 어떤 이는 내 말에 문제가 있다고 공격할지도 모른
다. 감정은 우리의 신념과 판단력에 의해 결정되는 것이 아니었나?
라고 하면서. 실제로 그렇다. 주장컨대, 감정은 결국 판단력의 일종
이다. 게다가 모든 감정이 다른 감정과 마찬가지인 것 같지 않다.
우리의 윤리학은 부분적으로 감정의 윤리학이다. (분노는 불쾌하고
사랑은 아름답다.) 옳고 그른 감정이 있으며, 감정은 상황과 조건에 따
라 옳고 그름이 있을 수 있다. 아프리카에서 사람들이 굶주리고 있
을 때, 정치적 신념의 지위를 지키려는 자부심은 그릇된 감정이다.
신념, 그중에서도 특히 정치적 신념이 점점 더 의심스러워지는 것
은 다름 아니라, 바로 그 신념에 뒤따르게 되는, 그런 무정한 의견
과 행동들의 영향 때문이다. "올바른" 신념을 가진다는 일이 선량
하고 정의로운 사람이 되는 일을 더 쉽게 하기보다, 오히려 더 어렵
게 만들고 있는 것 같다. 이데올로기는 결국 자신을 감정으로 보기
를 거부하는, 강력한 감정에 불과할 수도 있다.

　요즘 우리는 정의를 이론에만 의거해서 생각하는 경향이 너무
많다. 그 결과 개인적인 정의 감각을 오직 신념에 의해서만 판단한
다. 어떤 사업가가 지인과 가족들로부터 정의롭고 공정하다고 여
겨지는 이유는, 그가 자본주의, 혹은 민주당, 혹은 신에 의한 궁극
적인 정의의 해결을 믿기 때문이다. 사회학을 전공하는 젊은 대학

원생이 친구들로부터 (가족들이 아니다) 정의롭고 공정하게 여겨지는 이유는, 자본주의와 "부르주아"의 물질적 안락을 경멸하고, 아마도 이따금 이런 것들을 상징적으로 공격하는 기회를 가졌기 때문이다. 그러나 신념, 특히 정치적 신념을 정의나 정의로운 사람과 동일시되어서는 안 된다고 나는 주장하고 싶다. 내 염려는, 플라톤이 자신의 소피스트 벗들과 지인들의 단순한 의견들을 공격했을 때 그가 염려했던 것이기도 하다. 문제는 그런 의견들이 거짓일 수 있다는 것이 아니었다. 기실 어떤 의견이 옳은 것인지는 중요하지 않았다. 문제는 참과 거짓이 아니었다. 그런 의견들이 단순히 빌려 온 간접적이라는 것, 사상보다는 설득의 산물이라는 것이 문제였다. (물론 설득력은 이성보다는 정념passion일 수 있다고 플라톤은 염려했다. 그러나 그의 주된 염려는 그렇게 도출된 의견이 중요한 의미에서 그 자신의 것이 아니라는 점이었다.) 이런 점에서 볼 때 의견들이 비록 겉보기에 온갖 종류의 이성과 주장의 뒷받침을 받고, 반대와 역 예시에 대해 온갖 응답을 할 준비가 되어 있으며 충분히 숙고된 것처럼 보이더라도, 의견들은 가치가 없다고 플라톤은 주장했다. 섹스투스 엠피리쿠스 Sextus Empiricus[62.] 역시 "신념"을 가치 없는 것, "너무 강렬한 것," 삶의 조작이라고 거부했다.[63.] 플라톤도, 그리스 회의론자도 일반적인 실

---

62. 섹스투스 엠피리쿠스[Sextus Empiricus]. 200년경 알렉산드리아의 의사로 회의론자. 여기서 Empiricus는 경험론자라는 뜻이다. 피론의 학설을 기술한 저작 3권과 여러 학설의 대표자에 대한 비판서 6권 및 독단론자를 논박한 5권의 저작이 있으며, 이들은 그리스 회의론 연구의 중요한 자료가 되고 있다 —옮긴이주.

63. Plato, *The Apology: Sextus Empiricus, Works*

용적 의미에서 일상적 삶을 헤쳐 나가는 지침서로서 의견과 신념을 거부한 것은 아니었다. 삶과 우주에 대해, 특히 정의에 대해 말하는 거대 주장과 이론들 문제에 이르면, 의견과 믿음의 연대는 정의에 도움이 되기보다, 오히려 방해가 되었다. 이론들은 객관적으로 투영된 개인적 편견들과 세계에 대한 흔히 무감한 진실들을 반영하고 있을 따름이다.

사회계약과 자연 상태

문명국가 바깥에는 늘 만인에 대한 만인의 투쟁
이 존재한다.

토머스 홉스

인간은 자유롭게 태어나지만 모든 곳에서 그는
사슬에 매여 있다.

장 자크 루소

오늘날 하나의 거대 이론이 우리의 사유를 지배한다. 그것은 우리
사유의 출발점을 제공하고, 정의에 대한 우리의 개념과 논의의 기
본 원칙을 제공한다. 그것은 현대의 가장 뛰어난 철학자들이 기여
한 모든 지적 우아함을 가지고 있고, 가장 깊이 체감된 정치적 견
해가 제공할 수 있는 모든 호소력을 지니고 있다. 그것은 전개 과
정에서 미궁이 되었지만 기본 개념에서는 거의 유아적으로 단순한
이론이다. 그것은 "사회계약" 이론으로 알려진 이론이며, 그것은 정
의 이론뿐 아니라 인간의 본성과 우리의 기본 감정과 동기에 대한
이론까지 포괄하고 있다. 가장 근본적인 공식 속에 그것은 다음과
같은 견해를 가지고 있다. 즉 정의(그리고 사회의 바로 그 존재)는 우리

가 그것의 원칙들에 모두 동의한다는 사실에 의해 생겨나고 정당화되는데, 우리가 동의하는 이유는 그 원칙들이 궁극적으로 우리의 최상의 이해에 기여하기 때문이라는 견해이다. 그 이론의 많은 해석 속에서 정의는 이성의 문제가 되고, 목적은 우리의 타고난 정념들passions의 제멋대로이고, 흔히 이기적인 명령에 반대하고 그것을 통제하는 것이다. 나는 그런 이론들이 자기 유익을 계산하는 일로 이성을 축소시키고, 정서적이고 근본적으로 사회적인 우리의 본성을 간과하거나 심지어 부인한다고 주장하고자 한다.

사회계약이론은 17세기와 18세기의 위대한 사회사상가들, 특히 토머스 홉스, 존 로크, 장 자크 루소로부터 우리에게 내려왔다. 그것은 정의가 전체 동의의 산물, 사회의 모든 구성원들 한 명 한 명에 의해 동의를 받은 계약이라는 이론이다. 그 이론의 큰 매력은 우리가 동의했기 때문에 우리는 정의 규율들(그리고 그것들을 강제하는 정부)에 복종할 의무가 있다는 점이다. 실로 공정함의 원칙들이 다른 사람들에게 공정하듯 우리에게도 공정하다는 합리적인 믿음과 함께, 공정함의 원칙을 승인하는 것은 다름 아닌 우리 자신의 말이다. 우리는 우리의 최선의 합리적 계산에 따라 우리 자신의 이익에 부합하는 어떤 규칙들에 의거해서 같이 살 것이라고 국가와 계약한 것, 아니 좀 더 적합하게 말해서 서로서로와 계약한 것과 마찬가지이다. 우리가 그 규칙들을 따르는 것에 대한 화답으로, 다른 모든 사람들도 그 규칙들을 따를 것이다. (혹은 그렇게 하도록 위협받고 강요받을 것이다.) 그런 일반적인 규칙이 왜 있어야 하며, 그것을 따르는 것이 (대체로) 우리 자신에게 어떻게 이로운지에 대한 설명으로서, 이런 생각이 얼마나 잘 작동하는지를 보려면 그저 교통 규칙에 대해 생각해 보면 된다. 공정한 것에 대한 동의, 공정한 제도(특히 사법제도, 세금제도, 시장제도, 계약과 소유권제도)를 지원하고 참여할 것에 대한 동의에 대한 화답으로, 다른 사람들도 또한 참여할 것이며, 그것은 우리 모두에게 이익이 된다. 우리는 절박한 처지에 있는 사람들을 돕기 위해 우리 수입의 일부를 기꺼이 포기할 것이다. 왜냐하면 우리가 궁핍한 처지에 놓일 경우 다른 사람들도 유사하게 우리를 도울 것이라고 믿기 때문이다. 그런 자기 본위적인 협력은 사회가 질서 있고 대체로 평화로울 것, 재산이 안전하고 지켜질 것, 우리의 사적인 삶이 보호될 것을 확신한다. 그렇게 사고된 정의는 합리적이고 상호적인 동의의 산물이며, 그것에 의거해서 우리는 모두, 똑같이는 아니지만 우리의 이기적이고 "타고난" 성향에 맡겨질 경우에 비해서는 적어도 훨씬 많이 이익을 얻게 된다.

그러나 최초의 계약이나 계약에 대한 이 아이디어는 무엇을 전제로 하는가? 우선, 그런 합의를 하기 위해 모일 수 있는 개인이 있었을 것이고, 그들은 아마 조직화되거나 일관된 사회에서 벌써 같이 살지는 않았을 것이다. 대신, 그들은 지금 확립된 신화에 따르면 "자연 상태"에서 살았다. 즉, 자신의 필요와 욕구를 추구하면서 마주치게 될 어떤 사람에 대해 어떤 대가를 치르더라도, 그들은 모두

"자연스럽게" 오직 자신의 이익에만 봉사하는 원시적이고 순전히 개별적인 존재였다. 따라서 이 이론은 무엇보다 인간 본성에 대한 이론을 전제하고, 이에 따르면 우리는 모두 본질적으로 독립적이고 자율적인 피조물이며 독자적으로 (좋든 나쁘든) 존재할 수 있다. 우리는 또한 이기적이거나 적어도 자기 이익을 추구하는 존재들이며, 다른 사람들의 필요와 이해관계를 감지하지 못 하는 편이며, 지속적인 애정이나 애착이 없다. 그러나 우리는 분명히 무엇이 우리에게 좋은지 알아내는 데 매우 영리하며, (이 이론에 따르면) 우리는 같이 모여서 개인적 상호 이익을 협상하며, 우리의 합의 조건을 명시하고 우리의 준수를 위한 인센티브와 제재를 제공하는 계약을 체결할 수 있다. 그것은 아마도 서로에 대해 거의 알지 못하고 계약에 필수적인 복잡한 법적 개념은 말할 것도 없고, 언어의 시작조차 공유하지 않는 아마도 원시적인 존재들의 첫 만남에서 너무나 많은 것을 요구하는 것이다. 사회 이전의 인류는 대단히 정교했으며 마지못해 협조적이었던 것 같다. 자연 상태는 사람들이 자신들이 언제나 얼마나 똑똑했는지, 그리고 지금은 자신들이 얼마나 더 잘 살고 있는지를 스스로에게 증명해 온 위대한 고대 신화들 중 하나이다.

물론, 선사시대에 이런저런 종류의 인류가 있었는데 그게 문제가 아니다. 왜 우리는 그들이 서로에 대해 거의 관련이 없지만 자신들의 필요와 이익에 대해서 예리한 감각을 가진, 사실상 전사회적 원형 변호사이자 정치가였다고 생각해야 할까? 물론, 우리는 그런 계약에 의해 실제로 형성된 사회의 고무적인 예를 가지고 있다. 그것은 우리들이 가진 사회이다. "계약"은 우리의 헌법이다. 그러나 말할 필요도 없이, 2세기 전에 필라델피아에 함께 모였던 것은 사회 이전의 야만인들이 아니었다. 그들은 잘 훈련되었고, 고도로 숙련되었으며, 박식한 변호사들과 정치인들이었다. (그들이 즐겨 읽던 몇 몇 책들은 정확히 사회계약에 대한 철학적 문헌이었다.) 그리고 그들이 "건립"한 사회는 결코 근본적으로 철저히 건립된 그런 사회가 아니었다. 그것은 식민지에 이미 존재한 서유럽 (특히 영국적) 사회를 상당히 개선한 형태였으며, 그 안에서 재산은 이미 확립되어 있었고, 절도와 살인과 수천 개의 다른 범죄에 대한 지역 법이 강제력을 가진 처벌 시스템과 함께 이미 시행되고 있었다. 반면에, 사회계약 은유는, 우리가 아무것도 없는 무에서 사회를 건설할 수 있으며, 어쩌면 이미 그렇게 했을 수도 있다는 터무니없는 전제를 가정하고 있다. 자연 상태의 신화는 이렇게 하기 위해 우리가 사용한 원재료 분석이다.

그러나 자연 상태에 대한 관념은 단지 사변적인 역사적 문제가 아니다. 사회가 건립되기 전의 "원초적" 상황이라는 관념에 대한 이러한 매혹은 고대인들, 예컨대 프로타고라스, 플라톤, 루크레티우스로 거슬러 올라가며, 가장 동시대의 철학자들에게 있어서도 여전히 격렬한 추론과 논쟁의 지점이다. 진정한 의문은 사회화, 문화,

언어를 통해 우리의 마음과 개성을 형성하기 전에, 모든 사회적 세뇌와 교육 저 밑에서, 우리가 어떤 사람인가 하는 것이다. 우리가 우리의 문화에 의해 특정한 종류의 시민으로 형성되고 우리의 교육, 우리의 과학, 우리의 미디어와 신화들을 통해 지금처럼 우리 자신에 대해 생각하도록 가르치기 이전에, 우리는 정말 어떤 사람인가? 다시 말해 사회가 없다면, 우리 사이에 평화롭고 조화롭게 함께 살며 협력하고 서로 공정해야 한다는 취지의 상호 합의가 없다면 지금 우리의 삶은 어떠하겠는가. 만약 우리가 우리의 문화적 짐을 모두 벗어 버린다면, 우리의 직업과 지위와 관련된 우리의 순수한 사회적 야망을 모두 중단한다면, 만약 광고주들이 우리 속에 만들어 낸, 분명히 만들어진 저 욕망들과 지위를 추구하는 개인간의 경쟁심을 우리가 모두 제거한다면, 지위와 사회성과 관련 있는 그 모든 감정들, 예컨대 시기와 자부심과 허영과 낭만적 사랑 같은 감정들을 다 제거한다면, 지금 우리는 어떤 모습일까? 만약 우리에게 서로 합의된 정의의 구속 조건이 없다면, 만약 사회와 법이 우리에게 우리의 위치에 있으면서 다른 사람들의 권리를 존중하라고 지시하지 않는다면, 우리는 서로에게 어떻게 행동할 것인가?

토머스 홉스는 "자연 상태"에서 인간 삶의 특징을 "고독하고, 가난하고, 역겹고, 동물적이며, 단명한" 것이라고 했다. 우리는 모두 근본적으로 이기적이다. 따라서 우리가 같이 살고자 한다면, 우리에겐 다른 어떤 것, 우리로 하여금 협력하고 타협하도록 강제하는 통치권이 필요하다. 홉스에 의하면 사회의 형성은, 이렇게 안전하지 않고 불행한 "만인에 대한 만인의 투쟁"으로부터의 탈출이다. 사회는, 자연 상태에서 서로 협력하지 않지만 상호 이해관계를 위해서 이제 협력하게 된 개인들의 자발적인 연합으로서, 모든 사람들이 동의한 "계약"에 의거하여 형성된다.

초상화는 변하기도 하고 때로는 다른 작가들의 손에 더 윤색되기도 한다. 자연 상태에서 우리는 더 친절해지는 건 아니지만 더 영리해진다. 그러나 본질적으로 초상화는 똑같다. 초상화의 본질은 공동의 자발적 합의를 통해 사회가 형성되기 전에 우리는 독립적인 개인이었다는 것이다. 바뀌는 것은 자연 상태에서의 우리의 "본성" 개념이고, 그 결과 애초에 사회 진입에 동의한 우리의 이유도 같이 변한다. 우리는 정말로 홉스가 말한 것처럼 이기적이고 서로 살인을 저지르도록 타고났는가? (혹은 이론상 우리 자신을 그런 존재로 생각해야 하는가?) 우리는 상호 보호를 위해 사회 안으로 들어갔고 그것이 정말로 우리가 사회에 머무르는 이유인가? 아니면 장 자크 루소가 주장했듯이, 우리는 최악의 경우에도 서로에 대해 다소 무관심하고 살인이나 절도에 전혀 관심이 없는(부분적으로는 사유재산이 없고 따라서 훔칠 것이 없기 때문에), 다소 온화하고 동정심이 많은 존재였을까? 루소가 제안한 것처럼 우리는 실제로 선하게 타고났는가? 그래서 상호 보호가 아니라 보다 고귀한 이유로 우리의 도덕적 자율성을 행사하고 우리의 선함을 표현하기 위해 사회에 살고 있는가?

루소의 설명에 따르면, 자연의 상태는 아주 즐거운 장소로서, 그 속에서 자연인은 행복하고 안전했다. 인생은 고독했을지 모르지만 끔찍하지도 잔인하지도 않았다. 실제로, 우리가 한때 즐겼을 것으로 추정되는 행복한 풍요와 즐거운 독립에 대한 루소의 설명을 읽으면서, 무엇보다도 우리를 놀라게 하는 질문은 왜 우리가 인위적이고 문명화된 사회의 잔혹함을 위해 자연 상태를 떠났었는지, 즉 떠나려는 마음을 품었었는지 하는 것이다. 루소에 따르면, 우리가 폭군의 통치와 부자의 지배를 받으면서 상호의존적이고 억압적인 집단 속에 있게 된 것은, 바로 우리가 스스로 만든 일련의 불행(농업과 금속공학의 발전, 사유재산의 선언, 증가하는 상호의존성)을 통해서였다. 우리가 "사회계약"이라는 급신석이고 훨씬 더 고귀한 개념에 따라 소위 "사회"라고 하는 것을 지금 재고할 필요가 있다고 생각하는 것은 바로 그러한 사회의 맥락에서이다. 루소에게 이것은 사회의 실제 형성에 대한 설명이라기보다는 이상적인 사회에 대한 희망적인 청사진, 즉 자연 상태에 있는 모든 시민이 자연 상태에 있고 오직 스스로 부과한 법칙만 따르기 때문에, 다른 모든 것으로부터 다시 독립적인, 평등한 사회에 대한 희망적인 청사진이었다. 그렇다면 사회적 계약의 중요성은, 우리 스스로 동의한 그런 법률들과 고려 사항들에 대해서만, 우리의 동의를 통해 우리가 따른다는 점이다. 사회와 정의는 외부에서 강제된 것이 아니라, 우리 자신의 비판적 선택과 자기 이익이다.

"자연 상태"와 "사회계약"이라는 이 한 쌍의 신화와 은유는, 그런 사고가 고대부터 존재해 왔음에도 불구하고 17세기부터 정의에 대한 문헌을 지배하고 있다. 다른 미덕이나 결함이 무엇이든 간에 이 신화의 매력은, 우리가 특히 매력적이라고 여기는, 개인과 사회의 관계, 개인과 다른 사람들과의 관계의 이미지, 예컨대 상호 합의와 동의의 관계 이미지를 강조하고 있다는 점이다. 실제로, 시민들이 사회의 형성과 지속에 반드시 참여해야 한다는 생각은 너무 강력해져서 그것은 더 이상 하나의 생각이 아니라(어렵고 논란이 많은 생각이 아닌 것은 말할 것도 없고), 무언가가 "사회"가 된다는 것의 의미를 규정하는 효과적인 정의처럼 보인다. 그 생각은, 우리가 단지 그곳에 태어났다는 이유로, 우리가 (어느 순간까지) 행성에 갇혀 있는 것처럼 그렇게 사회에 갇혀 있는 것이 아니라는 것이다. 이 이론에 의하면, 우리는 선택에 의해 미국인이거나 영국인이거나 혹은 프랑스인이거나, 텍사스인 혹은 아이오와인, 혹은 캘리포니아인이다. 우리는 정부를 선택하고, 상호 합의에 의해 시민이 되고 법을 따르기를 선택한다. 그런데 우리가 그렇게 하는 이유는, 우리가 어쩌다 세계를 공유하게 된 다른 사람들과 자연스러운 유대감이나 애정을 맺고 있기 때문이 아니다. 우리가 사회에 살고 있는 것은 그렇게 하는 것이 합리적이기 때문이다. 그것이 우리 자신의 최고의 이익이기 때문이다. 우리가 정의를 믿는 것은 우리가 다른 사람들을 신경 쓰기 때문이 아니라, 이것 또한 합리적이고 우리 자신의 최고의 이익이 된다는 것을 우리가 인식하고 있기 때문이다.

그런 '이론'의 매력은 쉽게 알 수 있다. 하지만 또 그것이 얼마나 터무니없는 것이고 우리 본성의 초상이 얼마나 거짓인지도 쉽게 알 수 있다. 물론 우리는 선택과 상호 합의를 할 수 있고 또 그렇게 하지만, 심지어 가장 민주적인 사회에서도 우리의 선택과 합의는 이미 공유된 사회적 감수성에 기반을 두고 있다. 물론, 선택이나 강압에 의해 한 문화에서 다른 문화로 옮겨 가 새로운 언어와 새로운 삶을 배우는 수백만 명의 사람들이 있지만, 이것이 사회로부터의 개인의 독립을 증명하는 것은 거의 아니다. 자신이 자란 사회를 떠나는 극단적인 선택은 인생에서 가장 충격적이고 부자연스러운 파열 중 하나를 나타낸다. 우리는 선천적으로 독립적이지 않고, 결코 독립적인 적이 없었다. 사회는 무엇보다 우리가 다른 사람들과 함께 이루는 자연스러운 애정과 소속감에 늘 기반을 두고 있었다. 우리가 순수하게 자율적인 존재로 존재할 수 있거나 존재했을 수 있다는 생각은 기껏해야 고무적인 지적 사기이다.

물론 이 주제에 관한 거의 모든 저자는 실제로 그러한 자연 상태가 없었다고 주장한다. (루소는 "모든 사실을 무시하고 시작합시다"라고 대담하게 선언한다.) 그러나 이 저자들이 분명히 믿는 것은 선사시대를 제외하고 우리는 태생적으로 독립적이고 자율적인 존재이며 주로 우리 자신의 이익을 계산하는 데 관심이 있으며 마지못해 같이 지낼 뿐이라는 점이다. 따라서 사회계약 개념을 옹호하는 저자들은 그러한 역사적 합의가 실제로 있었다고 실상은 제안하지 않는다. 하지만 그렇다면 이 허구가 우리에게 어떤 구속력을 가질 수 있을지 이해하기 쉽지 않다. 실제로 그러한 계약에 동의한 사람이 없다면, 그것이 계약인가? 설령 우리 조상들이 그러한 계약에 동의했다 해도, 우리도 그것에 구속되는가? (우리 할아버지가 한 계약이나 약속에 우리는 어떤 의미에서 구속되어 있나?) 우리가 그런 계약을 맺었을 수도 있고 그런 계약을 맺었을 것이라는 의견은 실제 계약의 효력을 가지는가? 그러나 만약 우리가 (아마도 공유된 언어나 확립된 협상의 기술도 없고, 어떤 법적 틀도 없는) 전사회적 존재들이 어떻게든 일종의 선사시대 원시인 회의에 모여 고심해서 어떤 합의를 보고, 그 합의에 근거하여 사회 같은 것(어떤 특정 사회)이 형성된 것이라는 허구를 이해하지 않아도 된다면, 여기서 실제로 중요한 것은 무엇인가? 어떤 특정 사회에서 사회화와 교육과는 별개로, 가장 정교한 협상을 협의하고, 협상을 이룰 수 있는 개인에 대해 말하는 것은 무슨 의미인가? 사회에서 공유된 동의와 상호 관심이 중요하다는 건 이해할 수 있지만, 이것이 사회의 본질이라고 하거나 혹은 본질이어야 한다고 생각해야 할 이유는 무엇인가? 우리는 사회의 개성과 자율성에 박수를 보낼 수 있지만, 이런 특징들이 인간 본성을 구성하는 것처럼 가장해야 하는 이유는 무엇인가? 우리는 우리의 독립성이 존재한다고 거짓되게 생각하고, 우리 존재의 본질을 왜곡한다. 우리의 존재는 이해관계를 가진 개인이 아니라, 애착과 애정과 사회적 정체성의 관점에서 스스로를 정의하는 사회적 존재이다.

　사회를 새롭게 창조함으로써 정의를 세우려는 시도가 정의론이라고 제시하는 그 모든 사회사상가들을 우리는 극도로 의심해야 한다고 생각한다. 플라톤의 『국가 *The Republic*』부터 시작해서, 철학가들은 자신들의 사회를 다른 더 좋은 사회로 대체하려 하는 정의 이론들을 전개해 왔고, 사회계약은 이것을 위한 가장 최신의 지적인 장치에 불과하다. 자신의 사회를 대체하려는 시도가 보여 주는 것은, 이런 다양한 정의 이론들이 아무리 합리성의 언어로 표현되고 있다 하더라도, 그 배후의 동기가 대개 경멸과 분노 같은 감정들로 이루어져 있다는 것이다. 자기 같은 사람들을 위한 공간이 거의 없는 사회를 고안하려는 장 자크 루소의 시도에서 볼 수 있듯, 어떤 시도들은 단순히 자기혐오일 수도 있지 않을까? 사회계약 이론은 인간 감정 이론에 의거해서 볼 때 종종 신고되지 않은 무거운 짐을 지고 있다. 우리가 최우선적으로 우리 자신의 최대 이익(혹은 우리와 가장 가까운 사람들의 이익)을 타결하려고 한다는 것은 우리에 대해 무슨 의미를 지니는가? 우리들 사이의 연결과 애착이 무엇보다 경험된 것이라기보다 계약적이어야 한다고 하는 것은 무슨 의미인가? 물론 당연하게도, 플라톤의 도시국가는 고대 아테네와 그렇게 멀리 떨어져 있지 않고. 오늘날 미국의 사회철학을 지배하는 가상의 사회들은 보다 일관성 있고 아마도 훨씬 발전했으나 어쨌건 훨씬 자의식적인 형태를 띠는 민주주의적 자본주의와 꼭 닮았다. 그럼에도 불구하고 이러한 철학자들에 의해 정의의 주체가 얼마나 왜곡되고 지나치게 이상화되었는지를 깨닫는 데는, 그다지 큰 비판적 상상력이 필요하지 않다. 사회를 건설한다는 바로 그 생각은 너무 오만하고 추상적이며, 정의와 부정의의 실제 문제로부터 너무나 벗어나 있어서, 좋은 사회가 아니라 다른 사회를 제안하면서 시작하는 정의 이론이나, 혹은 사회가 비정상적인 것이고 (이유가 무엇이든) 사회 이전 개인들의 합리적 동의에 의해 형성된 것인 양 말하면서, 마치 우리가 이론상으로나마 그 최초의 상태로 잠시 돌아가서 지금 우리가 살고 있는 근본적 조건을 재협상할 수 있는 것처럼 하면서 시작하는 그런 정의 이론들은 모두 처음부터 극도로 의심해야 한다.

이 책에서 내 논지가 반대하는 것은 우리 모두 독립적이고 자율적인 존재였다고 말하는 "자연 상태" 신화와 우리는 합리적이고 상호 연루된 개인들이라는 "사회계약" 신화, 이 두 쌍둥이 신화이다. 내 논지는, 우리가 사회 속에서 계발하고 획득한 그런 특징들은 차치하고, 인간 본성(순수 이성이든 혹은 생산성과 소유적 특성이든 간에)에 대해 말하는 건 아무 의미가 없다는 것과, 근본적으로 이기적인 인간 본성에 대한 교정책으로 합리성을 도입할 필요가 없다는 것이다. 사회 속에서 우리의 제휴, 서로에 대한 제휴는 합리적이거나, 자신에게 이익이 되는 계산의 문제가 아니라, 자연스러운 감정과 애정의 산물이다. 부자연스러운 것은 이기심이지 사회가 아니다. 정의는 우리의 타고난 감정에 대한 합리적인 교정책으로 간주되어서는 안 된다.

2장 정의, 탐욕, 그리고 좋은 삶

추상적인 탐욕

인생의 불행과 무질서의 큰 원천은 영구적인 하
나의 상황과 다른 상황 사이의 차이를 과대평가
하는 데서 기인하는 것 같다. 탐욕은 빈부 차이
를 과도하게 평가한다. …

애덤 스미스

탐욕은 나쁜 게 아니다. 죄책감을 느끼지 말아
야 한다.

이반 보에스키[64.]

작년에 나는 학생들에게 다소 무심하게 질문을 던졌다. 지금부터
10년 후 합당하게 얼마나 벌 것으로 기대하는지 말이다. 경제학도
가 10년간의 인플레이션을 어떻게 알 수 있을지에 대해 물었다. 그
래서 1989년 달러 강세가 괜찮을 것이라고 확인해 주었다. 몇몇 사
려 깊은 학생들이 고백하기를, 경력이나 생계를 위해 아직 무슨 일
을 하고 싶은지 모르기 때문에, 예측되는 수입을 측정하기 힘들 것

---

64. 이반 보에스키[Ivan Boesky] (1937~). 1980년대 중반 미국에서 발생한 내부자 거래 스캔들에 연루되
어 악명 높은 전직 미국 주식 거래자. 내부자 거래로 기소되어 유죄를 선고받음. 기록적인 1억
달러 벌금을 부과받음. 3년간 복역하고 제보자가 됨—옮긴이주.

이라고 했다. 나는 그 순간의 그들의 경력 선택에 대해서보다 그들의 기대에 더 관심이 많다고 말해 주면서, 자원할 사람을 몇몇 찾아보았다.

"3만 5천 달러요."

중간에 앉은 학생 한 명이 제시했다. 나머지 학생들 전부가 일제히 깔깔거리며 크게 웃었다.

"너무 높은 건가요? 아니면 너무 낮은 건가요?"

대답이 명확했기에 나는 반농담조로 물었다.

"연봉 3만5천 달러로는 살 수도 없을걸요."

술렁이던 학생 한 명이 강력하게 말했다.

"그것도 가족이 없는 상태에서도요."

"그러면, 생활하는 데 돈이 얼마나 들까요?"

나는 학생들을 자극했다.

"10만 달러요."

교실 뒤편에서 학생 한 명이 외쳤고, 거의 모든 학생들이 동의하며 고개를 끄덕이거나 뭐라고 중얼거렸다.

"그러면 여러분들은 그만큼 돈을 벌 수 있다고 생각하나요?"

내가 물었다.

"물론입니다."

자신감이라기보다는 건방진 어투로, 같은 학생이 답했다.

"어떻게요?"

내가 물었다.

"아, 전혀 모르겠는데요."

초조한 듯 피식거리며 학생이 답했다. 모두가 웃었다.

"음, 저는 적어도 15만 달러를 기대하고 있습니다. 변호사가 될 거라서요."

창가에 있는 진지하게 생긴 학생이 자원해서 말했다. 찬성하는 소리를 질렀다.

"저는 50만 달러를 목표로 하고 있습니다."

다른 학생이 제시하자 학생들이 박수치며 환호했다.

"적극적으로 생각하지 않으면 결코 이룰 수 없거든요."

그 학생이 반 학생들에게 해명했다.

"알았어요."

내가 말했다.

"궁금해지는군요. 여러분 모두 메모지에다가 1999년에 기대하는 연봉을 적어서 왼쪽으로 돌리세요. 단순한 꿈의 연봉이 아니라, **예상하는** 연봉이라고 말했습니다."

흥분하며 종이를 찢고, 진땀 나는 침묵의 순간을 가진 뒤, 발을 질질 끄는 소리가 꽤 들리더니 속삭이는 소리들이 봇물 터지듯 들려왔다. 나는 90여 장의 메모 종이를 걷었다.

진실의 순간이었다. 나는 하나씩 메모를 읽어 나갔다. 거의 백만 달러나 그 이상이 넘는, 소수가 쓴 금액에 대해서는 눈썹을 치커뜨거나 목소리를 높이느라 아주 잠시 멈추면서 말이다.

(1989년의 달러 가격으로) 1999년에 벌 것으로 추정되는 학생들의 평균 수입은 학생당 10만 달러를 넘었다. "부유한 유명 인사의 라이프 스타일"로 살아갈 거라고 스스로를 바라본 학생들을 포함시키지 않는다면, 평균 수입은 연간 7만5천 달러에서 8만 달러 범위 내에 있었다.

"미국 가족의 평균 수입을 아는 사람 있나요?"

내가 물었다.

"대략 2만5천 달러 아닌가요?"

한 학생이 답했다.

"그보다 약간 적지만 거의 근접했어요."

내가 말했다.

"여러분이 나라 평균 수입의 세 배 내지 네 배를 벌 수 있고, 또 벌 것이라고 정말 모두 믿는 건가요?"

내가 물었다. 잘난 척하는 그들의 태도가 싹 사라졌다. 이미 변호사와 MBA가 될 거라고 결정한 소수의 학생들은 자신들이 정확히 평균이 아니라는 당연한 답을 했다. 나는 동의했지만 그들이 추정한 액수에 대해 그들을 몰아붙였다. 수치가 너무 상식을 벗어나서(25만 달러 이상이었다), 대부분의 변호사들과 임원들(심지어 대부분의 최고경영자들)의 월급이 그보다 상당히 적은 상황에서, 어떻게 그렇게 많은 돈을 벌 수 있을 거라고 생각하는지 묻지 않을 수 없었다.

다시, 잘난 척하는 태도가 사라지고(이들은 진지한 학생들이었다), 대신 혼란스러워하는 태도가 나타났다.

나는 방향을 바꿔 모두에게 이런 질문을 던졌다.

"자 답해 봐요. 이 돈들을 모두 어떻게 쓸 건가요?"

가장 먼저 들어온 답변은 예측한 대로 즐거웠다.

"멋진 옷에 쓰고 싶어요."

여학생 한 명이 답했고, 세 명의 남학생은 동시에 "근사한 스포츠카요"라고 응수했다.

"성차별적 반응이로군요."

왼편에 있는 한 학생이 끼어들었다.

"가족들에게 쓸 것 같아요."

앞줄에 앉은 젊은 남학생 한 명이 말했고, 대부분의 학생들이 고개를 끄덕이며 동의를 표했다.

나는 잠시 동안 토론이 진행되게 내버려두었다. 그러자 학생들은 모두 함께 잠재적인 예산에 대해 논의했고, 가족계획을 제시했고, 소비 금액을 계산했다. 그러고 나서 모든 것을 고려할 때 자신들의 예상이 비합리적일 뿐 아니라 불필요하다는 결론에 도달했다. 대화가 극적인 변화를 띠었다.

"사실, 내가 아는 부자들은 가장 많은 문제를 안고 있는 것 같더라고요."

학생 한 명이 자진해서 말했다.

"돈은 호화로운 것이면서 동시에 골치 아픈 것이기도 한 것 같아요. 나는 골치 아픈 일을 가지고 싶지는 않아요."

"하긴, [댈러스*Dallas*]에 보면 모든 사람들이 얼마나 불행한지."

한 학생이 끼어들자 모든 학생들이 웃으면서 맞장구쳤다.

"그리고 [다이너스티*Dynasty*]도 그래요."

"[팔콘 크레스트*Falcon Crest*]도 그렇고요."

"내 이웃 사람들도 그래요"

다른 학생이 큰 소리로 말했다.

"내가 좋아하는 일을 하면서 많은 여유 시간을 가지는 게 나은 것 같아요."

대조적으로 정색을 하면서, 또 다른 학생이 말했다.

"돈으로 행복을 사진 못해요."

진지하게, 하지만 진부한 표현에 사뭇 당황하면서, 또 다른 학생이 말했다.

"그러게요. 그런데 돈에 대한 이 모든 압박은 어디서 유래하는 걸까요?"

학생 한 명이 물었다.

"그게 진짜 중요한 문제인 것 같지 않나요?"

내가 물었다. 내가 막 가르치는 일을 시작했을 때인 20년 전에 학생들이 얼마나 달랐는지 나는 말하지 않을 수 없었다.

"여러분이 말한 숫자들은 경멸을 샀을 거예요. 그리고 뭐든지 자기가 잘하고 즐기는 일을 하면서 재정적으로는 그럭저럭 산다는 그런 이상이 그 반 학생들이 동의하는 바였을 거예요."

라고 내가 말했다.

"하지만 그건 현실적인 게 아니기도 하지요. 게다가 그때는 그때고 지금은 지금이지요."

한 학생이 반박했다.

"그 학생들 모두 지금은 부유한 여피들이 아닌가요?"

또 다른 학생이 도전적으로 말했다.

"나처럼 말인가요?"

미소와 나의 교수 수입을 숨기면서, 내가 말했다. (효과가 있었다. 학생들이 모두 한바탕 웃었다.)

"그런데, 돈이 왜 그렇게 중요한가라는 문제로 우리 다시 돌아가면 어떨까요?"

반에서 가장 뛰어난 학생 중 한 명이 요청했고, 우리들은 그렇게 했다.

나는 종종 그런 실험을 했고, 최근 가르쳤던 학생들 거의 모두와 아주 유사한 토론을 했다. 여전히 인상적인 건, 학생들 모두가 스스로 원하고, 살아가는 데 필요하다고 생각하는 막대한 돈의 액수라기보다, 그 돈을 어떻게 벌 것인가에 대한 너무나 순진한 생각과, 그 돈으로 어떻게 할 것인가에 대한 의식이 놀라울 정도로 부족한 점이다. 이것은 내가 흔히 생각해 오던 종류의 탐욕이 아니다. 단지 더 많이 얻기 위해 사람의 신의나 법의 위반을 용납하는, "모든 것을 다 가지는" 그 탐욕스러운 철학이 아니다. 돈에 대한 허기, 결핍 의식이 없다. 기실, 현실적인 욕망조차 없다. 차라리 그건 추상적인 탐욕이라는 생각이 든다. 욕망 없는 탐욕. 야심 없는 탐욕. 욕망에 의해 주입되었다기보다, 동급생에 의해, 미디어에 의해, 그들의 연장자들이 강하게 새기고자 하는 그릇된, 혹은 오도된 교훈에 의해 이 젊은 학생들에게 주입된 탐욕. 우리는 정의의 덕을 가르치는 대신, 자기 패배적인 탐욕의 악을 미덕으로 조장하고 있다. 만약 이 학생들이 그런 환상적인 수입을 정말로 원하고 기대한다면, 그들 대부분은 좌절과 실패의 삶을 살게 될 것이다. 그런 욕망과 그런 기대가 없었다면 완벽하게 잘살고 매우 행복했을지라도 말이다. 우리가 원한다고 생각하고 말하는 것은, 우리가 실제로 원하는 것과 매우 다를 수 있고, 더욱 중요하게는 우리가 스스로를 위해 필요한 것, 원해야 하는 것과 매우 다를 수 있다.

플라톤의 문제: 자기 이익과 정의

> 고대 세계와 중세에서 이기주의자는 자신의 유
> 익이 어디에 놓여 있는지에 대해 근본적인 실수
> 를 한 사람, 그래서 그만큼 인간관계들로부터
> 스스로를 배제시킨 사람을 항상 의미했다.
>
> 알래스데어 매킨타이어[Alasdair Macintyre], 『덕의 상실 *After Virtue*』

> 우리가 원하는 모든 것을 얻지 않는 것이 행복
> 의 필수불가결한 부분이다.
>
> 버트란트 러셀, 『행복의 정복 *The Conquest of Happiness*』

당신을 보이지 않게 만들어 주는 놀라운 특징을 지닌 마법의 반지
를 당신이 우연히 소유하게 되었다고 상상해 보라. 당신은 임원 사
무실, 프로 축구 게임, 은밀한 침실에 몰래 맘껏 들어갈 수 있다.
그냥 걸어가서 도쿄나 타히티로 가는 비행기 일등석의 빈 좌석에
앉을 수도 있다. 장난을 칠 수도 있고 살인을 저지를 수도 있다. 행
정적으로 대혼란을 유발시킬 수도 있고, 혹은 예를 들어 지방 세관
사무실에서 당신에게 꽤 이득을 가져올 만큼의 혼란을 유발시킬
수도 있다. 당신은 당신이 원하는 것은 무엇이나 가질 수 있다(당신
이 집으면 그것이 안 보인다는 가정하에서). 혹은 당신의 잠재적 권력욕

을 충족시키기에 이것이 충분하지 않다면, 이 반지가 시간 여행을 할 능력을 당신에게 준다고 가정해 보라. 앞으로 나올 『월스트리트 저널Wall Street Journal』의 월간 스톡옵션 보고서를 엿볼 수도 있다. 과거를 클로즈업해서 나중에 당신을 해고할 상사나 나중에 당신을 체벌할 선생을 죽이고 나서 잡히기 전에 다시 돌아올 수도 있다. 아직도 불충분한가? 텔레파시로 사람을 죽일 수 있는 반지는 어떤 가? 그저 표적이 되는 사람을 생각하고 주문만 외우면, 부정행위의 흔적을 전혀 남기지 않고 "자연사"로 만들 수 있다. 당신에게 전혀 위험할 게 없다. 심지어 거기 없어도 된다. 버뮤다나 파리나 혹은 당신 집의 침대에 있어도 된다. 완벽한 알리바이에 완벽한 범죄다. 물론 그런 힘은 부패하나 당신은 아니다. 아니 적어도 한동안 당신 은 안 그렇다. 물론 당신은 자신의 능력을 아껴서 쓸 것이다. 아마 도 고상하게 쓸 것이다. 하지만 영리하고 전략적으로, 당신은 당신 이 원하는 것은 무엇이나 거의 다 얻으면서 절대 잡히지는 않을 것 이다. 옳은 것, 공정한 것에 대해 당신이 염려할 이유가 무엇이겠는 가? 정의에 대해 당신이 왜 염려하겠는가?

논의 중인 가상의 싸구려 보물은 신화에 나오는 기게스의 반지 [65]이다. 플라톤은 『국가The Republic』[66]에서 그것의 사용과 남용에

---

65. 고대 그리스 철학자인 플라톤은 '기게스의 반지'를 통해 행위에 대한 무책임성에 대해 언급했다. 왕을 섬기던 목동인 기게스는 몸을 투명하게 만들어 주는 반지를 우연히 얻게 된다. 그는 이를 이용하여 왕궁에 잠입해 왕비와 내통했고, 왕비와 같이 왕을 살해하여 왕궁을 장악한 후 행복 한 삶을 살았다 — 옮긴이주.

66. 플라톤, 『국가The Republic』, 2,359-60.

대해 성찰하고 있다. 플라톤을 읽는 사람들인 우리, 그리고 소크라테스가 직면한 문제는, 우리가 불의를 없앨 수 있다면, 정의로울 필요나 정의롭고 싶은 욕망을 가질 수 있는가 하는 것이다. 정의의 원칙에 따라야 하는 압도적으로 합당한 이유 중 하나는 우리가 그것을 따르지 않으면 다른 사람들, 아마도 경찰들이 틀림없이 우리로 하여금 값을 치르게 할 것이라는 잔인한 사실이다. 바비큐 파티에서 치킨 세 조각을 여분으로 가져올 수 있으나 그가 다시 초대받으리라고 기대해서는 안 될 것이다. 사무실에서 자금을 횡령할 수 있으나 그가 발각되어 해고되는 것은 단지 시간문제이며 더 나빠질 수도 있다. 우리는 사업상의 경쟁자나 LA 고속도로에서의 속도 경쟁자를 쏘아 죽이고 싶을 수 있으나 그렇게 하면 10년 혹은 20년 투옥 생활을 할 것이다. 실제로 우리가 아이 때부터 배우는 가장 중요한 교훈 중 하나는 우리는 거의 아무것도 피할 수 없으며, 모든 것을 피할 수 없는 것은 더욱 명확하다는 것, 그리고 그릇된 행동은 불유쾌한 결과를 낳을 것이라는 점이다. 때때로 범죄가 성과를 올릴 때도 있으나, 다행히 대체로 그런 일은 없다. 아니, 어떤 경우에도 우리는 그러리라고 믿도록 스스로 허용해서는 안 된다. 하지만 … 만약 그렇다면?

플라톤이 고민한 것이 바로 이것이었고, 이것이 여태 저술된 가장 위대한 책 중 하나의 중심 주제가 되었다. 『국가』의 주인공은 소크라테스이고, 소크라테스는 당시로서는 상대적으로 새로운 **정의**

개념을 옹호했다. 그리스는 오랫동안 전사 사회(아니 어쩌면 전사들의 적대적 집단들로 이뤄진 사회)였고, 트로이 전쟁에서 싸운 그 전설적인 영웅들, 보다 최근에는 자신들끼리 그렇게 격렬하게 싸운 전설적인 영웅들이 지배하고 대변했던 사회였다. 그런 전쟁 같은 사회에서는 우리가 아는, 혹은 플라톤이 옹호하려 했던 그런 시민적인 정의 개념을 위한 여지가 거의 없었다. 분배적인 정의 개념, 즉, 사회의 재화가 다소 동등하게 나뉘어야 한다는 매우 현대적인 그런 생각이 없었던 것은 더 말할 나위도 없다. 힘센 자들에 의한 통치가 있었고, 힘센 자들은 자신들의 욕망에 대한 무조건적인 정당성에 대한 확고한 자신감과 함께 날카로운 복수심을 가지고 있었다. 그리스는 가장 강력한 자들의 능력과 욕망을 둘러싸고 조직된 나라였다. 왜냐하면 그런 능력과 욕망이 부족의 생존에 필수적이었기 때문이다. 한마디로 말해, 힘이 정의였다. 호머가 살던 그리스는 전쟁을 일으키는 것이 필수적이었고 전쟁에서 이긴 자들은 그 전리품들을 받을 가치가 있다고 믿었던 능력주의 사회였다고 주장할 사람도 있겠지만 말이다. 플라톤이 가진 문제의식은 힘센 자들이 자신들이 할 수 있는 대로 무엇이나 해서는 안 되는 이유, 그보다 그들이 정의와 정의롭게 되는 것에 대해 관심을 가져야 하는 이유를 보여 주는 것이었다.

플라톤이 살던 그리스에서는 불평등한 특권, 불평등한 재산이 완전히 정상적이고 "자연스러운" 것으로 간주되었다. 플라톤과 아리스토텔레스가 아테네의 부유한 귀족들을 무척 대변한 사람들이었다는 점은 이와 무관하지 않다. 그들은 새로운 정의 의식을 주장했지만, 자신들이 속한 위계 사회에 대해 반대하지 않았다. 노예제는 비기술적이면서 세련된 농경 사회의 번영에 필수적이었고, 노예제를 정당화하는 일은 기대되지도, 요구되지도 않았다. 그러나 복수로서의 정의라는 호머적인 옛 개념이 이제 문제시되었다. 정의가 어떤 한 가지 일에 대한 위반의 대가로 한 가문 전체, 혹은 (트로이의 경우에 보듯이) 심지어 한 도시 전체를 파괴할 수도 있다는 생각이 이제 야만적으로 여겨졌다. 하지만 훨씬 가난한 자들을 위해 나누거나 희생해야 할 의무가 있다는 생각 같은 것은 아직 없었다. 하지만 정의는 "힘이 곧 정의다"라는 것과는 아주 다른 어떤 것이라는 생각이 개화된 삶의 일부가 매우 되어 가고 있었다. 그리고 그렇게 만든 사람은 다름 아닌 플라톤이었다.

『국가』는 소크라테스가 처형된 지 20년 후, 호머보다 4백 년 후, 그리고 호머가 묘사한 절반은 사실적인 사건들이 일어난 지 8백 년 후인 BC 3백 8십 년경 저술되었다. 플라톤과 소크라테스에게 있어서 "정의란 무엇인가?"라는 문제는 전체 사회에 대해서 뿐만 아니라 개별적인 각 시민들에게 던져진 질문이었다. 플라톤에게 있어 정의란 우리 모두에게 있어 "좋은 삶," 우리가 살아야 하는 방식을 의미했다. 소크라테스에게 있어 정의란 그것을 위해 죽을 가치가 있는 것이기도 했다. 그가 목숨을 바친 것은 그의 사상 때문이었다기보다(이는 이후 철학자들이 품고 있던 환상이었다), 정의를 위해서, 법과 자기 영혼의 이익을 위한 것이었다. 그것은 우리가 생각하듯 "이타적인" 희생으로서 일어난 것이 아니었다. 기실 소크라테스는 (그의 『크리토Crito』에서) 이를 명확히 밝히고 있다. 즉 자신에게 있어 처형을 피했으면 누렸을 즐거움과 영향력의 몇 년의 세월보다는(그는 이미 70살이었다), 자기 영혼이 훨씬 더 소중했다는 점에서 자신의 행위는 매우 "이기적"이라고 그는 밝혔다. 선한 삶을 위해 죽는 것이 그에게는 모순이나 패러독스가 아니었다. 올바른 죽음은 선한 삶의 필수적인 부분이었다. 정의를 위해 죽는 것은 자기희생이 아니라 궁극적인 자기실현이었다. 그러나 분명히 소크라테스는 기게스의 반지의 주인이 표현한 속된 야망보다 훨씬 더 정교한 개념의 "자기 이해self-interest"를 가지고 있었다.[67.]

그러나 아직도, 정의를 위해 목숨을 희생한다는 생각(다른 예를 들자면, 자신의 도시국가를 위해 목숨을 희생하는 것)은 아주 극소수의 아테네 사람들에게 호소력을 발휘할 수 있는 견해이며, 우리들에게는 더욱 소수의 사람들에게 호소력을 발휘할 견해이다. 심지어 소크라테스의 가장 수제자이며, 소크라테스의 위업과 사상의 주된 기록자인 플라톤조차도, 그런 희생의 지혜에 대해 진지한 의문을 품었고, 자신의 스승을 모방할 기회가 생길 때마다, 아리스토텔레스가 그가 죽은 후 그러했듯이, 아니라고 답했다. ("아테네는 철학에

---

67. 플라톤. 『크리토Crito』

죄를 범할 두 번째 기회를 주지 않을 것이다"라고 논평했다고 하면서 말이다)
정의에 대한 이 새로운 개념은 정의를 위해 우리의 목숨을 포기하
라고 설득하기엔 아직 충분하지 않았다. 정말로 그것은 우리가 진
정 원하는 어떤 것을 포기하게 만들 만큼 강력한 것인가? 우리가
그것을 가지고 도망칠 능력이나 영리함이 있는데도 말이다. 『국가』
에서 글라우콘[68]이 소크라테스에게 제기한 기게스의 반지의 전망
이 성찰하는 것도 바로 그 점이다. 아킬레스와 아가멤논은 정의에
전혀 관심이 없었다. 그들은 삶에서 자신들이 원하는 것을 취했을
뿐이다. 그러니, 기게스의 반지의 새 주인인 우리가 왜 정의에 관심
을 가져야 하는가?

　본질적 문제는 추상적 개념이나 사회제도의 바람직한 속성으
로서 정의를 합리화하는 것이 아니라, 보다 개인적인 문제이다: 정
의란 우리들에게 무엇이며 우리는 왜 정의로워야 하는가? 라는 문
제 말이다. 이 문제에 접근하는 우리들의 현대적 사고방식은 정의
가 우리의 집단적 이해에 기여한다고 주장하면서 정의를 옹호하는
방식이다. 그런데 이것은 플라톤의 관점이 아니다. 플라톤은 자기
희생으로 정의 개념을 옹호한 것도 아니다. 플라톤의 주장, 그리고
내가 주장하고자 하는 것은 정의에 대한 올바른 개념은 우리의 자
아에 대한 수정된 개념을 필요로 한다는 것이다. 사회계약 개념에

---

68. 소크라테스의 제자이자 플라톤의 형임. 『국가』에 그와 소크라테스의 대화가 실려 있다 ―옮긴
　이주.

의하면 정의는 사회의 산물이다. 그것은 개인적 성향이나 덕목의 문제가 아니라, 우리가 우리의 상호 이익을 위해 동의하는 위협과 보상의 체계이다. 플라톤에 의하면 정의는 무엇보다 개인적 덕목이다. 정의가 일종의 사회적 관습, 혹은 상호 보호를 위해 사람들이 채택한 일종의 계약이라는 생각의 문제점은, 우리가 정의를 가장 필요로 할 때, 즉, 우리가 우리 자신을 방어하기 위해 맞서는 불의한 괴물 같은 존재가 실제로 있을 때, 그 생각이 우리에게 도움이 안 된다는 점이다. 기게스의 반지의 주인에 맞서서 "우리는 모두 잘살 것이다"라고 주장한들 아무 소용이 없을 것이다. 왜냐하면 그 주인은 이미 잘살고 있고, 그런 계약 조건에 따른다고 이득이 될 게 없음을 알고 있기 때문이다. 정의가 자신의 이익을 얻기 위한 또 다른 수단에 불과하다면, 이익을 이미 가지고 있는 사람들이 정의에 대해 왜 신경 쓰고 속 태워야 하겠는가?

정의가 우리를 서로로부터 보호하기 위한 사회계약이라는 생각 배후에는 우리가 모두 근본적으로 이기적이고 경쟁적이라는 무비판적이고 부적절한 생각이 있다. 우리의 이기적 욕망은 윤리나 사회와 뚝 떨어져서 저절로 생기는 것이고, 우리의 정의 의식은 전혀 자연스럽지 못한 것으로 보는 것 같다. 이에 맞서 플라톤은, 정의는 단순한 사회 관습이 될 수 없으며, 행위자의 영혼의 본질 안에서 발견되어야 함을 주장한다. 이 말은, 이기심이 정의와 단순히 대립되는 것일 수가 없고, 정의는 우리가 어떤 종류의 사람이고, 또 어떤 사람이 되어야 하는지에 의해 이해되어야 한다는 뜻이다. 정의는 사회계약이나 의무감에 의존하고 있지 않다. 기실 고대 그리스인들은 "의무"에 대한 우리의 명확하게 계약적인 개념을 가지고 있지조차 않았다. 근본적으로 우리 모두는 규칙을 지키게 하는 계약적 의무를 필요로 하는 이기적인 존재라는 생각은 사실이 아니다. 정말이지 "이기심"과 "의무"라는 적대적 개념들을 동시에 지니는 것은 올바른 정의 개념을 불가능하게 만든다.[69.]

우리는 모두 전적으로 이기적이라고 가정해야 하는 이유가 무엇인가? 보통 명확한 특정 상황, 예컨대 사업 계약이나 스포츠 경기 같은 상황을 제외하고 우리의 삶은 경쟁적이지 않으며, 우리의 이익은 우리 이웃의 이해에 적대적이거나, 어긋나는 것이 아니다. 우리는 우리의 이익, 우리의 호화로움, 우리의 안락이나 심지어 우리의 필요 때문에 살지 않는다. 그보다 우리 자신에 대한 올바른 개념, 우리의 존엄성, 사회에서의 우리의 적절한 위치를 유지하기 위해 산다. 우리는 우리 자신들을 위해 사는 게 아니라, 우리의 자아들을 위해 산다. 우리의 자부심, 우리의 허영, 우리의 자긍심, 명예와 올바름에 대한 우리의 의식을 위해 산다. 이런 감정적 덕목들은 자아에 대한 것으로 추정된다고 할지라도, 모두 사회적인 것이며, 다른 사람들과 함께하는 삶, 다른 사람들을 위한 삶을 전제한

---

69. 버나드 윌리엄스[Bernard Williams]는 그의 저서 『윤리와 철학의 한계[Ethics and the Limits of Philosophy]』(Cambridge: Harvard Univ. Press, 1985)에서, 전체적으로 윤리와 철학에 대한 유사한 주장을 한다. 인물에 대한 고려를 강조하고, "모든 것을 의무로 만들려고 하는 것이 도덕의 잘못이다"라고 말한다.

다. 도스토옙스키는 『지하생활자의 수기Notes from Underground』에서 단지 양심을 위해서, 자신이 다른 사람들과 그들의 "합리성"의 노리 개가 아님을 증명하기 위해 자신의 모든 이익, 심지어 자신의 건강 까지도 망쳐 버리는 인물을 보여 주고 있다. 따라서 도스토옙스키 의 인물은, 그것이 자기의 자유 선택을 나타내는 한, 그것이 자신에 게 "가장 득이 되는 이익," 즉 자신의 진정한 자아를 대변하는 한, 모든 것을 감내할 것이다. 이와 마찬가지로, 우리 모두가 궁극적으 로 원하는 것은 우리 자신의 이익이 아니라, 보다 소중한 어떤 것, 자아의식, 자기 존중 의식이고, 이런 의식은 자기 이익의 횡포를 거 부하고 본질적으로 사회적인 우리의 본성을 이해함으로써만 획득 될 수 있다.[70]

당신이 기게스의 반지를 소유한 자라면, 홈리스를 도울 기회, 벗 에게 임박한 위험을 경고해 줄 기회, 당신의 야심을 좌절시키는 무 해한 시민이 아니라, 세상을 사정없이 파괴하고 자기 나라의 국민 들을 잔인하게 억압하는 그런 괴물을 암살하거나 공격할 기회를 잡지 않겠는가? 우리의 일상적 행위의 범위를 보건대, 우리가 항상 혹은 통상적으로 우리 자신의 이익을 위해서만 행동하는지는 절대 명확하지 않다. 비록 (알면서도) 우리 자신의 이익에 반대되게 행동 하는 일은 자주 없지만 말이다. 대개 우리의 이익은 다른 사람들의 관심사와 우리가 살고 있는 더 큰 사회의 이해관계와 대립되기보다

---

70. 표도르 도스토옙스키, 『지하생활자의 수기Notes from Underground』

는, 그것들을 포함한다. 우리가 법을 충실하게 따르고, 다른 사람들을 돕고 우리의 시간을 공유하고 때로는 돈까지 공유하는 것은 우리가 후일의 보상을 바라거나 붙잡힐까 봐 두려워서가 아니다. 일어나서 정의를 위해 죽는 일은 드물지 모르나 정의롭게 되는 것은 우리에게 드물거나 우연적인 행동이 아니다. 그것은 특별히 바라는 일이 우리에게 일어나지 않을 때 하기 좋은 어떤 것이다. 정의로운 것, 다른 사람들의 행복을 염려하는 것은 우리 자신의 욕망을 충족시키는 만큼이나, 잘 사는 삶의 일부이다. 정의는 이기적인 것이 아니라, 자아의 본질적인 일부이다.

플라톤의 해결: 국가

> 염려가 큰 어느 아버지가 "어떻게 해야 내가
> 우리 아들을 확실하게 정의로운 사람으로 만
> 들 수 있을까요?"라고 물었더니 크세노필러스
> Xenophilus[71.]가 이렇게 말했다. "그를 잘 통치되는
> 국가의 시민이 되게 하시오."
>
> 디오게네스 라에르티우스[72.](헤겔의 『철학과 권리
> Philosophy & Rights』에서 인용)

『국가』는 정의란 무엇인가 라는 문제에 답하기 위해 저술되었다. 그
러나 그 중요한 개념에 대한 최종적인 정의가 어떻게 드러나는지는
명확하지 않다. 우리가 원하는 것은 일련의 지침, 평가와 결정을 내
리는 방식이다. 플라톤은 이것을 우리에게 주지 않으며 그래서 많
은 독자들이 실망할 수도 있다. 하지만 관료들에게 판단 과정을 제
공하는 것이 플라톤의 목적이 아니다. 오히려 그와 반대로 플라톤
의 목적은 우리에게 정의란 개인적인 덕목이며, 우리가 특정한 종

---

71. 크세노필러스[Xenophilus]. 기원전 4세기 전반에 살았던 피타고라스의 철학자이자 음악가이다. 그는
피타고라스의 마지막 세대에 속했다고 전해지며, 기원전 4세기에 아테네에 살았던 것으로 알려
진 유일한 피타고라스인이다 ─옮긴이주.

72. 디오게네스 라에르티우스[Diogenes Laertius]. 기원전 3세기의 그리스 철학가. 피타고라스의 삶에 대해
썼다 ─옮긴이주.

류의 사람이 되고, 자기 자신에 대한 특정한 개념을 가지게 만드는 것임을 가르치는 것이다. 실질적으로 『국가』는 정의에 대한 단 하나의 분석이 아니라 여러 분석을 제시하고 있고, 그 분석들에 대해 소크라테스는 왜곡되고 혼란스럽고, 너무 제한적이라면서 거부했다. 소크라테스는 왜 싫어했는가? 그 이유는 소크라테스가 이런 견해를 가지고 있었기 때문이다. 즉 참된 정의는 현재 유통되고 있는 일면적인 혹은 그릇된 답변들을 모두 고려하여 ("대화를 통해") 문답식으로 나타난다는 견해 말이다. 혹은 어쩌면 정의에 대해서는 상이한 맥락에 제한된, 적합한 많은 다른 견해들이 있으며, 그리하여 정의의 핵심은 세상에 있지 않고 우리의 판단에 있다는 식으로 우리는 플라톤을 읽을 수 있을지도 모른다. 혹은, 소크라테스와 그의 대화 상대자들이 고려한 여러 답변들은 소크라테스 동시대 아테네인들의 어리석음을 드러내는 것이 아니라, 좋은 삶과 세상이 작동하는 방식에 대한 다양한 고대의 비전과 새로운 비전이 진정 갈등하고 혼란을 빚고 있음을 나타내는 것이라고 우리가 깨닫게 될 수도 있다. 『국가』는 정의에 대한 대부분의 현대 저술들과 대조적으로, 정의에 대한 이론이 없으며, 정의를 개인적인 것이 개입되지 않은 몇몇 원리로 환원하려는 시도가 없다. 정의는 최상의 개인들과 공동체의 영혼에 다름 아니다.

　『국가』는 그 자체로 바람직한 덕목으로서 정의를 옹호한 소크라테스의 변호, 정의가 다스리고 올바른 남녀들이 다스리는 사회를 위한 청사진의 진술에 온 힘을 기울인 작품이다. (플라톤이 국가의 수호자로 여성들을 포함시킨 것은 여성을 여전히 재산 품목으로 보는 사회에서 아주 새롭고 조숙한 생각임을 주목해야 한다.) 주된 주제는, 덕목으로서의 정의는 개인적일 수 있으나, 정의로운 시민을 만드는 것은 오직 정의로운 사회라는 것이다. (아마도 소크라테스처럼) 매우 희귀한, 정의로운 사람의 사례가 정의롭지 못한 사회에서도 가능하지만, 나머지 우리들은 그 자체로 정의로운 사회에서 정의로울 수 있음을 기대할 수 있을 따름이라는 것을 플라톤은 인식하고 있다. 그래서 『국가』는 개인 속에 있는 정의를 진술하는 데서, 정의로운 사회, 본질적으로 귀족적인 국가에 대한 계획으로 방향을 선회하고 있다. (『국가』 전체를 통틀어 개인적인 정의와 이상적인 사회 사이의 유추가 내내 작동하고 있다. 일반적으로 나머지 한 가지가 없으면, 다른 하나도 존재할 수 없다. 불완전한 사회에서 소크라테스는 완벽한 덕목을 가졌음에도 불구하고, 그리고 완벽한 사회에서도 정의롭지 못한 개인들이 분명 있을 것임에도 불구하고 그러하다.) 그 유추를 한데 연결하는 것은, **조화**harmony라는 준-음악적 개념이다. 건강한 개인이 자신의 다양한 자질들, 예컨대 마음, 육체, 이성, 감정, 욕망 사이의 완벽한 조화를 향유하듯이, 이상적 사회는 그것의 다양한 부분들 간의 완벽한 조화를 지닌다.

플라톤의 정의로운 사회의 중심적인 특징은, 그리고 애덤 스미스의 『국부론*Wealth of Nation*』에 묘사된 현대 사회의 뚜렷한 특징은, 노동의 분화이다. 모든 사람은 자신이 가장 잘할 수 있는 일을 한다.[73] 이리하여 정의는 능력merit의 개념을 띤다. 자기 자신의 특별한 기술과 재능을 가지고 사회에 기여할 수 있는 것이 본질적인 것이 된다. 물론 사람들은 사회에 기여한 부분에 대해 보답을 받는다. 그러나 그렇다고 보답을 **받기 위해** 사람들이 기여한다는 식으로 생각하면 가장 큰 잘못을 범하는 것이 된다. 사람들이 기여하는 것은 자신들이 할 수 있는 것이 그것이기 때문이고, 자신들의 존재 의미가 그것이기 때문이다. 사회를 개선하기 위해, 자신들을 시민으로서 모범적으로 보여 주기 위해서 말이다. 사람들이 외적인 뇌물, 즉, 소위 말하는 장려금을 필요로 한다는 생각은, 이미 요점을 벗어난다. 물론 사회가 시스템적으로 사람들에게 정당한 보상을 뺏는다면, "너는 내게 지불하는 것을 얻게 될 것이다"라는 식의 잘못된 태도가 지배적이 될 것이다. 기술을 갖춘, 전문성이 있는 모든 시민들이 함께 협력하는 결과는 최대한 통일되고 효율적이며 건강하고 행복한 사회일 것이다(이는 애덤 스미스가 2백 년 후에 다시 강조하는 주장이기도 하다). 즉 다시 말해 완벽한 도시는 수천만의 (불완전한) 개인들, 서로 협력하고, 자신들의 역할과 기대에 걸맞은 성공의 열매를 향유하는 그런 개인들의 산물이다. 이것이 바로 정의이다. 그리하여 정의로운 개인 역시, 몸과 영혼이 조화로운 사람이며, 그 속에서 욕망은 이성에 일치하며, 그 결과 그/혹은 그녀는 정의로운 사회에서의 자신의 위치에 적합한 욕망만을 지니게 된다. 가

---

73. 플라톤, 『국가』 4권; 스미스, 『국부론』 1권.

령 예를 들어 그가 농민이나 장인 같은 "생산자"라면, 그는 생산하는 삶에서 올바르고 행복하다. 만약 그가 "전사warrior"라면, 도시를 보호하고 방어하는 사람들에게 부여되는 부가 사치품을 향유할 수 있을 것이다. 특권의 이런 차이는 완벽하게 옳다. 마지막으로, 만약 그가 "수호자guardian"라면(궁극적으로 심지어 철학자-왕도 그렇다), 플라톤이 매우 자세하게 규정하고 있는, 정치와 철학에 대한 집약적인 교육을 포함해서 아주 특별한 의무와 특권을 지닌다. (그 것을 작동시키는 법을 알고자 한다면 철학자들은 정의의 본질을 이해해야 한다.) 그러나 수호자들은 사적 재산과 가족 사생활의 익숙한 양식의 폐지를 포함해서, 엄격한 규제를 받게 된다. 그들은 아내를 공유하고, 따라서 아이들도 새로운 수호자로서 공동체에서 길러진다. 그런 체제가 정당하게 느껴지든 아니든 간에, 백만장자 상원의원들이 있는 요즘 같은 시대에, "공복public servants"의 의미가 무엇인지 다시 생각할 기회를 준다. 정의를 구성하는 것은 사회에 대한 진심 어린 관심과 참여이고, 개인적 관심사가 정의되고 존중되고 실현되는 공동체가 부재한 상태에서 개인적 관심을 추구하는 것은 아무 의미가 없음을 인식하는 것이다. 플라톤에게 있어서 정의의 본질은 질서 정연하고 조화로운 사회에 속하는 것, 그런 사회를 가능하게 하는 그런 개인이 되는 것이다.

조화롭고 번창하고 행복한 사회에 대한 이런 이미지가 그렇게 수 세기 동안 정치 지도자들에게 통찰력을 준 것이 놀랍지 않을 것이다. 그러나 정의와 이상 사회에 대한 이런 위계적인 그림의 많은 요소들이 또한 우리에게 반감을 주고 역겨울 것이다. 정의에 대한 이 그림에 없는 것은 그것의 적이고, 민주주의이고, 민주주의가 요구하면서 동시에 가능하게 만드는 개인적 자유와 선택이다. 국가의 경제적 전제조건으로 노예제를 너무나 태연히 수용하는 것이 우리에게 공포를 준다. 우리가 사회 속에서의 우리 자리를 도전하지 않고 받아들이기만 하면 우리 각자는 올바르고 행복할 것이라는 생각은 반감을 준다. 물론 『국가』는 완전히 이상화된 허구가 아니다. 당연히 『국가』는 기원전 4세기 아테네 사람들의 요소가 많고, 아테네 사람들이 그 이전 세기에 견뎌 온 그 모든 정치적 투쟁을 반영하고 있다. 그것은 절대 유토피아가 아니고 소크라테스와 플라톤이 특히 매력적이라고 느낀 정치사상을 이상화한 것이다. 그러나 우리는 그 비전에서 거의 부정의의 패러다임을 발견하게 된다. 하지만 『국가』는 또한 우리에게 정의가 무엇이며 어떠해야 하는지에 대한 비전을 제공하기도 한다. 정의는 그것이 무엇이든 간에, 우리가 흔히 생각하듯, 개인이 원하거나 개인이 마땅히 가져야 할 것을 가지는 개념이라기보다, 개인의 온전함과 실현, 사회에 대한 개인의 기여를 포함하고 있다. 그런데 플라톤은 사회로 하여금 개인의 역할과 지위를 전적으로 결정하게 한 반면, 우리는 사회의 성격을 결정하는 것은 개인의 행복과 권리라고 주장한다. 정의의 척도와 기준은 다름 아닌 개인이다. 하지만 이런 척도와 기준은 항상 사회에

배태되어 있고, 사회 없이는 생각할 수 없다. (이 점이 중요한 핵심이다.)

우리가 개인에 대해 이야기하든 혹은 사회에 대해 이야기하든, 정의는 건강이나 행복과 가깝고, 반면 부정의는 질환이나 불행과 가깝다고 플라톤은 말한다. 부정의는 내적 불화이며 그것은 사회나 사람의 마음을 유약하고 혼돈스럽게 하고, 그 자신과 전쟁을 벌이게 한다. 이것이 플라톤에게 자신이 품은 문제, 즉, 정의를 어떻게 그 자체를 위해 바람직한 것으로 생각해야 하는가라는 문제에 대한 해결책을 제시한다. 정의가 단지 우리 자신과 우리가 속한 사회의 온전함과 조화라면, 그리고 우리가 정의로운 존재가 되도록 "타고난" 것이라면, 이런 조화를 부인하는 것, 조화를 지속하지 못하는 혹은 지속할 수 없는 사회에 사는 불행은 필연적으로 우리를 불행하게 만들 뿐만 아니라, 내적 동요와 갈등을 유발하게 될 것이다. **심지어** 우리가 그런 상황에서도 개인으로서 스스로 잘해 나간다 하더라도 그렇다. 정의로운 사회에 사는 것은 분명 우리로 하여금 정의로운 사람이 되도록 돕고, 북돋운다. 그것은 사회가 우리로 하여금 정의롭게 만들기 때문이 아니라, 사회가 우리에게 우리의 타고난 본성대로 행동하도록 할 기회를 제공하기 때문이다. 정의는 사회 내에 있기 이전에 개인 속에 있는 것임에 틀림없다. 건강과 행복을 추구하기 위해 어떤 외적 보상이나 유인물이 우리에게 필요하겠는가?

플라톤이 정의로 의미하는 것은 좋은 삶을 사는 것이다. 분명히 플라톤은 가난한 사람들의 복지 문제라든가 진보적인 과세에 대한 논쟁 같이, 우리가 매우 관심 있어 하는 정의의 여러 측면들에 대해서는 관심이 없었다. 이상 사회에서 그가 높이 평가하는 것, 민주주의에서 그가 비판하는 것의 많은 부분들이 우리에게는 불편하다. 하지만 정의가 추상적이거나 고립된 삶의 측면이 아니라 한 사회의 시민으로 살아가는 것의 본질이라고 하는 그의 기본적인 사고는 우리에게 매우 친근하고 매력적이다. 올바른 존재가 되는 것과 자기 자신의 관심을 추구하는 일이 별개의 프로젝트가 아니라고 하는 소크라테스의 주장은 정의란 무엇인가라는 문제에 대한 그 자신의 답변이다. 정의는 잘 사는 것인 동시에 올바르게 사는 것이며, 그 둘은 분리할 수 없다. 우리는 왜 올바르게 살아야 하는가? 올바르지 못한 것은 완전한 사람, 충만한 시민보다 못한 존재가 되는 것이고 내적으로 찢겨지고 갈등하는 존재가 되는 것, 충분히 합리적인 존재보다 못한 존재가 되는 것, 자신의 참된 본성에 어긋나고, 불행한 존재가 되는 큰 위험을 무릅쓰는 것이기 때문이다. 아마도 이런 답변은 이 놀랍고 새로운 힘의 한계를 시험해 보고 싶어 이미 전전긍긍하며, 그런 열의 속에서 정의를 그다지 높이 사지 않는, 기게스의 반지의 새 주인을 검증하는 일을 못 해낼 것이다. 그러나 플라톤은 『국가』의 말미에서 우리에게 이렇게 확신시켜 준다. 정의의 문제는 그 자체의 보상인 것만은 아닌데, 그 이유는 올바른 사람이 사회의 보상을 수확하기도 하기 때문이다. 상황을 충분히 고려할 때, 결국 사람은 공공의 선을 충족시키려는 그 한 가지 만족을 위해 (혹은 어쩌면 야간 텔레비전에서 마술을 부리는데 그것을 써먹을 수도 있다) 기게스의 반지를 내다 버릴 수 있다.

이리하여 『국가』의 궁극적인 주장은 정의는 그 자체로 좋은 것이며, 정의는 결국에는 보답을 주기도 한다는 것이다. 소크라테스(혹은 플라톤)는 그런 행복한 결론을 보증하는 일에 결코 성공하지 못하고 있음을 인정해야 한다. 그러나 소크라테스와 플라톤이 두 마리 토끼를 다 잡기를 원한 정의의 옹호자, 즉, 정의로운 사람에 대한 그 어떤 이익과 별개로 그 자체를 위해 정의의 선을 변호하면서 동시에 결국에는 우리에게 그런 유익들을 약속한, 정의의 유일한 옹호자가 아님을 주목해야 한다. 2천 년 후에 독일의 위대한 철학자 이마뉴엘 칸트는 전체 기독교 전통에 대한 한 해석을 "최상의 선"이라는 말로 요약했다. 최상의 선에는 덕과 행복, 정의와 개인적 행복이 정확하게 짝을 이룬다. 악은 처벌의 보답을 받고 선은 보상의 보답을 받는다. 물론 그런 정의는 무고한 아이들이 폭군에 의해 살해당하고, 폭군들은 70살이 되도록 번성하는 이런 세상에서 발견되지 못 한다. 그래서 칸트는 정의는 이 세상과 떨어져 있는 불멸의 삶 속에서, 신에 의해 관장됨을 "증명하고자" 한다. 장차 올 그런 정의를 믿지 않는다면, 덕스러우면서 정의로운 것이 비합리적이 될 것이라고 칸트는 주장하기까지 한다. 우리는 완벽하게 기쁜 마음으로 정의를 추구한다. 심지어 그 자체를 위해, 그 자신의 보답으로서도 말이다. 그러나 우리는 정의 때문에 고통을 받지 않을 것이라는 것, 혹은 그렇게 양심적이지 않거나 공정하지 않은 사람과 비교했을 때 우리가 불이익을 당하지는 않을 것이라는 것을 우리는 확인받고 싶어 한다. 플라톤의 문제가 그렇게 널리 퍼진 것으로 드러난 것은 그 때문이다. 현대의 세속적인 사회에서 플라톤의 문제는, 정의 개념이 아직도 꽤 새로웠던 플라톤의 시대보다 훨씬 더 다루기 힘든 문제가 되었다. 정의는 궁극적으로 자기 자신의 이해 속에 있는가? 우리가 알고 싶은 것이 바로 그것이다. 그러나 우선 우리는 우리 자신에 대해서, 그리고 우리가 삶에서 정말 원하는 것에 대해 더 알아야 한다.

탐욕에 대한 재성찰

내가 그것을 하는 것은 돈 때문이 아니다. 나는
돈이 충분하다. 내가 필요로 하는 것보다 훨씬
많은 것을 나는 가졌다. 내가 그것을 하는 건 그
렇게 하기 위해서다.

도널드 트럼프, 『협상의 기술』

부자는 자기가 가진 것에 만족한다.

『탈무드』

플라톤이 정의로 의미하는 것은 좋은 삶을 사는 것이다. 그러나
좋은 삶이 적합한 음식과 건강과 정치적 자유 같은 물질적 선결
조건을 가짐에도 불구하고, 그것은 주로 다른 사람들과 잘 어울
려 사는 문제, 좋은 사회에서 사는 것, 친지와 이웃에 의해 사랑받
고 존중받는 문제이다. 기본적인 물질적 필요의 충족은, 대개 사회
적이고 상호적으로 이익이 되는, 완벽하게 수용 가능한 활동이지,
삶의 적절한 목표나 관심이 아니다. 그 사람의 필요가 무엇인가 하
는 것은 사회에서 그 사람의 위치에 달려 있다. 군인은 검을 필요
로 하고, 정치인은 사무실을 필요로 한다. 자신의 필요보다 더 많

은 것을 얻으려고 하는 것, 자신의 자격보다 더 많은 것을 가지려 하는 것은 반사회적이고 자기 패배적인 활동이고, 자신의 명성, 명예, 그리하여 결과적으로 자신의 행복에 해롭다. 탐욕은 좋은 것이 아니다. 심지어 탐욕의 동기 추동력을 믿는 사회에서도 그렇다. 탐욕은 일종의 철학적 혼란이며, 자기가 정말 원하는 것, 즉 자신이 안전하다는 의식, 타인에 대한 존중에 대한 오해이다. 무엇이 중요하고 무엇이 충분한가 하는 것에 대해 상호적으로 합의된 표준을 모르거나 혹은 표준이 부재한 상태이다. "내가 1만 달러(5만 달러, 5백만 달러)만 더 있으면 나의 모든 문제들이 해결될 텐데" 같이, 재앙을 가져오는 그런 오산이다. 좋은 삶은 물질적 행복을 전제하지만 전적으로 물질적 행복의 문제인 것은 아니다. 탐욕스럽다는 것은 그 점을 놓치는 것이고, 자신의 필요나 자신의 자격보다 훨씬 더 많은 것을 추구하느라 자신을 굴욕적으로 만들고, 다른 사람에게 해를 끼치는 것이다.

탐욕의 병리학을 공격할 때 나는 때때로 인간의 본성 그 자체를 부인하거나, 혹은 더 나쁘게는 자본주의를 공격하고, 자기만족을 옹호하며, "이 나라를 위대하게 만든" 그런 야망을 망친다는 비판을 받게 되어 늘 놀랍게 생각한다. 이런 비난은 자본주의와 자기만족 둘 다에 대한 오해를 반영한다. 그리고 그것은 대개 분명히 "인간 본성"에 대한 오해를 반영한다. 내가 공격하는 것은 사람들을 더 생산적이지 못 하게 한다기보다, 회복할 수 없이 불행하게 만드는 그 비합리적이고 옳지 않은 욕망과 기대, 정말로 원치 않고 결코 좋아하지 않는 경력으로 사람들을 앞다투어 밀어 넣는 그런 것들이다. 곁눈질하는 재능과 이해와 관심은 비록 보답이 없다 하더라도 진정한 차이를 만들어 낼 수 있다. 추상적 탐욕이 불편한 것은, 그것에 대한 순진무구함, 즉 추상적 탐욕이 진정한 욕망, 진정한 필요, 진짜 기대와 아무 상관이 없다는 점이다. 탐욕은 그저 단순한 욕망이 아니라, 더 많은 것을 향한 (끝이 없고 만족을 모르기 때문에) 결국은 의미 없는 욕망이다. 〈키 라르고Key Largo〉[74]에서 보가트가 연기한 유사 영웅적인 인물은 에드워드 로빈슨이 연기한 사악한 갱스터에게 자기가 정말 원하는 것, 즉, more를 말한다. "더, 그렇다, 더!" 로빈슨에게 완전히 동의하지만 의도된 모욕을 망각한 채 그의 말을 반향한다. 탐욕은 목표 없는 욕망이고, 자제나 만족의 가능성이 없는 욕망이다. 탐욕적인 사람은 영원히 좌절당하기 때문에, 덜 가진 사람들에 대해 공감을 느끼기가 쉽지 않다. 결국 그 역시 좌절되어 있기 때문이다. 그리고 **정의**는 세상에 대해 잘못된 것을 일컫는 다른 말일 따름이다. 결국 탐욕의 좌절은 냉소주의에 이르고, 탐욕스러운 성공은 어찌 되었건 만족의 가능성은 없다는 결론에 너무나 쉽게 이르게 된다. 그러니 다른 사람에 대해 왜 염려하겠는가?

---

74. 라울 월시 감독의 49년 작 영화. 현대 갱스터 영화의 개막을 알린 작품으로 평가됨. '생각하는 갱스터'가 히어로로 등장한 영화임 —옮긴이주.

"모든 것을 다 원한다"는 생각은 사회적으로 용납 가능하게 되었고, 이것이 그렇게 많은 삶을 망치지 않는다면, 이것은 단순히 나쁜 농담 정도가 될 것이다. 정의는 자신에 대한 합리적인 기대와 더불어 시작되고, 추상적인 탐욕을 제거하는 것이 그 첫 목표 중 하나가 될 것이다. 겸양과 자제, 우리의 낭비와 생각 없음에 대한 깊은 당혹감, 자기 이익 때문이 아니라 단순히 생각이 모자라거나 무감각하기 때문에 우리가 입히게 되는 너무나 많은 피해에 대한 자각을 우리가 필요로 하는 만큼, 그렇게 세상 재물의 재분배에 대한 이론이나 계획을 우리가 필요로 하지는 않는다. 우리 대부분에게 있어, 정의의 반대는 불의라기보다는 탐욕이다. 우리는 잔인하거나 무정하지 않다. 우리는 속이거나 거짓말하거나 훔치지 않는다. 우리는 다만 너무 많이 원하고 너무 많이 기대할 따름이다. 우리 대부분은 부족 상태에서 살지 않는다. 심지어 "약간 부족한 상태"도 아니다. 우리는 단지 광고가 많이 되고 유행한다는 이유로, 새롭지만 필요하지 않은 상품들을 탐하면서 눈에 두드러지는 소비의 삶을 산다. 문제는 그런 욕구는 (언제나 새로운 것이 있으므로) 절대 충족되지 않기 때문에 우리의 주의력을 분산시키고, 다른 사람들과 공감하는 능력을 부식시킨다는 점이다. 그것은 시기와 질투 같은 감정을 과장하게 만들고, 관대함과 연민 같은 감정을 막는다. 가장 나쁜 것은, 탐욕이 오랜 세월 치명적인 일곱 가지 죄악 중 하나로 여겨진 후에, 오늘날의 미국에서는 **야망**으로 위장되어 (미국 아닌 거의 모든 사회에서 여전히 야망은 좋지 않게 여겨지는 단어이다.) 하나의 덕목으로 틈새 자리를 마침내 찾았다는 점이다.

탐욕은 개인적 이득 같은 것을 꼭 포함할 필요는 없다. 나는 어떤 학과의 학과장이 자신의 학과 교수 중 한 명이 학과의 돈을 지급받으면서 다른 프로그램에서 강의를 한다는 사실에 감정적으로 항의했을 때, 다소 불쾌감을 느끼며 그것을 들었다. 물론 여기서 중요한 것은 돈이나 행정가로서의 그의 평판도 아니다. 그것은 축적과 지위라는 추상적인 개념이다. 그것은 관료적인, 베버식의 탐욕이고 탈개인화되고 제도적으로 합리적인 것이다. 그럼에도 불구하고 그것은 탐욕이다. 탐욕은 돈의 문제에만 국한된 악덕이 아니며, (말할 필요도 없이) 미국인에게만 고유한 학덕도 아니다. 최근에 오스트레일리아 골프 선수 그렉 노먼$^{Greg\ Norman}$과의 인터뷰에서, 탐욕에 대한 메시지가 모호함 없이 표현되었다. "당신은 원해야 한다. 원래 그런 거다. 골프는 욕망의 문제이다…… 만약 당신이 연봉 30만 달러를 버는 데 만족하여 ("그는 냉소적으로 말했다.") 시합에 이기든 지든 상관없어도 좋다. 하지만 나는 거기에 만족 못 한다. 이 시합을 시작한 이래 내 욕망은 세계에서 최고의 선수가 되는 것이었다."[75] 탐욕은 성공에 대한 집착, 명예와 공로와 연인과 칭찬을 축적하고자 하는 우리의 끝없는 욕구이다. 우리가 결코 쓰지 못할 또 다른 5천만 달러를 "바라는" 이는 단지 투자은행 은행원만이 아

---

75. 『플레이보이*Playboy*』 Mar. 1988, 146.

니다. 그는 충분한 명예를 얻지 못해 다른 수령인들을 시기하는 시인일 수도 있고, 충분히 많은 관객이나 충분한 박수를 얻지 못 하는 연예인(잭 버니가 주로 연기하던 인물)일 수도 있다. 그는 충분히 인정을 못 받는 학자나 충분히 표지 사진을 찍지 못한 모델일 수도 있다. 아리스토텔레스의 탁월함과, 공정함과 민감함의 모든 감정을 방해하는, 만족을 모르는 야심은 별개의 것이다.

기실, 훌륭한 존재나 심지어 탁월한 존재에 대한 것이 아니라, "넘버원"이 되고 되고자 하는 우리의 집착은 우리나라 신경증 중 가장 가시적인 증상 중 하나다. 경제, 군사력, 스포츠 분야에서만의 일이 아니다. 『세계기록 기네스북Guinness Book of World Records』은 공중전화 부스 충전재에서 핫 포테이토 조리법에 이르기까지 모든 것에 넘버원이 되고자 하는 우리의 열광을 잘 보여 준다. 그런 탐색이 즐겁지 않다는 게 아니라, 사람들이 그것을 성취하느라 자신들의 삶을 쓰고, 부조리하고 전혀 중요하지 않은 어떤 것을 성취하는데 그들의 행복이 달려 있게 만드는 그 사실이 우리의 불행에 큰 원인이 된다는 점이다. 그것은 탐욕의 또 다른 측면이며, 우리가 의미 있는 성취 표준을 놓치고, 그 표준 대신 개인적 성취라는 이 광적인 개념을 대체했다는 또 다른 표시이다. "어떤 일에 최고가 되고 싶다"는 것은 성공의 공식일 뿐 아니라, 불행의 처방이기도 하다.

자본주의는 그 자체로 탐욕의 원천이며, 탐욕이 있어서 번성하고, 탐욕을 부추기고, 심지어 탐욕을 모든 동기 중 최고의 동기로 합리화한다고 사람들이 종종 말하고, 때때로 주장한다. (이런 주장을 펴는 사람들은 흔히 국가 번영의 엔진으로서 개인의 탐욕과 "보이지 않는 손"에 대해 말한 애덤 스미스를 인용한다.) 하지만 다른 곳에서 내가 상세히 주장했듯이, 이런 개념은 자본주의에 대한 깊은 오해를 드러낸다. 자본주의는 다른 경제체제 혹은 사회체제에서 그렇듯이 공동체와 협동을 전제한다.[76·] 애덤 스미스가 (자본주의의 성서라고 이야기되는) 그의 『국부론』을 쓰기 전에 『도덕 감정론Theory of Moral Sentiments』을 먼저 쓴 것은 우연이 아니다. 그는 『도덕 감정론』에서, 이웃 시민에 대한 공동체적 감정과 연민이 자기 이해의 감정만큼이나 타고난 것이라고 주장한다.[77·] 게다가 사회주의와 공산주의는 돈과 물질적 사치보다 명예, 지위, 혹은 영향력에 대한 무한한 욕망으로 표면화되더라도, 그 배후에는 그만큼의 탐욕이 있음이 명확하다.

모든 경제체제나 정치체제에는 일정한 양의 탐욕이 있다고 주장하는 것이 아니다. 그리고 탐욕이 인간의 본성의 일부라고 주장하는 것은 더욱 아니다. 그 반대로, 나는 이렇게 주장하고자 한다. 탐욕이 너무나 부자연스러운 것이므로 탐욕은 정의의 문제에서 아주 일반적인 문제라고 말이다. 탐욕은 부자연스럽다기보다 **비합리**

---

76. K. Hanson and R. Solomon, It's Good Business, and R. Solomon, *Ethics and Excellence* (New York: Oxford Univ. Press, forthcoming).

77. 스미스의 두 저서의 연속성에 대한 나의 이해는 패트리셔 워헤인[Patricia Werhane]의 미출간 원고, 「현대 자본주의에 대한 애덤 스미스의 유산The Legacy of Adam Smith for Modern Capitalism」에 많은 것을 빚지고 있다.

적이라고 흔히 주장되어 왔다. 이런 주장은 우리에게는 타고난 지혜와 절제가 있는 것이 아니라, 이치로 따져야 할 성향이 이미 존재해서, 우리의 동기 속으로 길러지고 길러져야 한다는 것을 전제한다. 타고난 재산권의 궁극적인 옹호자로 흔히 제시되는 존 로크는 재산에 대한 우리의 본성은 우리가 사용할 수 있는 것에 국한되어야 하며, 다른 사람들로부터 빼앗거나 다른 사람에게 해를 끼쳐서는 안 된다는 것을 매우 맹렬하게 주장했다. 한 사람이 얼마나 많은 친밀한 친구, 연인, 계발된 재능, 헌신을 가질 수 있는가에 대한 사회적 한계가 있을 뿐 아니라, 자연적 한계가 있다. 자연은 썩기, 녹슬게 하기, 그리고 다른 자연적 쇠퇴의 양식을 통해, 비축하려는 사람들을 항상 금방 좌절시켜 왔다. 물론 박탈이라는 고통스러운 경험은 우리로 하여금 충분한 소유에 대해 경계하게 했을 것이다. 그러나 경계 역시 어리석지 않고, 이상한 것도 아니다. 심지어 절망 속에서도 충분한 것은 충분하다. 그러나 실제로 소진되지 않는, 부와 명성에 대한 추구에 대해 말하자면, 충분함에 대한 우리의 타고난 의식은 사회적 압력과 환상에 취약하다. "너무 부유하다"거나 "너무 말랐다" 같은 것은 없다고 흔히 말한다. 그러나 거식증같이 요즘 많이 진단받는 병리학을 제거하면, 이제 "너무 부자이다"만 남고, 그것 역시 병리로 진단되어야 한다. 정의의 적은 잔인함이나 무정함이라기보다, 탐욕과 그것이 야기하는 부패이다. 그것은 정부와 제도에 있기보다, 무엇보다 우리의 개별적 성향 속에 있다. 자본주의 사회의 문제점은, (마르크스가 예견했듯이) 자본이 정확히 의미하는 것이 무엇인지, 자본은 무엇을 위해 존재하는지 알 수 없다는 것이다. 탐욕은 자본주의에 필수적인 것이 아니지만, 정의에 대한 예리한 개인적인 의식과 분리된 자본주의는 탐욕에 쉽게 이를 수 있다.

탐욕이 내 마음을 가장 끈 것은 탐욕이 가진 욕망이 아니라 추상성이다. 탐욕은 욕구가 아니다. 그것은 욕망 같이 쉽게 이해할 수 있는 것도 아니다. 이미 백만 달러를 소유하고 있는 이반 보에스티Ivan Boesky 같은 사람이 더 많은 돈을 원할 뿐 아니라, 자신이 어찌되었건 다 쓸 수 없는 돈을 위해 기꺼이 지역 사회의 도덕을 어기고 동료의 신뢰를 저버리며 법을 어겨 투옥과 평생 굴욕을 당할 위험을 무릅쓰는 이유가 무엇인가? 쓸 수 없는, 돈을 더 벌기 위해서가 아니라면 말이다. (그는 이미 기업 윤리학 저서에서 영원한 사례가 되어 있다.) 제임스 K 글라스맨James K. Glassman의 주장에 의하면,[78.] 오늘날 (탐욕이 항상 그 주변에 있는) 월스트리트를 추동하는 것은 탐욕이 아니라, 지적인 자극, 아이디어의 능력이라고 했다. 그것은 숫자들로부터 얻는 순수한 기쁨, 4백만 달러 현금 투자에서 7천 2백만 달러 대출로 "레버리지[79.]를 올리는 것,"의 기쁨, 회사나 그 회사 제품에 대해 전혀 묻지 않고, 실제로 회사를 운영하거나 물건을 생산하는

---

78. 『워싱턴포스트Washington Post』 23호. 1988년 1월 8일.
79. 레버리지leverage는 타인의 자본을 이용해서 자기 자본을 불리는 경제 효과를 의미한다. 한마디로 부채를 활용한 투자 방법이다 ─옮긴이주.

일 없이, 직원들이나 고객들과 직접적으로 전혀 연루되지 않고, 어떤 종류의 이윤이 발생할 지 아는 것의 기쁨이다. 그러나 이것 역시 탐욕이다. 물론 단순히 돈에 대한 탐욕이 아니라, 좀 더 만연한 종류의 탐욕, 영혼의 탐욕, 즉, 물질적으로뿐 아니라, 정신적으로도 "더 많이!"를 주장하는 탐욕이다. 그것은 신들이나, 심지어 운명에 맞서는 것이 아니라, 정의에 맞서는 저 고대의 오만함hubris이다. 왜냐하면 자신의 덕목이 무엇이든 간에 그렇게 많은 수백만 달러의 돈을 가질 자격이 있다고 누가 주장할 수 있겠는가.

그러나 미국에서의 탐욕은 가장 기본적인 사회적 문제와 관련해 너무나 많은 것이 해결되지 않은 채 있는, 그런 사회에서 불가피하게 뒤따르는 구조적 절망과 불안정성, 심지어 미래에 대한 히스테리 속에 보다 비극적인 원인이 있다. 최근에 홀로 된 한 여성이 70세이고, 건강하게 자립해서 살고 있다. 그녀가 얼마나 오래 살겠는가? 만약 그녀가 아플 경우 그녀는 자신을 돌볼 수 있을까? 아무도 모른다. 우리가 아는 건, 자녀의 도움에 의존하고 싶지 않다는 것, 낯선 사람의 친절이나 사회보장제도에는 더욱 의존하고 싶지 않다는 것이다. 우리가 얼마나 돈이 필요한지 우리는 모른다. 그래서 우리는 그 어느 때보다도 더 긴 시간의 불안과 절망으로 내몰리고 있다. 탐욕은 전능한 달러에 대한 내적 욕구가 아니라, 사회 계획의 부재이다. 미국의 노인이 어떻게 탐욕스럽지 않을 수 있겠는가? 당신 자신이 언젠가는 개밥을 먹게 될지 아니면 국영 "요양원"

의 공동 휴게실에서 흑백 텔레비전 앞에 앉아 있게 될지 모를 때, 당신이 정의에 얼마나 민감할 수 있겠는가? 이 구체적 공포는 비단 노인들만의 소관이 아니다. 곳곳에서 우리는 그것을 볼 수 있다. 즉, "새 직장을 알선받을 수" (얼마나 듣기 좋게 돌려 하는 말인가!) 있으되, 다른 직장을 절대 찾을 수 없으리라는 불안을 안고 사는, 높은 월급을 받는 중년의 기업 임원들에게서 우리는 그것을 볼 수 있다. 심지어 중산층 학생들에게서도 우리는 그것을 볼 수 있다. 학생들은 구직 관련 불안과 더불어, 보험 회사들이 대학 캠퍼스를 침범해 들어와서 열여덟 살 짜리들에게 퇴직을 미리 생각해 보도록 권할 때, 장기적인 불안을 강제로 이미 강요받고 있다. 재정적인 불안이 우리가 가진 유일한 기성의 사회 계획인 상황에서 우리가 어떻게 탐욕스러워지지 않을 수 있는가? 우리의 정의감은 전적으로 조건부가 되었다. "내가 나 자신을 돌보자마자, 다른 사람을 기꺼이 돌보겠습니다." 그런 시기가 오겠는가?

깊은 절망의 시대에 우리 대부분은 기본적으로 이기적인 것으로 드러날 수 있다. 즉, 우리 자신의 생존에 강박되어 있으면서 다른 사람들의 문제에 맞추지 않는 것으로 드러날 수 있다. 그러나 이런 비극적인 "자연 상태"가 우리가 정의에 대해 말하는 맥락이 아니다. 놀라운 것은 심지어 상황이 절망적일 때조차 궁핍한 너무나 많은 사람들이 먼저 남을 돕고자 하거나 자기가 가진 얼마 되지 않는 것을 나누려고 하고, 자신들의 불행을 다른 사람들의 불행에 견주면서 자신들이 더 낫다고 생각하는 것이다.[80.] 그러한 친숙한 자선과 희생의 행위만으로도 우리 모두가 "선천적으로" 이기적이라는 영원한 철학적 의심을 없애야 한다. 그러나 철학자들과 사회 이론가들은 그것이 예외인 것처럼 취급한다. 더 나쁜 것은, 같은 이론가들이 "인간 조건"을 근본적으로 생존을 위한 필사적인 싸움인 것처럼 계속 다루고 있다는 점이다. 이기심은 절박한 상황에 대한 예외적인 반응이 아니라, "인간 본성"에 다름 아니라고 말한다.

---

80. 비극 발생 후의 그런 관대함의 많은 사례들이 샌프란시스코에서 일어난 1989년 10월 지진 이후 많이 보도되었다. 그리고 물론 개인적으로 가장 절박한 상황 앞에서 즉각적으로 베푼 이타주의의 이야기들과 전쟁 시기 이야기들이 수천 가지 있다.

이기심의 신화

> 수백만 명의 동료 인간들의 파괴보다, 자기 새끼 손가락에서 느껴지는 최소한의 고통이 더 많은 염려와 불안을 준다.
>
> 윌리엄 해즐릿 (데이비드 흄에게서 훔치고 왜곡하다)

플라톤에서 현재에 이르기까지 중심적인 문제는 소위 "이기심의 신화"이다. 우리는 모두 근본적으로 "선천적으로" 이기적이며, 관대하고 이타적인 행동과 감정은 규칙이기보다 예외라는 것은 잘못된, 달갑지 않은 생각이다. 그것은 정나미 떨어지는 이론이며 사실이 아니다. 게다가, 정의는 어떤 형태의 이타심과 자기희생을 요구한다는 생각은 너무나 예측 가능한 저항 반응을 불러일으켜, 개인주의적이고 소유적인 우리 사회에서 특히, 딱 정반대의 것을 설교하는 철학이 나오는 것은 놀랍지 않다. 즉, 이기심이 수용 가능하다는 것, 심지어는 덕목이라는 철학 말이다. 자기주장의 이 철학을 가장 분명하게, 그러나 너무나 흔히 과장되게 대변하는 이는 우상 타파적인 독일 철학자 프리드리히 니체이다. 가장 널리 읽혀지는 세속적인 대변인은 대중적 인기를 지닌 러시아계 미국 소설가,

에이엔 랜드$^{Ayn\ Rand}$이다. 그 관점은 사람이 적합하게 고귀한 자아를 가지고 있다고 전제하면서(거대한 전제이다), 이기심은 그 자체가 덕목이라고 한다. 그런데, 자기중심주의egoism에 대한 이런 윤리적 해석을 한순간도 믿지 않으려고 하는 많은 이론가들이, 그럼에도 불구하고, 그것에 대한 다양한 심리학적 변종을 옹호하거나, 그 변종을 계속 붙들고 있다. 즉, 우리의 모든 행동들은, 우리가 싫건 좋건 간에 근본적으로 이기적이라는 것, 그러므로 우리 자신의 이해관계와 연결되어 있을 때에만 기꺼이 정의롭게 된다는 견해가 그것이다. (당연한 귀결: 자기희생을 포함하지 않는 행위는 진실로 정의가 될 수 없다.) 하지만 정의는 다른 사람들의 행복에 대한 정서적 관심인 것만은 아니다. 정의는, 플라톤이 주장했듯이, 자기 자신의 선과 행복에 대한 감정적인 관심이기도 하다.

이기심의 보편성을 논하는 많은 주장들은 이중의 오류를 드러낸다. 우선 사람들은 의도적인 행동(자신의 욕망과 의도를 충족시키는 것)과 자기 이해관계에서 나온 행동(어떤 제한적인 욕망과 의도를 충족시키는 것)을 혼동한다. 어떤 사람이 자선단체에 돈을 기부하거나 시각장애인이 길을 건너는 것을 도와준다고 하자. 그 사람은 의도적으로 행동했고, 자선단체에 돈을 주거나 시각장애인을 돕고자 하는 욕망을 (사소하게) 충족시켰다. 하지만 그런 욕망을 충족할 때 자기 이해관계 때문에 그렇게 행동한 것은 아니다. 두 번째 오류는 본질적으로 언어적인 것인데, **이기심**이란 경멸적 단어가 모든 자기 이해관계에서 나온 행동들(그것이 경쟁적이든, 남을 고려하지 않든 혹은 적대적이든 간에)을 다 포괄하게끔 사용되는 부적절한 확장의 오류이다. (이기심은 적대적이고 과도한 경쟁을 암시하게 되었을 뿐 아니라 다른 사람들의 이해에 무관심하거나 적대적이라는 함축도 들어가게 되었다.) 이기심에 대해 말할 때 우리는 그 말의 사용을 적절하게 적대적인 환경에 국한시켜야 하며, 모든 의도적이거나 자기 이해관계에서 나온 행동들을 포함하도록 그 말을 확대해서는 안 된다.

일반적으로 사용될 때 **이기심**은 많은 분야를 의미한다. 이기심이란 말에는 자기이해관계self-interest, 자기중심성self-centeredness, 자기집착self-concern, 자기몰입self-absorption, 타인에 대한 배려의 결핍, 과도한 경쟁심, 규칙 따르지 않기, 탐욕스럽거나 비열한 모습, 혹은 그저 나쁜 놈인 상태 등이 들어 있다. 이것들은 매우 다른 속성들이다. 자기이해관계는 그것이 두드러지게 자기 몰입 상태일 때, 다른 사람들의 이해관계나 권리에 대해 냉담하거나 무심할 때, 한계나 적절성에 대해 관심을 기울이지 않을 때, 상황의 표준을 망각할 때, 이럴 때에만 이기적이 된다. 어떤 사람이 집세를 내기 위해 직장을 구할 때, 그는 자기 이해관계 속에서 행동하는 것이다. 그러나 그는 분명 이기적이지 않다. 아이들을 괴롭히는 사람에 맞서 자기 아이들을 보호하는 엄마는 자기 이해관계 속에서 행동하지만 이기적이지 않다. 라켓 볼 파트너로 서로서로를 "이용"하는 두 친구는 자기 이해관계 속에서 행동하지만 이기적이지 않다. 실로, 자신의 매일의 정신적, 육체적, 사회적 활동들을 자세히 기록한 일지를 훑어보면, 이기적이라 부를 수 있는 제목들은 아주 적을 것이다. 한 달 혹은 일 년 동안, 우리 대부분은 얼마 안 되는 이기적인 순간들을 기억해 낼 수 있지만 상당히 당혹감을 가질 것이다. 한편, 이기적이라는 말로 "자기에게만 관심 있는self-involved" 것을 의미한다면, 우리가 하거나 생각하는 것들 중에 이기적이 아니라고 할 수 있는 게 있겠는가? 물론 이기심에 대한 신화가 우리에 대해 말하고자 하는 것은 이것이 아니다.

우리는 이기적인 존재가 아니다. 우리가 유난히 잘 자라거나 품성이 바르기 때문에 그런 게 아니다. 그것은 대부분의 사람의 경우, 인생에서 이기적인 것이 드문 예외이기 때문이다. 우리의 인생은 우리가 집단 속에 잘 적응해야 하며, 좁게 규정된 자아에 한정된 이익뿐 아니라, 우리가 더불어 살아가는 사람들의 행복도 우리자신의 관심으로 받아들인다는 암묵적인 원칙에 따라 조직되어 있다. 이 점에서 사람이 이기적으로 타고났다고 생각하는 것은, 사람이 선하게 타고났다고 생각하는 것(이런 견해는 너무나 흔히 우스꽝스럽게 유아적이고 위험할 정도로 비현실적이라고 여겨지는 견해이다)보다 훨씬 잘못된 생각이다. 그러나 물론, 사람들이 "본래적으로" 어떤 성향이 더 강하다고 생각하는 것은 아마도 받아들이기 힘들 것이고, 인간의 성격과 특이함의 스펙트럼을 "이기적인," "좋은"으로만 구성된 팔레트로 묘사하는 것은 무지개를 단지 흑백으로만 그리려는 것과 같이 어리석을 뿐이다.

이기심의 신화에 대해 내가 혼란스러운 점은 우리 행동의 동기들이 흔히 자기중심적인 감정들이기 때문이다. 그 감정들이 자아를 규정하고 보호하지만, 그것들은 자기이해 같은 것에 근거하지 않고 심지어 그것에 역행하는 것일 수도 있다. 손쉬운 사례가 **앙심**이다. 앙심은 "남을 해치려다 자신도 함께 당한다cut off your nose to spite your face"라는 표현에 잘 나타나 있다. 그것은 자기 파괴적이다. 그것은 욕망하는 대상을 정확히 파괴하고, 자기이해에 직접적으로 역행한다. 그러나 그것은 명확하게 자기방어로부터 기인하고, 자기 방어를 표현한다. 그럼에도 불구하고, 자기 스스로를 파괴한다. 그 이유는 그렇게 하는 것이 다른 사람에게 패배당하는 것보다 훨씬 더 만족스럽고 훨씬 너 자아 충족감으로 이르게 해 주기 때문이다. 자기 자신을 위해 행동하지만, 그것은 자기이해관계에 반대된다. 그런 행동이 이기적인지 아닌지에 대해서는 말하기 어렵다. 그러나 어쨌건, 그것이 알려 주는 것은, 정의에 걸림돌이 될 수 있는 다양한 종류의 난해한 행동들 혹은 반사회적 행동들의 특징을 알려 주기에는 "이기심"이란 범주가 적합하지 않다는 점이다. 앙심이 모범적인 사례이다. 그러나 질투jealousy, 시기envy, 분노resentment, 화indignation, 그리고 다른 대부분의 감정들의 구조를 들여다보면, 자기집착에서 나오는 감정적 행동이 이기심으로 요약되는 것보다 흔히 더 정의의 편임이 명확해질 것이다. 분명한 사례 하나만 들자면, 도덕적 분개는 자아에 근거를 두고 있을 수 있지만 자기집착적이지도 않고, 자기이해관계에 관련되어 있지도 않다. 그것은 명확히 정의 감정의 주요 요소 중 하나이다. 연민은 어느 정도 감정이입의 문제, 즉 다른 사람 입장에 서 보는 것이며 그러므로 자기 인식과 자기이해를 전제하고 있다. 사랑은 단지 사랑하는 사람에 대한 찬미나 숭배가 아니다(흔히 하는, 그러나 오래된 오해이다). 그보다 그것은 여러 자아들의 나눔, 자아 확대이며, 그리하여 자아가 없는 상태도 아니고, 이기적인 상태도 아니다.[81] 분노anger와 격분outrage은 자아에 대한 위반을 전제하나, 이런 감정을 느낄 때 우리가 꼭 이기적인 것은 아니다. 자아는 우리 대부분의 생각, 느낌, 활동에 퍼져 있다. 그렇다고 우리가 하는 대부분의 것들이 "이기적"이라는 말의 의미 속에 있거나 정의감과 상충되지 않는다.

---

81. R. Solomon, *About Love*

좋은 삶

'삶이냐 혹은 돈이냐' 리가 흥분해서 말했다. '당신이 원하는 게 돈이면 돈은 벌기 쉽다. 그러나 몇몇 예외가 있지만 사람들은 돈을 원치 않는다. 그들은 사치를 원하고 사랑을 원하고, 칭송을 원한다.'

＼ 존 스타인벡, 『에덴의 동쪽』

무엇보다, 당신은 당신이 정말 원하지 않는 것을 충분히 가질 수는 없다.

샘 킨

정의가 우리가 생각하는 좋은 삶의 일부가 아니라면, 정의가 우리에게 그다지 의미 없음을 우리는 이미 앞에서 주장했다. 우리가 갈망하는 것은 성자처럼 되는 것이 아니다. 정의가 그 자체로 보상이며 좋은 삶과 분리될 수 없는 것이라고 말한 소크라테스가 옳지 않다면, 정의는 우리에게 그리 호소력을 가지지 않을 것이다. 그러나 플라톤, 칸트를 비롯한 다른 철학자들이 우리에게 주어야겠다고 느낀 과도한 확신, 즉, 좋은 삶의 보답이 어쨌건 보장된다는 확신은 여기서 요구되지 않는다. 성공의 보장 없이, 열심히 일하는 것이 프로테스탄트 윤리의 본질적 부분일 수 있듯이, 정의도 행복을 보장하지 않은 채, 우리 삶에서 본질적인 부분이다. 이 점이 매우 명확해 보일 수 있으나, 보장에 대한 희망은 사회철학의 역사에서 수많은 잘못된 주장들을 해 왔다. 신적인 정의[82]의 가능성은 제쳐 두더라도, 부정의가 번영하고 정의가 실패하는 사례들이 언제나 있다는 것은 고통스럽게도 명확하다. 뜻밖의 비극unearned tragedies[83]이 항상 있다. 정의와 좋은 삶이 반대되는 것이 아니라는 것, 대부분의 우리들에게 있어 대개 정의는 좋은 삶에 내재적인 것이고 좋은 삶과 상충되지 않는다는 것을 보여 주는 것으로 충분할 것이다.

좋은 삶이란 무엇인가? 물론 잘사는 것이 무엇인가에 대한 상이한 개념들을 발견하게 될 것이라 예상해 볼 수 있다. 예컨대 베네수엘라에서 일본까지, 혹은 뉴욕에서 아이오와주에 있는 에임즈 Ames까지 미국을 횡단하는 식의 세계 여행을 할 뿐 아니라, 도시나 한 블록을 가로지르는, 혹은 방을 가로지르는 것일 수도 있다. 어떤 사람은 세속적 성공만을 추구하지만, 또 어떤 사람은 우정을 가

---

82. divine justice 신에 의해 제공되거나 적용되는 정의의 원칙을 나타내는 용어이다. 신이 선을 행하는 자에게는 보상을, 악을 행하는 자에게는 벌을 주는 원칙을 의미한다 — 옮긴이주.

83. unearned는 '노력 없이 얻은'이란 뜻이 있다. 그래서 unearned income하면 불로소득이 된다. 비극 앞에 unearned라는 단어를 붙인 것은 비극을 초래한 원인이 당사자에게 있지 않다는 의미이다. 즉, 비극을 겪을 만한 사람이 겪는 것이 아니라, 뜻밖에 겪는 상황이 되는 것이다 — 옮긴이주.

장 귀하게 여길 수 있다. 예술가는 그 하나의 걸작을 창조하기 위해 모든 것을 줄 것이며, 학자는 그저 평생 자신을 괴롭혀 온 그 한 문제를 해결하기 위해 모든 것을 희생할 것이다. 이런 차이들은 절대적이지 않다. 물론 예술가와 학자들도 여전히 벗을 원할 수 있고, 자신들의 성취가 인정받고 성공하기를 마찬가지로 바란다. 그러나 그들의 우선순위는 다르다. 예를 들어 뜻밖의 성공unearned success과 인정받지 못한 업적unacknowledged accomplishment 중에 선택하게 된다면, 혹은 시간을 쓰는 세속적인 우정과 혼자 있는 창조적인 시간 사이에서 선택하게 된다면, 그들은 분명 후자를 택할 것이다. 상이한 사람들이 상이한 목표와 욕망을 가지고 있다는 이 명백한 사실은 오도하거나 격분하는 수많은 입장들과 명제들을 발흥시켰다. 예를 들어, 마치 세상 모든 사람이 삶에서 다른 것을 원하고, 공통의 선이나 공통의 목표가 없는 것처럼, (방법과 절차와 대립되는) 목적에 대한 입법이나 심지어 목적에 대한 많은 논의들조차 있을 수 없다는 것이 자유주의 철학의 확고한 격언이 되었다.

그러나 우리가 우선순위 면에서 다르다는 사실은 다음과 같은 것을 나타내는 증거로 너무나 손쉽게 채택된다. 즉, 이룰 수 있는 목적들이 무한히 있다는 것, 사람들만큼 많은 수의 라이프 스타일이 있다는 것, 취향에 대해서는 왈가왈부할 수 없다는 것을 나타내는 증거로 그 사실이 손쉽게 채택되는 것이다. 『차라투스트라는 이렇게 말했다Thus Spake Zara thustra』에서 니체는 모든 덕목, 모든 열정, 따라서 모든 사람은 유일무이하다고 주장했다. 이것은 개별적 차이들의 정당성을 옹호할 때 우리가 스스로에게 자주 되뇌는 생각이다. 최고로 훌륭한 현재의 사회철학가들 몇몇(비록 그들의 삶에서 아주 의견이 강하고, 취향이 높으며 심지어는 속물적이기까지 하지만)은 사회철학에서 그런 개방성을 주장한다. 2백 년 전에 이런 자유주의 신조를 표명하면서 제러미 벤담은 "(당시 인기를 누리던, 아무 생각 없이 이기던 게임인) 푸시핀pushpin[84·]이 시만큼 좋다"라고 했다.[85·] 그 생각은 정의가 우리가 추구할 수 있는 것에 대한 제약을 줄 수 있지만, 우리가 무엇을 원해야 할지, 혹은 무엇을 목표로 삼아야 할지에 대해서는 알려 주지 않는다는 것이다. 내가 주장하고 싶은 것은 이런 생각이 정확히 잘못된 것이라는 것, 이런 생각과 함께 가는 "옳은 것과 좋은 것the right and the good"의 전체 철학적 구분이 매우 큰 오류라는 것이다. 정의("옳은 것")는 실로 좋은 삶에 대한 본질적 규정을 포함한다. 즉, 우리 각자가 어떤 특정 목표나 관심사를 추구하든 간에, 우리 동료들로 이뤄진 맥락, 커뮤니티 속에서 우리는 그렇게 한다는 것(그렇게 하도록 배운다는 것)이고, 그 맥락과 커뮤니티는 우리의 추구와 활동을 의미 있게 만든다. 아주 드문 예외가 있지만, 좋은 삶은 다른 사람들과 함께하는 삶이고, 좋은 삶의 목표는 (결과적으로) 스스로에 대한 존중뿐 아니라, 타인들의 애정과 존

---

84. 16세기부터 19세기까지 영국 아이들이 즐겨 하던 게임 —옮긴이주.

85. 노직은 이러한 방식으로 권리의 개념을 행동을 위한 목표가 아니라 오히려 목표와 행동에 대한 제한인 "측면 제약side constraints"을 제공하는 것으로 옹호한다.

중도 받을 만하게 되는 것이다. 서로 다른 관심사와 목표를 강조하는 것은 나무만 보고 숲을 보지 않는 것과 같다(진부하지만 언제나 유용한 은유다). 이 경우 나무는 사회 속의 사람들이 추구하는 다양한 목표들이다. 숲은 실제로 그 모든 활동들에 대한 의미의 원천이다. 그 활동들이 아무리 명료하고 자율적이든, 혹은 얼마나 내재적으로 중요하든 간에 말이다. 심지어 우리의 생물학적 식욕의 만족조차 사회적 맥락에 따라, 가장 극심한 궁핍의 상황을 제외하고는 의미가 있다. 우리의 목표가 아무리 "사적인" 것이라 하더라도, 우리의 모든 활동의 목표는 사회의 일부분인 자아를 만족시키는 것이다.

성공이 우리 이웃들의 존경과 스스로에 대한 존중을 가져오지 않는다면 우리는 왜 성공을 원하겠는가? 동료 시민들의 존중(혹은 어쩌면 동료 시민들의 두려움)을 받는 게 아니라면, 왜 권력을 원하는가? 심지어 우리의 욕구조차도, 실로 상당한 정도까지, 사회적 맥락에 의해 지배되고, 의미를 부여받는다. 우리는 단순히 먹을 뿐 아니라, 향연을 벌이고 만찬을 들기도 한다. 주거에 대한 기본적 욕구는 대체로 "위치, 위치, 위치"에 의해 규정되고, "같이 자는 것"에 대한 욕구는 널리 퍼진 프로이트적 "배출discharge"의 은유에도 불구하고, 생물학적 충동이고, 그것의 중요성은 분명히 우리의 이기적인 충동에 있지 않고, 다른 사람과의 관계에 있다. 다소 최소한의 생물학적 욕구를 넘어서서 우리가 물질적 재화를 원하는 것은 그것들이 필요해서라기보다, 그것들이 전달하는 사회적 의미와 지위 때문이다. 『상품의 세계The World of Goods』라는 책에서 메리 더글러스Mary Douglas는 우리가 왜 상품을 원하는가? 라는 정통적이지 않은 질문을 던진다.[86] 그녀가 답하길, 그 이유는 상품이 지위를 부여하기 때문이다. 상품이 우리가 어떤 존재인지 다른 사람에게 알려 주기 때문이다. 비록 과시적 소비라는 타락한 형태에서만 일어날 뿐이지만, 상품은 공유될 수 있기 때문이다. 사실, 많은 사회에서 물질적 재화는 소유물이 아니라 선물로서 주로 의미가 있고, 그것들을 줘 버리는 것이 그 사람들을 중요하게 만든다. 스스로를 위해 물건을 획득하고 싶어 하고, 가능한 한 많이 쌓아 두려고 하는 소비사회 개념은 인류학적으로 비정상이다. 물질적 재화는 인간관계의 역학에서 하나의 매개체일 따름이다. 물질적 재화가 물질 그 자체로서 욕망이 되는 일은 극히 드물며, 거의 언제나 지위나 존경이나 성공의 의미로서 욕망된다. 비록 "편의성," "경제," "효율성," "편안함," 혹은 "사치" 등의 위장을 하고 있지만 말이다. 그러므로 돈과 부는 좋은 삶에 이르는 수단에 지나지 않는다. 정의는 그것의 주된 통용을 위해 다른 곳을 찾아보아야 한다.

내가 계속 촉구하건대, 그 통용은 동료애, 동류의식, 공동체에 대한 소속감(지역의 괴짜 공동체건 혹은 저항 공동체건 간에), 그리고 다른 사람들로부터 사랑을 받는 것까지는 아니라 하더라도, 인정받

---

86. Mary Douglas, *The World of Goods.* (New York: Norton, 1979)

고 존중받는 것이다. 분명히 많은 재물은 시간을 절약하고 삶을 더 편안하게 해 준다. 그러나 그러한 효율성은 해당 활동의 결과물이 제의the ritual나 과정보다 더 중요하게 간주되는 문화적 맥락에서만 그 자체로 바람직하다. 많은 재화가 육체적 안락을 제공하지만 그런 안락이 바람직한지, 허용 가능한지 혹은 향유될 만한지는 사회에 의해 정해진다. 최고 법정 속도가 시속 55마일이고 실제 운전 속도는 흔히 시간당 평균 20마일에서 30마일이고, 시시각각 감속과 정지표지가 있는 미국 도시의 교통 상황에서, 최고 속도가 시속 200마일에 근접하는 값비싼 수입 스포츠카의 바람직함에 대해 어떤 가능한 설명을 할 수 있겠는가? 물론, 한 달에 15분이나 한 시간 정도의 시간을 시골의 탁 트인 도로에서 '그것을 발산할' 기회를 얻는 것은 상쾌할 수 있고, 스테레오 시스템이 환상적이며, 디자인이 아름다울 수도 있으며, 엔진의 굉음(또는 심지어는 그것에 대한 생각만으로도)은 운전자에게 유능감을 줄 수도 있다. 그러한 차량이 자신의 친구들, 대학 동료들, 한두 명의 적들, 고속도로를 지나는 그 모든 수천 명의 승객들에게 사회적 성공을 과시한다는 사실 외에, 그런 당대의 취향에 대해 실제로 뭐라 할 수 있겠는가? 실제로 우리는 그런 고급품을 얻고자 너무 몰입해서 이런 상품이 실제로 무엇을 의미하는지 잊어버린 적이 있는가?

"하지만 사람들이 원하는 건 상품이나 성공의 소유가 아니에요. 그들이 진짜 원하는 건 경험이에요. 좋은 삶을 구성하는 경험들

(즉 올바른 종류의 경험들)이에요" 하고 누군가는 틀림없이 반대할 것이다. 결국 삶에 대해 기분 좋은 것, 행복한 경험을 얻는 것 외에, 무엇이 행복이란 말인가? 실로 이것은 다소 사소하고 명백히 분명한 것 아닌가? 하지만 대안은 경험이 없는 삶이나, 심지어 나쁜 경험으로 가득한 삶이 아니다. 그것은 오히려 "경험"이라는 말로 우리가 의미하는 바를 더 잘 이해하는 것이다. 나는 우리가 "의미 있는 경험"이라고 부르는 것은 실제로 언제나 사회적이라고 주장하고 싶다. 경험의 의미를 구성하는 것은 무엇인가? 그것은 실제로 그저 우리가 경험을 즐기는 것, 경험이 가지는 오락적 가치, 그것의 내재적 흥분 내지 열정 아닐까? 가장 인기 있는 몇몇 신화들이 제시하듯이, 우리가 느끼는 것이 가장 중요하고, 우리가 실제로 하는 것은 부차적이며, 좋은 삶의 표시가 엄격하게 주관적이며, 다른 사람들과 우리의 삶이 우발적으로 (그리고 불편하게) 연결되어 있다고 가정하는 것이 타당한가? 아니면 중요한 것은, 경험들이 가진 공유의 성격, 우리는 그 경험들을 다른 사람들과 함께 겪는다는 사실(단지 '함께하는 것'이 아니라)인가?

우리가 원하는 모든 것은 행복한 경험들이라는 일반적인 생각을 검증하기 위해 나는 "해피박스"라는 장치를 (약 20년 전에) 고안했다. 그것은 코넬 대학의 제임스 올즈 교수에 의한 고전적인 발견, 즉, 뇌의 어떤 특정 부분에 전기 자극을 주면 큰 행복감의 기분 좋은 느낌을 유발한다는 발견에 기반을 두었다. 이에 따르면 그 행복감은 어찌나 중독성이 있는지, 피실험자들(주로 쥐들)은 (그들의 우리 속에 있는 작은 막대기를 누르는 식으로) 그 자극을 유발하는데 너무 몰두한 나머지, 문자 그대로 굶주려서 죽을 지경으로 지쳤다고 한다. 나는 내 학생들이 그런 일을 당하게 하지는 않을 것이었다. 하지만 개선된 나의 방식으로, 자극은 완전한 생명유지 시스템도 갖춘, 탱크 같은 구조 안에서 제공되었다. 언제든지 그 상자 밖으로 나올 선택을 할 수 있을 것이며, 자신들을 건강하게 살아 있게 할 수단과 함께 기쁨과 행복의 지속적인 감정을 제공받을 것이라는 확신을 가지고, 사람이 그 상자 안으로 자발적으로 들어갈 수 있게 되어 있었다. 물론 문제는 일단 상자 안에 들어가면, 아무도 밖으로 나오려 하지 않는다는 것이었다. 거기에 더한 복합적인 문제는 6~7개월 후 사람의 몸이 부분적으로 텅 빈 물침대와 비슷해지지만, 그 사람은 더 이상 허영심을 가지고 있지 않으므로, 이것은 전혀 중요하지 않다는 사실이었다. 일상적인 삶의 위험들(자동차 사고, 비행기 사고, 길모퉁이 미치광이)을 실제로 완전히 제거하자, 사람은 그 상자 안에서, 그렇지 않은 경우보다 적어도 훨씬 더 길고 훨씬 더 확실하게 살아갈 가능성이 높았다.

나는 내 학생들에게 그 상자 안으로 들어가겠느냐고 물었다. 거침없는 쾌락주의자인 몇몇 학생들은 당장 자원하겠다고 했지만, 대부분은 망설이거나 거절했다. 나는 그 이유를 물었다. 이런 즐거움과 행복의 감정이 한 학기 내내 그들이 원한다고 내게 줄곧 말해 오던, 정확히 그것이 아니던가? 내가 지금 그들에게 확신을 가지고 제공하는 것을 그들이 잠시 성취할 수 있는데, 왜 학교와 나쁜 직업 같은 번거로움을 겪겠는가? 그리고 누가 그 외의 것을 알겠는가? 답은 종종 흐리멍덩하지만 모두 동일한 답에 이른다. 좋은 삶에 대한 그들의 개념은, 그들이 흔히 공언하듯이, 단순히 자기충족과 즐거움의 문제가 전혀 아니다. 그것은 의미 있는 존재가 된다는 느낌, 다른 사람들과 더불어 살고 그들을 위해 산다는 느낌이다. 좋은 삶은 단순히 기분이 좋은 것, 혹은 자신에 대해 기분 좋은 것을 의미하지 않는다.

로버트 노직은 같은 장치를 좀 더 세련되게 해석해서, 이 보편적이고 널리 퍼져 있는 행복감뿐 아니라, 살아온 전체 삶의 구체적이고 자세한 경험들까지 만들어 내는 장치를 제시했다. 사람은 여기서 단순한 "해피니스" 박스 이상의 것, 일생의 모든 사건들과 경험들을 선택하게 되고 이것들을 마치 실제 일어나고 있는 것처럼 경험한다. 여기에는 행복하고 정당하게 대접받는 다른 사람들과 관계하는 경험(오직 경험만이다)도 포함되어 있다. 노직의 결과는 나의 결과와 비슷했다. 내 학생들이 그러하듯, 그는 단순히 성취, 사랑, 우정의 경험만으로는 충분하지 않다는 것, 중요한 것은 행한다는 것doing이라고 주장했다. 노직이 주장하지 않은 것(나는 그가 주장했어야 한다고 생각한다)은 그 상자에 들어가기를 거부하는 것이 "행동하는doing" 것이라기보다, 다른 사람들과 함께하는 것, 다른 사람들과 나누는 것이라는 점이다. 하지만 사적인 권리를 강조하고, 분배적 정의에 대해 혹독하게 비판하고 있는 당시 노직의 저서는, 연민과 나눔에 대한 논문은 거의 아니다. 그럼에도 불구하고 가파른 비탈길을 실제로 스키를 타고 내려오는 것과 (안전하게) 그렇게 하는 경험을 가지는 것 사이에 그렇게 많은 차이가 있어야 하는 이유, 혹은 장점이 있어야 하는 이유가 명확하지 않다. 하지만 다른 사람에게 실제로 말을 하거나 애무하는 것과 단지 "그런 경험을 가진다는 것" 사이에는 매우 차이가 있다. 단순한 개념이나 환상일 뿐 아니라 다른 사람들과의 감정적 관련이기도 한 정의는 삶의 본질적인 부분이다. 철학자들은 너무나 흔히 정의와 좋은 삶을 구분한다. 그들은 "옳은 것"과 "좋은 것" 사이를 구분하고 "옳은 것"에 우선권을 주고, 인간 삶의 "목표"를 너무나 열어 두어서, 사람들이 왜 정의에 대해 그렇게 난리를 피우는지 궁금해진 채 남겨질 따름이다.

사람들이 추구하는 목표, 사람들이 갈망하는 사치품과 경험들에 초점을 맞춤으로써 우리는 그 모든 추구와 사치품과 경험이 가치와 의미를 가지는 사회적 맥락을 이상하게 간과한다. 다시 말하자면 우리는 나무를 보느라 숲을 못 본다. 사람들이 삶에서 추구하는 다양한 물질과 목표에 대해 조사할 때, 인간의 삶의 목표에 대해 일반화하거나 합법화할 수 없다고 결론 내는 것이 너무나 쉬웠다. 하지만 우리가 간과하는 것은 실제로 모든 활동과 사업이 일어나는 사회적 맥락이다. 좋은 삶은 공동체적 삶이다. (종종 그렇게 들리지만) 이것이 반드시 작고 배타적인 공동체 속의 삶일 필요는 없다. 현대 미국에서 우리 대부분은 동시적으로 대여섯 개 공동체의 구성원들이다. 직장 공동체, 이웃 속에 있는 공동체, 우리가 같이 운동 경기를 하거나 취미를 같이 나누는 사람들로 구성된 공동체 등이 있다. 공동체 생활은 도덕성, 재능, 취향, 선호도에서 미미하지만 상당한 차이가 있는 시민들 무리에서 선택된, 같은 생각을 가진 사람들이 모인 삶일 수 있지만, 공동체의 특성은 아마도 유사성보다는 다양성과 상호 보완성에 있다. 본질은, 사람이 소속된다는 것, 사회적 자아를 가진다는 것, 그리하여 다른 사람들과의 동일시뿐 아니라 차별화를 통해 개별적인 자아를 가질 수 있다는 점이다. 실로, 단순한 거처와 대비되는 가정에 대한 욕구는 단순한 생물학적 필요나 개인적 안락이라기보다, 이미 사회적 개념이고 사회적 가치이다. 전체 공동체를 위한 정신적 안식처인 고국에 대한 보다 규모가 큰 욕구도 이와 마찬가지이다. 이것들은 사치가 아니라 기본적인 욕구이며 그것들 없이는 좋은 삶이나 정의에 대해 생각할 수 없다.

물론 예외가 있다. 끝없는 고독을 즐기는, 희귀한 개척자나 산에 사는 사람(흔히 재앙을 겪은 후이거나, 어쨌건 불만족스러운 사회 경험을 겪은 후에 그런 것이긴 하지만), 고독 속에서만 구원을 찾은 성자 등이 그들이다. 그러나 그런 개척자들, 성인들, 은둔자들이 자주 스스로에게 대해서가 아니라, 가상의 청중, (행복하든 불행하든) 그들이 뒤에 남기고 온 실제의 공동체를 대신할 가상의 공동체에 대고 말하기 시작하는 것은 놀랄 일이 아니다. 그나 그녀 주변에는 "사회를 거부하면서" 다른 반역자들, 다른 염세주의자들과 함께 그나 그녀를 둘러싸고 있는, 반역자와 도회의 염세주의자가 항상 존재한다. 그러나 그나 그녀는 예외가 아니다. 그들의 반사회적 단체는 다름 아닌 그것을 위한 단체이다. 아리스토텔레스가 말했듯, 우리는 사회적 동물이며, 우리가 우리 자신의 복지뿐 아니라 우리 동료들의 복지에 대해서도 신경 쓰는 것은 단순히 신중한 것이 아니라, 성실한 의무의 문제이다. 우리의 자아, 우리의 욕망, 그리고 그것의 충족은 그 자체로 공동체적이고 공동으로 규정된다. 단순한 생존과 별개로, 공동체에서 떨어져서는 자기 이익이나 자기만족은 가능할 수 없을 것이다. 심지어 우리의 가장 사적인 매력과 가치(지성, 훌륭한 외모, 관대함, 정직성)도 그런 매력과 가치를 실천하고 인정하는 사회에서 배우고 구축한 것이고, 그런 사회에서만 의미가 있다. 우리의 가장 저속한 이기심(심지어 가장 병적인 경우라도)은 그런 착취와 학대를 겪는 바로 그 똑같은 사회에 의해 생겨나고 조장된다. 그러므로 우리는 탐심의 유혹을 받고, 소유적이고 경쟁적인 자기 이익을 통해 우리가 좋은 삶을 추구할 것이라는 환상을 품고 있다. 한 사회로서 우리가 놓치는 것, 잃어버릴 위험에 놓인 것은 그런 추구의 매우 중요한 사회적 맥락에 대한 인식, 즉 우리의 성공과 소유물

획득은 오직 공동체 안에서만 타당하다는 사실이다. 우리는 개인
으로 좋은 삶을 추구하고 있다고 생각하고 싶어 할 것이나, 사실은
궁극적으로 우리가 그것을 같이 추구한다. 그리고 좋은 삶의 합동
추구가 바로 정의이다.

개인주의와 공동체의 중요성: 중간의 길

> 토크빌이 생각했던 것처럼 우리의 역사를 거침
> 없이 행진한 것은 평등이 아니라 개인주의인 것
> 같다. 우리는 이러한 개인주의가 암적으로 성장
> 한 것이 아닌지 걱정된다. 즉 개인주의가 그것
> 의 더 파괴적인 잠재력을 완화시키는 것으로 토
> 크빌이 본 그 사회적 외피를 파괴하고 있지 않은
> 지, 그것이 자유의 생존 그 자체를 위협하고 있
> 는 것이 아닐까 우리는 걱정한다.
>
> 로버트 벨라 외 『마음의 습관Habits of the Heart』

정의는 무엇보다 개인적 덕목과 느낌의 문제이다. 그러나 정의와
개인은 사회 내에서 규정되며 정의는 궁극적으로 사회의 관심사
가 되어야 한다. 그러나 개인과 사회의 조화에 대한 이런 플라톤
적 이미지는 현대의 사유에서 거의 다 파괴되었고, 정의에 대한 우
리의 견해는 고립되고 생래적으로 이기적이거나 어쨌든 자기 이익
을 추구하는 개인과 개인적인 것이 개입되지 않은 추상적이고 공평
한 제도(국가와 법)라는 변변치 않은 두 개의 은유로 나뉘는 경향이
있다. 중간에 우리가 잃어버리는 것은 구체적 사회 속의 구성원으

로서 다른 사람들과 더불어 살아가고 일하는 우리 자신에 대한 본질적인 의미이다. 대신 우리가 얻는 것은, 어떤 면에서 오직 우리의 동의로 작동하지만 보다 직접적인 경험에서 볼 때 객관적인 규칙과 규정과 요구로 우리에게 맞서는 거대한 관료주의와 불편한 관계 속에 있는 자율적이지만 궁극적으로 외로운 존재로 우리 자신을 보는, 소외의 초상화이다. 우리가 우리의 매우 실질적인 개인적 손실과 우리의 나쁜 철학의 결과에 대해 점점 더 인식하게 되면서, 공동체의 개념은 정의에 대한 토론으로 다시 들어 왔다. 정의는 개인의 미덕이자 제도의 미덕이기도 하며, 개인적 미덕과 제도적 미덕 둘 다 공동체의 선에 대해 일차적으로 관심이 있다.

정의감은 공동체에 대한 이런 관심에 다름 아니다. 그것은 우리가 어떤 사람이며, 어떤 사람이 될 것인가를 공동체가 결정한다는 의미가 아니다. 공동체는 다른 사람에 대한 우리의 구체적인 개인적 애정을 의미하건 혹은 공동체 정신, 애국심, 혹은 휴머니즘이라는 보다 일반적인 의식을 의미하건 간에, 우리의 관심의 대상이다. 정의의 목표는 실용주의자들이 주장하듯 "일반 효용성general utility"이라고 누군가 말할지 모른다. 그러나 그렇다고 이는 모든 개별적 시민들의 객관적 총합을 뜻하지 않는다. 그것의 중요성은 공평하고 객관적인 이론에 있지 않고, 어떤 태도, 다른 사람들이 존재하는 세계 속에서 자신의 위치에 대한 동류의식에 있다. "최대 다수를 위한 최대 행복"에 대한 관심이 아니라면, 정의는 아무것도 아니다. 그러나 이때, 이것이 종종 함축하는 단순히 계산적인 객관성을 포함하지 않고, (존 스튜어트 밀 같은) 최상의 공리주의자들이 이 유명한 공식 속에 포함시키는 "공동체 정신"과 "개인의 권리"라는 조건이 있어야 한다. 개인의 행복 내지 "효용"은 우정과 공동체 없이는 의미가 없고, 정의는 **함께하는** 행복the shared well-being의 추구이다. 정의감을 갖는다는 것은 물론 개인의 이익을 추구하는 것과 같지 않다. 하지만 개인의 이익에 정의감이 무관심한 것도 아니다. 왜냐하면, 흔히 이 둘은 같은 것이기 때문이다.

공동체는 우리 관심의 대상일 뿐 아니라, "주체"이기도 하다. 우리 각자는 어떤 면에서 단일 개인의 단일 관점으로 응축된 공동체의 구현물이다. 우리는 공유된 가치와 더불어 공유된 관점을 지니고 있는데, 그 중 하나는 아마도 개인의 중요성과 고유성에 대한 환상일 것이다. 우리는 전국 혹은 전 세계를 돌아다니며, 우리의 뿌리에 저항하고 "새로운 삶을 구축"할 수 있다. 그러나 우리 대부분은 유년기의 태도와 악센트를 줄곧 지니고 다니며, 화학 웅덩이의 수정처럼, 혹은 낯선 땅의 이방인처럼, 동질의 정신을 가진 다른 사람들을 찾아 나선다. 공동체의 가치가 또한 정의를 규정하는 규범과 기대, 보다 정확히 표현하자면 우리의 정의감을 결정한다. 어떤 정의감 없는 공동체, 사람들이 합법적으로 기대하고 서로 빚진다는 의식이 없는 공동체는 불가능하다. 그러나 철학가들의 추상적 위업이 아무리 매력적이라 하더라도 공동체(내포된 것일 수도 있음) 없이 정의감을 가지는 것도 불가능하다.[87] 정의는 너무 오랫동안 다른 사람들의 복지나 공동체의 선에 대한 언급 없이 "엄격하게 원칙적으로" 정의를 옹호한 그런 도덕주의자들의 영역에 머물러 왔다. 나는 이것이 정의감이라기보다 자기-의로움이라고 주장하고 싶다. 세속적으로 말하는 효용성과 정의가 나란히 간다고 말한 점에서, 적어도 이 정도까지는 실용주의자들이 언제나 옳았다. **구체적인** 다른 사람들의 복지에 대해 신경 쓰지 않는다면, 정의 의식을 가질 수가 없다. 단순히 추상만으로는 안 된다. 우리는 그저 공동체들 안에서 살지 않는다. 우리는 공동체적 존재communal creature이며 정의는 딱 이런 개념으로 이해되어야 한다. 개인은 공동체 속 존재이다. 공동체는 단순히 개인들의 집합이 아니다.

그런데 오늘날 논의되고 있는 지배적인 정의 이론들에서 공동체 개념은 흔히 기껏해야 부차적인 역할을 한다. 내 생각에 많은 문제들은 너무나 많은 철학자들과 사회사상가들이 자신이 누구이고, 자신이 무엇에 기여하고 무엇을 염려해야 하는지에 대해서보다, 사적이고 개별적인 시민이 정당하게 요구할 수 있는 것에 대해 일차적인 관심이 있다는 점이다. 다시 말하지만, 정의가 자기희생과 같다는 뜻이 아니다. 그러나 정의가 자기 흥미로 생각되어서도 안 된다. 여기서 변하고 있는 것은 자아의 범위와 본질뿐 아니라, **흥미**의

---

87. 알래스데어 매킨타이어Alasdair MacIntyre의 『덕의 상실After Virtue』과 마이클 샌델Michael Sandel의 『자유주의와 정의의 한계Liberalism and the Limits of Justice』에서 배후에 있는 논지가 이것이다. (매킨타이어의 저서 『After Virtue』가 국내에서 '덕의 상실'로 번역되어 있으므로 여기서도 이를 따름 ─옮긴이주.

바로 그 성격이다. 우리의 흥미는 좁게 사고된, 우리의 자아에만 있지 않다. 비록 표준 이론들은 이렇게 제시하지 않지만 말이다. 우리는 받는 것만큼 주는 것에도 관심이 있다. 많은 사회들(심지어 우리가 속한 사회도)의 경제 구조 속에서 선물의 중요성은 다시, 여기 내 논지에 중요한 것을 상기시킨다. 너무나 많은 사상과 이론들이 우리 각자가 마땅히 받아야 할 것에 대한 생각에 매여 있어서, 우리의 책임감, 우리의 사회적 애정과 소속에 관심을 가진 사상이나 이론이 거의 없다는 점이다.

오늘날 우리는 표준 이론들에서 개인 권리의 중요성에 대해 많이 듣는다. 그러나 이것은 흔히 공동체를 개인 권리의 토대가 아니라 그 적으로 취하는 생각이다. 우리는 평등의 비교 개념을 너무 많이 강조하는데, 이것은 개인과 개인의 이익과 불이익을 주된 측정 단위로 보고, 가족에서 봉건 왕조에 이르기까지 거의 모든 인간 집단의 구조의 일부분인 생래적인 불평등에 대해서는 거의 여지를 두지 않는다. 공동체 개념은 실용주의 이론(여기서 공동체는 공동체적이라기보다 집단적이다)에서 오직 주변적인 효용성만 가지며, "공공의 선"에 대한 대부분의 설명이 본질적으로 엄밀하게 실용주의적이다(그리하여 집단적이다). 홉스, 루소에서부터 롤스, 노직에 이르기까지 대부분의 지배적인 정의 이론들의 기본 단위는 고립되고 자율적인 개인이다. 사회는 부차적이다. 그러나 이 그림에서 사랑과 가족은 어디에 들어가는가? 이웃과 벗은? 그리고 회원 자격과 시민권은?

정말이지, 그런 자율적인 개인들이 사업 파트너 관계나 정치 동맹의 관계가 아니라면, 관계를 어떻게 이루겠는가? 그런 본질적 인간 관계를 이해하지 않으면, 분명 정의도 이해하지 못할 것이다.

달리 말해서, 인간의 애정과 소속이 제일 중요하다는 것을 이해하지 못하면, 정의를 이해할 수 없다. 내가 공동체 개념의 중요성으로 계속 돌아가는 이유가 이 때문이다. 그러나 공동체에 대한 이 새로운 강조가 명백하거나 논란의 여지가 없다고 생각해서는 안 된다. 너무 자주 이 단어는 일종의 향수를 나타내는 상징이나 위험한 강제적 집단 연대 의식을 에둘러 표현하는 것으로 사용되었기 때문이다. **공동체**라는 매력적인 위장 하에 (종교적 편협성, 개인의 반대 의견과 개별적 차이의 부인, 강요된 협동, 무비판적 애국심 등과 같은) 전통적인 억압의 무기들의 저장고가 예비되고 있다는 불편한 감정을 혹자는 가질 수도 있다. 공동체라는 단어는 기껏 조화와 심지어 감상성까지 내포하는 것처럼 보이고, 최악의 경우엔 전체주의와 우리의 가장 기본적인 개인의 자유에 대한 공격의 문을 연다. 마이클 왈처^{Michael Walzer}**88.**는 최근에 공동체에 대한 철학적 설명이 "모호하고, 신비적이거나, 희귀하다"라고 최근에 불만을 토로했다.[89.] 공동체의 이상과 거기에 함축된 따뜻함, 안전, 그리고 범죄, 다툼, 외로

---

88. 마이클 왈처^{Michael Walzer} (1935~). 미국의 정치 이론가이자 대중 지식인이다. 왈처는 프린스턴 고등연구소의 명예교수이자 잡지 《디센트》의 명예 편집자이다. 그는 전쟁의 정의, 내셔널리즘과 민족, 시온주의, 경제 정의, 사회 비판론 등 다양한 분야의 정치윤리에 관한 저술들로 알려져 있다 ─옮긴이주.

89. Michael Walzer. *The New Republic*, Dec 13, 1982.

움으로부터의 보호는 너무나 빈번하게 감상적이고 공허한 상징으로 제시된다. 이는 개인의 이상이 종종 터무니없이 부풀려진 영웅 이미지(슈퍼맨이나 야만인 코난은 아닐지라도, 탐험가나 개척자 같은 모습)로 표현되는 것과 거의 같은 방식이다.

따라서 개인에 대한 환상은, 조화로운 공생이라는, 마찬가지로 환상에 불과한 공상에 직면하는 것 같다. 그리고 개인의 자율성과 공동체 간의 오랜 논쟁이 진행됨에 따라(여러 면에서 중세주의자와 근대인들 사이의 최고의 사회적 논쟁이다), 양쪽 진영은 진짜 살아 있는 사람들이나 그들의 관계에 대한 살과 피의 묘사가 아니라, 공허한 추상이 되어간다. 내가 주장하고 싶은 진실은, 사회적 맥락의 바깥에서는 개인도 없고, 자율성이나 진짜 자유도 없다는 것이다. 그러나 또, 무엇보다 피와 살로 이루어지지 않은 공동체, 그리하여 점차 독립적이고 흔히 완고한 개인들로 구성된 공동체 (그런 특정 공동체의 소속 의식은 거의 언제나 본질적이라기보다 임의적이다.) 같은 실체도 없다. 정의는 무엇보다 공동체에 대한 관심을 가지고 있는, 개인의 미덕이다. 그러나 정의의 본질적 단위는 개인도 사회도 아니다. (제도나 전체 사회는 더욱 아니다) 정의의 본질적 단위는 우리가 다소 어설프게 말하는 "애정의 단위들," 규모가 크든 작든, 서로에 대해 염려하고, 자신들이 공유하는 사회 세계에서 자신들의 위치에 대해 신경 쓰는 사람들로 구성된 집단들이다.

이 책에서 정서와 개인적 감정들을 유례없이 강조한 것은, 과도

한 지성주의와 정의 개념의 추상화 외에, 또 다른 공격 목표가 있어서이다. 그것은 개인과 공동체라는 비현실적이고 파괴적인 이분법, 완전히 자율적인 남자 혹은 여자라는 가짜 이상, 한결같고 일관된 국가라는 전체주의적 잠재력이 있는 이미지이다. 달리 말해 나는 루소가 말한 "자연적 인간"과 "보편적 의지"의 이중 모델을 거부하고자 한다. 루소의 그 이미지는 허구이지만 논쟁적으로 강력하고 위험한 은유이다. 그 두 이미지에서 누락된 것(루소가 단순히 "공감"의 감정을 빌려 와서 감추려 했던 누락)은 루소가 그렇게도 필사적으로 부인하고자 했던 의존과 애정이라는 그 자연스러운 감정이다. 고립된 개인은 정의 감각이 없다(정의를 고려할 능력도 없다고 나는 주장하고 싶다). 다른 한편, (플라톤의 공화국처럼) 엄격하고 고정된 공동체는 엄격한 정의 감각을 그 사회의 규율과 사회적 제약 속에 짜 넣었을 수도 있다. 그러나 바로 그렇기 때문에 그런 사회는 우리가 적합한 정의 감각에 본질적이라고 생각하는, 개인의 자유와 차이들을 관용하거나 이해하지 못 한다. 정의의 위치는 고립된 개인도 아니고, 고정되고 엄격한 공동체도 아니다. 정의의 위치는 다양한 관계들과 공동체들을 안팎으로 넘나들며 움직이는, 상호 관련되고 상호의존적 개인들의 복합적인 융합이다. 우리의 구체적인 관계들과 공동체들은 임의적일 수 있고 심지어 일시적인 것일 수도 있지만, 우리는 그것들에 의거해서 규정된다.

급진적인 개인주의(자율적이고 독립적인 개인의 신화)의 옳은 점은 그것이 개별 시민과 그 시민이 가진 이해관계와 결정에 대해 보여 주는 그 거대한 존중이다. 급진적 개인주의의 잘못된 점은 인간관계 우선성의 부인과, 사람들이 생래적으로 자신들의 이해관계를 추구한다고 하는 잘못된 전제이다. 사람들의 이해관계는 임의적인 동맹 속에서 임시적이지만 공유되기도 한다. 공동체주의[90.]의 옳은 점은 우리가 개인으로 타고난 것은 아니며, 우리가 우리의 세계와 우리의 관심과 자아의식을 함께 나누는 다른 사람들과 항상, 무엇보다 연결되어 있다는 주장이다. 공동체주의의 잘못된 점은, 유동성과 임시성에 의해 점차 더 규정되는 세계에서, 안정되고 잘 형성된 공동체를 고전적으로 전제한 점이다. 게다가 제도에 참여하고 있는 사람들 대신에 지속되는 제도를 강조한 것은, 객관적인 원칙보다 사람들 간의 관계의 우선성을 인식했던 그 중심적 미덕을 잃어버린다. 게다가 마치 공동체들에 대한 평가나 비교나 대조가 없는 것처럼, 공동체의 이상을 무비판적으로 찬미할 위험한 경향이 존재한다.[91.] 공동체주의자들은 한 개인이 자기가 속한 공동체에서 "덫에 빠질" 수도 있다는 매우 현실적인 두려움을 놓치거나 오해하

---

90. Communitarianism. 공동체주의는 존 롤스[John Rawls]가 『정의론A Theory of Justice』(1971)을 발간한 이후 롤스와 그의 지지자들의 입장에 대하여 비판적 입장을 취하며, 공동체와 공동선에 대한 의무를 강조한 입장을 말한다. 롤스는 『정의론』에서 원초적 입장original position과 무지의 베일veil of ignorance을 제시하며 자유주의적 평등주의를 제기하였는데, 이에 대해 공동체주의자들은 롤스의 원초적 입장 개념을 비판하면서 개인에게 있어 좋은 삶이란 공동체와 분리될 수 없는 것이라고 주장하였다.

91. 예를 들어 매킨타이어는 공동체가 그 자체로 꼭 좋은 것은 아니라는 이유로, "공동체적"이라는 이름표를 거부한다. 좋은 공동체와 나쁜 공동체가 존재한다.

고 있는 것 같다. 모든 공동체 이론과 대비되게, 거의 자동적으로 떠오르는, 이제는 표준이 된 반대 사례는 나치 독일이다. 나치 독일은 아무리 열성적인 공동체주의자에게도 나쁜 공동체가 있음을 인정하게 만들기에 충분하고도 남는다. 그러나 전체주의적인 죽음의 수용소 같은 공동체는 거의 없을 것이다. 공동체가, 어떤 의미에서 사회적 삶의 주된, 기본 단위이며 개인성은 (특정) 공동체들 내에서만 생성된다는 근본적인 통찰을 무색하게 만들기 위해 그런 사례들을 허용한다면, 잘못된 것일 것이다.[92.]

그런데 공동체주의 입장은 나를 긴장하게 한다. 나를 긴장시키는 건 단지 공동체에 대한 공동체주의적 환상에 내포된 향수와 비현실성, 전체주의의 위험만이 아니다. 그것은 우리가 우리에게 외부적인 힘들에 의해 전적으로 규정되며, 우리의 정체성이 우리가 벗어날 수 없는 공동체나 사회와 전적으로 매여 있다는 암시이다. 우리는 사회 속에서 태어나며, 그 사회(혹은 어떤 다른 사회)의 시민의 형태로 만들어지고 교육받는다고 말하는 건 매우 타당하다. 그러나 우리가 말하고 싶은 건 (우리가 말해야 한다고 느끼는 것은) 그런 형성이 그저 출발 지점이라는 것, 우리는 성숙하면서, 우리 자신의 개별적인 선호도와 개성과 선택으로, 우리 자신이 되어 간다는 점이다. 그리고 우리의 부모, 우리의 공동체, 심지어 우리의 국가에

---

92. 마이클 샌델은 의식적인 성찰과 대화를 통해 이런 생성이 일어나는 과정을 예비적으로 분석하고 있다.

대해 "NO!"라고 항상 말할 수 있는, 그리고 적어도 가끔은 그렇게 말해야 하는, 그런 근본적인 실존주의적 지점이 항상 존재한다. 공동체주의자들은 우리의 급진적 개인주의를 대체할 공동체의 종류와 그 공동체에 대한 우리의 충성이 어떠해야 하는지에 대해 모호하기로 악명 높다. 그러나 "아웃사이더"로 길러진 우리 같은 사람들에게 있어, 그런 일관되고 안전한 공동체들에 대한 생각은 더욱 악몽 같이 들린다. 우리는 그런 공동체들에 대해, 그리고 많이 회자되는 "연대solidarity"에 대해 너무 잘 알고 있다. 그런 공동체들의 약속에 맞서서 우리가 개인주의로 후퇴하는 것도 놀랄 일이 아니다.

"공동체"라는 마법 같은 소리는 너무나 흔히 빈 꽹과리 소리처럼 들린다. 공동체에 한 번도 살아 본 적 없고, 기질적으로 자신들이 찬미하는 바로 그 덕목에 맞지 않는 장 자크 루소 같은 개인들에 의해 얼마나 자주, 얼마나 맹렬하게 그 소리가 울리는지 나는 깜짝 놀란다. 확신컨대 스키너B. F. Skinner93는 결코 월든 투94에 살지 않았다. 오늘날 너무나 심하게 홍보되고 있는 새로워진 공동체 개

---

93. 스키너B. F. Skinner (1904~1990). 미국의 영문학자이자 심리학자이다. 행동주의 심리학자로 교육과 심리학에 많은 영향을 끼쳤다. 하버드 대학교에서 1958년부터 1974년 은퇴할 때까지 심리학과의 교수였다 ─옮긴이주.

94. 『월든 투Walden II』 행동심리학자인 스키너가 1948년에 쓴 유토피아 소설. 이 소설에서 사람들은 최소한의 노동으로 의식주가 해결되고 자기 적성에 맞는 일을 스스로 선택 가능하다. 그런데 스키너는 인간의 자유의지를 인정하지 않고, 주어진 조건과 환경에 따라 행동하는 존재일 뿐이라고 믿었기 때문에, 이 소설에서 사람들을 어릴 때부터 심리적이고, 행동공학적으로 조건화해서 이 공동체에 맞게 살아가도록 조정하는 과정을 그리고 있다 ─옮긴이주.

념은 내가 보기에 더더욱 18세기 뉴잉글랜드 작은 마을의, 전통적으로 규정된 닫힌 상황[95]처럼 보인다. 그런 마을에 가 본 적이 있는가? 호손의 『주홍글자*carlet LetterS*』를 다시 읽어도 와닿지 않는다면, 최근에 내가 했듯이, 매사추세츠 서쪽 지역에 있는 스터브리지 마을[96]에서 오후를 보내며 밀실공포증과 도덕적 짜증이 몇 시간 동안 너를 둘러싸게 내버려 둬 보라. 공유된 가치? 틀림없이 있다. 그러나 어떤 대가를 치르고? 안전과 상호 관심과 당신 이웃에 대한 존중? 분명히 있다. 그러나 그것이 어느 정도 있어야 따뜻한 배려이고, 어느 정도 있어야 단도직입적인 공포와 사회적 강압이 되는가? 스키너는 공동체주의자 동료인 마이클 샌델과 함께 뉴잉글랜드의 한 소도시에서 살고 있다. 그러나 그곳은 케임브리지이지 스터브리지가 결단코 아니다. 공동체주의자 로버트 벨라[97]는 (공유된 전통 가치들의 모델이라고 거의 볼 수 없는) 캘리포니아주의 버클리에 살고 있다. 공동체의 이상은 우리가 그 세부 사항들을 살펴보기 시작할 때까지는 놀랍게 들린다. 여름 캠프는 훌륭하지만, 그런 종류의 연대는 우리가 자라면서 초월하는 것이고, 철학자들을 위한 이상은 아니다. 공동체는 전통과 가치를 단순히 공유하는 것보다는 훨씬 더 복합적이어야 한다.

---

95. context를 여기서는 상황으로 해석했음 ─옮긴이주.

96. 1644년 영국 청교도가 처음 방문했던 마을. 1729년부터 처음으로 영국인이 정착해 살았다 ─옮긴이주.

97. 로버트 벨라[Robert Bellah]. 버클리 대학의 종교사회학자 ─옮긴이주.

그런데 이것은 우리를 어느 지점에 두는가? 급진적 개인주의는 그 모든 매력에도 불구하고 지적으로 파산했고 개념적으로 부조리하다. 한편 눈에 두드러진 대안인 공동체주의는 억압적이고 받아들이기 힘들다. 실로 개인의 권리와 개인의 자율성 측면에서 다소 극단적인 요구를 하고 자유주의적 사회 계획의 가장 온건한 제안에 대해서도 친근하고 강력한 자유주의적 반응을 보이는 급진적 개인주의로 그렇게 많은 사람들을 되돌아가게 만든 것은 바로 공동체주의 사상이다. 그래서 여기서 내가 주장하고 싶은 것은 제3의 길, 즉 개성이 중심적인 위치를 차지하되, 너무나 흔히 그것과 함께 가는 부조리한 존재론을 가지지 않는 정의와 사회개념, 공동체가 출생의 맥락과 남녀를 형성하는 요인으로서만이 아니라, 계속 진행 중인 개인의 성체성과 삶에서 그 중요성을 보유하는 정의와 사회 개념이다. 그 개념은 사회적 정체성의 요소를 사회가 개인에게 부여하는 "외적인" 영향과 제약으로서가 아니라, 개인의 내부에 위치시킨다. 그 개념은 중요한 의미에서 개인을 중심적인 존재로 보지만, 고전적 자유주의에서 너무나 흔히 꿈꾸던 그런 개인, 즉, 다른 사람들과 사회로부터 독립적이고 따로 떨어져 있으며 심지어 다른 사람과 사회에 대립하기도 하는 그런 개인이 아니다. 진실은 공동체주의와 급진적 개인주의 중간, 즉, 크고 작은 집단들 속에서 같이 사람들을 묶어 주되 결코 개인을 완전히 피해 가지 않는 정서적 네트워크 속에 있다. 우리의 개인적인 정체성과 사회적 정체성이 발견되어야 하는 곳은, 크게 찬미되던 일견 보편적인 이성에 있지 않고, 우리의 개인적 감정들과 애정들이다. 개인적 덕목이 아니라면, 다른 사람들에 대한, 다른 사람들을 위한 광범위한 일련의 개인적 관심이 아니라면, 아무 의미도 없는 정의는 우리의 감정 속에서 또한 발견되어야 한다. 결국, 공동체의 중요성에 대한 이 모든 이야기는 다른 사람들에 대한 배려와 우리 모두가 이 세상에 함께 있다는 인식으로 귀결된다.

3장 "타고난" 감정으로서의 정의

우리가 무엇을 해야 할 것인지 알기 전에, 우리
가 어떤 존재인지 알아야 한다.

피터 바이스, Peter Weiss **98.** 마라/사드

… 사람들을 모두 경외의 상태로 유지해 줄 공
통의 권력 없이 살던 시기에, 사람들은 전쟁이라
불리던 그런 상태에 있었다 … 사람들의 삶은
고독하고, 가난하고, 형편없고 동물적이고 짧았
다.

토머스 홉스, 『리바이어던』

---

98. 피터 바이스Peter Weiss(1916~1982) 독일의 극작가·소설가, 미술전을 열고 영화제작도 하였음. 1964
년에 발표한 희곡 『마라의 박해와 암살』이 성공을 거두어 세계적인 명성을 얻었음. 그 밖에 『베
트남 토론』(1968), 『망명의 트로츠키』(1970) 등이 대표적인 희곡 — 옮긴이주.

정의는 다른 사람들에 대한 개인적 관심을 전제한다. 정의는 무엇보다 하나의 감정이지 이성적이거나 사회적 구축물이 아니다. 그리고 나는 이 감정이, 중요한 의미에서, 타고나는 것이라고 주장하고자 한다. 내가 완전히 제거하고 싶은 것은, 우리 모두가 기본적으로 독립적이고 이기적이라는 것을 너무나 많은 말로 우리에게 말해 주는 저 비하적인 나쁜 생물학이다. 그와 반대로, 우리의 감정 내부에, 그리고 우리의 생존을 위해서, 우리는 상호의존적이고 생래적으로 사회적인 존재이다. 그렇다고 우리의 타고난 성향들이 부끄럼 없는 친절과 관대함의 특징을 띠고 있다는 뜻은 아니다. 하지만 우리의 타고난 성향들은 홉스와 너무나 많은 동시대 저자들이 제안한 본질적으로 비열한 그런 경쟁을 나타내지도 않는다. 우리의 정의감이 인간의 마음에서 완전히 만개하여 샘솟는다고 말하는 것도 아니다. 정의감은 교육에 의해 형성되고 길러져야 한다. 그러나 정의는 (예를 들어, 데이비드 흄이 제안하듯) 도움이 필요한 다른 사람들에 대한 동정이라는 우리의 "자연스러운" 미덕과 반대되는 "인공적인" 미덕이 아니다.[99] 흄과 많은 최근 이론가들에 따르면, 인간 사회는 단지 우리가 충분한 동정과 자비를 가지고 있지 않기 때문에 사람과 재산을 보호하기 위해 정의를 발명한다. 우리 모두가 선천적으로 친절하고 자상했다면 정의가 필요하지 않았을 것이라고 이 주장은 말한다.

이 친숙한 이론의 많은 변형에 따르면, 정의는 인간 사회의 발명품이며, "인공적인 미덕"이다. 이와 대조되게, 자연스러운 것은 이해타산이며, 만약 동정심과 연민의 징후가 있다 해도, 이것들은 중요하게 고려되기엔 불행히도 너무 약하다. 사회보다 앞서는 정의는 없다. 정의는 이성의 산물이지 자연스러운 감정이 아니기 때문이다. 그리고 일단 이론적으로 일반적인 합의나 사회적 계약을 통해 정의를 확립하고, 그 합의의 적용을 통해 실제에서 정의를 확립하면, 우리의 개인적인 삶의 한정된 범위(어머니는 자기 아이들을 돌봐야 하고 고용주는 직원들에게 공감을 가져야 한다)를 제외하고는 도덕적 감정이 필요하지 않다. 정의는 단순한 감정에 맡겨지기에는 사회 자체의, 너무나 중요한 일이 관련된 구조다. 그러므로 다정하게 자연스러운 감정은 사회의 주변으로 보내어지고 정의의 이성적 구조물이 중심을 차지하게 된다. 그리고 우리 모두는 인간이 아니라 법의

---

99. "이제 정의는 도덕적 덕목인데 그 이유는 단지 그것이 인류에게 이로운 그런 경향을 가졌기 때문이다. 정의는 실로, 그런 목적을 위해 만들어진 인위적인 창조물에 불과하다 … (그러나) 일단 확립되면, 자연스럽게 강한 도덕 감정을 수반하게 된다."(데이비드 흄, 『논문Treatise』, 577, 579)

통치 아래 살고 있고 야만적인 짐승과 같은 "자연 상태"에 살고 있지 않음에 감사해야 한다고 배운다.

이 장에서, 나는 이러한 익숙한 가정에 대해 몇 가지 깊은 의혹을 제기하고 싶다. 무엇보다도, 나는 우리 모두가 선천적으로 이기적이라는 익숙한 생각에 심각한 의심을 던지고 싶다. 우리가 "인간 본성"에 대해 이야기할 수 있는 한, 동료 감정과 자비심은 최소한 이해타산만큼 우리의 타고난 성격의 일부이며, 어쨌든 이해타산으로 간주되는 것은 거의 전적으로 우리가 우리 자신을 발견하는 사회적 상황에 달려 있다는 것은 분명하다. 협력적이고 긴밀하게 맺어진 사회에서, 이해타산은 협력과 동료들과 함께하는 즐거움을 명령할 것이다. 실제로 미국 기업의 험난한 경쟁 속에서도 협력과 공유된 가치가, 많이 간과되긴 했지만 그럼에도 불구하고 필수적인 기반으로 자리하고 있다. 우리가 우리 자신의 사회에서 사람들의 최악의 특성들을 강조하면서 그것들을 "자연"에 투영하는 경향이 있다고 루소가 불만을 표했을 때 나는 그가 옳았다고 생각한다. 그러나 연민compassion, 보살핌care, 공감sympathy 같은 친절한 감정을 너무 강조해서도 안 된다. 확실히 철학자들이 종종 허용했던 것보다 훨씬 더 많은 선함(영리함보다 선함)이 있지만, 정의에 대한 예리한 감각은 친절한 감정에서 비롯되지 않으며, 그것에만 의존해서도 안 된다. 우리는 선천적으로 연약하고, 쉽게 질투하고, 쉽게 마음이 상하거나 격분한다. 우리는 애착과 친밀감을 타고나고, 우리를 위협하거나 해치는 사람들에 대해서는 타고난 반감을 가지고 있다. 물론 우리는 자연스럽게 우리 자신의 자기 보존을 추구하지만, 이것이 의미하는 것은 이해타산과는 매우 다르며(이기심과는 더욱 다르다), 우리의 모든 "자연스러운" 열정과 마찬가지로, 그것이 증진되고 중요성을 띠는 문제는 맥락과 문화에 의존한다. 우리에게 자연스러운 것은 무엇인가? 분명히, 우리는 천부적 권리나 보편적 평등, 보상과 처벌의 개념을 가지고 태어나지 않는다. 우리는 한 사회 또는 다른 사회에서 자라면서 다양한 방식으로 이것들을 배운다. 인간 본성에 대한 전통적인 이론가들이 옹호하는 강한 의미에서 우리의 열정 중 어느 것도 사실상 우리 안에 "태어난" 것이 아니다. 우리 안에서 자연스러운 것은, 다른 사람들과 함께 있다는 느낌이다. 단지 애정과 의존 면에서 그렇다는 것이 아니라, 스스로와 자신의 관심에 대한 느낌이 처음부터 끝까지 다른 사람들과 연결되어 있다는 점에서 그렇다. 내가 주장하고 싶은 것은, 우리에게 자연스러운 것은, 이해타산도 아니고 세계적인 자비도 아니고, 상호성이라는 것이다. 물론 어떤 상황에서는 상호성이 상호 불신과 반사회적 방어를 필요로 할 것이다. 그러나 최선의 경우, 우리가 화답하는 것은 이타주의, 즉, 우리에 대한 비슷한 관심을 나타내는 다른 사람들의 이익에 대한 예리한 인식이다. 다른 사람들과 지속적으로 또는 반복적으로 마주치는 경우, 즉 대부분의 전형적인 사회적 상황에서 나타날 수 있는 다양한 전략과 태도는 엄청나게 복잡하다. ("그가 그렇게 한 후에 나는 그에게 그렇게 하는 것을 이미 멈춘 뒤에도 그가 나에게 그렇게 했기 때문에 나는 그렇게 했다 등등.") 상호성은 다른 사람에 대한 인식뿐만 아니라 공유된 맥락과 결과에 대한 느낌을 이미 전제로 한다. 가장 기본적인 차원에서, 이 자연스러운 상호성은 우리가 서로를 사람으로서, 서로 엮여 있는 자아 정체성으로 상호 인식하는 것이다.

(물론 우리의 몸을 제외하고) 우리에 관한 어떤 것도 타고난 것은 없다고 말해져 왔는데, 그럴 만한 이유가 있다. 즉, 인간 본성은 없다는 것이다. 예를 들어, 내가 가장 좋아하는 철학자 중 한 명인 장폴 사르트르는 그게 무엇이든 우리 자신으로부터 만드는 것이 바로 우리이며, 우리를 결정하는 것은 아무것도 없으며, 우리의 선택들과 행동들을 통해 우리가 직면하고 창조하는 세계만 있을 뿐이라고 오랫동안 주장했다. 그러나 이것은 단지 똑같은 옛 실수들의 연장선일 뿐인 것 같다. 즉, 자연과 인간성의 매섭고 타당하지 않은 분리(사르트르는 자연을 싫어했다)와 인간을 신체와 의식이라는, 형이상학적으로 구별되고 아마도 양립하기 어려운 측면들로, 마찬가지로 타당하지 않게 분리시키는 것 말이다. 그러나 우리는 자연에서 태어난 존재이고, 부자연스러운 성향뿐 아니라, 자연적 성향도 가진다. 부자연스러운 두려움과 욕망뿐 아니라 자연스러운 두려움과 욕망도 가지고, 세상에 접근하는 부자연스러운 방식뿐 아니라, 자연스러운 방식도 가진다. (높이에 대한 두려움은 자연스러운 두려움이지

만, 비행에 대한 두려움은 그렇지 않다.) 사회가 우리를 형성하고 틀 지운다는 것, 우리는 성장하면서 스스로를 형성할 결정들을 내린다는 것은 사실이다. 그러나 사르트르조차도 우리 자신이 다른 사람들과 결탁하여 (또는 다른 사람들을 위한 "존재"로서) 창조되었다고 다소 맹렬하게 주장한다. 그는 내적 자아와 인간 본성의 개념을 모두 거부하지만, (자기도 모르게) 인간 조건을 필연적으로 사회적인 것으로 보는 개념을 유지한다. 따라서 나는 자연적인 것과 사회적인 것의 뚜렷한 구분을 거부하고 우리에게 가장 자연스러운 것이 사회적인 것이라고 주장하고 싶다. 나는 정의가 그러한 이상주의적 합리적 구성(그리고 그러한 구성의 기저에 깔려 있는 "인간 본성"에 대한 때때로 냉소적인 관점)이 제안하는 것보다 훨씬 더 우리의 일부라는 것을 보여 주고 싶다.

자연의 정의

정글에는 정의가 없다.

H. 라이더 해거드, 『솔로몬 왕의 광산』

신중함, 절제, 용기처럼, 정의의 출발은, 요컨대
소크라테스식 덕목으로 지정되는 모든 것의 출
발은 동물적이다. … 도덕의 전체 현상을 동물
적이라고 묘사해도 적절하지 않은 건 아니다.

니체, 『아침놀Daybreak』

토머스 홉스는 자연에는 정의가 없다고 주장했다. 어떤 의미에서
그는 확실히 옳았다. 큰 돌이 떨어져 작은 돌을 으스러뜨린다. 우
리 중 누구도 이것이 불공평하다고 생각할 만큼 감상적이지 않다.
화산 폭발은 숲을 파괴하고 몬순Monsoon은 사람이 살지 않는 열대
섬을 파괴한다. 커트 보네거트Kurt Vonnegut[100] 소설에서 등장인물은 "인

---

100. 커트 보네거트Kurt Vonnegut(1922-2007) 풍자적이고 음울한 유머가 짙은 소설로 유명한 미국 작가.
     50년 이상의 경력 동안 14편의 소설, 3편의 단편 모음집, 5편의 연극, 5편의 논픽션 작품을 출판
     했다. 2차 대전 때 전쟁에 참전하여, 독일 드레스덴에 있는 수용소에 체포된 경험이 있다. 1969
     년에 발표한 『제5도살장Slaughter House-Five』은 드레스덴의 전쟁 경험을 표현하고 있는데, 그의
     가장 대표작 중 하나이다 ―옮긴이주.

생은 원래 그렇다So it goes"고 말한다. 이것들이 신이 한 일인지 아니면 자연의 힘의 표현인지는 그다지 우리의 관심사가 아니다. 우리는 경외심이나 매혹을 느끼며 (가능하면 어느 정도 안전한 거리에서) 지켜볼 수 있지만, 정의의 문제는 제기되지 않는다. 사실, "무엇이든 옳다"는, 모든 것을 포용하는 알렉신더 포프의 견해를 수용하지 않는 한, 자연에는 정의가 없다. 그러나 물론 홉스가 염두에 둔 것은 돌, 화산, 몬순이 아니었다. 그는 소위 "자연 상태에 있는" 사람들, 혹은 사람 바로 앞에 있는 모든 생명체, 사회화되고 문명화되기 이전의 인류, 아직 완전한 인간이 아닌 인류를 가리킨 것이었다. 그의 논지는 사회의 관습과 법을 제외하고는 자연이나 인간의 본성에 우리를 의롭게 만드는 것은 아무것도 없다는 것이었다. 사회와 반대로 자연에는 인정사정 봐주지 않는[101] 끊임없는 경쟁과 잔인함만이 있을 뿐이다. 하지만 나는 이것이 인간 본성에 대한 부정확한 시각일 뿐만 아니라 자연에 대한 부적절한 비전이라고 주장하고 싶다. 그리스 시대 이후로 그리고 그 이전에(예를 들어, 구약의 많은 부분에서), "자연," 특히 "야수"라는 개념은 부당한 대우를 받았다. 루소가 비난했듯이, 사회에 의해서 배양되었을 따름인 악덕을 자연에 다시 투영함으로써 우리가 오류를 범한다면, 정의감 같은 미덕이 우리 특유의 것이고 자연에는 완전히 이질적이라고 가정함으로

---

101. '인정사정 봐주지 않는 이'라는 표현으로 'red in tooth and claw'라는 표현을 쓰고 있는데, 이 표현은 영국의 19세기 시인 테니슨Tennyson의 *In Memoriam* (1850)에서 인용했다 ─옮긴이주.

써 우리는 자만심에 빠져 있다. 그래서 우리가 홉스의 논쟁적인 논문으로 돌아가서 자연 상태의 남자 여자는 정의에 대한 개념이 없었다는 것을 살펴보기에 앞서, 먼저 인간이 아닌 자연으로 돌아가서 자연에는 정의가 없다는 것이 그렇게 명확한지 물어보자. 정의가 (그러므로 불의가) 전적으로 인간의 특성이라는 것이 사실인가? 그리고 정의가 어떤 의미에서 우리의 자연스러운 세계관의 일부라기보다는 상호 합의에 의해 공식화된, 순전히 인위적인 미덕이라는 것이 사실인가?

예를 들어, 내 반려견 프리츠Fritz와 루Lou는 한 살짜리 쌍둥이이고 어렴풋이 길들여졌지만 최대한 자연 그대로다.[102.] 그들은 생후 2개월 때부터 희망, 질투, 시기, 분개로 합리적인 식별이 가능한 행동(말할 필요도 없이 애정이 넘치고 장난기가 넘친다)을 꾸준히 보여 왔다. 내가 루를 쓰다듬으면 프리츠는 필사적으로 한 번에 빠른 걸음으로 다가온다. 내가 프리츠에게 치즈잇 크래커를 주면 그는 코를 찡그리며 경멸하듯 외면한다. 하지만 내가 루에게 하나를 주어서 루가 명확히 기뻐하며 쩝쩝 먹으면, 프리츠도 예상대로 하나를 요구한다. 이제 그들은 동시에 간식을 받는 데 익숙해져 있고 내가 프리츠에게 쇠고기 조각 두 개를 연달아 주면 루는 귀를 앞으로 펄럭이고 눈썹을 치켜올리면서 부드러운 경고의 으르렁거림을 내뱉는

---

102. 독일 세퍼드와 차우차우 종이 교배한 개로 1987년 11월 1일생이다. 성격의 원형인 프리드리히 니체Friedrich Nietzsche를 따서 Fritz, 루 살로메Lou Andreas-Salome를 따서 Lou라고 이름 지었다.

다. 한번은 내가 독감에 걸려 개들과 하는 저녁 산책을 놓쳤다. (세 존재가 아니라) 그 두 존재는 속았다고 느낀 게 틀림없었다. (의자 다리가 보복으로 그 대가를 치렀다.) 나는 지루한 행동주의 심리학 신봉자가 "강화 계획reenforcement schedules"[103]에 대해 뭔가 말하는 모습을 그려 볼 수 있지만, 사회과학의 더 악랄한 이데올로기 중 그 어떤 것에도 상식이 파괴되지 않게 해 온 우리들에게 있어, 정당한 기대, 요구, 협력 및 경쟁 감정들의 일부 기본 레퍼토리가 이미 여기에서 작동하고 있음이 명확해 보인다.

내가 프리츠와 루를 동등하게 사랑하고 비슷하게 대하며, (다소) 규칙적으로 산책, 달리기, 놀이기구, 간식, 먹이주기 등의 일상을 내가 따르는 그런 세상에 대한 비전을 프리츠와 루가 가지고 있다고 말하면 아마 나는 과장하는 것이 될 것이지만, 그렇게 말해도 터무니없는 것은 아닌 것 같다. 아마도 누락된 것은 상대방이 속고 있다는 명백한 불쾌감일 것이고, 이것은 확실히 우리 자신의 정의감의 일부분이다. 그 둘 (그리고 나) 사이에는 상당한 경쟁관계와, 나도 마찬가지다라는 의식[104]이 있다. 하지만 다른 개들 사이에 있을

---

103. 강화이론은 인간의 행동 발달이나 학습활동을 설명하는 행동주의 이론과 자극 - 반응 이론의 핵심을 이루는 이론이다. 강화에는 긍정적 강화와 부정적 강화 두 가지가 있는데, 긍정적 강화는 칭찬, 상, 금전적 보상 같이 만족감을 주는 자극을 주어 반응이나 행동 발달을 촉진시키는 것이고, 부정적 강화는 벌, 꾸중, 지위 박탈, 형벌 같이 불쾌한 자극을 통해 반응이나 행동을 감소, 소멸시키는 것이다. 강화의 효과는 강화계획reenforcement schedule과 깊은 관계가 있다. 지속적으로 규칙을 가지고 있는 것은 계속강화계획이고, 일정한 규칙이 없는 것은 변동강화계획이다 ―옮긴이주.

104. 원문에는 metooishness라고 표현되어 있다. 작가가 만든 조어인 듯하다 ―옮긴이주.

때, 그 두 개는 서로에 대한 최고의 관심과 보호를 보여 준다. 그리고 물론, 그들은 무엇이 자신들의 영역이고 무엇이 자신들의 영역이 아닌지를 충분히 잘 알고 있으며, 그 표시(비록 나에게는 보이지 않고 냄새가 나지 않지만)는 데카르트적 개념만큼 분명하고 명확하다. 그들 사이에 (그리고 몇몇 다른 개들에 대해) 그들은 경쟁뿐만 아니라 동정심도 분명히 느낀다. 그들은 비록 공정함의 감각을 가지고 있지 않지만, 적어도 자신들에 대해서는 부정의의 예리한 감각을 드러내는 것처럼 보인다. 내가 소의 등심살을 내 접시 위에 올려놓기 전에, 그들의 코앞에서 잔인하게 흔든다고 상상해 본다. 그들이 짓는 절망적인 표정과 그 뒤에 나오는 낑낑거림을 단순한 '습성'이라고 치부하는 사람들이 분명히 있다. 확신컨대 그런 사람들은 절대로 우리 집 저녁 식사에 초대받지 못할 것이다.

암컷 검은과부거미가 성교 후 수컷을 잡아먹는 것이 정당한가? 큰 악어가 배가 고프고 다른 먹이가 쉽게 구해지지 않을 경우, 같은 강둑에서 햇볕을 쬐고 있는 더 작은 악어를 공격해서 잡아먹는 것이 정당한가? 당신의 고양이가 그저 유희로 어린 쥐를 잡아서 괴롭히고 잡아 죽이는 것이 정당한가? 늑대가 막 새끼 사슴을 놓쳤을 때, 혹은 사자가 어린 영양을 공격해서 죽이는 익숙한 PBS 자연 다큐멘터리를 보면서 왜 우리는 그토록 감동하는가? "그것이 자연의 이치이다," "먹거나 잡아먹히는 게 정글의 법칙이다"라는 피할 수 없는 번드르르한 내레이션에도 불구하고, 우리는 자연의 비극을 그저 "있는 그대로"로 받아들이지 않는다. 그리고 이것이 단순한 감상적 투영이나 단순한 감상성과 "의인화"가 아니라고 주장하고 싶다. 우리는 연민과 정의의 원초적인 감각을 단순히 '투영'하는 것이 아니라 공유하고 있다. 사실, 동물은 우리가 가진 종을 초월한 공감, 정교한 이론, 불합리한 생물학적 기대치를 공유하지 않으며, 늑대나 사자 모두 자신의 식습관에 대해 조금도 죄책감을 느끼지 않는다. 그러나 그렇다고 해서 그들이 세상이 어떻게 되어야 하는지에 대해 강한 감정을 가지고 있지 않거나 합법적인 ('법에 의한') 기대를 가지고 있지 않다는 그럴듯한 가정을 보증하지는 않는다. 우리가 '문명화된' 사회에서 제거하려는 노력에 실패한 폭력성이 자연에 존재하는 것은 사실이다. 그렇다고 해서 자연이 폭력적일 뿐이라거나 모든 감상적인 감정과 애틋한 감정이 단순히 우리 자신의 투영일 뿐이라고 단정할 수는 없다.

한편, 인정사정 보지 않는 자연적 폭력성에서 사회의 관습과 사회에 의해 배양된 합리적인 통제를 제외하고는 우리 역시 본질적으로 다원적 파노라마의 일부라는 결론으로 이동하는 것은 너무 쉽다. 그러나 이것은 적어도 두 가지 점에서 잘못된 것으로 보인다. 우선, 그것은 호의적이지 않은 만큼이나 의심스럽기도 한, 인간 본성에 대한 관점을 전제한다. 우리는 홉스와 달리, 단지 법적 구속력과 국가권력에 대한 경외심 때문에 서로 공격하는 것을 삼가는, 천성적으로 폭력적이고 이기적인 존재가 아니라는 것을 나는 이미 상세히 주장해 왔다. 둘째, 그것은 마치 많은 동물들이 다른 동물들을 죽이고 잡아먹는 잔인한 사실만으로도 자연이 작지만 무자비한 도살장임을 증명하기에 충분한 것처럼, (우리에게는 더 아첨이지만) 마찬가지로 비우호적인 자연관을 수용한다. 첫 주장과 관련하여, 우리가 정의와 서로 어울려 살아가는 법에 대해 배우는 것은 사회의 관습과 합리성의 최근 도래로 인한 것이 아니라, 오히려 정의는 줄곧 우리의 구성(그리고 자연의 구성)의 일부였음을 상기하는 것이 중요하다. 피터 싱어[Peter Singer][105.]가 윤리의 생물학적 토대에 대한 그의 저서(『확장하는 원The Expanding Circle』)에서 주장하듯이, "인간은 사회적 동물이며 [그리고] 우리는 인간이기 이전에 사회적이었다."[106.] 우리는 법과 정부, 정치철학자가 있기 훨씬 오래전부터 함께 살았고, 서로 협력했으며, 서로에게 해를 끼치는 것을 자제했다.

두 번째 주장에 대해서는 대부분의 가장 사악한 육식동물들 역시 사회적 동물이며 우호적인 사회적 집단을 이루며 산다는 것을 지적하는 것으로 충분할 것이다. 사자들은 으쓱대며 살고, 늑대들은 무리를 이루고 살며 그들 사이에 폭력은 드물다. 어린 새끼뿐 아니라, 다 큰 동물들도 장난치고, 놀리고, 쓰다듬고, 어루만진다.

---

105. 피어 싱어[Peter Singer](1946~). 호주 멜버른에서 태어남. 그의 부모는 나치 탄압을 피해 오스트리아 빈에서 이주한 유대인들임. 현재 프린스턴 대학 생명윤리학 석좌교수로서 범세계적 기아퇴치, 생명운동에 앞장서고 있음. 멜버른 대학에서 "나는 왜 도덕적이어야 하는가?"라는 제목의 석사 논문을 썼고, 옥스퍼드 대학에서 '시민 불복종'을 주제로 박사논문을 썼음. 그의 조부는 심리학자 프로이트에게 영향을 준 고전학자였음. 그의 명저 『동물해방』, 『실천윤리학』은 세계 철학계의 매우 인기 있는 텍스트임. 그는 철저한 채식주의자임 ─옮긴이주.

106. Peter Singer, *The Expanding Circle*, 4.

오직 지친 다윈주의자나 변명거리를 찾는 사냥꾼만이 자연 속에 얼마나 많은 순수한 활력과 아름다움과 재미가 있는지 보지 못 한다. 내 동료인 찰스 하트혼Charles Hartshorne은 새들이 신을 찬양하기 위해 노래한다고 말하는 것이 잔인하게 경쟁적인 '영토적 명령'에 대한 응답으로만 노래한다고 주장하는 것만큼이나 타당하며, 흥을 깨는 행동주의자만이 자연에 얼마나 많은 명백한 애정과 상호 즐거움이 있는지를 부정할 것이라고 오랫동안 주장했다(짝짓기 거미 사이에서는 그렇지 않을 수도 있지만 말이다). 자연은 "정글"이 아니다. (예를 들어 월스트리트나 도심의 고등학교를 언급하면서) 흔히 그 말이 사용되어 온 그런 의미에서 정글이 아니다. 베르무트[107]가 들어간 특별한 소스를 곁들여 위장된 살코기를 즐길 수 있도록, 닭과 송아지를 죽이기 위해 다른 사람들로 하여금 완전한 박탈감과 불편함 속에서 닭과 송아지를 키우게 한다는 이유로, 우리는 굶주린 새끼 때문에 늙은 수사슴에게 딜러드는 퓨마[108]보다 더 정당하다고 할 수 있나? 정의에 대립되는 것은 폭력이 아니라, 위선이다.

나는 정의의 기원이 인간의 이성이 규칙을 발명하고 법 제정을 시작하기 훨씬 전에, 그리고 명백히 인간 철학자들이 사회계약의 신화를 만들어 내기 훨씬 전에, 시작된다고 주장하고자 한다. 사회

---

107. 베르무트vermouth. 약초, 풀뿌리, 나무껍질, 향미료 따위를 우러서 만든 포도주. 짙은 다갈색으로 상쾌한 쓴맛이 있음. 주로 프랑스와 이탈리아에서 만들며, 진과 섞어 마심 — 옮긴이주.
108. puma. 아메리카사자, 아메리카호랑이, 아메리카표범, 산사자mountain lion, 쿠거Cougar, 팬서 Panther 등등으로 불리는 아메리카 대륙의 고양이과 포유류. 재규어와 함께 아메리카 대륙을 대표하는 대형 고양잇과 동물 — 옮긴이주.

계약의 신화에 의하면 우리 모두가 (또는 우리의 조상들이) 사회화되고 문명화cultivated되는 것이 합리적이기 때문에 거기에 동의했다. 그런데 그 신화의 절반인 "자연 상태" 부분은 인간의 본성에 대해 흥미롭고 유용한 어떤 것, 우리의 사상 세뇌와 문명화가 구체적인 사회로 들어오기 전에 우리가 존재하던 방식에 대해 논의하려는 목적을 가지고 있다. 인간 본성(그리고 보편적인 본성)에 대해 뭔가 논의하고자 하는 그런 시도는 철학 커리큘럼에서 누락되어 왔다. 우리의 사회구조와 순수하게 합리적인 심사숙고를 실행할 우리의 능력과 대조적인, 우리의 본성에 대해 말하는 것이 마치 아무 흥미로울 게 없다는 듯이 말이다. 나는 이런 표준적인 철학적 그림을 허물고자 인간 본성에 대한 저 해묵은 질문들로 돌아가서, 정의는 종종 부인되었으나 중요한 의미에서, **타고난** 감정natural feeling임을 주장하고자 한다.

내가 인간 본성에 대해 말할 때, 그것은 문명화cultivation와 개인적 선택에 영향 받지 않고 우리의 유전자에 의해 전적으로 결정되는, 고정되고 경직된 어떤 것을 뜻하지 않는다. 오래된 이론들(그리고 많은 현대 이론들)의 실수는 "자연"과 "문화"를 너무 많이 구분하고(이 자체가 상이한 문화들의 가장 흥미로운 지점들 중 하나라고 인류학자들이 말하고 있다), 우리에게 자연스러운 것은 모두 본능적이고, 사실상 반사적 행동이거나 어쨌든 변함없이 생각 없이 행동하는 것이라고 잘못 가정하는 것이었다. 또 본질적인 인간의 본성의 일부로 간주

되는 것은 무엇이든 인간에게 고유한 것이어야 한다고 가정되었다
(실제로 "인간 본성"이라는 문구가 이러한 가정을 불러일으켰다). 물론 이러
한 가정은 많은 의문을 불러일으키는데, 그 이유는 정확히 우리가
자연과 공유하는 그것이 핵심 쟁점이기 때문이다.

　우리가 무엇이든 간에, 우리는 무엇보다 생물학적인 생명체, 육
체적인 존재이고 자연의 일부이며 자연의 법칙에 따라 성장한다.
메리 미즐리Mary Midgley가 말하듯, "우리는 그저 동물과 유사한 것
이 아니다. 우리는 바로 동물이다."[109] 우리가 하는 모든 것이 무엇
보다 우리 자신의 육체와 두뇌의 제한되고 어쩌면 특이한 구성물
의 제약을 받는다는 것을 인정하기 위해 우리의 지성과 유연성, 혹
은 심지어 우리의 "자유의지"까지 부인할 필요가 없다. 사르트르를
비롯한 몇몇 실존주의자들(나를 포함해서)이 주장하듯, 우리 자신들
에 대한 어떤 사실들이 우리를 맞닥뜨릴 수 있더라도, 언제나, "아
니오!"라고 말하고 스스로 거리를 두고, 자신의 기본적인 본성에
저항할 명확한 인간의 특권이 존재한다. 비록 종종 큰 대가를 치러
야 하지만 말이다. 인간의 자유에서 성찰의 중요성을 과소평가해서
는 안 된다. 그러나 우리 자신들에 대한 사실들, 우리가 원하고 필
요로 하는 것들은 종종 우리 자신의 선택에 의한 것이 아니다. 우
리는 우리의 감정들과 거리를 둘 수 있고, 우리의 감정들을 양심적
으로 키울 수 있고, 또 그렇게 하고 있다. 하지만 이런 능력들이 있

---

109. Mary Midgely, *Beast and Man*, 싱어 책에서 재인용.

다고 해서 우리의 가장 기본적인 감정들이 우리의 생물학의 일부라는 주장을 약화시킬 수는 없다. 우리의 자유가 아무리 대단하다 할지라도(이점을 과대평가하기 힘들다), 우리는 우리보다 앞선 수백 세대로부터 부분적으로 물려받은 목적을 추구하는, 궁극적으로 생물학적인 생명체이다.

인간은 사회적 동물이지만, 이는 우리가 집단 속에서 산다는 의미일 뿐 아니라, 집단 속에서, 집단에 의해 형성되고 규정된다는 것, 우리의 필요와 관심사는 대부분 공유된 필요와 관심사라는 의미이기도 하다. 우리는 동물이므로 자연의 일부일 수 있다. 그러나 우리는 또한 그 문화 속에서 우리를 키우고 우리에게 특정 언어로 말하도록 하고, 특정 방식으로 세상을 보도록 가르치는 사회의 구성원이기도 하다. 정의는 (부분적으로) 특정 사회에서 우리가 배우는 관점이다. 모든 그런 학습에는 생물학적 토대(예를 들어 집단에 대한 의존감, 집단의 안녕과 우리 동료 구성원의 안녕에 대한 관심)가 있을 수 있지만, 우리의 특정한 정의 감각은 우리의 특정한 양육, 특정한 집단과 문화, 그리고 (우리가 속한 사회처럼 다원적이고 이질적인 사회에서는) 가족, 집단, 문화 간의 복합적이고 때로는 적대적인 상호작용에 따라 달라진다는 것은 매우 분명하다. 그러므로 정의와 부정의에 대한 여러 개념들이 있음을 부인하는 것은 어리석다. 그러나 우리를 인간적이게 만들 뿐 아니라, 우리를 자연스럽게 사회적이고 사교적으로 만드는 근본적인 특징들이 있음을 부인하는 것도 어리석을 것이다. 우리가 찾아야 하는 것은 아무 생각 없는 본능과 철저하게 학습된 합리적 행동의 대안이 아니라, 우리에게 "자연스러운" 것이 무엇인지에 대한 보다 섬세한 분석이다. 우리가 생각하고 느끼고 배우는 것은 필수적 개념과 사고를 배울 수 있는, 거의 사소한 "잠재력"이라기보다 훨씬 더 실질적인 생물학적 근거를 가지고 있다. 우리에게 자연스러운 것은 서로에 대한 필요이다. 정의는 순수하게 합리적인 개념인 것만은 아니다. 우리가 정의에 대해 신경 쓰는 것은 그렇게 하는 것이 합리적이기 때문이 아니라, 우리가 바로 그런 존재이기 때문이다.

정의는 본능인가? 인간 본성에 대한 고찰

인간 영혼의 가장 단순한 최초의 작용에 나를
국한시킬 때, 나는 그 속에서 이성에 선행하는
두 가지 원칙들을 구별할 수 있다고 생각한다.
그 중의 하나는 우리 자신의 보존과 안녕에 깊
이 흥미를 가지게 한다. 다른 하나는 다른 존재,
특히 우리 자신과 비슷한 존재가 고통을 겪거나
사멸하는 것을 목격하는 것을 생래적으로 싫어
하는 감정을 우리에게 고취시킨다.

장 자크 루소, 『인간 불평등의 기원론』

… 윤리 철학자들은 자신의 시상하부 - 변연계
시스템의 감정 중추를 참조하여 도덕의 정언명
령을 직관한다.

E.O. 윌슨, 『사회학』

우리의 정의 감각은 어떤 의미에서 "타고난" 것, "인간 조건"의 본질
적 측면, 혹은 어쩌면 심지어 생물학적 본능인가? 아니면 학습의
문제, 특정 사회에서의 일종의 양육 결과, 혹은 어쩌면 지역 사회의
관습의 문제인가? 물론 답변은 양쪽 다이다. 그러나 최근 대부분의
저서에서 그런 질문들은 쇠락해 가고 있다. 왜냐하면 철학 이론가

들이 정의의 합리적 기초를 탐색하느라 정의의 실생활의 기원을 거의 간과하고 있기 때문이다. 하지만 우리의 정의 감정의 기원과 성격에 대해 간과해 온 책임은 정의의 합리적 성격을 과도하게 강조했기 때문만은 아니다. 그것은 인간 본성 같은 거대하고 분명하지 않은 개념들에 대해 논하는 것을 전반적으로 거부하는 경향, 인간 행동에 대해 논할 때 본능 같은 개념을 전반적으로 불신하는 경향 때문이기도 하다. 그런 "원초적인" 심리적 개념을 참조해서는 실제로 인간의 활동들을 설명할 수 없다는 믿음이 광범위하게 존재한다(실제로 인간이 아닌 모든 동물의 행동이 그렇게 설명될 수 없다고 똑같이 오만하고 논점 없이 전제되고 있지만 말이다). 실제 모든 인간 행동은, (심지어 가장 멍청하고 아무 생각이 개입되지 않고, 습관적인 행동일지라도) 우리의 지성과 유연성의 산물이라고 주장되고 있다(혹은 전제되고 있다). (불길에서 손가락을 휙 피한다든가 땅으로 넘어지기 전에 자신의 팔을 뻗는 것 같은) 몇몇 "생각이 개입하지 않은" 반대의 예시늘은, 인간 반응의 정상적이고 의도적인 패턴에 대한 희귀한 대조라고 슬쩍 지나가면서 단지 언급될 뿐이다. 이런 일반화된 설명에서 인간 행동은 속속들이 "합리적"이다. 그 행동이 아무리 흠결이 있든 간에 (그리고 아무리 비합리적이든 간에) 말이다. 어떤 의미에서 이런 평가는 절대적으로 맞다. 우리는 이제 마음(그리고 두뇌)이 고립된 능력들로 멋대로 분화되는 것을 넘어서 있다. 인간 의식(그리고 인간의 무의식)의 지적이고 개념적이고 뇌와 관련된 능력들은 실제로 우리의 사고와 행동, 심지어 가장 "생각이 개입하지 않은 부분"까지 모든 측면에 퍼져 있다. 그러나 마찬가지로 우세한 정반대의 주장은, 보다 "원초적인" 정신 과정들이 지성과 이성의 가장 세련된 행동들 배후에 있을 뿐 아니라, 일부 그 행동들을 결정하기도 한다는 것이다. 우리는 다른 생명체보다 더 본능을 적게 가지고 있는 게 아니다. 우리는 우리의 본능을 문화, 언어, 자기 성찰self-reflection로 짜서 만든 훨씬 복잡한 심리적 직물로 짜 넣었다.

인간 행동에서 본능(전반적으로 생물학적 혹은 사회생물학적 결정론)에 대해 반대하는 주장들은 본능에 대한 너무 제한적이거나 너무 기술적인, 혹은 단순히 너무 비하적인 개념으로 인해 고통을 겪는다. 어떤 철학자들은 본능이 (불꽃을 피하는 손가락이나 땅에 떨어지는 것을 멈추려고 뻗는 팔 같이) 반사작용 같은 것, 문자 그대로 아무 생각이 개입되지 않는 것(신경 아크가 중추신경계의 하부에서 완성되기 때문에 실제로 무뇌적인 것)이라고 생각하는 듯하다. 그러나 이것은 본능의 영역에서 인간의 모든 행동(이러한 반사 작용을 "행동"이라고 부르는 것이 적절하지 않다)과 거의 모든 동물 행동을 제거할 것이다. 새가 특정 종류의 둥지를 짓는 능력은 본능적이지만 원초적인 의미에서 반사적인 것은 분명 아니다. 실제로 새들은 "미리 프로그램된" 청사진을 실현하기 위해 재료(버려진 맥도날드 포장지 조각 같은)를 사용하는 데 놀라운 독창성을 보여 주며, 만약 핀치[110]가 독수리 둥지를 짓

---

110. finch. 되새류. 부리가 짧고 작은 새 — 옮긴이주.

는다면 무척 놀랄 일이겠지만, 핀치 둥지 짓기 행동의 다양성과 적
응성은 적어도 핀치 둥지 짓기[111]의 균일성만큼이나 놀랍다. 마찬
가지로 암컷 일벌이 꽃을 찾으라는 동료의 지시를 따르는 능력도
본능적이지만, 그것은 결코 "내재적 모델hard wired model"이 제안하
는 것처럼 그렇게 간단하지 않다. (한 선도적인 곤충학자가 제안한 것처
럼) 실제로 "벌 컴퓨터"를 만드는 것이 가능할 수도 있지만, 컴퓨터
역시 하드웨어뿐만 아니라 소프트웨어와 데이터로 제공되는 소량
의 정보가 필요하다. 그러나 벌의 데이터의 다양성과 의사소통의
복잡성은 "하등 동물"과 본능에 대한 우리의 경솔한 이야기를 멈추
게 한다. 벌의 행동이 다소 정형화되는 경향이 있다는 사실(침입자
로부터 벌집을 방어할 때 같은)이 다음을 결코 배제하지는 못 한다. 즉
방어하는 일벌이 자신이 하는 일을 어느 정도 의식하고 있다는 것,
그리고 그 의식은, (이렇게 말해도 될지 모르지만) 원시적이고 본능적인
정의 감각이라는 점 말이다. 자신에게 어떤 대가를 치르더라도 중
요한 것은 다름 아닌 여왕벌과 벌집의 안녕이다.

　엄밀히 말해서, "본능"이라는 말은 절대적으로 학습되지 않고,
정형화되어 있으며 완강한 동물의 행동을 묘사할 때 사용된다. 그
행동은 너무나 완강해서 심지어 터무니없이 가장 부적절한 상황
에서도 계속된다. 가장 흔한 사례들은, 그 행동의 핵심이 지워지는

---

111. finch architecture라고 본문에는 표현되어 있지만, 맥락상 핀치 건축이라고 번역하는 것보다
　　핀치의 둥지 짓기로 번역하는 것이 더 자연스러움 ―옮긴이주.

순간에도, 프로그램으로 짜여진 일련의 행위를 계속 수행하는 곤충들이다. 예를 들어 암컷 나나니 벌은 자기의 굴 가장자리까지 간 뒤, 굴에 들어가 자신의 유충을 점검한 뒤, 다시 굴 위로 나와 먹이(죽은 곤충)를 끌고 간다. 만약 관찰자가 먹이를 약간 옮겨 놓아도 그 벌은 먹이를 먹기 전에 다시 굴을 점검한다. 이 다소 가학적인 과정이 여러 번 반복될 수 있다. 그러면 매번 나나니 벌은 다시 굴을 점검한다. (그런데, 이것은 어느 곳에서나 있는 예민한 부모같이 들리지 않나?) 우리는 즐거워하고 우월감을 적지 않게 느끼면서, 그런 우스꽝스러운 행동을 우리 자신의 행동과 명백히 대조되는 것으로 본다. (인간이 그런 무의미한 반복을 하는 사례는 병리적으로 간주되고, 다소 무의식적인 지성과 목적성이 있는 것으로 여겨진다.) 하지만, 그런 완강한 행동이 본능적으로 모두 행해진다고 생각하면 잘못이다. 본능은 유전적으로 세습된 행동적 경향을 지칭하지만, 어떤 융통성이나 적응성을 허용하지 않는 방식으로 "타고난" 것은 결코 아니다. "경향 tendencies"이라는 말을 여기서는 매우 조심스럽게 다뤄야 한다. 손쉽고 사소하게 될 수 있기 때문이다. (어떤 사회학자들은 아리스토텔레스의 "잠재력" 개념을 너무 사소하게 만들어 버렸다. 어떤 것이 어떤 조건하에서 일어날 수 있는 것이라는 의미로만 잠재력 개념을 쓰고 실제적으로 어떤 행위도 다 공허하게 설명하는 말이 되게 했다.) 본능이 학습되지 않는 것은 맞다. 그러나 그렇다고 그것이 아무 지각이 없다거나, 학습과 문화를 통해 전수되는 것에 (기초가 되는 것이 아니라) 대조가 되는 것이라고 볼 수는 없다. 연구하는 모든 사람의 사고와 행동에서 유사한 패턴들을 발견할 때마다, 예컨대 근친상간 금기 같은 것이라든가, 초월 혹은 초인의 의미 같은 것을 발견할 때마다 "인간 본성"에 대해 성찰하는 저 인류학자들의 전제에는 명확히 맞는 게 있다. 인간 삶의 보편적 특징이라고 추정되는 것이 합리적으로 설명 가능하다는 사실이 곧 그것이 무엇보다 본능적이 아니었다는 것을 뜻하지 않는다. 그리고 특히 종교가 가장 지적으로 정교한 인간 활동들 중 하나일 수 있다는 사실이 "인간 영혼 속에 유도되는 것"(문화 습득이나 언어의 결과라고만 볼 수 없는 그런 유도)이 있을 가능성을 제거하지 않는다.[112] 인간의 짝짓기 행동에 근본적인 (그리고 간신히 숨겨진) 본능적 유도와 패턴이 있다는 것은 의심의 여지가 없다. 우리는 우리의 본능들을 충분히 인식하고 지적인 전략을 가지고 추구하며, 우리 문화의 가장 정교한 상징들로 그 본능들을 꾸밀 수 있다. 우리는 또한 우리의 본능들을 가리고, 반대하고, 금지와 승화의 강력한 체계를 발전시켜서, 예컨대 우리의 자연스러운 욕망을 배양된 혐오로 바꿀 수 있다. 중요한 것은 우리가 본능을 완전히 멍청하고, 완강하고 인간 본래의 행동으로 보지 않는 것이다. 실로 내가 제안하고 싶은 것은, 본능을 유전적으로 물려받은 종족의 지혜로 보자는 것이다.

---

112. 니체와 대조적인 면이다. "나는 신을 제거하지 않은 것이 두렵다. 왜냐하면 우리는 아직도 문법을 믿기 때문이다." (카우프만이 번역 및 편집하여 바이킹 출판사에서 나온 『바이킹 포터블 니체 *Viking Portable Nietzsche*』에 실린 『우상의 여명 3권*Twilight of the Idols III*』.

정의는 본능인가? 이것이 의미하는 바는 무엇인가? 오늘날 철학자들은 본능에 대해 이야기하는 것을 좋아하지 않는다. 정의는 극대화와 권리를 논하는 고도로 합리적인 전략 언어로만 논의된다. 명백히 그런 전략과 개념들은 선천적이지 않다. 즉 어떤 의미로도 "타고난 것"이 아니다. (소소하게 언급하자면, 그것들이 우리의 타고난 지적 능력의 산물이라는 사실은 제외하고 그러하다.) 그런데, 우리는 정의로 인정되는 것이 이성 이전의 욕구나 요구의 충족이 아니라, 순수하게 합리적인 기준의 만족(예를 들어, 모든 사람이 똑같이 대우받아야 한다거나, 모든 사람은 그 자격만큼 얻어야 한다)에서 발견되어야 한다고 너무 쉽게 가정한다. 물론 우리의 합리적인 기준이 이성 이전의 충동과 상충한다고 가정할 이유는 없다. 기실 합리적 기준이 충동을 발화하고 표현한다고 가정할 만한 충분한 이유가 있다. 본능이 그렇게 빈번하게 부인되어 온 이성의 영역이 실제로는 본능을 살펴볼 좋은 위치일 수 있다. 예를 들어, 다른 사람을 꼭 동등한 사람이 아니라, 우리가 스스로 배려받고 싶어 하듯이, 특정 방식으로 배려받아야 할 타인으로 인식하는 것은 합리성의 가장 고차원적 원칙이라기보다는, 종의 자기 인식의 기본적 유도(더 "고등한" 포유류에서 뿐만 아니라 가장 원시적인 생물에서도 발견되는 것과 같은 그런 기본적인 유도)인 것은 아닐까? 응보 개념[113]은 기본적으로 이성의 산물이나 (알레스

---

113. 원문으로 idea of desert인데, 여기서 desert는 deserve의 명사형으로 상(벌)을 받을 만한 공적이나 과오, 상응한 상이나 벌의 의미로 쓰였다 —옮긴이주.

데어 매킨타이어의 주장처럼) 전통의 산물이 아니라, 원시적인 가족 및 부족의 존경심과 특별한 기술에 대한 상호의존성, 그리고 이를 강화하는 보상에서 비롯된 훨씬 더 기본적인 타당성과 가치에 대한 감각일 수 있지 않을까?[114] 우리의 응보적 정의 개념에 그렇게 중심적인 '균형' 또는 '적합성'이라는 개념은 실용적 이성의 원리라기보다 자연스러운 인식 패턴이자 우리가 세상에 부과하는 필수적인 요구일 수 있지 않을까? 말로 표현되지 않은, 아마도 심지어 무의식적으로 작동하는 그런 "원칙들"을 우리가 발견할 수 있으리라 기대해서는 안 된다는 것은 말할 필요도 없다. 왜냐하면 그것은, 문명사회의 사람들에게서만 적절히 발견될 수 있는 것을 자연으로 거꾸로 투사하는, 많이 언급되어 온 루소의 잘못을 다시 또 범하는 것이 될 것이기 때문이다. 그러니 우리가 정의 개념을 설명하는 다양한 원리들 배후에 이성 이전의 유도가 기저에 있다는 것을 버릴 수도 없고, 버려서도 안 된다. 우리가 찾아야 할 것은 단순히 자기이해를 추구하지 않으며(그렇다고 무관심하지도 않으면서), 우리의 사회 이론과 관행에서 너무나 명백한 모든 가변성과 적응성을 보여 주는, 타인에 대한 '자연스러운' 관심을 입증할 수 있는 감각이다.

거의 1세기 전에 니체, 프로이트, 윌리엄 제임스는 우리들의 가장 기본적인 사회적 감정들이 실제로는 본능에 기반하고 있음을 (매우 다른 방식으로) 모두 주장했었다. 오늘날 사회적 행동과 생물학

---

114. MacIntyre, *After Virtue*. 특히 17페이지.

사이의 반박할 수 없는 연결을 조사할 출발점은 "사회생물학"이라고 하는 학문이다. 사회생물학의 최근의 기원은 하버드 대학의 에드먼드 윌슨Edmund O. Wilson이 1975년에 출간한 기념비적인 책, 『사회학: 새로운 종합Sociology: The New Synthesis』이다.[115.] 안타깝게도, 사회학은 민감한 사회 문제에 이론을 적용하는 것에 대한 정치적 반대뿐만 아니라 윌슨과 그의 동료들 스스로가 자신들의 학문 범위에 대해 터무니없고 명백하게 논쟁적인 발언을 했기 때문에 지적으로 무책임하다는 비판을 자주 받아 왔고 때로 비판이 정당하기도 했다. 윌슨은 캠퍼스 바로 건너편에서 일하는 동료 존 롤스에 맞서 윤리학(구체적으로 정의의 문제)이 "철학자들의 손에서" 벗어나야 한다고 제안한다. 문화와 교육이 우리의 행동을 크게 변화시킬 수 없다는 의견과 결합된 생물학적 결정론의 유령이 폭발적인 분노를 불러일으켰다. 하지만 사회생물학의 기본 전제, 즉 생물학이 인간의 성격과 문화를 어느 정도 결정한다는 것은 부인할 수 없는 사실인 것 같다. 우리는 사고하고 자기분석적이고 저항하는 존재이기에 앞서 무엇보다 사회적 존재이다. 서로에 대해 특유의 감정을 가지고 우리가 집단에서 어떻게 행동해야 하는지에 대해 미리 결정된 성향이 있는 그런 사회적 존재이다. 사회생물학이 우리에게 제공한 것은 생물학적으로 근거한 '자연스러운' 정의감이 어떤 것인지 이해할 수 있는 방법이다.

---

115. Edward O. Wilson, *Sociology* (Cambridge: Harvard University Press, 1975)

이타주의의 사회생물학

> 과학자와 인본주의자들은 윤리학이 철학자들의
> 손에서 잠시 벗어나 생물학화 될 때가 왔다는
> 가능성을 함께 고려해야 한다. … 공정성으로서
> 의 정의가 육체에서 분리된 영혼에게 이상적인
> 상태라는 데 이의를 제기하는 사람은 거의 없지
> 만, 이 개념은 인간과 관련하여 설명하거나 예측
> 할 수 있는 것이 아니다.
>
> 에드먼드 윌슨[Edmund O. Wilson], 『사회학』

인간(그리고 다른 모든 살아 있는 존재들)이 근본적으로 이기적이고 일
차적으로 자신들의 생존에 관심이 있다는 잘못된 견해에 맞서, 생
물학은 우리에게 그 정반대, 즉 인간은 다른 모든 존재들처럼 근본
적으로 "종적인 존재species beings"임을 가르쳐 준다. 동물의 행동이
근본적으로 이기적이라는 고대의 잘못된 견해에 맞서서 현대 사회
생물학자의 근본적 범주는 "이타주의"이다. 이 말은 윤리학에 대한
다양한 저서에서 종종 남용되고 왜곡된 용어이다. (예를 들어, 에이언
랜드[Ayn Rand]는 이기주의와 이타주의의 대조를 고귀한 자기보존과 의미 없는 자
기희생 사이의 구별로 바꾸었다.) 분명히 인간 자선활동의 이타주의에

들어가는 다소 세련된 의도와, 빈터에 다가오는 늑대로부터 자기 새끼를 감추려고 하는 암사슴의 공포에 질린 노력에 들어가는 무지각 반응unthinking reaction 사이에는 논리적인 간극 같은 것이 있다. 그러나 가장 먼저 짚고 넘어가야 할 점은 두 존재의 유사성이다. 자선 활동을 하는 사람과 암사슴은 희생을 하고 있다(얼마나 큰 희생인지, 얼마나 삶을 위협하는 것인지 등은 문제가 안 된다). 그리고 생물학이든 도덕철학이든, 똑같은 질문이 대두된다. 즉, 한 개인으로 하여금 그런 희생을 하도록 동기를 주는 것은 무엇인가? 하는 질문 말이다. 그런데 이 질문은 모든 개인이 무엇보다 자신의 이익과 생존을 위해 노력한다고 하는, 명백하게 거짓된 전제에 기반하고 있다. 홉스는 이를 국가나 권력이 축소할 수 없는 유일한 자연권으로 표시했으며, 루소 역시 개인의 자기 보존을 가장 중요한 자연적 감정으로 여겼다. 도덕철학자들은 도덕적이든 아니든 인간의 모든 행동은 궁극적으로 자기 이익에 의해 동기화된다는 가정에 맞서 오랫동안 투쟁해 왔으며, 진화론자들은 개인의 생존과 자기 보존을 위한 투쟁이 생물학의 제1원리라는 것을 당연한 것으로 받아들이곤 했다. 그러나 도덕철학자들은 다양한 방식으로 다음과 같은 결론에 이르렀다. 모든 동기가 자기 이익을 추구하는 건 아니라는 것과 특히 도덕적 동기는 자기 이익을 추구하지 않으며, 그래서도 안 된다는 것이었다. 진화론적 생물학자들도 생존과 자기보존을 위한 투쟁이 아무리 최우선적인 것이라 하더라도, 개별적 유기체의 차원에서 일어나지 않는다는 유사한 결론에 도달했다. 더 어려운 질문은 이렇다. 어떤 차원에서 그것이 일어나는가? 어떻게 이것을 이타주의의 기반이라고 이해할 수 있는가? 일단 그렇게 이해될 때 이타주의는 우리가 찾고 있는, 근본적으로 생물학적 정의 감각인가?

수년간 자기보존의 차원은 종이라고 믿어졌다. 그렇게 보면 정말이지 암사슴이 새끼를 구하려고 목숨을 건 것이 설명이 된다. 종을 보존하기 위한 방법으로 그렇게 한 것이다. 그러나 그런 설명이 설득력이 있지 않다. 암사슴이 자기 종을 인식한다고 말할 때 말이되는가? 암사슴이 자기 새끼를 종의 대변이라고 우선적으로 인식한다고 말하는 게 설득력이 있는가? 새끼가 자신의 새끼이기 때문에 목숨을 건다고 하는 것이 훨씬 더 설득력 있게 들린다. 그런데 그러면 이런 문제가 제기된다. 암사슴은 새끼가 자기 것인지 아닌지 왜 신경 쓰는가? 암사슴이 자기 새끼에게 무엇을 빚졌는가? (혹은 최근에 한 학사가 언급했듯이, 후대가 우리에게 여태 해 준 게 무엇인가?) 암사슴은 왜 자신을 구한 뒤 다른 새끼를 또 얻지 않는가? 물론 그런 생각은 인간을 제외한 모든 생명체에게 너무나 냉소적이지만, 핵심은 중요하다: 생명체들은 왜 자기 새끼들을 신경 쓰는가? 일반적인 한 가지 답변, 생명체들은 자신들의 새끼를 새끼로서 염려하는 것이 아니라, 자신들의 종의 생존을 신경 쓰는 것이고, 종의 생존은 자손에 달려 있다는 것이다. 그러나 또다시 답변이 완전히 설득력이 있는 것은 아니다. 암사슴은 왜 자신의 종의 생존에 신경을 써야 하는가? 자기가 유전자를 가지고 있다는 것을 어떤 의미로든 알기나 할까? 명백히 암사슴의 유전자는 새끼에 대한 염려를 유전자의 생존을 보장하는 수단으로 만들고 있지만, 이것이 암사슴의 행동의 동기일까? 어쨌든 이것은 이기심이나 자기 이해라고 보기 힘들다. 동물이 자신의 집단이나 심지어 종에 대해 가진 감각이 확장될 때, 이 확장된 자기 보존 의식도 마찬가지로 계발될 것이라 기대할 수 있다.

그런 식으로 탐구를 하다 보면, 두 가지의 매우 상이하고 연결하기 힘든 차원의 분석들 사이의 차이를 인식하게 된다. 즉 한쪽으로는 유전학 이론, 다른 쪽으로는 소위 동물의 "현상학"이라고 하는 것, 즉 동물이 아는 것, 믿는 것, 인식하는 것, 욕망하는 것, 그리고 그 외 경험 등에 대한 것 사이의 차이를 인식하게 된다. 동물 현상학이 유전 이론에 의존하지 않는 것처럼 하는 것은 잘못이지만, 동물 현상학의 의미나 존재를 부인하는 것 역시 오류이다. 유전자는 신체적, 생리적 특징을 결정하는 것과 마찬가지로 확실하게 인식과 태도를 결정한다. 비록 훨씬 더 광범위한 변이가 일어나기 쉽지만 말이다. 그래서 적어도 두 가지의 문제가 여기서 제기된다. 유전자를 보존하는 것이 자신의 기능인 유전적 특징들의 본질이 무엇인가? 어떤 종류의 경험과 목표가 동물로 하여금 유전자의 생존 기회를 극대화하는 방식으로 행동하도록 가르쳐주는가? (이타적인 동물은 자신과 같은 종의 다른 동물과, 구체적으로 자신의 새끼를 어떻게 인식하는가?) 그런데 두 질문에서, "유전자"라고 할 때 그 의미는 무엇인가? 여기서 '유전자'는 분명히 개별적인 DNA 조각이 아니라 여러 개의 유사한 DNA 조각으로 예시될 수 있는 유전자의 한 유형이다. (따라서 유전자형이다.) 매우 특정한 유전자 세트는 그 암사슴에게만 고유하다. 암사슴은 자기 새끼와 매우 큰 유전자 집합을 공유하고, 다양한 친척들과는 다소 작은 집합을, 다른 종의 구성원들과는 더 작은 집합을, 모든 발굽 동물들과는 또 다른 집합을, 대부분의 포유류, 대부분의 척추동물들과는 또 다른 집합을 공유하며, 그 밖의 동물들과도 매우 다양한 유전자를 공유한다. 어떤 것이 보존해야 할 유전자일까? 그 암사슴의 유전자는 같은 종의 유전자와 같지 않다. 자기 새끼를 보존하려는 암사슴의 욕구가 종을 보존하려는 욕구와 혼동되어서는 안 된다. 물론 종의 구성원이 살아남지 못하면 종은 살아남지 못하지만, 이것은 생존의 위치를 개체에서 종으로, 종에서 개별 유전자로 옮기는 것과는 매우 다르다. 분명한 것은 동물은 이타적으로 행동하며(적어도 자신의 자손에 관한한), 그러한 행동은 편협한 이기심이나 '이성적'인 것이 아니라 본능적이라는 것이다. 명확하지 않은 것은 이타주의의 범위이다. 우리가 단지 직계 친척이나 다른 동족을 돌보도록 타고난 성향이 있는지, 아니면 구체적이지만 보이지 않고 극도로 추상적인 것, 즉 유전자나 유전자형을 돌보도록 타고난 성향이 있는지의 여부이다.

진화이론은 전반적으로 신학적 도끼를 가지지 않은 대부분의 사람들에 의해 실제로 당연시 여겨지는 한편, 자연도태 이론의 세부 내용 부분은 다윈 시대 이후로 엄청난 변화를 겪었다. 우선, 그레고르 멘델이 완두콩으로 유명한 실험을 하기 수십 년 전에 글을 썼던 다윈은 유전자에 대해 알지 못했다. 결과적으로 그는 자신이 설명한 형질의 전달 매커니즘을 구체화할 수 없었기 때문에 자연도태의 '수준' 또는 '단위'는 아직 분명한 문제가 아니었다. 1860년대 멘델이 유전자를 발견하면서, 종의 생존이 자연도태의 결과라는 모호하고 일반적인 가설은 돌연변이와 적응의 매커니즘에 대한 훨씬 더 집중적인 탐구로 바뀌게 되었다. 이 연구의 한 결과는 리처드 도킨스^{Ricard Dawkins}가 적절하게 제목을 붙인 책, 『이기적 유전자 The Selfish Gene』에서 옹호한 이상한 논제, 즉 자연도태의 기초는 유전자이고, 따라서 유전자가 생존의 초점이 된다는 주장이었다.[116.] 말하자면, 개인, 집단, 종 모두, 유전자를 지속하기 위해 존재한다. 그것은 흡사 인간이 물의 창조물이어서 한 곳에서 다른 곳으로 흘러간다는 옛날 농담과도 같다. 유기체와 그 자손들은 한 세대에서 다음 세대로 유전자를 옮기는 수단이다. 우리의 이타주의는 생물학의 하인으로서의 기본 역할일 뿐이고, 가족이나 동료애와는 거의 상관이 없고, 우리의 유전자를 구해서 전달하려는 맹목적인 충동일 뿐이다. (삶을 더 오래 살기 위한 무의미한 의지에 다름 아니라고 본 쇼펜하우어의 비관주의적 견해는 현대 생물학과 더 잘 맞는다.)

---

116. 리처드 도킨스^{Richard Dawkins}, *The Selfish Gene.* (New York: Oxford University Press, 1976)

(도킨스의 책 논지가 아니라 책 제목이 영향을 준) 대중 도서의 경향이 있는데, 그것은 유전자 그 자체가 "이기적"이어서 실제로 생존을 확고히 하기 위해 상황을 조정하는 것처럼, 한 걸음 더 나아가 유전자를 의인화하는 그런 경향이다. 그러나 그렇게 목적이 뚜렷한 (즉 "목적론적인") 사유야말로 자연도태의 현대 이론이 배제하고자 하는 것이다. ("창조론"이라는 직접적으로 목적론적인 개념과 그런 사유가 흔히 그렇게 완전히 병렬을 이루는 이유가 그 때문이다.) 자연도태는 우연의 문제이지 계획이 아니다. 만약 한 유기체나 그 자손이 환경에 잘 적응한다면(식량 공급의 축소, 기후 변화, 지역 오염, 과밀인구, 혹은 새 포식자의 등장 같은 급격한 변화가 있는 경우에는 위기의 문제임), 그 유전자는 살아남을 것이다. 만약 한 유기체나 그 자손이 새 환경에 잘 적응하지 못하면, 그 개인들, 아마도 전 집단이나 종이 소멸할 것이다. 그리고 그들이 지니는 유전자도 같이 소멸할 것이다. 그러나 물론 유전자는 수동적인 승객이 아니다. 유전자가 돌연변이를 했거나, 유전자가 생산하는 형질이 새 환경에 맞지 않아서, 유전자가 자신을 지니고 다니는 유기체나 그 자손의 생존 확률을 줄인다면, 그렇다면 그것은 자기 소멸의 매커니즘이 된다. 한편 돌연변이가 치명적일 수 있었을 새로운 환경에 유기체가 적응할 수 있게 만든다면(항생 물질 내성균의 돌연변이가 그 명확한 예다), 그렇다면 유전자는 유전자를 지니고 다니는 유기체와 그 자손과 더불어 생존율을 명백히 강화시킬 것이다. 그렇다면 이타주의는 우리의 생존율을 줄이기보다

강화시키는 진화론적 매커니즘에 의거해서 설명될 수 있을 것이다.

그러나 기성의 이런 그림틀 안에서, 이타주의 현상은 특별한 문제를 제기한다. 이타주의는 한 개인이 동질 집단이나 동질 종에서 타인들을 돕고자 하는 경향, 다른 사람들을 위해 자신의 생명을 위험에 빠뜨리거나 심지어 희생하고자 하는 경향이다. 어떤 한 개인이 자신의 집단이나 종에서 "이타주의 유전자"를 획득하는 데 있어 일등이라고 가정해 보자. 그는 다른 사람을 돕지만 다른 사람이 그를 돕지는 않는다. 그는 다른 사람들을 위해 자기 생명을 무릅쓰지만, 자기가 생명을 바쳐 구한 사람들이 그를 구하리라고 기대할 수는 없다. 그런 개인이 아주 오래 생존할 가능성이 희박하고, 그러므로 새로운 이타주의 유전자는 생존의 가능성이 거의 없다는 것이 아주 명확하다. (좀 더 산문적으로 표현하면, 착한 사람들이 꼴찌를 한다. 아니, 그들은 전혀 끝낼 의향이 없다.) 물론 전체 집단이나 종이 한꺼번에 돌연변이를 일으켜 모든 개체가 이타주의 유전자를 갖게 된다면, 집단 내 협력으로 인해 모두의 생존 확률이 높아지고 따라서 유전자의 생존 확률도 높아질 것이다. 그러나 그럼에도 불구하고 일등만을 추구하는 철학으로 돌아간 소수의 개체에서 또 다른 돌연변이가 발생하면 어떤 일이 벌어지는지 우리는 모두 경험을 통해 잘 알고 있다. 다른 개체를 믿는 순진함은 돌연변이체로 하여금 엄청난 성공을 거두게 하여 그들로 하여금 자주 번식하여 결과적으로 다시 한 번 그룹 전체에 유전자를 퍼뜨릴 수 있게 할 것이다. 그래서 어려운 질문은, 어떻게 이타적인 유전자가 전멸하지 않고 집단에 나타날 수 있을까? 하는 것이 된다. 철학적 관점에서 보면, 이것은 다음과 같은 질문으로 귀결된다. 홉스가 왜 옳지 않았나? 조직화된 사회가 우리의 이기적인 이익에 봉사하고, 일단 그런 사회의 권위가 성립되면, 그 권위는 우리가 우리의 타고난 이기적인 충동에 따라 너무 자유롭게 행동하면 처벌받을 것이라 위협할 것임을 우리 모두 안다는 점 외에, 왜 우리는 모두 생래적으로 이기적이지 않는가? 왜 우리의 삶은 고독하고, 불유쾌하고 잔인하고 짧지 않은가? 다른 모든 생명체들이 동시에 돌보고 연민을 가지지 않는다면, 돌보고 연민을 가지는 존재가 어떻게 살아남을 수 있나?

찰스 다윈은 "동정심 많고 자애로운 부모의 자손"이 "같은 부족에 속한 이기적이고 배신하는 부모의 자손"과 어떻게 경쟁할 수 있는지, "다른 사람을 위해 기꺼이 목숨을 걸고" 따라서 "더 많이 멸종할" 용감한 사람들이 어떻게 살면서 더 적은 수의 자손이 아닌 더 많은 수의 자손에게 유전자를 물려줄 수 있는지 궁금해했다.[117] 이에 대한 한 답변은 한 집단 내의 이타주의가 외부 위협에 대한 집단의 생존을 위해 명백한 장점이고, 때로는 심지어 필수적인 조

---

117. 찰스 다윈Charles Darwin, The Descent of Man, Irving Singer의 *The Expanding Circle* p.10-11에서 재인용.

건이기도 하다는 점일 것이다. 그런데 대부분 동물의 삶은 대개의 경우 집단 내에서 이뤄진다. 지위와 생존은 집단에 의해 결정된다. 번식 능력(특히 짝으로 수용되는 것을 포함해서)은 집단 내부의 관심사이다. 그러므로 외부의 위협 앞에서 이타주의와 협력의 장점으로는 이타주의를 설명할 수 없다. 이타주의가 자연 선택의 선호를 받으려면, 집단 내에서도 유리해야 한다. 인간이 초래하지 않은 외부 위협의 위험이 사실상 사라진 (몇몇의 치명적인 바이러스를 제외하고는 그렇다) 인간의 경우, 이타주의가 유리한 것은 명확하다. 따라서 다윈은 유전이 아니라, 인간의 이성과 집단의 칭송과 비난에 의거해서, 즉 다시 말해 윤리에 의거해서 집단 내 이타주의를 설명하려고 했다. 그러나 이는 다윈의 원형 사회생물학적 설명 양식(인간의 진화에 대해 그는 이렇게 설명하는 경향이 있다)을 저버리는 것일 뿐 아니라, 그가 설명하려고 하던 사회의 특징들, 즉 우리가 다른 사람들로부터 칭찬받거나 비난받는 것에 대해 신경 쓰는 이유, 이성이 그런 방식으로 전개되어 온 이유 등을 미리 전제하는 경향이 있다. 그런 설명은 개인의 자기 이익이 되는가?

이기적이기만 한 행동, 예컨대 자신의 생존을 최우선으로 하는 경향이 있는 행동이 진화론적으로 궁지인 것은 명확하다. 그러나 종을 위해 자신의 모든 것을 바치는 순수한 이타주의, 또는 (뉴에이지 용어로) 인류를 위해 또는 지구 자체를 위해 자신을 내어주는 것역시 진화론적 자살 행위이다. 만약 정의가 상호 연민에 다름이 아니라면, 상당한 정의감을 가지고 태어난 사람들은 이 경쟁적인 세계에서 살아남을 가능성이 별로 없다. 따라서 나는 정의란 단순한 이타주의가 아니라, 배려와 연민과, 아주 "부정적"이고, 특히 방어적인 감정들, 예컨대 분노, 시기, 질투, 복수심 같은 감정들도 포함하는 것이라 주장하고 싶다. 정의가 가진 상호 관심의 감정뿐 아니라, 정의의 위험한 칼날 덕분에 정의가 진화론적으로 성공했고 사회에 필수적인 요소로 자리잡았다. 사람들은 천성적으로 이기적이지 않고, 천성적으로 이타적인 것도 아니다. 만약 "순수 이성" 같은 게 있다면, 그것은 생존 수단이라기보다 개인적 소멸의 매커니즘이 될 것이다. "만약 내가 나를 위하지 않는다면, 누가 나를 위하겠는가?"[118]라고 한 저 옛 탈무드에 나오는 학자의 지혜에는 뭔가 특별한 것이 있다. 우리가 알게 된 바대로, 이타주의는 인간 본성의 수수께끼의 본질적인 부분이다. 그러나 그것은 분명 답이 아니다. 진실은 (흔히 그러듯이) 순전한 이기심과 순전한 이타주의 사이에 있다. 이타주의와 협력의 명확한 위치는 생물학적 용어보다 명백하게 사회학적인 두 개념을 활용해서 말하자면, 가족과 종족이고, 더 확장해서 지구상의 인류와 생명 전체이다.

물론, 아이를 갖지 않고서도 어떤 유전자형이 살아남을 수 있다. 자기 형제자매에게 자녀가 있는 경우 그 자녀들이 또한 자신의 유전자의 많은 부분을 지닐 수 있다. 그러므로 우리는 우리의 형제자

---

118. Hillel, *Babylonnian Talmud*, I, xiv.

매와 그들의 자녀들에 대해 이타적인 감정과 심지어 자기희생적인 감정까지도 가지게 된다. 사촌, 삼촌, 숙모와 이모 등에 대해서도 마찬가지이다. 물론 유전자형이 전달될 비율(따라서 자신의 유전자의 생존 기회)이 친인척 관계가 멀어질수록 줄어들지만 말이다. 물론 인간의 (과장해서 "불멸성"이라 부르는) 연속성에 대한 욕망은 이보다 훨씬 더 상상력이 풍부해졌으며, 유전학이 (종교 및 철학과 더불어) 연속성에 대한 우리의 욕망을 결정하든 아니든 간에, (우리의 영혼이나 창조물과 대립되는) 유전자의 보존은 그림의 한 부분일 따름이다. 플라톤은 『향연』에서 소크라테스로 하여금 "저속한" 생물학적 불멸에 대해 제한적인 찬사만 보내게 한 반면, 자신은 호머가 이룩한 종류의 불멸성에 대해 화려한 찬미를 보낸다. "이들[일리어드와 오디세이]과 같은 영광스러운 아이들을 누가 선호하지 않겠는가?" 하면서 말이다. 플라톤 이전에, 그리고 플라톤 이후에도, 많은 종교는 불멸에 대한 다양한 비전을 생물학적으로보다는 지성적으로 전개시켜 왔는데, 흥미롭게도 그 대부분은 확장된 이기심 (순전히 개인 구원) 또는 우주적 이타심('그 하나,' '열반' 등)의 범주에 속한다. 불멸에 대한 비전을 현대의 생물학적 지혜에 맞춘 고대 종교 중 하나는 유대교이다. 유대교에 의하면 개인에게 남는 것은 그 사람의 영향력, 기억, 유전자이다. 불멸의 영혼은 존재하지 않지만, 그렇다고 우주의 광활한 무관심 속에 익명으로 녹아드는 것도 아니다. 우리는 기본적으로 이기적이지도 않고 아무 생각 없이 자기 파괴적으로 이타적이지도 않다. 우리가 관심을 갖는 것은 집과 가까운 곳, 유전자에 가까운 곳에서 시작된다. 그런데 적어도 현대 유대교에서는 우리가 결국 관심을 갖게 되는 것이 무엇인지가 열린 질문으로 있다.

확장하는 원과 상호적인 이타주의의 발흥

> 어떤 사람(혹은 어떤 동물)이 자신의 적절성을
> 희생하고 다른 이의 적절성을 증진시킨다면, 그
> 가 이타주의의 행위를 실행했다고 할 수 있다.
> 자손의 이익을 위한 자기희생은 관습적인 의미
> 에서는 이타심이나 엄격한 유전적 의미에서는
> 그렇지 않다. 왜냐하면 개인의 적합성은 생존하
> 는 자손의 수로 측정되기 때문이다. 그러나 육
> 촌을 위한 자기희생은 두 가지 차원에서 진정한
> 이타주의이다. 완전한 타인들을 향했을 때 자기
> 를 버리는 그런 행위는 일종의 이론적 설명이 필
> 요할 정도로 너무나 놀랍다(즉, 고귀하다).
>
> E. O. 윌슨. 『사회학』

이타심, 즉 "자기 자신의 것"을 돌보고자 하는 생물학적 충동은, 사
람들(그리고 동물들)이 근본적으로 이기적이라고 하는 오래되고 비
뚤어진 잘못된 이론에 틈을 여는 쐐기를 제공한다. 그러나 분명 이
것이 부적절하다는 반박이 있을 수 있다. 왜냐하면 사람이 자신의
자녀만을 돌본다고 해서 정의롭다고 말할 사람은 아무도 없을 것
이며, 싱어가 레키^{W. E. H. Lecky}에게서 빌린 비유를 통해 말하자면, 이
기심이라는 측면에서 볼 때 우리는 개인의 이기심에서 자신과 "자

신의 것"을 포함하는 이기심으로 단지 "범위를 약간 확장"했을 뿐이라고 주장할 수 있기 때문이다.[119] 그러나 (은유를 섞어 말하자면) 이 틈을 여는 쐐기는 이제 더 확장될 수 있는 길, 즉 친구와 대가족, 그리고 궁극적으로는 지역사회, 심지어 인간, 즉, 지적으로 지각이 있는 존재라는 이유만으로 '친족'으로 인정하는 낯선 사람까지 포함하는 더 큰 확장으로 나아가는 길을 열어준다. (**형제애, 자매애, 인간 가족** 같은 감동적인 정치적 용어의 중요성을 과대평가하기는 어렵다.)

이타주의는 이기적이지 않지만 분명히 이기적인 것이 전혀 없는 것도 아니다. 우리가 정의를 이해하고자 한다면, "순수한" 자기희생 현상을 우리의 모델로 삼아서는 안 된다. 암사슴이 자기 새끼를 구한 것은 어떤 의미에서는 어린 새끼가 자신의 일부이기 때문이다. 그런데 우리가 정의에 대해 관심을 갖는 것도 인류가 유의미한 의미에서 우리의 일부이기 때문이다. 게다가 나는 이미 이타주의가 그 자체로는 우리의 자연스러운 정의감 촉구를 설명하기에 충분하지 않다고 주장한 바 있다(물론 필요하긴 하지만). 이타주의를 맥락적이고 우연적인 것으로 이해할 필요 또한 있다. 비과학적인 단순한 말로 하자면, 다른 사람들이 우리에게 잘 대하기 때문에 우리도 그들에게 잘 대하는 경향이 있다. 달리 말해 이타주의는 우리가 다른 사람을 인식하고 대하는 방식하고만 관련이 있는 건 아니다. 이타주의는 무엇보다 관계와 관련이 있다. 우리는 타고난 이타주의의

---

119. Singer, op. cit.

성향이 있다. 그런데 그 성향이 실천되느냐의 여부는 그것이 상호적인지의 여부(혹은 상호적으로 될 것인지의 여부)에 대체로 달려 있다. 그러므로 자신의 어린 것을 돌보는 것은 정의의 모델이 아니다. 그것은 단지 논쟁을 열어 줄 뿐이다. 정의의 기원은 그런 이타주의에 있지 않고, 상호적인 이타주의, 서로 돕고 돌보며, 필요할 때는 서로 처벌도 할 수 있는 그런 자연스러운 성향에 있다.

그렇다면 엄격한 친족으로부터 좀 더 먼 친척으로, 더 나아가 지역사회로, 그리고 온 인류와 그 너머로 원이 어떻게 확장되는가? 나는 루소가 (그리고 다른 많은 철학자들이) 연민의 열쇠로 유사성을 지적했을 때 그들이 옳았다고 본다. 우리는 우리와 가장 유사한 (혹은 유사해 보이는) 사람들에게 가장 가깝다고 느낀다. 진화생물학으로 보면, 그것은 공유된 유전자이고, 좀 더 확장된 생물학에 의거해 보면 인식과 지성의 모든 현상들이 다 그 속에 포함된다. 유사성은 익숙한 향기로부터 인간의 평등이라는 추상적 원칙에 이르기까지 모든 것에서 다 인식된다. 우리는 우리의 첫 충성을 우리의 혈족에게 바쳤을 수 있다. 그러나 우리의 이웃들과 우리의 영웅들, 반려동물들, 그리고 심지어 우리의 신들과 우리가 많은 공통점이 있음을 인식하는 법을 일찍 배우게 된다. 친숙함은 상호성을 낳고 (때로는 친숙함이 경멸을 낳는지의 여부와 관계없이), 우리와 더불어 사는 고국의 모든 사람들, 많은 동물들과 우리가 공유하는 유사성들을 인식하고 끌어내는 것을 알게 됨에 따라 원이 확장된다. 이렇게 확장하는 인식에서 분명히 이성이 역할을 할 수 있지만, 주된 요소는 인식과 연민과 상호성이다. 원이 확장되는데 이성의 도약이 필요하지 않다. 그보다는 열린 마음과 수용적인 마음(약간의 대중생물학)이 필요하다.

친족관계는 유전적일 수 있지만 우리는 우리의 유전자에 대해 거의 아는 게 없다. (우리가 누구의 유전자를 공유하는지 알고 싶어 하는 것은 자연스러운 성향이 아니라 지적, 문화적 요소에 의한 것이다.) 우리가 인식하는 것은 근접성과 친숙함이며, 친족 의식은 무엇보다도 유전학에 대한 지식이 아니라 함께 자랐고 삶을 공유한다는 사실에 의해 정의된다. 오래 떨어져 있던 두 형제자매가 다시 만날 때, 당연히도 그들은 어느 정도 충격을 받고 상당히 혼란스러워한다. 유동적이고 급변하는 도시사회에 사는 지금 우리 대부분에게 있어, "근접성과 친숙함"은 가족뿐 아니라 (혹은 가족이라기보다) 친구들과 동료들을 나타낸다. 그리고 텔레비전과 비싸지 않은 여행으로 우리의 현상적 친족의 범위는 실로 광대하다. 왜냐하면 우리는 세계 수백만 사람들과 얼마나 많은 특징들을 공유하고 있는지 알고 있기 때문이다. 우리가 레키(그리고 싱어)에 동참해서 "국가, 국가들의 연합, 그런 뒤 모든 인류, 그리고 종국에는 … 동물 세계"를 포함하도록 범위를 넓히기를 원하든 원하지 않든, 요점은, 자손에 대한 모든 부모의 관심에서 사회생물학자들이 확인한 이타주의가 결코 실제 유전적 혈연관계에만 국한되지 않는다는 것이다. 세계가 우리에게 더 가깝고 친숙해짐에 따라 우리의 상호 관심사도 확장된다. 물론 형제자매간의 경쟁(그리고 익숙함에서 비롯되는 경멸)이 정의의 이타적인 측면이 아니라, 정의의 방어적인 면과 반감을 유발시킬 위험이 있다. 그러나 첫 번째 단계는 범위를 확장하고 타고난 이기심의 신화를 넘어서는 것이다.

만약 원이 확장되려면, 무엇보다도 이런 친족 의식, 공유된 인간애(그리고 동물과의 공유된 의식도 포함해서)를 통해서 그렇게 되어야 한다고 주장하고자 한다. 나는 피터 싱어에 합류해서 우리의 자연적 충동을 구축할 수단으로 **이성**을 환기하는 일에 매우 신중하고자 한다. 이성은 우리의 자연적 충동을 구축하는 대신, 그것들을 파괴할 위험이 있다. 정의의 기초가 우리가 관심 가지는 사람들에 대한 개인적 감정이라면, 모든 사람과 모든 것을 포함하도록 원을 너무 확장할 때, 혹은 개인적인 것으로부터 이성의 객관성으로 향할 때 애초에 정의를 유발하는 그 개인적 차원을 잃어버릴 매우 실제적인 위험이 있다. 그런데 나는 몇몇 위대한 (그리고 그렇게 위대하지 않은) 세계 종교들이 옹호해 온, 아가페라고 불리는 저 보편적인 감정에 대한 조속한 열정에 대해서도 마찬가지로 조심하고자 한다. 그런 감정들은 그 대상이나 의도가 아무리 고귀하다 하더라도 분산되고 결국에는 무의미한 감상성으로 퇴화되거나, 혹은 더 나쁘게는, 인간종을 찬미하되 거기에 속한 모든 개별 구성원에 대해서는 한탄하는 (루소와 마르크스 같이 "인류를 사랑하는 사람들"에 대해서 자주 말해지곤 하는) 그런 위선의 형식으로 퇴화될 아주 익숙한 위험이 있다. 여기서 핵심적인 타고난 감성natural sensibility은 사랑이나 심지어 보편적 돌봄 같이 그렇게 고상하지 않다. 그보다는 많은 돌봄과 많은 친절을 낳지만 경쟁의식과 경쟁을 유발하기도 하는 일종의 친족의식, 동료애 같은 것이다. 즉, 우리가 추구하는 근본적인 생물학적 의미는 특정 태도나 감정이라기보다, 소속감, 사회적 감정social sense이다.

그런 사회적 감정은 유전학과 진화생물학 영역에서 다윈이 서술했고, 이후 계속 그렇게 명명된 "상호적 이타심"이라는 현상으로 가장 잘 요약된다. 상호성은 모든 지성적, 사회적 삶에서 극히 중요하다. 왜냐하면 상호성은 (가족 내의 일을 다룰 때에도 명확히 중심적인 것이지만) 가족보다 더 큰 모든 윤리적 시스템의 기초이자, 정의의 근본 은유이기도 한 '눈에는 눈, 이에는 이'를 제공하기 때문이다. (정의에 대한 윤리학과 현대의 이론들 상당수가 그런 '이에는 이, 눈에는 눈' 처리를 충분히 사적인 (혹은 객관성에 못 미치는) 것이자 충분히 자기 이익을 추구하는 (혹은 사심 없는 상태에 못 미치는) 것이어서 무관하거나 적어도 부적절하다고 일축하고 있음은 눈여겨볼 만하다.) 그러나 상호성은 유전적 발달의 엄청난 도약을 전제하는데 그것은 단순히 지능의 관점에서만 아니라, 대인관계 전략을 고안하는 능력의 측면에서도 그러하다. 우리는 (멍청한 학자들처럼) 거대한 지성을 소유할 수 있지만, 심지어 아주 단순한 전략적 교환에도 필요한 그런 대인관계 감각은 너무나 놀라울 정도로 부족할 수 있다. 여기서 필수적인 것은 반드시 사고력이나 협상 능력이 아니다. 성공하는 무역가와 사업가가 종종 이렇게 말하는데 믿을 만하다. 즉, 자신들은 자기가 하는 일에 대해 생각하기보다, 무엇을 해야 할지 "그냥 느끼거나" "그냥 안다"는 것이다. 동물들도 놀라운 일련의 전략적 행동들을 보여 준다. 가령 어미 새는 포식자를 둥지로부터 쫓아내려고 날개가 부러진 척하고, 원숭이들은 오도하는 소리를 외쳐서 서로를 속인다. 우리는 그들의 행동 배후에 미국 국방성 같은 전술적 사고를 가정할 필요가 없다고 생각한다. 이런 경우 다윈 자신도 이성의 역할에 지나치게 공을 돌리고 유전의 역할은 충분히 고려하지 않은 오류를 범한 것으로 보이지만, 전략적 기술을 유전에 기인한다고 해서 이를 단순한 자동적 행동으로 치부해서는 안 된다. 실력 있는 게임 플레이어는 보통 자신의 실력을 지적이지 않은 용어로 설명한다. 당구를 잘 치는 사람은 단순히 샷을 '보는' 것이지 계산하지 않는다. 실력 있는 포커 플레이어는 한편으로는 수학적 확률 책을 훑어보고 다른 한편으로는 표정 심리학 텍스트를 훑어보면서 앉아 있지 않다. 물론 (어느 정도는) 그런 기술을 습득해야 하지만, 그렇다고 그런 기술이 유전적 기반이 아니거나(혹은 어쩌면 그럴 수도 있다), 전략적 행동을 할 수 있는 전반적인 능력(맞대응의 태도)은 유전적으로 기반하지 않을 수도 있다고 볼 수는 없다.

요약하자면, 상호적인 이타심은 한 개인(혹은 한 집단)이 다른 개인(혹은 집단)을 도울 준비가 되어 있고, 그 대가로 도움을 받을 것이라는 기대감을 가지고 있는 것을 말한다. 일반적이지만 결코 가장 극적이지는 않은 예는 원숭이들 사이의 상호 그루밍이다. (고양이들은 대조적으로 이런 능력이나 이런 기대감이 없는 것 같다. 어미 고양이들은 자기 새끼들을 그루밍하고 서로에 대해선 이따금 그루밍한다. 그리고 물론 모든 고양이들은 스스로 그루밍하며 상호적으로 한다는 증거는 거의 없다.) A 원숭이는 자신도 그루밍 받을 것이라는 기대를 가지고, B 원숭이를 그루밍한다. 그러나 상호적 이타심의 핵심은 단지 이런 희망 섞인 기대가 아니다. 핵심은 그 기대가 충족되지 않을 때의 반응이다. 분노의 반응, 적대의 반응, 심지어 복수의 반응도 있다. 여기서 다시 해묵은 냉소적 문제가 생겨난다. 만약 어떤 원숭이가 자기가 보답으로 그루밍을 해 주지 않고서도 모두로부터 그루밍을 받을 수 있다는 것을 알게 된다면? 다른 원숭이들이 그의 전략을 알고 따라 한다면? 처벌에 대한 강한 의식과 예상이 없다면, (산발적인 경우를 제외하고) 이타심도 없다는 것이 그 답변이다. 전략적으로 이기적인 원숭이는 "교훈을 얻어야" 한다. 그는 문득 자신에게 그루밍해 주는 존재가 없다는 것을 알게 된다. 그는 심지어 그 집단에서 배척되거나 쫓겨날 수도 있다. 상호성의 조건을 충족하지 못할 때 처벌받지 않으면, 주지 않고 받는, 떼먹는 존재나 사기꾼이 되는 것이 명확한 이득이 될 것이다(비인격적인 도회의 대도시에 사는 우리에게는 익숙한 일이다). 처벌은 제지이자 개선이며 또한 보복이기도 하다.

법에 의해 결정되는 추상적인 의미의 보복이 아니라, 가장 본능적인 차원에서의 보복이다. 우리는 잘못을 저지른 사람을 처벌할 필요를 느낀다. 그 이유는 그렇게 하는 것이 상호 협력의 성공적 설계의 선결조건이기 때문이다. 그런 지식이 우리 유전자 안에 줄곧 내장되어 있고 우리의 가장 강력한 동기와 감정 속에서 모습을 드러낸다. 따라서 우리의 타고난 성향과 정의감에 대한 적절한 논의에는 친족애와 이타심이라는 '좋은' 감정뿐만 아니라 반드시 '나쁜' 상관관계도 포함되어야 한다.

상호 그루밍의 예는 동물들의 (편안함과는 반대인) 삶에 하찮고 비본질적인 것처럼 보일 수 있지만 내 요점의 일부는 동물들의 본질적으로 (생존과는 반대인) 사회적인 본능과 성향을 강조하는 것이다. "일반적인 예의"로부터 사무실에서 잘 지내기 내지 "승진을 위한 각고의 노력"에 이르기까지 우리 활동의 얼마나 많은 부분이 그저 상호 그루밍의 수많은 변형인 것일까? ("네가 내 등을 긁어 주면, 나도 네 등을 긁어 줄게.") 그런데 때때로 상호적 이기심의 성공은 생사의 문제일 수가 있다. 예를 들어 정찰병으로 활동하는 새와 영양은 종종 자신들의 무리에게 임박한 위험을 알리기 위해 자신들의 생명을 무릅쓴다. 예측컨대 다른 무리들도 보답으로 똑같이 한다. 얼룩말무리가 사자들에게 공격당하면, 몇몇 얼룩말들은 생명을 무릅쓰면서 공격자들과 맞서 싸운다. 충분한 얼룩말들이 싸우면 승리할 가능성이 있지만 오직 몇 마리만 싸우면 결과는 분명 얼룩말들에게 치명적일 것이다. 다시 예측건대, 다른 얼룩말들도 보답으로 그와 똑같이 한다. 서로 협력하는 동물들은 고립된 동물을 쉽게 죽일 수 있는 포식자들이 가까이 오지 못 하게 하는 데 아주 효과적이다. 다른 한편 "자신을 위해 모든 짐승"을 잡아먹는 무리 속 동물들은 무리가 생존하기 위해 번식률이 매우 높아야 한다. 왜냐하면 많은 개체들이 포식자에게 잡아먹히기 때문이다. 특히 생사의 문제에서 상호적 이타심은 보답하지 못 하는 이들에게 엄중한 처벌을 요청한다. 위험이 닥쳐올 때 무리에게 경고하지 않은 새나 동물은 무시당하거나 버려진다. 싸움에서 숨어서 동료 얼룩말이 잡아먹히게 만든 얼룩말은 맞서 싸우는 사자들에게 잡아먹힐 위험보다 무리에 의해 처벌될 확실성이 더 크다는 것을 배워야 한다. 이 말이 과하게 이성적이고 계산적으로 들릴 수 있지만, 자연에서는 이성이나 계산이 없어도 항상 그렇게 진행되는 것이 사실이다. 유전적 매커니즘은 분명히 복잡하지만 그 결과는 매우 명료하다. 처벌 요구를 포함한 상호적 이타심은 무리 속에서 그것을 따르는 이들에게는 명확한 유전적 이득을 주고, 그렇지 못한 이들은 규탄한다. 이리하여 상호적 이타심은 다른 무리와 경쟁할 때 이익이 될 뿐 아니라, 집단의 결속을 위해서도 강력한 힘이다. 그것은 또한 우호적인 무리 내에서도 적대감과 처벌의 필요성을 설명해 주고, 정의의 장애물이 아니라 정의의 원동력으로서 부정적인 감정의 역할을 간과할 수 없음을 보여 준다.

맞대응과 협력의 진화

> 처음 속이는 연습을 할 때 우리는 얼마나 얽히
> 고설킨 거미줄을 짜는가.
>
> 월터 스콧 경 『마미온*Marmion*』[120]

최근 진화 이론의 지배적인 은유 중 하나는 게임이다. 그렇다고 물론 이것은 생존을 위해 싸우는 동물들이 재미있게 논다는 것을 암시하지는 않는다. 하지만 이것은 집단의 온전성이 전제되는 틀 내에서 경쟁과 협동, 둘 다를 포용하는 미덕을 지닌 은유이다. 이 점에서 홉스와 루소로부터 롤스에 이르기까지 수많은 정의 이론들을 규정하는 "자연 상태" 모델과 약간 유사하면서 동시에 매우 다르다. 그것은 목적을 위해 경쟁하지만 그 목적의 성취를 위해 기꺼이 협력하는 개인들의 집단(혹은 하위집단)을 상상한다는 점에서 유사하다. 하지만 집단 형성에 대한 환상이 없다는 점에서는 상당히 다르다. 게임 비유가 확고히 자리잡기 위해서는, 집단의 통합성

---

120. 1808년에 발표된 월터 스콧[W.Scott]의 서사시 ―옮긴이주.

과 엄청난 양의 상호 합의가 전제되어야 한다. 더욱이, 신화적인 자연 상태에서 생물의 다양한 목적과 관심과는 달리 게임의 궁극적인 목표는 게임 자체, 즉 집단의 지속 및 안정성이다. 여기서 다시 우리는 개인적인 자기이해와 집단에 대한 헌신 사이에 그릇된 구분을 강요하기 위해, "이타심"과 "이기심"이란 용어를 사용하려는 유혹을 받는다. 그러나 이 둘은 자연과 인간 사회 둘 다에서 긴밀하게 얽혀 있고, 그 둘 사이의 마찰 가능성을 강조하는 것은 (프랑스 실존주의자들과 미국 영화 작가들이 인간 본성의 정의라고 간주한) 인간의 괴팍함과 반항의 희귀한 예일 뿐이다. 그러므로 우리는 여기서 조심해야 한다. 게임을 한다는 것은 목표 추구를 전제한다. 혹자는 "다른 목표들"을 언급할 수도 있겠다(나는 내가 이긴 것으로 나오기를 바라고 너는 네가 이기는 것으로 나오기를 바란다). 게임을 하는 것은 종종 경쟁을 포함하나, 이 경쟁은 언제나 상호 협력과 깊이 공유된 이해관계로 틀 지위진다. 상호적 이타심은 게임 비유로 잘 설명되는데 그 이유는 이 용어 자체가 오도할 수가 있기 때문이다. 예컨대 "상호적"이라는 말은 완전히 독립적인 두 개인을 나타내고, "이타심"은 높은 정도의 관용 혹은 사심 없음을 나타낼 수 있기 때문이다.

게임 비유의 한 가지 문제점은 우리가 너무나 흔히 한 가지 특별한 유형, 소위 제로섬게임에 의거해서 게임을 생각하는 경향이 있다는 점이다. 제로섬게임의 두드러진 점은 치열한 경쟁이다. 한 사람(혹은 한 팀)이 이기면, 다른 쪽은 진다. 즉, 대여섯 명의 게임 플레이어가 있을 경우, 모든 승패의 총합은 제로이다. (예를 들어 다섯 명의 포커 플레이어들은 [+8], [동점], [-5], [-5], [+2]를 쥐고 저녁을 끝낼 수 있다.) 물론 여기에서도 그룹 통합성이라는 최우선적인 이해관계가 중심이 아니더라도 분명하다. 사람들은 함께 즐기거나 서로의 주의를 분산시키기 위해 포커 게임을 한다. 게임의 제로섬 특성이 공유된 목표를 덮어버리는 것은 가끔씩 '큰판'이 벌어지거나, 어떤 플레이어가 감당하기 벅찬 경우에만 일어난다. 팀 스포츠는 경쟁뿐 아니라 엄청난 양의 집단 협력과 조정을 전제한다. 사실, 승패의 내적 논리를 떠나, 거의 모든 게임들은 모든 참가자들에게 보상을 준다. 실제로 제로섬게임은 일종의 신화이고, 우리가 좋아하는 게임 대부분이 제로섬게임이라는 것은 이론상일 뿐이다.

그러나 우리가 실제로 하는 대부분의 상호적 게임들은 이론상으로도 제로섬이 아니다. 대부분의 사회적 활동에 참여할 때뿐 아니라, 관찰할 때도 얻어지는 간접적이거나 대리적인 이익에 대해 너무나 자주 간과되거나 미미한 것이라고 축출된다. 야구나 축구 경기를 하는 것은 경기에 이기는 것보다 훨씬 많은 이익을 제공한다 (뿐만 아니라 "제공해야 된다"). 야구나 축구를 관람하는 것은 훨씬 더 많은 이익을 제공할지도 모른다. (물론 관객이 그 결과에 내기를 걸지 않는다면) 공식적인 게임이론가들은 이를 설명하느라 힘들 것이지만 말이다. 정치 저자들은 민주주의 정치의 얼마나 많은 부분들이 추문이 펼쳐져 후보자 스스로 물러나는 모습을 지켜보는 대리 전율로 결정되는지를 혐오스럽게 종종 기술한다. 그런 광경의 정서적 이득이 소위 정치 현실에 대한 회색빛 기대보다 훨씬 나은 것이 진실이다. 집단 활동의 일부가 되는 것만으로도 그 활동 자체가 전혀 암시하지 않은 (다양한 추상의 차원의) 이득을 준다.

내가 아는 제일 좋은 사례는 회사든, 정치집단이든, 혹은 학과이든 간에, 사무실 회의이다. 모든 사람들은 시간 낭비를 했다고 불평한다. (불평은 회의에 대한 상습적인 제의 중 하나가 아닌가 싶다.) "너무나 많은 회의들이 쓸모없다"라는 데 모든 사람들이 동의한다. 그러나 사실은, 심지어 거의 아무것도 혹은 아무것도 그 회의 속에서 이뤄진 것이 없다 하더라도, 그 집단의 구성원이라는 상호적인 확인이 실제적인 보상이다. (비록 상호 비방, 모욕, 혹은 경멸을 통해 표현된다 하더라도 말이다.) 회의는 의견 차이와 불일치를 드러내거나 유발한다 하더라도, 집단의 연대를 결속시킨다. 좀 더 엄격하고 목표 지향적인 합동 사업뿐 아니라, "햇볕 속에서 그저 누워 있는 것"을 포함한 대부분의 사회 활동은 그 집단의 통합성을 강화하는 기능을 한다.

나는 이 장 앞부분에서 게임 모델이 집단 형성에 대한 환상이 없다는 점에서 전통적인 "자연 상태" 사유와 다르다고 언급했었다. 이와 반대로 집단의 통합성과 상당히 많은 상호 이해, 그리고 훨씬 더 중요하게는 친밀성이 전제되어야 한다. 사회 행동에 대한 수많은 설명들이 가진 한 가지 문제점은 (이것은 특히 게임에 대한 이론적 설명에 해당된다.) 그 설명들이 "단 한 번의 기회"를 전제하지 않는 경우, (동의하는 게임의 규칙과는 별개로) 맥락도, 배경도, 연속성도 없는 고독한 대면 내지 갈등을 제시한다는 점이다. 우리가 가진 극적인 이미지는 이러하다: 지구 반대편에서 최종 결전을 위해 서로 마주 보고 있는 두 챔피언, 지구 대기권 바깥에서 단 한 번을 위해 서로 마주 보고 있는 두 팀, 서구의 조그마한 살롱에서 빅게임을 위해 만나고 있는 두 프로 포커 선수들. 그런데 진실은, 아주 명확하게 게임으로 명명된 활동들을 포함해서, 우리가 하는 거의 모든 활동들은 게임이 치러지는 익숙한 맥락에 의존하고 있고, 제아무리 인정사정 보지 않는 경쟁도 엄격한 제한과 확립된 한계를 지니고 있다는 점이다(사업에서 "정글" 은유는 이 점에서 특히 흥미롭다). 축구 경기를 하는 두 팀은 이전에 서로 겨뤄 봤을 가능성이 크고, 앞으로도 여러 번 다시 서로 경기를 할 것이다. 포커 그룹들은 대개 아마 같은 아지트나 부엌에서 수년간, 혹은 수십 년간, 정기적으로 만나는 같은 무리의 사람들일 것이다. 우리가 하는 거의 대부분의 사회적 활동들은 진행 사항에 대해 우리가 합당하게 편안함을 느끼고 자신감을 느끼는 사회 배경을 전제한다. 대부분의 경쟁자들은, 당시 그들이 아무리 신선하고 흥미진진하다 하더라도, 필요한 루틴에 속한다. (아마도 당신이 윔블던에서 시합한 것이 처음일 수도 있지만, 당신이 참여할 수 있었던 것은, 수천 명이 이전에도 같은 장소에서 시합을 했기 때문이다.) 우리가 하는 대부분의 활동들은 최종 결전이라기보다 반복적이고, 길게 지속되는 캠페인 같은 것이다. 우리가 하는 게임 대부분은 반복적이거나 매우 오래되고 연기되고 있다. 그래서 정의에 대한 우리의 사유에서 게임 모델은 아주 다른 위치를 부여받게 된다.

아마도 이런 확대된 사유의 최상의 예시는 사회철학, 정치철학에서뿐 아니라 경제학에서도 너무나 크게 주목을 받아 온 게임 모델, 소위 "죄수의 딜레마"라고 하는 모델이다. 이 모델은 제로섬게임이 아니지만 냉혹하게 경쟁적이라는 점에서 주목을 받았다. 표준적인 예시(이로 인해 게임의 이름이 그렇게 지어졌다)는 이러하다: 범인 용의자 2명이 체포되어 심문을 위해 분리되었다. 검사가 각 용의자에게 따로 접근하여 거래를 제시한다: "만약 (동료는 자백하지 않는데) 네가 자백을 하면 가벼운 형량을 받을 것이다. (동료가 자백하는데) 네가 자백을 안 하면 우리는 네게 최대 형량을 부과할 것이다"라는 거래다. 둘 다 자백하지 않으면 사유가 없어질 것이다(그리고 형량도 없을 것이다). 둘 다 자백하면, 그들은 비록 협조해서 형량이 짧아진다 해도, 둘 다 투옥될 것이다. 각 용의자는 이렇게 생각한다: "만약 내가 동료에게 의리를 지켜 입을 굳게 다물고 그도 그렇게 하면, 우리 둘 다 여기서 나갈 수 있을 것이다. 그런데, 만약 그가 자백하면, (저 더럽고 기분 나쁜 놈!) 나는 중년이 될 때까지 여기에 있고 저놈은 집에서 텔레비전이나 보고 있겠지. 하지만 만약 내가 자백하면 내게 일어날 최악의 일은 가벼워진 형량이겠지. 그리고 아마도 (저놈이 입을 다물면, 불쌍한 얼간이 새끼!) 나는 곧 여기서 나가게 될 거야"라고.

딜레마는 명백하다. 이 모델은 경제적 거래에서 핵 억제와 지구 공해 문제에 이르기까지 수많은 사회적 상황에 적용되어 왔다. ("만약 내 차의 촉매변환기가 다 연소되도록 내버려 두면, 나는 속도와 연비를 높일 수 있을 거야. 도시의 공기 오염을 그렇게 악화시키지는 않을 거야. 하지만 모든 사람들이 차의 촉매변환기를 연소시키도록 허용하면, 우리 모두 질식해서 죽을 거야.") 그런 경우 개인의 이기적인 이익과 집단(혹은 종)의 보다 큰 이익을 구분하는 것이 일리가 있다. 그러나 그렇다고 곧, 그 딜레마에 대한 반응이 집단과 동의하는 것(이 경우에는 자신의 촉매변환기를 수리하는 것)이 궁극적으로 자신의 합리적인 이익에 맞는 것이라는 증거여야 하는 건 아니다. 일반적으로 그런 증거는, 자신의 개인적 이익을 추구하는 것이 합리적이지만, 딜레마의 바로 그 속성이 개인의 이익을 입증할 그 계산들을 좌절시킨다고 전제한다. 게다가 이렇게 순전히 자기 이익 개념으로 표현된 "합리성"이 얼마나 타락된 개념이란 말인가? 가장 흔한 대안, 즉 죄수의 딜레마를 모두 깨뜨리고 오직 의무에 대해서만 말하려는 시도는 합리성을 개인적 고려와 멀리 떨어져 정반대 방향으로 너무 멀리 끌고 간다. 그래서 칸트식의 답변이 나온다. "모두가 다 그렇게 한다면?" 그러나 물론 모든 사람이 그렇게 하지 않을 것임이 전제이다. 하지만 이것은 특별히 "정의"와 관련해서, 우리가 줄곧 싸워 온 바로 그 진전이다. 궁극적으로는 협력이 모두에게 이득이 된다는 것이 사실이다. 그러나 그럼에도 불구하고 이기적이고 냉소적인 무임승차인은 자신이 협력하지 않고서도 그것 때문에 더 나빠지는 건 없을 것임을 안다. 그런 집단적인 죄인들의 딜레마에 대한 적합한 답변은, 사람이 집단에 합류해야 하는 이유는 자기 이익 때문도 아니고, 의무감 때문도 아니며, 그것은 이 부분에서 우리가 전부이기 때문이라는 것이다. 다른 것 가운데, 협력하지 않는다는 것은 형편없는 인간이 된다는 뜻이다. 그런 경우에 자연스럽지 않은 것은 이기심이지 협력이 아니다.

어떤 사람은 이런 논지를 이런저런 종류의 합리적 추측에 기반하려고 할 수도 있다. 하지만 우리가 말하고 있는 것이 본질적으로 성찰적이거나 심지어 이성적인 것도 아님은 명백할 것이다. 그것은 생래적으로 느껴지는, 집단 소속감과 참여 의식이다. 그것은 인간의 상호작용뿐 아니라, (집단에게 미리 알려 주고, 포식자들과 싸우는) 우리의 동물들의 사례에도 적용된다. 새, 영양, 얼룩말의 편에서는 전략적 계산에 대해 말하는 것을 싫어할 수도 있지만, 상호 이타심 현상은 이런 전략적 결정 같은 것이 이미 생래적으로 이뤄진 것이라는 것, 즉, 그것은 적자생존에서 유리한 것으로 증명되었다는 충분한 증거이다. 그러나 여기서도, 유리함에 대해 이야기하는 것은 논점을 벗어난다. 협력이 유리하든 아니든, 그것이 이 동물들이 그런 식으로 행동하는 이유가 아니다. 그 동물들은 "이것이 집단에게 좋을 것이기 때문에 내가 이것을 해야 한다"라고 생각하지 않는다. 그 동물들은 단지 "이렇게 해야 된다"라는 것을 알고 있다. 우리도 마찬가지다. 정의에 대한 게임이론 논의, 전략적 논의 그 모든 것에도 불구하고, 기본 요소는 우리가 해야 할 것을 하는 타고난 성향이다. 계산에 근거하지 않고, 문명화에도 전적으로 기반하지 않은 그런 타고난 성향 말이다. (대부분의 게임이론의 딜레마들처럼) "죄수의 딜레마"는 일탈적인 사례이다. 때때로 우리는 서로 맞붙는다. 어느 쪽인가 하면, 태생적으로 그런 것이라기보다 가학적이거나 남을 음해하는 인간에 의해 맞붙는다. 그러나 그것은 흔한 상황이 아니다.

죄수의 딜레마에는 우리의 사유 모델이 필사적인 죄수(혹은 무책임한 시민)의 이기적인 계산임을 노골적으로 시사하는 것 외에, (적어도) 두 가지 오류가 있다. 첫 번째 오류는 두 용의자 사이에 (우호적 감정과 우정뿐 아니라 경멸과 분노도 포함해서) 어떤 관계와 상호 감정이 존재할 수 있음을 그 표준 사례는 간과하고 있다는 것이다. 사실상 언제나 그 계산은 다양한 결과의 수치(형량의 길이)와 상대편이 이성적 행위자로서 자백할 가능성에만 의거해서 표현되고 있다(이는 사회과학의 습관인 듯이 보인다). 그 예시는 그 두 사람이 서로를 아주 잘 알고 있을 가능성(예를 들어 두 사람은 자신들 중 하나가 감옥을 거의 히스테릭할 정도로 두려워하고 있는 반면, 다른 한 명은 일찍이 소년원을 경험하였기 때문에 복역하는 것에 익숙해져 있음을 잘 알고 있을 수도 있다)을 간과한다. 그 예시는 효용기능과 확률이라는 추상적 합리성이 아니라,

두 죄수가 자신들의 궁리에서 가장 중요하게 고려할 내용인, 구체적인 각 개인이 압력 하에서 하는 자백의 비교 가능성을 간과한다. 그리고 다음과 같은 질문들은 어떠한가? 한쪽이 다른 쪽에게 앙갚음하기를 원하는가? 보호하기를 원하는가? 둘 중 한 명은 자신들의 범죄행위가 성공하지 못할 것임을 줄곧 알고 있었기 때문에 화가 나 있는 건가? 그리고 이제 그는 사실상, "내가 그렇게 말했잖아"라고 말하고 싶은 것인가? 게임이론가들은 결정의 순수 합리성을 방해하는 이러한 "단지 주관적인" 우려에 신경 안 쓰는 것을 선호한다. 그러나 이론의 우아함과 이론화의 스릴은 제쳐두고라도, 사례에서 이러한 '주관적' 요소를 제거하면 더 이상 예시가 남지 않게 된다.

이 사례의 두 번째 문제는 일부 첫 번째 문제에서 파생하고 우리가 시작 부분에서 지적하고자 하는 바이다. 이 사례는 협상과 결정으로 채워져 있는 지속적인 관계보다는 단발성 거래, 일회성 결정을 전제한다. 물론 우리 삶에 그런 사건들이 존재하며 그것들은 때때로 치명적인 것으로 드러난다. 그러나 우리가 다른 사람과 맺는 대부분의 거래들은 순전히 이성적인 행위자가 참여하는 단발성 게임이 아니라, 오랜 관계의 맥락에서의 반복적인 활동들이다. 한몫 챙기려고만 하는 비즈니스는 특이한 일회성 운영에 의존할 수 있지만 대부분의 사업은 (톰 피터스가 그의 베스트셀러, 『탁월함을 찾아서』에서 주장하듯이)[121.] 고객과의 오랜 관계를 위해 노력하고 그것을 전제한다. 침팬지는 때때로 숲속에서 완전히 낯선 이와 마주할 수도 있지만 대부분의 시간을 평생 알아 온 다른 침팬지들과 거래하며 지낸다. 한 무리의 얼룩말들도 때때로 이전에 본 적이 없는 유의 동물(사바나에서 제멋대로 행동하는, 여행 중인 프랑스 학생 무리들 같이)의 공격에 마주칠 때가 있지만 대부분은 같은 포식자들, 심지어 똑같은 포식자 무리들, 혹은 똑같은 사자와 마주하며 보낸다. 장기적인 상황에서 일어나는 것은 단발적인 사례에서 일어나는 일과 매우 다르다. 장기적인 상황에서는, 심지어 포식자와 먹이의 생사 문제가 걸려 있을 때조차도, (아직 "사회계약"이라고 말을 하지는 못하지만) 합의가 일어나고, 수용이 일어난다. 그래서 인간들에게 던지는 질문도 "이 특수한 상황에서 합리적인 전략이 무엇인가?"가 아니라, 그렇고 그런 것들이 오랫동안 지속되어 왔고, 과거에 그/그녀/그들이 그러한 일들을 했고 미래에도 그럴 수 있기를 바라는 유사한 상황들에 마주칠 경우, 우리는/나는 무엇을 할 것인가?"이다. 특히 상호적 이타주의는 그런 반복적이고 장기적인 합의를 전제한다. 왜냐하면 단발성의 기초에서는 상호성이 항상 지나치게 단순화되고 이타주의는 사실상 최적의 전략에 못 미치기 때문이다. 사업가는 현재의 거래 상황에 의거해서만 행동하지 않고, 상대편의 명성과 과

---

121. Thomas J. Peters and Robert S. Waterman, *In Search of Excellence* (New York: Warner, 1982)

거의 거래들, 미래의 합의에 대한 자신의 희망과 기대의 관점에서
도 행동한다. 새나 동물은 "순간을 위해서만" 행동하겠지만(우리가
너무나 흔히 그렇게 하듯이), 순간은 미래를 잉태하고 있고, 과거로 가
득 차 있다.

　반복 게임에 대한 전략 문제는 최근 게임이론의 많은 연구 주제
였다. 비록 이런 계산에 들어가는 합리성의 매우 제한적 관점에 불
만을 제기할 수 있지만 말이다. 그럼에도 불구하고, 최근 연구 결
과들은 특히 죄수의 딜레마 유형 게임과 관련하여 매우 고무적이
다. 『협력의 진화The Evolution of Cooperation』[122]라는 매혹적인 제목의
책에서 케니스 액셀로드Kenneth Axelrod는 다음 같은 종류의 반복 게임
전략 문제를 다루고 있다: 한 번만이 아니라 여러 번 처벌에 직면
한, 앞에서 언급한 두 죄수에게 최적의 전략은 무엇일 것인가? (물
론, 공적 변호인들이 그러하듯이 검사들이 그런 전략을 가질 수 있고, 죄수들
은 사법 시스템과 관련해서 전략을 세울 수 있는 그렇게 많은 기회를 거의 가
지지 못할 것이다.) 하지만 이것은 거의 모든 사업가들, 보다 정곡을
찌르자면 모든 기혼 부부 내지 형제들 가운데 진행되는 상황이다.
상대편이 최후로 당신을 속이거나 당신에게 거짓말을 한다면(죄를
지은 당신의 파트너가 자백을 한다면), 당신은 이번에 어떻게 행동하겠는
가? 만약 상대가 최후로 정직하게 대한다면(당신의 파트너가 입을 다문
다면), 당신은 이번에도 공정하게 하겠는가? 오랜 세월 동안 가능한

---

122. Robert M. Kenneth, *The Evolution of Cooperation* (New York: Basic Books, 1984)

행동들의 수많은 배열이 있지만 전략에 의거해서 볼 때 몇몇 최상의 가능성들이 드러난다: 상대가 속일 때까지 공정하게 대해라. 그런 다음 너도 계속 속여라; 상대가 어떻게 하든 상관없이 계속 공정하게 대해라; 속이기 시작하고 상대가 어떻게 하든 멈추지 마라 등등.

액셀로드가 (모든 가능한 전략들의 결과를 컴퓨터를 사용해서 재빨리 돌려본 뒤) 발견한 바에 의하면, "맞대응"이라는 매력적인 제목의 최적의 전략은 상대가 속일 때까지 공정하게 한 뒤 한 번 속이고, 상대가 공정하게 한다면 다시 공정한 태도로 돌아가는 것이었다. 만약 상대가 계속 속이면 그 자신도 그에 따라 속인다. 물론 네가 속이기를 거절하면, 너는 그의 계속되는 성공에 잘 속는 자가 된다. 이것이 자명해 보일지 모른다. 그러나 그것은 우리가 (유전에 의한 것이든 아니면 경험에 의한 것이든 간에) 상호적 이타주의에 얼마나 깊이 물들어 있는지를 보여 줄 따름이다. 왜냐하면 그것이 정확히 이 전략의 실체이기 때문이다. 이기적이기만 한 것은 스스로를 패배시키고, 순전한 이타주의도 마찬가지이다. 효력을 발생하는 것은 심지어 극히 필사적인 상황에서도, 처벌의 위협, 둘 다 자기 파괴적 처벌을 받을 것이라는 위협과 짝을 이룬 협력의 전제이다. 물론 실제 삶에서 게임들은 많고 복잡하고 많은 상이한 "게이머들"이 게임을 한다. 그러나 우리가 본능적으로 가지고 있는 맞대응의 의식, 즉 상호적 이타심이 게임들 배후에 있는 매커니즘이고, 우리의 사회적 소속감(우리가 서로에게 진정으로 중요하며 심지어 아무리 적대적인 상황 속에서도, 우리는 궁극적으로 서로 없이는 지낼 수 없다는 그 근본적인 의식)이 그 전제이다. 정치철학에서 정의의 기초는 합리적 존재들의 완벽한 우주 같은 추상적인 이상이 아니라 상호 협력에 대한 이런 실제적인 전략이다.

무리의 리더: 진짜 자연 상태에서의 정의

> 동등한 자들의 사회 - 개코원숭이이든 갈까마귀
> 이든 사자이든 혹은 사람이든 간에-는 자연에서
> 불가능하지만, 공정한 사회는 실현 가능한 목표
> 이다. 인간과 달리 동물은 불가능한 것의 추구
> 에 거의 유혹당하지 않으며 그가 속한 무리들은
> 그 실현 가능성을 부인하는 일이 거의 없다.
>
> 로버트 아드리[123.] 『사회계약The Social Contract』

정의가 인간 특유의 것이고 우리 속에 있는 "야수적인 면"과 대조
되는 것이라 생각하는 사유로부터 벗어나야 한다. 우리의 정의 감
각은 자연과 연속적인 것이고 자연에게 부과된 것이 아니다. 정의
와 상호 행복의 문제에 동물들이 우리보다 더 지각이 있음은 여러
번 지적되어 왔다. 실제로 정글과 동물 왕국은 현대 도시의 인간
사회에서 우리를 괴롭히는 사회병리학적인 면을 거의 보여 주지 않

---

123. 로버트 아드리[Robert Ardrey](1908~1980). 미국 극작가이자 시나리오 작가이자 과학 작가. 브로드웨
     이와 헐리우드에서 경력을 쌓은 뒤 1950년대에 인류학과 행동과학 학문으로 복귀. 그의 대표
     작으로는 『아프리카 창세기: 동물의 기원과 인간의 본성에 대한 개인적 탐구African Genesis: A
     Personal Invetigation into the Animal Origins and Nature of Human』(1961), 『영토 명령The Territo-
     ry Imperative』(1966)이 있음 — 옮긴이주.

는 것을 감안할 때, 사회적 무질서에 대해 우리가 가장 흔히 쓰는 은유가 "정글의 법칙," "짐승같이 행동한다"라는 것은 아이러니하다. 한편 냉소주의자와 보수적인 사람들은 즐거움과 혐오감이 뒤섞인 채 우리를 모든 생물 가운데 가장 효율적이고 사회적인 생물인 개미들과 비교한다. (사회생물학의 아버지 에드워드 윌슨이 개미를 연구하면서 경력의 첫 6, 70년을 보낸 것은 단지 우연이 아니다.) 그러나 잘못 선택된 비교이다. 그것은 개미 집단이 우리가 가진 자유와 개별성 의식에 너무 모욕적이어서 그런 것이 아니다. 개미들은 협동하지만 거의 상대에 호응하지는 않는다. 그들의 행동이 명백히 이타적이지만 그것이 버림받는 것 내지 상호 기대감을 의식해서 그런 것이라는 명제를 정당화하기는 어렵다. 하지만 우리는 플라톤의 정의가 자기의 자리를 각각 알고 있는 다양한 구성원들이 조화롭게 함께 일하는 데 있음을 잊어서는 안 된다. 정의는 호혜성이 아니라 방해받지 않는 조화이다. 개미들은 서로를 인식하고, 동지애의 모든 특징들(서로에 대한 인사, 전적인 협력, 낯선 존재에 대한 공동의 적대감)을 드러낸다. 플라톤적 설명으로 말하면, 개미 집단이 결여하고 있는 것은, 자신들의 행복한 상황에 대해 적절하게 성찰하는 소수의 철학자들뿐인 것 같다. 그러나 개미 집단에 없는 것은 단순히 상호 인식의 프로그램이라기보다 자유와 상호적인 반응, 개인적 전략에 대한 의식, 과거의 만남에 대한 기억이다. 확실히, 정의에 대한 적합한 개념은 사회적 조화와 효율성의 중요성에 대해 충분히 설명해야 한다. 그러나 조화와 효율성만으로는 분명 정의를 설명하기에 충분하지 않다. 몇몇 사람들이 개미들의 효율성과 잔혹성을 찬탄하는 것만큼이나, 개미들은 자연적인 정의 모델이 되기에는 좋은 후보가 아니다.

그러나 문제는 사회철학자들이 "인간 이하의" 동물들에 대해 말할 때 그 동물들을 모두 개미 같은 존재로, 즉 지성이나 의식이라고는 없이 협동하도록 프로그램된 작은 동물 로봇 같은 존재로 대하고 있다는 것이다. 지금 나는 개미와 곤충의 감정의 문제에 대해 지적으로 불가지론자이다. (비록 개미와 곤충의 감정의 존재를 믿지 않기란, 불가능한 건 아니지만, 힘든 것이라고 개인적으로 생각하지만 말이다.) 그런데 그런 불가지론이 대부분의 포유류에는 타당하지 않은 것은 명확하다(우리가 동료 인간들의 감정도 전혀 모른다는 우스꽝스러운 입장을 기꺼이 받아들이는 경우를 제외하고). 그러므로 나는 우리의 동료 생명체의 정의에 대해 일반화하는 대신에, 가장 광적인 행동주의자들에 의해서만 그 생각과 감정들이 거부될 가까운 포유류 인척 두 종류, 늑대와 침팬지를 들여다보고자 한다. 침팬지는 확실한 선택이다. 순전히 생물학적인 개념으로 보자면, 침팬지가 고릴라에 가까운 것보다 인간이 침팬지에 더 가깝다. 늑대는 사회적 동물로서의 명성("외로운 늑대"라는 좀 더 극적인 구전설화를 통해서도 너무 흔히 제시된 바 있다)이 아니라면, 그렇게 확실한 선택이 아니다. 내 목표는 사람들로 하여금 인간의 정의에 대해 인간 고유의 것이라고 생각하기보다, 동물 왕국의 나머지 존재들과 연속되는 개념으로 생각하게 하는 것이다. 그리하여 과도하게 부풀려진 정의의 수사학 대신에 우리의 자연스러운 감정을 강조한다. 우리가 정의라고 하는 것은 다른 지적인 동물들에서의 상호적 반응 패턴과 복합성 면에서만 다르지, 종류가 다른 것은 아니다. 개인적으로 나는 개들, 특히 내 개에 대해 말하고 싶고, 개들이 하는 게임, 의식儀式, 불쾌함, 감수성, 이따금씩 보이는 관대함, 상호의존에 대한 가슴 따뜻한 감각, 질투나 시기, 혹은 이따금은 분개 때문에 유발되는 잦은 다툼 등에 대한 이야기들로 재미있게 해 주고 싶다. 늑대에 대해서는 객관적인 조사에 훨씬 더 의존해야 되겠지만, 감상성의 비난을 면치 못할 것이다.

포식자로서의 늑대는 "고도의 협력과 조율 행동"의 이상적인 사례이다.[124.] 늑대의 전체 무리는 상호적 이타주의의 이상적인 연구이고 그 속에는 합동 모험뿐 아니라, 우정, 적대감, 지속적인 반목 등이 눈에 많이 띈다. 늑대들은 구별되는 성적 역할을 가진, 암수 한 쌍의 관계를 형성하고, 많은 새끼들을 양육하고, 가족이 함께 무리를 이루어 자기들보다 훨씬 더 큰 먹잇감을 공격해서 죽인다. 무리의 규율과 역할이 확고하게 정립되어 있지만 그것은 선천적인 본능이나 자동적인 행동에 의해 정립된 것은 아니다. 들판에서 늑대들은 놀랍게 잘 조율된 전략적 행동에 가담한다. 예컨대 몇몇은

---

124. Wilson, 『사회생물학Sociobiology』, p. 246

매복하고 있고, 몇몇은 순록 떼를 매복하고 있는 늑대들에게로 몬다(Kelsall, 1968).[125.] 무리들 가운데서 늑대들은 또한 고도로 적응력이 뛰어나 자신들의 위치를 찾는다(혹은 만든다). 인간들처럼 늑대들은 본능적으로 사회적이지만 어떤 구체적 역할이나 위치에 본능적으로 매여 있지 않다. 비록 그들의 개인적인 특징들(수컷이냐 암컷이냐, 힘이 센지 아니면 병들었는지의 여부)은 그들의 야심과 성공과 매우 관련이 있지만 말이다. 본능의 한계 내에서, 그리고 무리 내에서, 늑대들은 스스로를 증명하고 자신들의 기술들을 시험하고 개발한다. 그 기술들 대부분은 무리의 이동성, 먹이에 대한 필요, 비바람과의 끊임없는 고투와 관련된다. 늑대의 생활은 초기 수렵 채집인 인간들의 생활과 극히 유사한 것으로 기록되어 있다. 그들의 사회적 행동은 그들의 생물학뿐 아니라 유목적 환경에 의해서 정해진다. 이 환경들은 필수품을 구축하고, 그 결과 의무감을 정립한다. (의무가 도덕 원칙에 의해 규정된다는 생각을 현대 철학자들은 어떻게 할 수 있었을까?) 어미 늑대들은 새끼 늑대에 대한 의무가 있고 정찰 역할 늑대는 보초를 서는 동안 무리에 대한 특별한 의무가 있다. 늑대 무리와 가족의 역할을 보면 개별 늑대들에 대해 직접적인 윤리적 언어로 말하는 것이 적절해진다. 만약 우리가 의무[126.] 같은 용

---

125. Wilson, op. cit.

126. duty와 obligation 두 단어를 쓰고 있는데, 두 단어는 의미의 뉘앙스가 좀 다르긴 하지만 우리말로 다르게 번역하기가 어려워 '의무'라는 한 단어로 번역했다. duty는 일반적으로 예상되는 행동을 의미하고, obligation은 좀 더 개인적인 책임을 나타내며, 다른 사람들과 관계되어 있다. 가령 군 복무의 의무를 이야기할 때는 duty가 적절하고, 부모님에 대한 의무를 이야기할 때는

어를 피한다면, 철학자들과 동물행동학자들이 우리에게 그런 느낌이 들게 만든 이유가 무엇이었는지, 늑대 무리의 생활이나 우리 자신의 사회생활을 정확하게 반영하는 다른 어떤 용어가 있는지 물어봐야 한다. 그래서 미덕virtues에 대해 이야기할 때에 우리는 명확하게 이야기할 수 있어야 한다. 어떤 늑대들은 매우 믿을 만한 반면 다른 늑대들은 덜 그렇다. 한두 마리는 훌륭한 리더가 되지만, 다른 늑대들은 안 그렇다. 어떤 암컷은 탁월한 어미이지만, 때때로, 그리고 여러 가지 이유로 어떤 늑대는 완전히 실패작이다. 전반적으로 말해서, 마크 머피Mark Murphy가 "착한 늑대"라고 한 것, 우리 자신의 평가에 따라 그런 것이 아니라(북서부 목장주들에 따르면, 착한 늑대는 죽은 늑대뿐이라고 한다), 그 자체의 맥락과 사회에서의 역할에 의거해서 그러한 "착한 늑대"를 우리가 말하는 것에 이의를 제기하지 말아야 한다.[127.]

그래서 우리가 여기서 공정함fairness을 말할 수 있다고 나는 생각한다. 몇몇 늑대들은 공정하고, 몇몇 늑대들은 안 그렇다. (늑대 자신의 관점에서 볼 때) 어떤 일들은 공정하고 어떤 일들은 안 그렇다. 늑대들은 자기들 사이에 일이 어떠해야 한다는 예리한 의식이 있다. 이런 타당성 의식의 많은 부분은 (우리들의 경우 그러하듯이) 분명히 주로 우연과 습관의 문제이다. 그러나 그 중의 일부가 타고난 것

---

obligation이 더 적절하다 —옮긴이주.

127. Mark Murphy, "The Art of Justice"

임은 증거 없이도 부인할 이유가 없다. 그러나 학습된 것이든 타고난 것이든 간에, 정의는 그림의 떡 같은 이상적인 이론적 의미가 아니라, 늑대 무리의 구성원들이 놓여 있는 구체적인 일상적인 상황에서, 마땅히 그렇게 되어야 한다는 바로 그 의식이다. 늑대들은 서로의 필요와 전체 집단의 필요에 세심한 주의를 기울인다. 그들은 서로의 '소유물'(보통 고기 한 조각)에 대한 필요와 존중을 고려하여 균형을 이루는 상당히 엄격한 능력주의를 따른다. 늑대들이 결여하고 있는 건, 다른 경우엔 지적이고 세심한 인간들로 하여금 정의의 요소들 중 하나만 고집하고 다른 요소들은 무시하거나 부인하게 만드는 이념적 다툼이다.

늑대 무리의 구성원들은 개체들이다. 그들은 구체적인 특징, 역할, 성격을 가지고 있다. 그들은 개체들의 차이에 따라 서로를 알아보고 서로에 대해 코를 비비거나 으르렁대거나 덥석 물거나 유희를 하면서 아주 특별하게 대한다. 늑대들이 무리의 일원으로 인식될 가치를 모두 지닌다는 점에서 모든 늑대들은 동등하다고 주장할 수도 있을 것이다. 그러나 보다 명확한 것은 다른 의미에서 볼 때 모든 늑대들은 동등하게 태어나거나 동등하게 취급받지 않는다는 점이다. 늑대 조직에서 중심적인 것은 지배 관계이다. 먹이, 선호하는 안식처, 특히 짝짓기에 대한 접근성에 있어서의 우선권을 통해 지배가 표현된다.[128] 늑대 무리들은 서열 관계에 있다. 꼭대기에는

128. Wilson, *Sociobiology*, 247; L. Michael Mech, *The Wolves of Isle Royale*.

언제나 알파 늑대가 있고, 밑바닥에는 오메가 늑대(늑대 무리 제일 뒤에서 이동하는, 후발 늑대)가 있다. 모든 늑대는 무리 속에서 자기의 위치가 있다. 알파 늑대가 리더, 즉 "무리의 왕이자 주인"[129]이고, 무리의 이동을 조정하고 추격을 이끄는 동물이다. 다른 늑대들은 제의적 의식을 통해 그에게 복종한다. 그러나 덩치가 크고 사나운 늑대도 실제로 무리를 복종하도록 강요할 수 있다. 따라서 알파의 지위를 결정하는 것은 두려움이 아니고, 지위만도 아니며, 지위가 반드시 수컷 늑대의 장점에 따라 결정되는 것도 아니다. 몇몇 연구에 의하면, 더 낮은 계급의 늑대들이 최고의 사냥꾼이며 종종 가장 사냥감을 많이 죽인다고 한다. (이것은 여기서 지적할 수 있는, 플라톤의 계층적 공화국에 대한 더 많은 유사성 중 하나에 불과하다. 아리스토텔레스의 "자연주의적" 견해와 대조적으로 플라톤은 반사연적 정의 개념을 가지고 있다는 일반적 주장은 이런 동물과의 유사성의 관점에서 확실히 재고되어야 한다.) 정의는 무리 내에서 서열의 문제, 서로의 위치와 의무를 아는 문제이다. 물론 무리 바깥에서는 정의 개념은 적용되지 않는다. 그런데 우리가 우리 자신의 "무리"에 대한 인식을 확장시켜, 다른 집단, 다른 국가, 다른 세계에 속한 사람들을 포함시키게 될 때까지, 정의 개념은 우리에게도 적용되지 않는다.

늑대들 사이의 서열은 학습된 것인 동시에 "타고난" 것이다. 상호적 이타심이 가장 잘 드러나는 것은 짝짓기 행동뿐 아니라 복종

---

129. Wilson, 같은 책.

과 리더십 패턴의 확립 안에서이다. 서열은 일견 순진해 보이는 강아지 놀이 -싸움으로 삶의 초기 단계에서 구축되고, 연이은 대결의 형식으로 삶의 전반에서 다시 강화된다. 이때 대결의 대부분은 으르렁거림과 복종하는 몸짓 정도로 실제적 적대감 없이 이뤄진다. 때때로 리더십에 대한 심각한 도전이 있고 어느 지점에서는 변화가 생긴다. 그러나 알파 수컷의 중심적인 중요성에도 불구하고(그가 없으면 무리가 무너질 수도 있다), 어떤 의미에서 모든 늑대의 역할이 중요하며, 내부 다툼 때문에 협력이 붕괴하는 것보다 무리에게 더 해로운 것은 없다. 늑대들은 승자와 패자의 개념으로 생각하지 않는다. 그래서 가이우스[Cassius 130]나 카틸리나[Catilina 131]를 나타내는 그런 종류의 정치적 시기심을 늑대들은 모른다. 모든 늑대는 자신의 위치를 증명하기 위한 싸움을 하건 안 하건, 자신의 위치를 안다. 우리 인간들이 "우리 자신의 위치를 알지" 못하고 항상 "앞서 나가려고" 한다는 그 사실로 인해, 늑대들이 아닌, 우리가 "윤리"를 가지고 있고, 정의에 대한 필요성을 가지고 있다고 봐야 할 이유가 있을까? 차이는 정의 감각을 가지고 있지 않다는 것이 아니라, 정의 감각이 철저히 좌절되는 상황, 좌절되는 사회를 만들어 낼 수 있는, 확연

---

130. 가이우스 카시우스 롱기누스[Gaius Cassius Longinus] (기원전 85. - 기원전 42). 로마 공화정 말기 정치인이자 군인으로, 율리우스 카이사르 암살의 주동자이며 마르쿠스 브루투스의 매제였음 — 옮긴이주.

131. 루키우스 세르기우스 카틸리나[Lucius Sergius Catilina] (기원전 108년 - 기원전 62년)는 로마 공화정 말기의 정치가. 원로원에 맞서서 로마 공화정을 전복하려 시도한 카틸리나의 모반으로 유명함 — 옮긴이주.

히 독특한 우리의 능력이다.

늘대들은 집단으로서 협력하고 자신들을 서열과 역할로 분류하여 조직과 조율을 제공하기 때문에, 공정함의 사고는 특히 중요하다. 서열은, 다른 것들 중에서, 먹이에 대한 접근의 우선권을 결정한다. 늘대에게 있어 먹이에 대한 접근은 주된 "사회적 이익" 중 하나이되, 유일한 이익은 아니다. 늘대는 무리에 의해 받아들여지는 것과 "자아 존중"을 또한 필요로 한다. 그러나 늘대의 생활이 동족 상잔의 삶이거나 먹는 행위가 모두 미친 듯한 경쟁의 형식이라면, 이런 것들이 의미가 없을 것이다. 서열은 우선권을 확립하되, 배타적으로 그러지는 않는다. 사실 나눔이 규범이고 관대함이 일상적인 것이다. 모든 늘대에게는 자기 먹이에 대한 모든 다른 늘대의 "권리"에 대한 의식이 내장되어 있다고 말하는 것은 너무 과장된 것일 수도 있다. 그러나 무리의 모든 구성원은 먹이에 대한 명백한 소유권 영역(입에서 1.5피트 정도)을 가지고 있고, 그 지대 내에서는 서열에 상관없이 한 조각의 먹이도 다른 어떤 늘대와 다투지 않는다. 그 영역 내 먹이는 그 늘대에게 "속한다." 더 낮은 서열의 늘대가 작은 동물을 죽일 경우, 그 동물은 더 높은 알파 늘대에 의해서건 베타 늘대에 의해서건, 그 "소유권"에 대한 침범으로부터 실제로 자유롭다. 여기서 가장 중요한 것은 소유권의 존재가 관대함을 막는 것이 아니라, 오히려 가능하게 한다는 점이다. 소유권에 대한 보증이 없다면 관대함이 존재하지 않는다. 그런 보증이 있는 곳에서 관대함의 행위는 뚜렷하며(인간 관찰자들이 보기에 뿐만 아니라 늑대들 자신이 보기에도), 그것을 함축된 위협이나 강압의 결과라고 단순히 일축할 수 없다.

여기서 다시 상호적인 이타심의 현상이 초점이 된다. 관대한 늑대는 관대함의 보답을 기대할 수 있다. 다른 늑대의 소유권 영역을 침범하는 늑대는 처벌을 기대할 수 있다. 아마도 다른 늑대들에 의해 사납게 처벌될 것이다. 늑대들은 "상호 복종"이라 불리는 관대한 행동의 형태에 참여하며, 그에 의해 어떤 한 늑대는 다른 늑대로부터 먹이를 간청하고, 먹이를 "가진" 늑대는 "가지지 않은" 늑대가 먹을 수 있게 음식물을 다시 뱉어낸다. 혹자는 물리적 공격성을 언급하며 공정함에 대해 말할지 모른다. 무리 내 폭력은 무리와, 궁극적으로는 그 종 자체의 생존을 위험에 빠뜨릴 수 있다. 사실 무리 내에서 싸움은 거의 일어나지 않는다. 지배와 복종은 물리적인 힘 같은 데 근거하지 않고, 위협과 복종의 표현에 근거하고 있다. 두 경쟁자는 한쪽이 체면을 잃고 물러날 때까지 서로에게 과시할 수 있다. 지배자 늑대 즉, 알파 늑대는 턱을 사용하여 종속자를 몰아붙여 땅에 꼼짝 못 하게 함으로써 자기 지위를 주장할 수 있다. 그러나 그 턱이 닫혀 있지는 않을 것이다. 제의는 존경과 나란히 간다. 짝이나 지배자의 위치를 놓고 경쟁하는 드문 경우를 제외하고는 무리 안의 누구도 물리적인 부상을 당하지 않는다.[132] 서열 질서가

132. R. Fox, "The Cultural Animal," in J. F. Eisenberg and W. S. Dillon, eds., Man and Beast

지켜지고 존중되는 한, 적대감이나 공격은 거의 없다. 사회적 이동은 늑대 사이에서 위험한 사치품이고 정의에 꼭 필요한 것도 아니다. 그러나 그렇다고 늑대들은 개체일 수가 없으며 우리가 (아마도 잘못되게) 개미들을 바라보듯, 사회적 감각이 결여된 존재, 자신들의 이익과 정의의 요구 사이의 갈등에 대한 의식이라고는 없는 존재로 여겨져야 한다는 의미는 아니다.

(Washington: Smithsonian, 1971), 20.

본조 침팬지에게 있어서의 정의:
공정함에 대한 어떤 영장류의 개념

경쟁은 자연 어느 곳에서나 일어난다. 그러나 물
질적 자원을 놓고 한 종 내부에서 경쟁이 일어
나는 경우는 거의 없다.

V.C. 위니 -에드워즈, 『동물의 분산*Animal Dispersion*』

철학자들이 "자연 상태"로 있는 가상의 선사시대 인간들에 대해 집
필하기 전에 그들은 침팬지들을 보면서 (혹은 적어도 타잔이 나오는 옛
영화 몇 편을 보면서) 시간을 보내야 할 것이다. 몇몇 보수주의자들
은 선사시대 인간들이 원숭이에서 두 번 멀어졌을 뿐이라는 제안
에 발끈할 수도 있을 것이다. 그러나 침팬지들은 대부분의 보수주
의자들이 말로만 할 수 있을 뿐인 그런 종류의 공동체를 실제로 운
영한다. 그들은 "지속적이고 합당하게 잘 규정된 가정 영역에 수년
간" 거주한다.[133.] 모든 침팬지들은 공공심이 있다. 권위에 대한 존
중을 당연시한다. 모든 침팬지들은 무리에서 자신의 위치가 있고

---

133. Wilson, *Sociobiology*, 268.

남녀의 역할들은 생물학과 뚜렷이 관련되어 있다. 심지어 그렇더라도, 모든 침팬지들은 구별되는 성격을 가진 뚜렷한 개체이며 집단 형성에 뚜렷이 기여를 한다. 침팬지 집단은 안으로든 밖으로든 이동이 거의 없는 상태로 몇 세대 간 같이 지낼 수 있지만, "대략 30명에서 80명 정도의 개체들로 구성된 느슨한 사회 집단"[134]이다. 성 토머스 모어[135]에서 스키너의 월든 II[136]로부터 많은 유토피아적인 실제적 도시 계획에 이르기까지 이상적인 공동체로 보았던 그런 집단 말이다.

늑대 무리들에서뿐 아니라 침팬지 집단 내에서도 지배적 서열이 존재한다. 그러나 그것은 먹이와 암컷들을 독점하고 다른 모든 수컷들의 공분을 사는 고압적인 수컷의 전형적인 모습(동물원의 신경증적 환경에서 가장 흔히 목격되는 모습)과 매우 다르다. 알파 침팬지는 직선적인 "서열" 맨 위에 앉아 있는데 다른 침팬지들에 대해 뚜렷한 이득을 실제로 누리지 않는다. 알파 수컷들이 실제로 집단을 이끌지 않는다. 그들은 특별한 기술이나 능력을 전혀 가지고 있으며 특별히 훌륭한 사냥꾼일 필요도 없다. 사실상 그들은 인간 사회의 많은 군주들과 정치적으로 높은 양반들과 마찬가지로 실제적으로 무언가를 많이 하지 않는다. 즉, 달리 말해 알파의 위치는 기능이라기보다 지위의 일종이다. 인간의 정의에 의거해 보자면, 미

---

134. "a loose consocialization of about 30-80 individuals"가 원문임 — 옮긴이주.

135. 토머스 모어는 유토피아라는 말을 처음 만들어 낸 작가이다 — 옮긴이주.

136. 행동주의 심리학자 스키너가 써서 1948년 출간한 동명의 유토피아 소설에 나오는 공동체 이름임.

덕이라기보다 자만심의 문제이다. 그래서 제인 구달은 알파 수컷의 위치는 "심리적 장점" 외에 아무것도 주는 것이 없다고 주장한다.[137.] 대부분의 알파 수컷들은 완력 대신에 야심, 인내, 지성, 그리고 다른 침팬지들과 연합하고 지지하는 기술을 통해 자기 지위를 획득한다. 알파 수컷은 (구달이 말하는 "마이크"처럼) 지적이고 적극적인 침팬지일 수 있고 혹은 (구달이 말하는 "험프리"처럼) 거친 폭력배 같은 침팬지일 수 있다. 마이크는 자기 앞에 있던 구달의 야영지에서 가져온, 굴리는 깡통 활용에 두각을 나타냄으로써 상당한 기간 동안 알파 등급을 유지했다. 험프리가 들고 일어나 그가 의식을 잃도록 두들겨 패서 마이크는 서열을 잃었는데, 그런 식의 폭력의 과시는 드물었고, 보통 불필요했다.

타잔에 나오는 '치타'의 칭찬을 많이 받는 매력에도 불구하고, 침팬지들은 사나울 수가 있다. 하지만 집단 구성원 간에 물리적인 공격성은 분명하게 제한된다. 알파 수컷 자리를 위한 경쟁은 보통 체력적인 것이 아니라 기지의 경쟁이다. 지배의 소통은 빈번하지만 보통 미묘한 위협의 표현으로 나타나고 집단 구성원들 간에 싸움은 거의 일어나지 않는다. 험프리와 마이크 사이의 대결은 흔한 일이 아니다. 집단 내 다툼은 누구에게도 이득이 되지 않고, 집단에게 매우 불안감을 준다. 물리적인 힘 없이 위협을 잘 표현하는 것은 집단 내에 질서를 확립하고 질서를 재확인해 준다. 실제로 가

---

137. Jane Goodall, *In the Shadow of Man*.

장 무심한 관찰자도 알 수 있듯이, 성인 침팬지도 포함해서 대부분의 침팬지들 사이의 주된 소통 양식은 놀이이다. 서열을 확립하는 뚜렷한 지위 표현은 어린 침팬지들의 장난기 어린 몸짓과 형식에서는 다르지만 스타일에서는 매우 유사하다. 야생에서의 동물의 삶에 대한 우리의 이미지는, 텔레비전 "자연" 다큐멘터리에서 무한 반복되는 구절 속에 나오는, 모든 것이 "생존 투쟁"이라는 생각으로 인해 이상하게 왜곡되었다. 하지만 적어도 다윈식의 투쟁만큼이나 놀이도 자연의 일부라는 것이 진실이다. 상호성과 이타심의 감각을 위한 매개를 제공하는 것이 바로 놀이이다. 놀이는 정의에 대한 우리의 개념에도 중심적이다. 이것은 단순히, 모든 사람이 삶에서 재미를 얻어야 한다고 생각하는 것이 아니다. ('재미'가 여러 언어, 가령 예를 들어 일본어로 번역될 수 없는 말이라는 것은 주목할 만하다.) 공정함으로서의 우리의 정의 개념은 일반적으로 게임 은유들과 게임 비유들과 맞닿아 있다. 바로 그래서 사회철학자들이 그렇게 빈번하게 그들의 정의 이론 워크숍으로 게임이론에 의지하는 것이다. 정의 감각은 아무리 중요하고 심각한 것이라 하더라도, 우리가 흔히 생각하듯 그렇게 전적으로 엄숙한 주제는 아니다. 악의 잠재성을 가진 개인들이 모인 사회에서는 사회계약이나 국가권력보다 놀이가 질서를 유지하는 데 가장 효과적일 수 있다. (그 점에서 축구는 정말 정치보다 더 중요하다.)

어린 침팬지의 유희적 제스처는 무해한 집단 내 경쟁 형식으로 기능하고 시간이 흐르면서 집단의 서열을 확립한다. 그러나 놀이가 얼마나 믿을 수 없을 정도로 정교한 활동 형식인지를 우리는 너무 쉽게 망각한다. 놀이는 단순한 "행동"이 아니라, 자아 인식과, 상대방의 의도와 복지에 대한 예리한 인식 둘 다가 필요한 행동이다. 어떤 침팬지는 자신이 공격하는 것처럼 행동하는데, 그는 동시에 그것이 단지 놀이일 뿐이라는 사실을 명료하게 전달해야 한다. 달리 말해 놀이는 그레고리 베이트슨^{Gregory Bateson}이 "메타커뮤니케이션"(다른 커뮤니케이션 행위들의 의미에 대한 커뮤니케이션)이라 말한 그런 형식이다.[138.] (강아지 새끼처럼) 아주 어린 침팬지는 서로 심각하게 다치게 할 정도의 힘을 가지고 있지 않다. 그러므로 침팬지들이 처음부터 이런 정교한 인식을 가져야 할 것 같지는 않다. 한 놈이 물고 다른 한 놈이 울부짖을 때 무는 것이 아프다는 교훈이 학습되어야 한다. 성년이 되면, 한 침팬지가 다른 침팬지에게 하는 위험한 제스처가 상당히 교정되고, 훨씬 더 복합적인 방법으로 전달된다. 새끼들의 유희처럼, 이 성년 침팬지들의 게임들은 주의 깊게 억제되는데, 이번에는 자아 인식과 참여자들에 대한 사회적 인식을 통해 억제된다. 성년 침팬지들의 놀이와 새끼들의 놀이 속에서 자신의 위치와 의도들에 대한 인식 —특히 눈에 두드러지는 의식—이 필수적이다. (이런 의식은 종족 쇼비니즘 때문이건 혹은 방법론적 이유 때문이건, 모든 동물적 행동은 의식을 언급하지 않고 이해되어야 한다고 주장하는

---

138. Gregory Bateson, "A Theory of Play and Fantasy."

사람들에게는 특히 문제적이다.) (늑대 새끼들과 강아지 새끼들 사이에서처럼) 원숭이들 사이의 놀이는 대개 가짜 공격, 추적, 그리고 무해한 싸움에 바쳐져 있다. 침팬지들과 다른 원숭이들은 전형적으로 입은 벌리고, 이빨은 가린 채 일련의 비웃는 소리를 내며 "플레이 - 페이스play-face"를 하고 놀이를 환영한다. (윌슨은 이를 "인간들이 편하게 씩 웃는 모습"에 비유한다. "친구의 팔을 가볍게 두드리거나 가볍게 가슴에 펀치를 먹이는 사람이, 만약 동시에 환하게 씩 웃으면 적대적인 반응을 받지 않는다"는 것이다.)[139.]

늑대 무리에서와 마찬가지로 침팬지들 사이에서도 공정함과 타당성에 대한 예리한 감각이 있다. 한 침팬지가 (혹은 침팬지 집단이) 사냥감을 죽이면, 한 마리의 사냥꾼 혹은 여러 사냥꾼들이 신선한 고기의 존재를 알리는 소리를 낸다. 배곯은 침팬지 무리들의 모습과 (침팬지들이 엄청 좋아하는 먹이인) 모두에게 진정 공짜로 제공되는 고기가 갈기갈기 찢겨져 삼켜지는 모습을 상상해 볼 수 있다. 그러나 실상은 이렇지 않다. 침팬지 사회에서는 사냥꾼들이 우선권을 가진다. 다른 동물들은 구달이 말한 "나누는 무리"를 이루며 사냥꾼들과 살해된 짐승 주변을 둘러싸고 있다. 사냥에 가담하지 않은 동물들은 고기를 와락 움켜쥐거나, 고기를 들고 자리를 뜨지 않는다. 서열에서 동족이라는 지위를 차지함에도 불구하고, 그들은 먹이를 달라고 부탁한다. 그들의 성공과 실패의 여부는 고기의 양,

---

139. Wilson, *Sociobiology*, 98.

소유주가 이미 먹은 양, 상대적인 나이, 서열, 개체들의 관계와 같은 다양한 요인들에 달려 있다. 어떤 수컷은 더 관대하고 어떤 수컷들은 더 참을성이 있고, 어떤 수컷들은 더 공격적이다. 부탁하는 동물들은, 마치 소유주의 기분을 측량하듯이 소유주의 얼굴을 자주 힐끗 보면서, 팔을 뻗쳐 고기에 손을 댈 수도 있다. 혹은 소유주를 향해 손바닥을 내보이거나, 그가 씹고 있는 한 덩이를 달라고 그의 입에 손을 내밀 수도 있다.[140.]

기실, 대부분의 침팬지들은 사냥해 죽인 동물 조각을 얻는다. 그러나 순전한 관대함이나 단순한 이타심보다는 다시, 상호적 이타심으로 설명이 된다. 다음에는 그가 사냥꾼이 안 될 수도 있고 언젠가는 그가 사냥하는 시절이 끝날 것이다. 관대함은 보험이다. 그것이 또한 관대함이라는 것을 부인하지 않는 보험이다. (다시 한 번, 이해타산과 이타심의 미끈한 구분은 매일매일의 삶에서 거의 적용되지 않는다.) 그런데 어떤 침팬지는 여러 가지 이유로 특정 개체에게 사냥한 먹잇감 일부를 포기하지 않기로 결정할 수도 있다. 거기에 자동적인 이유는 없다. 아마도 부탁하는 침팬지들 중 한 마리가 과거에 인색했을 것이다. 인간들과 마찬가지로, 몇몇 침팬지들은 서로 좋아하지 않는다. 상호적 이타심과 개인적 애정이 결합되어 복잡한 먹이 공급 방식이 만들어지며, 인기 없는 침팬지 중 일부는 굶주릴 가능성도 있다. 그렇게 계산적이고 변덕스러운 나눔은 분배적 정의

---

140. Wilson, *Sociobiology*, 98.

의 예가 되기 힘들다는 주장이 있을 수 있다. 그러나 그런 반대는 우리가 의문시하고 있는 바로 그것, 즉, 정의 개념이 비현실적인 평등의 이상을 전제로 하고, 또 분배 결정의 객관성과 비인격성에 대한 부적절한 강조를 전제로 하고 있음을 가정하고 있는 듯하다. 다른 한편으로, 사냥감을 죽인 침팬지가 자기가 원하는 만큼 먹이를 가질 "권리," 나머지 먹이를 누가 가지면 좋을지 결정할 "권리"를 가지고 있다고 우리는 주장할 수 있을까? 여기서 **권리**라는 개념이 타당한가? 이것이 침팬지들이 그것을 바라보는 방식인가? (**기대**라는 단순한 개념은 아주 부적절하게 보인다.) 이런 질문들은, 모두가 고기를 매우 탐내지만 거의 언제나 고기를 나눠 먹었다는 사실로 인해, 해결되기보다 분명히 더 복잡해졌다. 침팬지들의 음식의 대다수를 이루는 작물 음식은, 어미와 새끼 사이를 제외하고는 공유되지 않는다. 일반적인 식량과 관련되는 한, 침팬지들은 자기가 모은 것을 보유하고, 분배가 문제 되지 않는다. 아마도 그것은 가장 "원시적인" 부족사회에서 음식과 호의를 분배하는 것만큼 그렇게 복잡하지 않다. 그러나 내가 보기에 공정한 분배 감각은, 그것이 정의 이론이나 정의 개념을 포함하든 아니든 간에, **정의**라는 이름으로 불릴 자격이 있다.

늑대와 침팬지에 대한 이런 대략적인 관찰로부터, 자연에서의 정의에 대한 수많은 결론을 이끌어 낼 수 있을지도 모른다. 몇몇 결론들은 논란이 되고 논쟁을 일으킬 수 있다. 예를 들어 서열(위계)

은 자연스러운 것이라는 생각 같은 것 말이다. 철학자들은 평등이라는 불가능한 이상을 추구하는 대신에, 그런 결론을 수용하는 법을 배워야 할 것이다. 그런데 늑대와 침팬지에 관해서 그렇게 논란의 여지가 없이 우리를 놀라게 하는 것은 그들의 지성, 그들의 뚜렷한 개성, 그들의 놀라운 (때로는 기발한) 유희성, 그들의 사회성과 사회 조직이다. 그들은 데카르트의 악명 높은 제안처럼, 놀랍게 협력하게끔 되어 있는 행동들을 수행하도록 프로그래밍된 단순한 로봇 같은 존재가 아니다. 그들은 창의적이고 지적이고 상상력이 풍부한 개체로, 함께 어울려 살아가며 주변 환경의 가장 미세한 변화에도 적응한다. 물론 본능이 막대한 역할을 한다. 무엇보다 본능이 사회성의 감각을 확립하고, 의심의 여지 없이 본능이 사회적 인식의 기본 패턴을 세우고, 그리하여 사회적 의제를 정한다. 그럼에도 불구하고 사회적인 삶을 산다는 것은 개인의 힘과 개성이 역동적으로 상호작용하는 것이다. 사회의식은 개인성이나 개성의 결여를 의미하지 않는다. 그러나 그것은 이해타산과 이타심 사이의 우리의 잘못된 이분법(사회 이론가가 그랬건 혹은 사회생물학자가 그랬건 간에)이 별로 타당하지 않으며 설명은 더더욱 제시하지 않음을 뜻한다.. 일차적인 것은 집단이고, "개인적인 것"과 "개인의 이익"조차도 집단 내에서만 의미가 있다. 이것은 파시즘이 아니라 기본 생물학이다. 무리에서 배제된 개별 늑대나 개별 침팬지는 괴물 같은 존재, 모범적인 것이 아니라 병리적인 것으로 여겨지는, 위험하지만 불쌍한 존재이다. 마찬가지로 사회에서 배제되어 '자연 상태'에서처럼 고립된 채로 간주되는 개별 인간은 '자연인'이나 진정한 개인이 아니라 정체성, 인격, 미래, 과거, 실존이 없는 괴물이고 불쌍한 존재이다. 인간은 오직 사회의 일원이기 때문에 인간이다. 다른 사람들을 배려하고, 주어진 상황 속에서 적절하게 반응하고, 가능할 때 친절과 도움을 베풀고, 필요할 때 방어하고 처벌하는 것이, 사회의 구성원의 본질이다. 가장 세련되고 문명화된 사회에서뿐 아니라 자연 상태에서도, 그것이 정의이다. 상호성의 상황과 개념은 상이한 인간 문화 사이에서 상당히 다양하지만, 정의가 자연에는 적절한 토대가 없는, 문화적인 인공물에 지나지 않는다고 잘못 생각해서는 안 된다.

사회계약과 "자연 상태" 재고

> 내가 보기에 정의로운 사회란 구성원들의 다양
> 한 재능이 무엇이건 간에 충분한 질서가 그 구
> 성원들을 보호하는 사회, 개개인이 어떤 유전적
> 인 재능을 타고났든지 간에, 그것을 계발할 수
> 있는 충분한 기회를 충분한 무질서가 모든 개인
> 에게 제공하는 사회인 것 같다.
>
> 로버트 아드리, 『사회계약The Social Contract』

현대의 너무나 많은 정의 이론들의 두드러진 토대, 예컨대 소위 "사
회계약"과 그와 대조되는 "자연 상태" 같은 토대들은 이런 생물학
적 그림의 맥락 내에서 재고되어야 한다. 이런 그림이 단순히 가설
적인 것이고, 사실상 어떤 사회 제도의 합리성을 조명하기 위한 사
고 실험이라고 주장해도 어쩔 수 없다. 그러나 그런 사고 실험이 시
작되기도 전에, 정의와 인간 본성에 대한 깊은 가정들이 이뤄지고
있는 것이 사실이다. 우리가 본성상 어떤 종류의 존재인지 인식하
기 위해, 세상에 대한 확고한 결정주의자의 견해를 수용하여, 타고
난 있는 그대로의 우리 자신의 모습이 우리가 어떤 존재가 되어야
하는지를 결정한다고 주장할 필요는 없다. 인간은 늑대나 침팬지처

럼 유전자의 산물일 뿐만 아니라 우리가 처한 조건, 무엇보다도 사회적 조건의 산물이다. 자연 상태 이론가들이 너무나 오류를 범하는 지점이 바로 이 지점이다. 자연 상태에서는 개별적인 존재가 없으며, 몇몇 편집증적이거나 논쟁적인 사람, 월스트리트가의 적대적 인수합병 거물들의 자기 정당화 수사에서가 아니면, 만인에 대한 만인의 전쟁이 없다고 본 것이다. 여기서 문제가 되는 것은 단지 인간의 사회성에 대한 사실만이 아니다. 사회적 동물로서의 인간의 타고난 체질, 이성이 그 속에서 중요한 역할을 하지만 그 이유는 오직 인간의 타고난 상호성의 점증하는 복합성을 관리하는 도구가 되기 때문인 그런 체질의 문제이다.

자율적이고 이성적인 개인들 사이의 상호 합의라는 개념이 너무나 간략하고 너무나 매력적이어서 마음에 드는 대안적 견해를 생각하는 게 거의 불가능하게 느껴질 때가 가끔 있다. 모든 사람이 어떤 분명한 욕구들에 저항하고 어떤 위험한 욕망들을 무시해 버리는 것에 의존하고 있는 평화, 공동체 의식, 안전 의식을 우리가 중요하게 생각한다는 그 이유 때문에, 우리는 그 합의의 열매를 누리지 못하고, 반사회적이거나 심지어 폭력적인 행위들을 때때로 아주 의식적으로 자제하고 있는 것은 아닐까? 하지만 우리는 왜 이것을 상호협력과 의존이라는 좀더 기본적인 감각의 합리화라기보다,, 엄격하게 이성과 상호합의의 문제라고 생각할까? 기실 우리는 상호 동의와 상호 이익에 의거해서 사회에 대해, 그리고 특히 정부에 대해 생각하고 있는 것이 아닐까? 단지 우리 자신을 위해서만이 아니라 보편적인 정치 원칙으로서, 국민이 국가를 섬기고 (비판적 신중함을 가지고) 국가에 복종하듯이, 국가도 국민을 섬기고 귀 기울여야 한다고 우리는 왜 주장하지 않는가? 그러나 심지어 가장 피상적인 인류학적, 생물학적, 역사적 고찰을 통해 보더라도, 이것이 사회가 이미 독립적이고 자율적인 완전한 인간들이 모여서 형성되었다는 의미인지, 아니면 사회와 정부가 상호 조정과 상호 의심의 자연스러운 과정을 통해 수 세기에 걸쳐 진화해 왔다는 것을 이상적이라 해서 말하는 방식인 것인지? (로버트 노직은 사회계약 이론 대신에, 국가가 상호 보호 연합 같은 진화 과정을 통해 생겨났다고 주장한다.)[141.] 우리는 장 자크 루소가 자신의 편집증을 드러내며 상상했던, 독립적이고 자율적인 존재였던 적이 결코 없고, 그렇게 될 수도 결코 없었고, 그렇게 되기를 결코 원하지 않는다. 우리는 토머스 홉스가 사실로 받아들인, 이기적이고, 못됐고, 잔인한 존재가 결코 아니었다. 우리는 존 롤스가 구상한, 순수히 이성적인 존재가 결코 아니었고, 그럴 수도 결코 없다. 우리는 어떤 의미에서든, 똑똑한 철학자들과 나쁜 생물학이 만들어 내려고 하는, 독립적이고 이기적인 존재가 절대 아니다. 우리가 종종 정부에 대해 의심하고 어떤 형태로든 국가에 대해 정당하게 불신하는 것은 사실이다. 하지만, 어떤 특정한 경우에 자기가 속한 집단이나 문화의 성격에 대해 성찰하고 개

---

141. Robert Nozick, *Anarchy, State and Utopia*, part 1, chapter 2.

혁적인 사고를 가지는 것은 완벽하게 합당하다 할지라도, 사회 그 자체에 대해 불신하는 것은, 자기 파괴적이지는 않더라도, 궁극적으로 자기 패배적이다. 우리는 사회적 존재이다. 사회에 반대하는 자아라는 환상은 어떤 단순한 규칙들을 가지기에는 너무나 커지고 너무나 복잡해진 사회에서, 상호적 이타심의 지배적이지만 아주 독특한 규칙들 중 하나일 따름이다.

최초의 과도기적 준인류인 오스트랄로피테쿠스 이후부터 인간은 사회적 본능을 지닌 사회적 동물로, 이미 형성된 집단 속에서 태어나 그 안에서 살아왔다. 그렇지 않았다면 우리는 분명 살아남지 못했을 것이다. 인간들 중 누구라도 개별적으로는 쉽게 죽일 수 있는 검치호랑이[142]를 서로 협력하는 인간 집단은 죽일 수 있다. 부모뿐 아니라 또래와 이웃에 대한 애정과 의존은 협상에 참여하고 명시적인 합의를 하려는 우리의 의향보다 수십만 년(혹은 그 이상) 앞서 있다. 서로에 대한 연민과 애정(비록 상호 불신, 시기심과 질투의 위협을 받지만), 사교의 감각과 상호 협력(비록 야망과 교활함에 의해 위협받지만)은 구속력 없는 이성적 합의보다 훨씬 더 단단하고 흔들리지 않는 근거를 지닌다. 소위 말하는 우리의 자율성과 개성은 전혀 자연적으로 타고난 것이 아니다. 오히려 그 반대로, 그것은 우리의 합리성과 계약을 협의하고 다른 사람들과 합의할 수 있는 우리

---

142. a saber-toothed tiger가 원문. 검 모양의 송곳니가 있는 호랑이라는 뜻으로 검치 호랑이라고 부름 —옮긴이주.

의 능력이 그러하듯이, 특정 사회에서 익히고 닦은 특성이다. 홉스적인 탐욕과 이기심은 "인간 본성"의 측면이라기보다, 배워지고 배양된 사회적 악이다. (루소가 홉스적인 "자연 상태"를 기실은 특정 종류의 사회의 병리적인 투영이라고 진단하면서, 홉스가 자신의 사회의 악을 자연 탓으로 돌린다고 했을 때, 그가 매우 옳았다.) 루소가 자신의 관찰을 계속 밀고 나가, 자신의 사회에 의해 자신에게 주어졌을 수 있을 따름인 "자연적 인간"에 너무 많은 탓을 돌리지 않았더라면 좋았을 텐데 말이다. 루소가 그렇게 기쁘게 주장했듯이, 우리가 선하게 타고난 건 사실이다. 그러나 우리가 동료 인간들에게 무관심하기 때문에 그런 것이 아니라, 우리는 이미 동료 인간들에게 신세를 지고 있고 그들의 행동에 반응하기 때문에 그렇다. 우리의 "타고난 선함"은 루소가 마땅히 그토록 경멸하던, 세상의 더 사악한 지위 게임이 없는 풍요로운 환경에서의 상호적 이타심에 지나지 않는다.

우리는 우리의 생물학, 문화, 환경, 성격에 매여 있다. 최근의 많은 철학과 이데올로기에 맞서서 자유와 자율성에 한계가 있다고 말한다고 해서, 그것이 자유와 자율성에 대한 반대가 아니다. 사회가 개인 권리보다 우선한다고 말한다고 해서 그것이 과도한 정부에 대한 옹호나 변명이 아니다. 그리스인들이 옳았다. 좋은 삶을 사는 것을 좋은 사회 속에 사는 것으로 만들었다. 좋은 삶이 사회에 선행하고 사회와 대조되는 어떤 것이라는 생각은, 현대 도시사회의 익명성과 광장공포증만이 불러일으킬 수 있는 일말의 비정상적 사고다.

4장 맥락, 문화, 갈등 속의 정의

약속할 권리를 가진 동물을 기르는 일 - 이것은
자연이 인간에게 정해 준 역설적인 임무가 아닌
가?

니체, 『도덕의 계보학』

정의란 무엇보다 자연적인 감정이자, 다른 사람들과 우리의 연결에 대한 타고난 감각이며, 우리의 공유된 이해관계와 관심사라는 나의 논지를 독자들이, 아마 좀 유보하면서, 기꺼이 받아들인다고 가정해 보자. 하지만 비판적인 독자라면, 실제 우리의 정의의 경험, 흔히 협동보다는 갈등과 관련 있으며, 다른 사람들에 대한 일반화된 감정이라기보다 특정 맥락과 항상 관련되어 있는 정의의 경험을 이것이 어떻게 설명하는지 알고 싶을 것이다. 그리고 정의 감각이 문화마다 엄청나게 다르지 않은가? 기실 어떤 문화들은 우리가 말하는 "정의" 감각을 완전히 결여하고 있지 않은가? 나는 정의에 대한 "어떤" 감각, 혹은 심지어 "우리의" 감각에 대해 (조심스러워하면서) 논의해 왔다. 하지만 무엇이 공정한가에 대한 우리의 의견이 너무나 흔히 다르다는 것이 정의 문제의 바로 핵심 아닌가? (이론가들을 포함해서) 어떤 사람들은 정의가 본질적으로 다른 사람들에게 불필요하게 해를 가하기를 거부하며, 다른 사람들의 욕구에 주목하는 것이라 주장한다. 또 다른 사람들은 정의가 본질적으로 사람들의 권리를 존중하는 것, 혹은 다른 사람들의 재산을 보호하는 것이라고 주장한다. 또 어떤 사람들은 정의가 본질적으로 우리 모두 근본적으로 동등함을 인식하는 것이라고 주장한다. 또 다른 사람들은 정의가 본질적으로 사람들에게 그들에게 합당한 것(보상이든 처벌이든)을 주는 것이라 주장한다. 정의의 "자연스러운" 감정이 이 모든 다양한 느낌과 의견을 어떻게 다 설명하는가? 이 상충하는 의견들 중에 어느 것이 (만약 그런 게 있다면) 옳다는 것을 어떻게 아는가? 이 엄청난 의견 차이들의 상황 속에서, 어떤 것이 "자연스러울" 수 있는가?

우리가 말하는 정의의 자연스러운 감정과 우리의 거대한 유연성과 다양성 둘 다를 설명할 수 있는 것은 상호적 이타심 덕분이다. 상호적 이타심은 우리가 같은 유의 존재라는 것, 우리는 전략적으로 다양하게, 호의에는 호의로 돌려줘야 한다는 것, 우리에게는 이타심을 향한 타고난 편향이 있음을 우리에게 "가르쳐" 준다. 하지만 그렇게 생각되는 이타심은 자기 이익과 인접하고 있고 자기 이익의 일부이지, 자기 이익과 대립적이지 않다. 모든 점에서 경쟁과 자유시장을 찬미하는 사회는 자기 이익에 대한 부자연스러운 강조를 독려하거나 심지어 그것을 필연적이게 하는 경향이 있다. 하지만, 이런 인위적인 문화적 설정을 "인간 본성"으로 착각해서는 안 된다. 그런 상황에서 고려된 정의는 불가피하게 경쟁의 공정성과

"승자"의 권리 같은 문제에 초점을 맞출 것이다. 한편에는, "공평한 경쟁의 장"을 촉구하고 경쟁자들의 평등에 대한 관심을 보이는 사람들이 있을 것이다. 다른 한편에는 승리의 열매를 받을 "자격"이 있든 없든 간에, 그것이 실제 공정한 경쟁이든 아니든 간에, 가장 이익을 보는 사람들의 "권리"에 방어적으로 강력하게 강조점을 두는 사람들이 있을 것이다. 양쪽 주장 밑에는, 전혀 게임을 할 수 없을 것 같은 사람들, 시장이나 유리함의 규칙에 따라 움직일 수 없는 것 같은 사람들에 대한 없어지지 않는 관심이 있을 것이다. 바로 이 지점이 정의에 대한 특유의 논의가 시작되는 지점이다. 그러나 모든 혹은 대부분의 문화가 (우리가 하듯) 정의에 의거해 생각한다고 하는 것은 결코 사실이 아니다. 데이비드 밀러David Miller는 그의 저서 『사회 정의Social Justice』에서 우리가 말하는 "정의"에 대한 강조가 원시사회들에서는 실제로 존재하지 않고 우리들의 사회같이 시장 사회들에서서만 존재하는 이유에 대해 고찰하고 있다.[143.] 그에 의하면 원시사회에서는 긴밀하게 짜인 소집단 속의 구체적인 사회적 관계들에 모든 것이 의존되고 있다. 사람과 사람의 관계들이 가장 중요하고 가족 구성원들이 이방인들보다 더 중요하다. 경제적 교환에서 파트너 간에 발견하고 기대하는 감정적 중립성과 대조적으로, 감정이 많이 실린 이런 관계들은 계약상의 합의보다는 대면하는 감정을 수반한다. 밀러가 지적했듯이, "원시인들은 친척 관계, 과

---

143. David Miller, *Social Justice*, 270-71.

거의 의무 관계 등등으로 묶여 있는 다른 사람의 복지에 대해 종종 책임감을 느낀다. 이 점은 시장 사회의 인간관계의 특징인 무관심과 대조를 이룬다."[144] 즉, 우리의 정의 감각은 우리 시대 특유의 문화의 산물이다. 그것은 거대한 익명성, 일회적 만남, 가벼운 지인들, 개인적 관계를 희생하고 계약과 경제에 두드러지게 외골수로 집착하는 것 등을 특징으로 하는 그런 문화의 산물이다. 그런 상황에서 이타심은 대부분 가족, 지인, 가끔씩 하는 자선 행위에 국한되고 단순한 예의와 공손함이 되어 버린다. 상호성은, 팔아야 할 것에 대한 정당한 지불, 법을 어기는 사람들에 대한 법적 처벌과 같은 의미가 된다.

이 자리는 정의와 관련된 매우 다양한 매혹적인 문화적 차이나 우리 자신의 정의 개념의 특수성에 대해 논하는 자리가 아니다. 하지만 나는 다음과 같은 매우 일반적인 논점을 주장하는 데 관심이 있다. 즉 우리는 다양한 사회적 관습과 활동에 참여하고 있기 때문에 우리의 정의 감각은 언제나 문맥과 문화에 매여 있으며, 다양하게 존재하는 동료애 같은 자연스러운 감각에서 배양된다는 주장 말이다.[145] 그러므로 이타심으로 간주되는 것 역시 매우 다양하다. 예컨대 명확한 관대함, 자신의 지위 증대의 방법으로서 선물 주

---

144. 롤스와 그의 원래 입장에 대한 익숙한 반론이 있는데, 그것은 합리성에 대한 광범위하고 애매한 정의가 허용되는 한(그리하여 예를 들어, 원래의 선택 상황이 참여자의 자기 이해관계를 전제한다는 반대를 무디게 하는 한) 문화적 맥락의 부족은 정의의 원칙에 대한 판단을 불가능하게 만든다는 주장이다.

145. Plato, *The Republic*, book 1; Aristotle, *Nicomachean Ethics*, book 5.

기, 정당한 경기, 혹은 적수에게 미심쩍은 혜택을 주는 것 등과 같이 이타심으로 간주되는 것이 매우 다양한 것이다. 잘못된 방식으로 이타적인 태도를 취하는 것은 부적절할 뿐 아니라 부당할 수도 있다. 상호성이 의미하는 바는 해당 활동이 본질적으로 경쟁적인지 협력적인지, 가치의 척도가 확립되어 있는지, 어떤 상충되는 요구와 기대가 작용할 수 있는지 등 해당 활동의 규칙과 관행에 따라 달라질 수 있다. 따라서 정의에 필요한 것은 단순히 일반적인 정의 감각이 아니라, 경험과 참여를 통해 익혀진, 배양되고 실천된 판단력 감각이다. 그러나 내가 이해하고자 하는 판단력은 이성에 가깝듯이 감정과 느낌에도 가깝다. (그러므로 판단력이 종종 "직관"으로 잘못 칭해지기도 한다.) 판단력은 절대 단순하고 쉬운 문제가 아니다(비록 종종 때때로 그렇기도 하지만). 판단력은 많은 요인들과 고려 사항들의 복잡한 종합이다. 동료애는 자연스럽고 보편적인 감정일 수 있다. 그러나 정의에 대한 우리의 구체적 생각은 종종 다르고 충돌한다. 이런 의견 불일치는 타고난 문제가 아니고, 맥락과 문화의 문제이며, "평등"이 거의 인지하기 어려운 추상이 되어 버린 세계 속에서 불가피하게 나타나는 갈등과 경쟁의 결과이다. 우리는 이런 갈등과 불가피한 불평등과 비교불가능성incommensurability을 이데올로기로 합리화하고, 협상 가능한 이해의 충돌과 교정 가능한 비극들을 정의 혹은 부정의에 대한 호전적인 논쟁으로 바꿔 버린다. 이 장에서 내가 검토하고 싶은 것은 (비록 그 주제에 걸맞게 그렇게 정밀하게는 아니더라도) 정의에 대한 우리의 서로 다른 개념들의 성격과 정의의 문제들이 왜 그렇게 자주 갈등으로 바뀌는지의 이유이다.

내가 논의했듯이 동료애라는 자연스러운 감정과 상호적 이타심의 실천은 사람들이 "본성적으로" 이기적이고 비사회적이라는 너무나 익숙한 견해와 대립된다. 그러나 정의 감각의 정확한 성격은 약간 역설적이긴 하지만 전혀 "자연적"이지 않다. 다른 사회들은 다른 조건들 속에서 살아가고(도시와 농촌; 풍요와 빈곤; 혼란의 역사와 확립된 입헌 정부), 따라서 무엇이 정의롭고 정의롭지 않은가에 대한 다른 감각과 다른 가치를 지니고 있다. 물론 문제는 우리가 다원주의 사회이며, 심지어 우리 사회 내에서도 (아니 심지어 우리의 인근에서도) 우리는 모두 단일한 문화적 혹은 환경적 조건 속에서 살아가고 있지 않다. (기실 이 "우리"라는 정체성도 그 자체로 극히 문제적이다.) 정의가 어느 정도 동등하게 혹은 필요에 따라 나누는 것 외에는 다른 의미를 가질 수 없는 공동체 진체의 절박한 상황이 있다. 또 필요와 평등의 문제가 거의 관련이 없는 풍요로운 상황도 있다. 유죄와 무죄의 문제, 처벌의 문제가 정의에 대한 모든 관심을 다 흡수하는 경향이 있는 혼란의 상황도 있다. 필요나 능력의 문제와는 아주 별개로 다양한 전통들이 정의를 결정하고 하위문화 맥락에 따라 달라지는 모든 종류의 상황들이 있다. 어떤 맥락에서는 공평하고 합리적인 판단의 이상이 정의의 패러다임을 제공하고, 다른 맥락에서는 그렇지 않다. 사실 공평함이란 개념 자체가 불쾌감을 줄 수 있고 정의에 완전히 대조된다. 어떤 사회와 상황에서는 각 개인이 획득하는 것이 매우 중요하다. 또 다른 사회에서는 한 개인이 주는 것이 훨씬 더 중요하고 "얻는 것"은 부수적인 문제이고, 어떤 사회에서는 "얻는 것"이 실제적으로 당황스럽다. 따라서 "우리의" 정의 감각을 이해하기 위해서는 문화적으로 구체적이 될 필요가 있고, 우리의 자연스러운 동료 감정이 어떤 기본 조건하에서 우리가 "정의"라고 부르는 (그리고 주장하는) 것으로 연마되고 길러지는지 살펴봐야 한다.

우리가 하나의 이론이나 기준 하에 이 모든 차이들을 포함시키려 한다면, 실망하거나 독단에 빠질 것이다. 그러나 그렇다고 모든 것이 혼란이거나 비합리성이거나 "상대주의"라는 논리로 이어지는 것은 아니다. 내가 지금 공격하고 있는 그런 개념, 즉 모든 구체적인 맥락과 조건에 부과되어져야 하는 매우 중요한 합리적인 구조로 정의를 생각할 경우에만 그런 것 같다. 그런 관점으로 보면 실제적으로 정의에 대한 모든 관심이 갈등과 모순으로 가득하다. 그러나 실제로 정의와 무엇이 정당한가에 대한 우리의 감각은 정확히 반대 방향으로 작동한다. 즉 그것은 위에서 아래로의 방식이 아니라 아래에서 위로 가는 방식, 자연스러운 동료애의 감각이 구체적인 사회 규범으로 길러지고 발화되는 구체적인 맥락과 활동으로부터 출발한다. 그런 맥락에서는 매우 중요한 원칙들이 심각하게 충돌하는 일이 거의 없다. 다양한 고려 사항은 대립되는 입장들이라기보다 많은 선으로 교차된 사회구조들이고 이 사회구조들 속에서 우리는 정의의 구체적인 감각과 판단의 예리한 감각을 기른다. 구체적인 예를 통해서 내가 의미하는 바를 설명하겠다.

무엇이 정당한가?

··· 부정의의 고전적 사례 ··· [월드 시리즈 심판
관들의 교대 시스템 활용에 대해]

『보스턴 글로브』지, 1988. 10. 16.

나는 똑똑하고 경쟁심 있는 30명의 우수 학생들로 이루어진 반을
한 반 가르치고 있다. 그들의 점수를 어떻게 줄 것인가가 나의 고민
이다. 많은 것들에 의해 성적이 좌우된다. 학생들은 그 분야에서의
자신들의 미래, 혹은 적어도 수업을 더 수강할 가능성, 대학원과
경력 전망, 그들이 학교에 계속 있을 수 있을지의 여부, 장학금을
계속 받고 부모님과 좋은 관계를 유지할 수 있을지의 여부 등을 내
가 절대 잊어버리지 않게 만든다. 어떤 경우엔 신형 스포츠카 획득
의 문제가 달려 있었다. 모두에게는 명예심 문제, 동기들 간 경쟁적
인 자존심, 개별적인 자아 존중감 등의 문제였다. (그 수업과 강의 교
수의 명성, "시스템"의 완전성 등이 달려 있는 것은 말할 것도 없었다.) 그러므
로 나는 내가 무엇을 결정해야 할지 알고 있다. 학기 말에 성적을
배분하는 가장 공정한 방식이 무엇인가? 규칙은 정해져 있다. 나는

성적 처리 시스템을 보충하거나, 해야 되는 A, B, C, D, F 등의 단일한 상징을 서술적 평가로 대체할 수 없다. 나는 성적을 활용해서 성적이 오랫동안 의미해 온 것들, 예컨대 A는 탁월함을 의미하고 F는 완전한 불충족을 의미하는 것 외의 다른 것을 나타낼 수 없다. 나는 그 책임을 피할 수 없고, 학생에게 더 나은 성적을 받는 대가로 "나의 부탁을 들어 달라"는 요구나 요청(혹은 암시)을 함으로써, 그것을 이용할 수도 없다. 교육기관(즉 단지 구체적인 이 대학만이 아니라 "미국의 고등 교육"이라고 하는 훨씬 규모가 크고, 규정은 덜 되어 있는 기관 모두)은 이런 경우 정의의 맥락을 확립해 두었다. 나는 "독창적인 위치"나 "자연 상태"에 있지 않다. (심지어 내가 내 소유의 사립학교를 시작한다고 해도 이것은 마찬가지일 것이고, 그럴 수밖에 없다.)

어떤 근거 위에서 내 학생들의 성적을 매길 것인가? 소크라테스는 어디선가 각자에게 자신의 몫을 주는 것이 정의라고 정의 내린다. 이것은 정의의 공식적인 특징이라고 말할 수 있을 것이다. 덜 아첨하는 말로 표현하자면, 그것은 실제로 우리에게 아무것도 알려 주는 바가 없다는 의미다. 공정하기 위해서 각 학생에게 정확히 그들이 받을 자격이 있는 것, 즉, 자신의 "몫"을 줘야 한다는 것을 우리는 이미 알고 있다. 하지만 그들 각자의 마땅한 자격을 어떻게 알 수 있나? 그래서 아리스토텔레스는 간략히 말해서 "같은 경우는 비슷하게, 다른 경우는 다르게 취급하는 것"이라는 정의의 공식적인 특징을 제시하기도 했다.[146.] 즉, 만약 내가 작문 테스트를 성적 배분의 유일한 근거로 삼는다면, 84점을 받은 학생은 둘 다 B를 받거나 혹은 둘 다 B를 못 받을 것이다. 만약 한 학생에게 수업 참여를 고려해서 가산점을 준다면 다른 학생에게도 그렇게 해야 한다. 수업 중에 두 사람이 비슷한 수행을 한다면 점수는 여전히 같을 것임을 전제해야 한다. 하지만 그 이상의 모든 고려 사항에 대한 지침을 정해 두더라도, 이런 공식적 특징은 우리가 성적을 어떻게 결정해야 하는가에 대한 매우 유용한 것을 조금도 알려 주지 않음을 한 번 더 주목하자. "유사한 사례들을 비슷하게 취급하라"는 것은 우리 모두 "공정해야 한다"는 것을 주장하는 한 가지 방법이지만, 정의에 있어서 일관성이 전부가 아니다. 84점(상위 3분의 1)을 받은 두 학생을 낙제 처리하는 것은 일관적일 수 있지만 공정하지 않다. 그리고 "유사한 사례를 비슷하게 취급한다"는 것은 두 사례가 유사한 경우를 인식하는 방법이나 어떤 특정한 특징이 이 "유사성"의 목적과 관련이 있는지를 우리에게 아직 알려 주지 않는다. 흑인 학생과 동양 학생은 다르지만, 그 이유로 그들의 성적을 다르게 주는 것은 분명 부당할 것이다. "각 학생에게 자기의 몫을 줄 것" "유사한 사례는 비슷하게, 다른 사례는 다르게 취급할 것" 같은 정의의 공식적인 특징은 정의의 적합한 기준을 주지 못 한다. (정의에 대한 적합한 이론을 주지 못 하는 것은 더욱 말할 것도 없다.)

---

146. Michael Walzer, *Spheres of Justice*.

명확한 답변은 이러한 것이 될 것이다. 즉 한 학생의 성적은 그 과목에서의 그 학생의 수행에 달려 있다. 그런데 이것을 어떻게 측정할 것인가? 수업 시간에 말을 많이 한 것으로? (만약 그 학생이 내성적이라면?) 그들이 시험에서 얼마나 빨리 생각하느냐에 따라? (만약 그들이 "곰곰이 생각하는 학생들"이고, 오랜 시간 생각한 뒤에야 잘 고안된 답안을 떠올릴 수 있는 학생들이라면?) "객관적인" 시험이 학생을 테스트하는 것 이상으로 시험과 응시자를 테스트한다는 것을 우리는 모두 알고 있다. 연구 논문은 시간과 노력을 나타내지만 흔히 창조성을 나타내지는 않는다. 창조적인 논문은 때때로 독창성을 보여 주지만 더 흔히는 미성숙함을 드러낸다. 학생이 수업에 집중을 잘하는 것 같다는 사실(적절한 머리 끄덕임, 적시에 이해의 웃음을 드러낸 것 등으로)에 의거해서 학생에게 좋은 성적을 주어야 하는가? 학생은 단순히 "똑똑하다"는 점 때문에 보상을 받아야 하나? (그 작업이 그 반에서 가장 뛰어난 것과 무관하게) 그 학생이 자기 잠재력에 이르지 못하면 그런 학생은 처벌을 받아야 하는가? 학생의 사회적 지위나 영향력을 고려해야 하는가? (이사회 대표의 딸은 특별한 고려를 받을 자격이 있는가?) 의과대학이나 법과대학에 들어가기 위해서, 혹은 학교에 남아 있기 위해, 혹은 단순히 자신들의 부모를 기쁘게 하기 위해 (그렇게 절박하게 그들이 이야기하듯) A를 "필요로 하는" 그 학생들은 어떤가? 우리가 각 개별 학생들에게 맞춤형으로 고려해야 하는가? 아니면 원칙의 문제로서 모든 학생들을 동등하게 대해야 하는가? 어떤 학생이 부정행위를 한다면 다른 학생들은 부정행위를 하지 않았다는 이유로 보상받아야 하는가? 교사가 우연히 한 학생을 좋아하게 된다면, 그것이 고려 대상이 되어야 하는가? 그런 개인적 관심사에 관심을 기울이는 것이 불공정한 것으로 간주되어야 하는가? 아니면 교사가 학생을 좋아하는 이유는 단지 그 학생이 좋은 학생이기 때문일까? 실제로 우리는 보통 시험이나 논문을 통해 '객관적인' 확인을 통해 뒷받침되는 (그러나 때로는 그럼에도 불구하고) 그런 감정에 근거한 평가를 하지 않는가? 그런데 그것은 '단순한 느낌'이 아니라 공정한 판단과 경험의 축적이다. 우리는 이와 대조적으로 단순한 성적 '계산'을 불쾌하고 비인격적이며 때로는 나쁜 교사의 징표로 간주하고 있다.

나는 항상 이 문제를 당사자 학생들에게 던지는데 그들의 답변은 예측 가능하게 매력적이고, 자기 위주이고, 혼란스럽다. 내가 가장 최근에 그렇게 했을 때, 그들은 처음에 자신들에게 요청되는 것이 무엇인지 알지조차 못했다. 자신들의 의견을 물어오는 일이 이전에 결코 없었던 것이고, 그들은 이게 일종의 속임수임에 틀림없다고 확신했다. 그래서 그들의 첫 반응들은 예측대로, 대개가 우쭐한 학생들이었다. 어떤 학생들은 자신들이 성적을 부여할 수 있도록 해달라고 제안했다. 이 제안은 전체의 박수를 받았지만 아주 심각하게 받아들여지지는 않았다. 나는 그들에게 서로 성적을 부여하라는 제안으로 대응했다. 잠시 긴장된 움직임 소리가 들리다가,

나에 대한 불신보다 서로에 대한 불신이 훨씬 더 크다는 당혹스러운 깨달음이 왔다. 이제 내가 일을 처리할 차례였다.

"그래서 어떻게 하면 내가 여러분들에게 공정하게 성적을 부여할 수 있을까요?"

내가 되물었다.

그들이 모두 동의한 바에 의하면, 공정함의 열쇠는 모든 사람을 같게 대하는 것, 나의 개인감정과 그들 사이의 차이를 무시하고 그들을 모두 동등한 존재로 대하는 것이었다. 그들은 시험의 타당성, 수업 시간에 무모하게 말하는 학생들에게 더 좋은 성적을 주는 불공정함, 적합한 평가 체계의 불가능성 등에 대해 익숙한 반론을 제기했다. 그래서 그들은 내가 그들을 모두 공평하게, 즉 똑같은 방식으로 대해 달라는 요구로 다시 돌아갔다.

나는 이 모든 것에 동의해서 그 강좌의 학생들에게 모두 똑같이 C를 주었다. 전체 소동이 일었고 야유와 쉿소리가 많이 났다. 나는 교활한 관대함으로 제안을 수락하고 각자에게 A를 주었다. 예측 가능한 환호 소리, 박수 소리, 발 구르는 소리, 떠들썩한 동의의 휘파람 소리가 났다. 그러나 이런 반응은 서서히 잦아져 조용해졌다. 제일 잘하는 학생 한 명이 손을 들어 모두가 A를 받는 것도 공정하지 않다고 점잖게 문제를 제기했다.

"그건 진짜 열심히 공부한 우리 같은 학생들, 말하자면 우리의 성적이 아무 의미도 없다는 뜻이잖아요."

요점이 파악되었다. 잘하는 학생들은 성적이 부풀려질 때 고통을 겪는다.

"하지만 그리 뛰어나지 않은 학생들도 무척 혜택이 커요."

진짜 A를 받을 학생들보다 자신들의 숫자가 더 많음을 알고, 그리 뛰어나지 않은 학생이 말했다.

"최대 다수를 위한 최대 이익."

그의 친구가 깔깔거리며 말했다.

"하지만 그렇게 되면 모든 성적이 무의미해지잖아요."

성적 좋은 아까 그 학생이 말했다.

"그리고 그렇게 하면 모든 학생들의 공부와 학습의 동기가 줄어들어요."

"너는 오직 성적 때문에 공부한다는 말이지?"

성적이 그리 좋지는 않지만 분명 똑똑한 학생이 비꼬는 듯한 목소리로 응답했다.

"물론 아니야."

공부 잘하는 학생이 당황해서 얼굴을 붉히며 쏘아붙였다.

"하지만 실제로는 공부와 예상되는 보상을 분리할 수 없어."

"물론 분리 가능해."

예측된 대답이었다.

"게다가 너는 네가 A를 받을 것이라고 이미 알고 있기 때문에 평온한 마음으로 열심히 할 수 있는 거잖아."

그런 대화가 의례 그렇듯이, 대화가 궤도를 벗어나고 있었다. 나는 대화를 제자리로 돌리려고 했다.

"내가 모든 학생들에게 같은 성적을 주지 않고, 다소 다른 성적을 준다고 가정해 봅시다. 내가 어떻게 해야 공정하게 그렇게 할 수 있나요? 내가 어떻게 평등하게 여러분을 대할 수 있지요?"

"우리 모두에게 똑같은 기준을 적용하는 방법으로요."

모두 같이 외쳤다.

"하지만 그게 공정한가요?"

내가 물었다. 나는 그들에게 가설적인 두 학생의 사례를 제공했다. 첫 번째 학생은 아주 똑똑하고, 학문적인 집안에서 자라서 일류 고등학교에 갔고 같은 주제로 이미 대여섯 강좌를 들었다. 말할 필요도 없이 그는 이 수업의 가장 전문적인 자료도 아주 쉽다고 생각하고, 시험에서 매우 우수하다. 하지만 그는 또한 지루해하고, 주도권을 별로 잡지 않고, 종종 상관없는 논평으로 수업의 집중을 흩뜨리고, 전반적으로 아무것도 배우는 것(혹은 기여하는 것)이 없어 보인다. 다른 학생은 그리 똑똑하지 않으며, 자기 가족 중에서 고등학교를 마치고 대학교에 간 최초의 사람이다. 그의 이전 교육의 질은 기껏해야 보통이고, 이 수업에서 그를 부각시킬 예비 과정을 수강한 적이 없다. 그러나 그는 수업 준비하느라 매우 열심히 공부하고, 자신의 배경을 따라잡고 보조적인 독서를 하느라 도서관에서

몇 시간을 보낸다. 그리고 수업 후와 학생 면담 시간마다[147,] 자신이 자료를 이해하고 있는지 확인하느라 시간을 보내고, 수업 중에는 가장 진지하고 명확성을 유도하는 질문들, 때로는 도발적인 질문들을 한다. 그의 시험 성적은 예상대로 여전히 다소 보통이지만, 그의 순전한 학습량과 그의 능력 향상은 놀랍다.

"자, 이 두 학생에게 같은 기준을 적용하는 것이 공평할까요?" 학생들에게 물었다.

두 학생에게 활용할 "수행" 같은 단일 지침의 가능성을 얘기하며 떠들어 대는 소리가 들렸지만 언제나 모호하게 끝이 났다. 한 학생이 기준의 분리를 제안했다. 모든 학생이 노력이나 결과에 근거하여 성적을 받을 수 있게 하자는 것이다. 그러나 그 제안은 부적절해 보였다. 노력과 결과는 기준에 의해 성적이 매겨질 수 있는 데 반해, 기준들 사이를 선택하게 하면 성적 부여 과정을 주관적으로 보이게 만든다는 전반적인 공감대가 생겨났다.

"그 똑똑한 학생에게 '노력'의 기준을 적용하고, 열심히 공부하는 그 학생에겐 '결과'의 기준을 적용할 수 있지만 둘 다 추락시킬 수가 있다"

라고 한 학생이 말했다.

"맞아. 그리고 그건 어떤 학생에게나 네가 원하는 아무 기준이

---

147. office hour. 학생들이 부담 없이 교수를 방문할 수 있도록, 일정 시간을 오픈하여 개인적으로 학업 질문을 하고 과제나 논문 등에 대해 논의할 수 있는 시간임. 대개 한 주에 한두 시간을 오피스 아워로 지정하고 있음.

나 적용할 수 있다는 뜻이지. 예컨대 키 작은 학생들에겐 '큰 키'의 기준을, 못생긴 학생들에겐 '매력'의 기준을, 백인 학생들에겐 '검은 피부'의 기준을 적용할 수 있는 셈이고, 결국 우리는 낙제하는 거지."

신경질적인 웃음이 터져 나왔다. 나는 끝까지 이어 갔다.

"한 가지 이상의 기준이 작동한다는 그 사실이 곧 내가 원하는 어떤 기준을 첨가하고 적용할 수 있다는 뜻인가요? 가령 피부색을 기준으로 학생들의 성적을 내가 매길 수 있다는 건가요?"

내가 그렇게 할 수 없다고 모두 주장했다. 그러나 그들은 논지를 찾으려고 안절부절못했다.

"피부색은 무관해요!"

한 학생이 외쳤다.

"그러면 '노력'은 왜 무관한 것이 아니지?"

다른 학생이 답했다.

"수업 시간에 재미있는 학생이 되는 것은?"

또 다른 학생이 자원해서 말했다.

"그건 충분히 관련이 있는 것 같은데요."

"침대에서 재미 보는 것은 어떤가요?"

자신들이 모두 A 학점을 받아야 한다고 처음에 주장했던 그 똑똑이 학생이 깔깔대며 코웃음 쳤다. 예측 가능한 웃음이 터져 나왔고, 똑같이 예측 가능하게도 화가 나서 씩씩대는 몇몇 학생들이 있었다. (대부분 성별에 따라 나눠었다.)

내가 유쾌함을 중지시키며 말했다.

"여러분은 단일한 기준이 없다면, 어느 것이나 가능하고 모든 것이 독단적이라고 생각하는 것 같군요. 왜 단일한 기준이 옳아야 하나요? 우리는 이미 어떤 한 기준이 적어도 몇몇 학생들을 간과하거나 속이는 것을 이미 봤는데도 말이지요. 복수의 기준들, 그 기준들을 적용할 판단의 필요성이 왜 어느 것이나 괜찮다는 뜻이어야 하나요?"

"하지만 그건 매우 정확하지 않은 것 같습니다."

가장 똑똑한 학생이 말했다.

"그리고 우리가 신뢰할 수 없는 선생님을 가진다면 끔찍하게 위험할 것 같습니다."

나는 그 암묵적 칭찬을 차분히 처리하고 무뚝뚝하게 이렇게 말했다.

"그건 그저 여러분들이 감당해야 할 위험인 것 같네요. 하지만 평가가 '어느 것이나 통하는' 절차라든가, 학생은 평가자의 신경증에 항상 좌지우지된다는 성급한 결론으로 나아가지는 맙시다. 여러 기준들이 있을 수 있고, 가학적인 몇몇 선생들이 있을 수 있지만, 전체적인 일은 그 일 자체, 즉 교육에 의해 규정되고 제한됩니다. 그러므로 심지어 단일한 기준이 없다 하더라도 유의미한 기준의 영역이 있습니다. 열심히 공부하는 것과 정답은 명백히 유의미하고 중심적입니다. 수업에서의 집중도와 참여도는 유의미하나 그렇게 중심적은 아닙니다. 적어도 이 수업에서는 말이죠. 피부색과 매력attractiveness은 분명 영역 밖에 있지만 매력charming은 다소 경계선에 있다고 할 수 있어요."

"하지만 그 기준들 중에서 어떤 기준을 선생님이 적용하는지는 독단 아닌가요?"

그 똑똑한 학생이 물었다.

"기준들을 적용하는 방법에 대한 기준은 없어요. 만약 그게 학생이 뜻하는 거라면 말이죠. 하지만 내가 공정하게 적용하지 않았거나, 상관없는 기준을 적용하는 경우에 대해서는 여러분이 모두 명확히 알게 될 것이고 전체적으로 동의할 거예요."

("침대에서 잘하는 건 아무 관련이 없어요!"라고 말한 그 우쭐해하는 학생이 끼어들었다.)

"그렇다면 우리는 왜 우리의 성적에 대해 동의하지 않지?"

키가 작은 학생들의 성적 기준으로 "큰 키"를 제안했던 학생이 물었다. (그의 키는 거의 183cm였다.)

"그건 네가 원하는 것이 네가 받을 만한 것과 항상 같은 것은 아니기 때문이지."

내가 재빨리 답했다.

"그리고 이해타산은 대개 공정함의 감각을 명확하게 가리기 때문이지."

"교수님의 이해타산은 어떠신가요?"

이제까지 조용히 있던 한 학생이 끼어들었다.

"나의 유일한 관심은 가능한 한 여러분 모두가 다 잘하는 것이지요."

나는 거짓말을 했다.

"하지만 그건 여러분 모두가 너무나 잘 알고 있는 특별히 어려운 문제를 유발하지요. 매 학기 의대나 법대나 대학원을 가기 위해 A 학점을 "필요로 하는" 학생들이 있어요. 프로그램에 단지 남아 있기 위해 B 학점을 "필요로 하는" 학생들도 있고요, 또 다른 학생들은 이 교과목을 통과하기를 "필요로" 하지요. 안 그러면 부모님이 그의 쉐보레 콜벳 자동차를 뺏어가 버릴 테니까요. 그런 것은 관련이 있나요?"

"오직 내 경우에만 그러네요."

구석에 멀리 앉아 있던 한 학생이 대답했다. 내가 할 수 있었던 것보다 더 핵심을 잘 지적해 주었다. 다른 학생들이 웃음을 터뜨렸다.

"작년에 한 이란 학생이 있었는데, 내가 그에게 B 학점을 주지 않으면 그는 테헤란으로 되돌아가야 했고 그의 생명이 위험했어요. 내가 어떻게 해야 했을까요?"

"어떻게 하셨나요?"

대여섯 명의 학생들이 거의 동시에 물었다.

"그는 아주 뛰어난 학생인 것으로 판명되었지요. 나는 그에게 A를 주었어요."

내가 답했다.

"하지만 만약 논쟁의 여지 없이 그가 C를 받을 학생이었으면 어떻게 되었을까요?"

우려의 속삭임들이 들려왔다.

"글쎄요, 그건 특별한 경우네요."

서너 명의 학생들이 동시에 답했다.

"그러면 우리는 왜 모두 '특별한 경우'가 아닐까요?"

구석에 앉아 있던 그 학생이 물었다.

"우리 모두의 삶도 결국은 우리의 성적에 영향을 받는데 말이에요."

"맞아요. 우리 점수를 매기는데 일반적인 기준을 사용하는 건 공정하지 못한 것 같아요."

모두 A를 받게 해 달라는 제안을 한 학생이 자발적으로 말했다. 각 학생들을 독특한 개인으로 대해야 한다고, 소수의 반대파들이 말했다.

우리는 다시 원점으로 돌아온 것 같았다. 나는 이것이 아무리 바람직하더라도, 결국엔 성적 부여 시스템을 제거하고 그 대신에 각 학생의 상황에 대한 철저한 묘사로 대체하게 된다고 지적했다. 뛰어난 생각일지 모르지만, 우리에게 요구되는 건 이것이 아니었다. 급진적인 한 학생이 내게 나 자신의 실존적 가르침을 상기시켜 주었다. 내가 성적 부여를 거부하고 단순히 그 결과를 받아들이면 된다는 것이었다. 나는 학생들에게 그 결과를 받게 될 사람들은 그들일 것임을 상기시킴으로써 상황을 반전시켰다. 그러자 급진적인 제안이 조용히, 당혹스러운 죽음을 맞았다. 몇몇은 경쟁이 자신들의 교육을 방해한다고 불평하면서, 성적을 제거함으로써 경쟁을 최소화할 수 있다고 제안했다. 하지만 그들이 성적 부여 시스템의 공정성에 대해 말하고 있는 것이 아니라, 전체 교육의 맥락과 고등 교육의 목적에 대해 말하고 있음을 지적했다. 불가피하게, 가장 뛰어난 학생 중의 한 명이 말했다.

"그러면, 그것에 대해 이야기해 보면 어떨까요?"

그래서 물론 우리는 그렇게 했다. 이 일반적 사례가 그렇게 관리하기 쉬운 이유는 이것이 이 나라의 "고등 교육" 제도라는 맥락에 포함되어 있다는 사실 때문이다. 이 나라의 고등 교육 제도에서는 다른 목표가 아닌, 어떤 특정 목표가 교육 사업을 규정하고 있다. 대학이 학생들에게 정보를 제공해야 하는지 아니면 사회적 기술을 가르쳐야 하는지, 아니면 경력을 준비시켜 줘야 하는지, 아니면 그저 학생들을 문해력이 있고 감수성이 있는 인간으로 키워내야 하는지 등에 대한 상당히 많은 논쟁이 있을 수 있다. 그러나 이 고상한 의도들의 매듭은 논쟁의 대상조차 아니고 정의에 대한 지금 우리의 관심과 너무나 무관한 수많은 대안적 목표들과 예리하게 구분되어야 한다. 물론 전시나 긴급한 순간 같은 특별한 상황이 있고, 이런 상황에서는 이런 가치들이 정의에 대한 좀 더 세계적인 관심으로 인해 물러날 것이다. 그러나 거의 어떤 상황에서든 우리는 교육의 내재적 가치를 존중한다. 바로 그런 맥락에서, 실천된 판단이 일견 자발적인 듯 보이는 정의감을 불러일으키고, 그런 개별적 관심과 판단에 대해 매우 중요한 합리적 설계나 "객관적" 성적 시스템이 대체한다 해도, 그것이 맥락을 정당화시키지 못하고, 관련된 개별 학생들과 선생들에 대해, 그리고 전체로서의 제도에 대해 해로운 영향만 끼치게 된다. 우리의 정책이 아무리 합리적이라 하더라도, 그것들은 돌봄, 연민의 감정, 우리가 공유하는 기획(그것이 무엇이든 간에)의 완전성에 대한 관심에 의해 촉발된, 경험된 개별적 판단에 의존하고 있다. (그것을 대체하지는 않는다.)

정의의 차원들

나는 정의의 논의를 새로운 추상의 차원으로 끌
어올리고자 한다.

존 롤스, 『정의론』

"제기랄, 부의 재분배는 내가 생각한 것보다 어
렵다."

"데니스 무어" (존 클리즈, 『몬티 파이선의 비행 서커스』)[148.]

우리는 교실이라는 특별한 맥락에서 정의가 무엇을 의미하는지 알
고 있다. 왜냐하면 우리는 교육과 평가의 전통에 속해 있고 그 목
적을 이해하고 있기 때문이다. 우리는 이런 활동들이 의미 있고 중
요하게 여겨지는 긴 역사를 공유하고 있기 때문이다. 교실의 맥락
에서 우리는 무엇이 공정하고 무엇이 공정하지 않은지 알고 있다.
한마디로 말해, 주된 고려 사항은 실력이다. 각 학생에게 마땅히

---

148. Monty Phython. 영국의 코미디 작가와 배우들이 모여서 만든 그룹으로, 여러 영화나 코미디 프로그
램 등을 만들어서 70년대에 큰 인기를 끌었음 — 옮긴이주.

그들이 받을 만한 것을 주는 것 말이다. 시험 응시 능력, 노력, 지성은 평가와 관련이 있으나 머리카락이나 피부 색깔, 부모의 재산은 관련이 없다. 그러나 심지어 그 부분에서도 상당한 의견 불일치의 여지가 있다. 실제 성과와 무관하게 노력은 보답을 받아야 하는가? 노력하지 않는데도 머리가 좋다고 보상받아야 하는가? 테스트 자체를 점검하고 어쩌면 의심스럽게 보아야 하는가? 이런 질문들에 대해 쉽게 답할 수가 없다. 이런 질문들은 교수자의 개인적이면서 또한 전문적인 판단에 적절하게 달려 있다. (항상 그렇지 않은가?) 정의에 대한 판단은 항상 이런 식이다. 구체적인 사례에 추상적인 공식을 적용하지 않고, 그보다는 그 상황 및 그에 관여된 사람들에 대해 면밀한 고려와 체험으로 관여하게 되고, 그 속에서 상충하는 판단 기준과 관심사들이 정리되고, 때로는 추려진다.

정의에 몇 가지 차원들이 있고, 그 적합성은 가까이에 있는 맥락에 달려 있다. 맥락이 더 구체적이고 잘 규정되어 있으면 있을수록 우리의 판단도 더 자신감 있고 더 즉각적으로 이뤄진다. 상황이 단순하다는 뜻이 아니다. 그것은 경험이 다양하게 경쟁하는 관심사들과 고려 사항들을 이미 소화해서 종합했다는 의미이다. 예를 들어서 기성 경기에서 공정한 플레이의 한계가 노련한 선수에게는 실제로 제2의 천성이 되었다. 법 영역에서는 기존 사례들의 축적이 상당히 동일한 목적으로 사용된다. 그래서 일상적인 법률 분쟁은 무수히 많은 고려 사항이 이미 성문화된 틀 안에서 거의 언제나 아주 잘 정의되어 있고 그 안에 명확하게 포함되어 있다. (대조적으로 대법원 및 세계 법정의 판결은 그렇게 잘 정의되지 않거나 명확하게 포함되지 않은 사안에 대한 것들을 다룬다.) 그러나 우리가 재판관석과 방청석에 단순히 개인용 컴퓨터를 두지 않고, 판사, 치안판사, 심판을 두는 이유는, 정의가 단순히 이미 확립된 판단 절차에 따른 기계적인 처리가 아니라, 감수성과 숙련된 판단을 필요로 하기 때문이다.

우리 시대의 가장 뛰어난 사회사상가 중 한 명인 마이클 월저 Michael Walzer[149.]는, 모든 것을 아우르는 정의의 원칙은 없으며 오직 여러 종류의 관심사들이 서로 작동하는 구체적인 맥락들이 있을 뿐임을 주장하기 위한 한 방법으로, "정의의 영역sphere of justice"이란 개념을 도입했다.[150.] 법정의 정의, 사무실의 정의, 시장의 정의, 학교의 정의, 가족 안의 정의, 관료조직의 정의 등이 있을 뿐, 대문자 정의 같은 것은 없다. 당연히 나는 이 생각에 매우 공감한다. "영역"이란 비유가 정의의 다양한 영역들을 너무 독특하거나 스스로

---

149. 마이클 월저Michael Walzer(1935.~) 하버드 대학 박사. 프린스턴대 조교수, 하버드대 교수, 프린스턴 고등연구소Institute for Advanced Study 사회과학부 교수 역임. 시사 평론지 《뉴 리퍼블릭The New Republic》의 편집인이며, 2014년까지 정치평론지 《디센트Dissent》의 공동 편집자로 30년 이상 활동했음. 대표적인 공동체주의 학자로 정치 이론·윤리학·전쟁·민족주의·경제 정의·복지국가 등 다양한 주제에 관한 광범위한 저술 활동을 펼침. '다원적 정의'와 '다원적 평등'에 관한 이론 등으로 현대 사회에서 정치적·도덕적 삶에 대한 다원주의 접근법 계발에 중요한 역할을 담당했다고 평가받음. 불가피한 전쟁의 존재를 인정하고 전쟁의 도덕성을 평가하는 '정의 전쟁론'의 이론적 기반을 세운 학자이기도 함. 2008년 현대 윤리학에 공헌한 사상가에게 수여하는 스피노자 렌즈Spinozalens 상을 수상. 주요 저서로 《정의로운 전쟁과 부정의한 전쟁》(1977), 《정의와 다원적 평등》(1983), 《관용에 대하여》(1997), 《정당한 전쟁이란》(2004), 《세속주의 혁명의 역설》(2015) 등이 있음 —옮긴이주.

150. 다른 저서 가운데서도 『행함과 자격Doing and Deserving』에 수록된 조일 페인베그Joel Feinberg가 쓴, "비교적" 정의와 "비교할 수 없는" 정의를 볼 것.

4장 맥락, 문화, 갈등 속의 정의   339

닫혀 있는 것처럼 들리는 경우를 제외하고 말이다. 정의를 너무 어렵고 너무나 이론적으로 분석하기 힘들게 만드는 것은 서로 다른 정의 개념이 적용되는 서로 구분되는 맥락들 때문만이 아니다. 이런 맥락들이 심지어 가장 잘 규정된 것에서도 정의의 다양한 차원들이 중첩되고 서로 경쟁한다는 사실도 있다. 다른 차원들이 갈등을 일으키게 되고, 심지어 단순한 우리의 교실 사례에서도 갈라져 나온 모순되는 정의 개념들이 동시에 같은 상황에서 작동함을 알 수 있다.

이렇게 다양한 정의의 차원들에 대한 산뜻한 분류가 없다. 가장 기본적인 고려 사항 두 가지는 분명 실력과 평등merit and equality 이다.[151.] 교실에서 우리는 학생의 동기, 노력, 성취를 고려하고 해당 학생이 우리의 관심이나 지시를 받을 만한지를 묻는다. 실력의 관점에서 볼 때 모든 사람들은 확연히 다르고, 심지어 가장 일상적인 과제에서도 모든 사람들이 똑같은 능력을 가지고 있고, 똑같은 성과를 내고 똑같은 기여를 하고 있다고 생각하기란 거의 불가능하다. 하지만 다른 한편으로, 가장 순수하고 무비판적인 의미에서 모든 사람은 똑같다는 느낌이 존재한다. 우리는 모두 인간인 것이다. 우리 모두는 감정을 가지고 있다. 우리 모두는 욕구, 관심, 두려움, 애정을 가지고 있다. 피터 싱어를 비롯한 다른 사람들은 평등의 가장 방어적인 개념은 (우리가 명확하게 불평등한) 능력이나 장점으

---

151. Peter Singer, *Practical Ethics*. 특히 2장.

로 표현되지 않고, 우리의 욕구와 관심으로 표현된다는 그럴듯한 제안을 했다.[152.] 논점은 모든 사람의 욕구와 관심은 그것이 무엇이든 간에 똑같이 진지하게 받아들여져야 한다는 것이다. 이런 점에서 문제는 우리의 차이들이 아니라 우리의 같음이다. 한 사람의 흥미와 관심은 다른 모든 사람의 흥미와 관심과 똑같은 무게를 지닌다. 정말로 우리가 여기서 인간들에게 선을 그어야 하는 이유가 전혀 명확하지 않다. 사실 많은 사람들이 적어도 어떤 동물들(분명히 자신들의 반려동물)에 대해서는 이런 점에서 완전히 동등하게 대하고 있다. 특히 성공을 거둔 창조적인 사람들은 자신들의 능력에 의해 풍부한 보상을 받을 만하다. 심지어 "말 못 하는" 동물들도 아무 이유 없이 괴롭힘을 당하거나 고문을 당하거나 죽임을 당하지 않을 최소한의 존중을 받을 자격이 있다. 이것은 능력의 문제가 아니다. 보편적 평등의 관점에서 볼 때 우리의 동물학의 너무나 많은 부분이 "인간에게 유익한" 범주와 연결되어 있다.

평등과 능력의 구별은 정의에 대한 우리의 성찰에서 중심적인 갈등을 제공한다. 한편으로 우리는 (인간뿐 아니라) 감각과 지성이 있는 모든 생명체에 대해 유사한 기본적 욕구와 흥미를 지니고 있고 기본적으로 존중받을 만한 자격이 있다고 적절하게 생각하는, 그런 인식이 있다. 다른 한편으로, 이 세상에서 모든 사람, 심지어

---

152. 작년 반 고흐의 그림이 뉴욕에서 열린 경매에서 거의 4천만 달러에 팔렸다. 고흐는 살면서 그 그림을 결코 팔 수 없었을 것이다. (한 점을 제외한 다른 모든 작품도 팔 수 없었을 것이다.)

각 생명체의 독자성, 호감도, 기술, 재능, 능력 면에서의 차이, 세상에 대한 기여에서의 차이, 서로 다른 미덕과 악함, 선악에 대한 기여의 차이, 그 결과 그들의 서로 다른 가치 등에 대한 예리한 인식이 있다. 이런 차이들에 따라 그들은 존중받고 보상받아야 한다고 우리는 느낀다. (물론 능력의 평가에서도 동등한 기준을 적용할 수 있고, 또 그렇게 해야 한다. 그러나 이것은 사람들의 욕구와 흥미를 동등하게 취급하는 것과는 아주 다르다.) 그 두 가지가 어떻게 갈등을 일으키는지 쉽게 이해할 수 있다. 우리가 사람들을 동등하게 대한다면 우리는 그들 사이의 차이들을 간과하거나 부인해야 한다. 그러나 개별 성취에 주목하기 시작하자마자 우리는 필연적으로 동등성을 버리고(어쩌면 그들 자신의 잘못 때문이 아니라), 능력이나 배경이나 지성이 부족한 사람들, 혹은 심지어 사회에 유용하게 봉사할 건강이나 힘이 부족한 사람들을 차별하게 된다.

정의에 여러 차원들이 있다는 생각, 즉, 정의가 단일한 기준이 아니라는 생각은 전혀 새로운 생각이 아니다. 그러나 이런 다양한 차원들을 한 가지 차원으로 환원할 수 없다거나, 모든 상황을 충족할 하나의 거대한 공식 속에서 이 차원들을 측정하고 균형 잡을 수 없다는 생각에 우리는 저항한다. 평등과 능력에 더해 문자 그대로 수십 개의 고려 사항들이 있고, 이 모든 것들이 어떤 맥락에서는 편안하고, 어떤 맥락에서는 그렇지 않다. 예를 들어 특별한 필요의 문제, 단순히 똑같은 대접을 받는다는 것만으로는 불충분한,

아프고 불우한 사람들의 곤경의 문제가 있다. 평등, 능력 또는 필요의 문제와 별개로 어떤 사람이 거기에 대해 권리를 가지는 자격의 문제가 있다. 그런 권리의 가장 간단한 예는 명시적인 계약의 결과이다. 예를 들어 당신은 당신 펜스에 페인트칠을 하면 50달러를 준다고 나에게 약속했다. 나는 그 일을 완수했고 이제 나는 그 돈을 받을 권리가 있다. 그러므로 우리가 "시민의 권리"라고 부르는 그런 사회적 법률적 보증은 전체 사회가 한 약속의 결과이다. 정의에 대한 훨씬 더 추상적이지만 우리의 사유에 명백히 중심적인 것은 "인간의 권리"이다. 인권은 명료하게 적시되어 있을 수도 있고 아닐 수도 있지만, 그럼에도 불구하고 인권은 특정 사회나 문화의 관습과 심지어 법률보다 더 우선시될 수 있다. 그리고 이것은 분명 명시되어 있건 혹은 다른 형태든, 어떤 계약에 달려 있지도 않다. 적어도 몇 세기 전까지만 해도 그런 권리들이 사회적 사유에서 거의 역할을 못 했다는 사실에도 불구하고 오늘날 정의에 대해 생각할 때 그런 권리 개념을 생각하지 않을 수 없다. 예를 들어 정치 언론의 자유는 특정 정부의 약속이나 국가의 헌장과 아무 관련이 없지만 정의에 대한 우리의 사유에 아주 중심적이며 대부분의 역사에서 이해받지 못했을 그런 기본 인권 중 하나이다. 그러나 우리가 뉴스를 통해 계속해서 상기하게 되듯, 심지어 언론의 자유도 그것에 자격을 부여하면서 때때로 모순을 일으키기도 하는 어떤 문맥 안에 내포되어 있는 권리이다. 절대적인 권리란 존재하지 않는다.

심지어 인권도 그렇다.

다소 더 논란이 많으나 우리 사회의 핵심이기도 한 것은, 사람이 이미 소유하고 있는, 합법적으로 취득한 부와 물질적 재화를 계속 보유할 권리가 사람에게 있다는 인식이다. 그 사람이 이미 그 누구보다도 훨씬 더 많은 것을 가지고 있더라도, 그 사람이 그것을 필요로 하든 아니든 간에, 그 사람이 어떤 의미로든 그것을 가질 자격이 있든 없든 간에 그 사람은 이런 권리를 가진다. 기실 우리는 어떤 의미에서 우리가 벌지 않은 돈에 대해 권리를 가질 수 있다. "일하지 않고 번" 수입은 우리의 정의 논쟁에서 중요한 역할을 한다. 예를 들어, 우리는 상속을 통해 돈에 대한 권리를 가질 수 있으며, 정의에 대한 주요 논쟁 중 하나는 개인의 미덕이나 생산적인 활동과는 무관하게, 세대에서 세대로 전해지며, 그와 함께 엄청난 권력과 특권이 수반되며, 세월과 함께 더 증가하는 엄청난 부를 어떻게 정당화할 수 있느냐는 것이다. 권리 개념은 종종 평등주의의 전형적인 특징으로 내세워진다. 그러나 재산권에 대한 이런 강조는 평등의 개념을 직접적으로 거스른다. 그러므로 (사람들의 재능과 업적이 평등하지 않다고 가정할 때) 능력 역시 평등과 대립되며, 이 둘 중 어느 한쪽을 전적으로 지지하게 되면, 다른 한쪽을 침범하게 되어 있다. 우리는 일반적으로 권리, 평등, 능력을 강조하지만, 우리의 정의감이 그저 얼마나 비합리적인지 인식하는 것이 중요하다. 우리는 (법 앞에서는 물론이고) 추상적인 의미에서 모든 사람이 평등하다고 믿는다. 그런데 우리는 또한 사람들이 세상의 보상을 불평등하게 분배받는 것에 대해 그것이 필요하고, 그럴 만하고, 또 그럴 권리가 있다고도 믿는다.

우리가 '시장'이라고 부르는 특별한 제도, 즉 자본주의뿐만 아니라 공정성에 대한 우리의 감각을 규정하는 그 비체계적 협의 시스템의 도입과 함께 매우 다른 차원의 정의가 우리의 고려에 들어온다. 물론 자유시장을 옹호하는 많은 사람들의 말을 들으면, 시장은 그저 능력의 척도라고 생각할 수 있다. 왜냐하면 달러의 경쟁에서, 그리고 성공과 더불어 오는 존경과 찬사의 경쟁에서 노력과 효율성과 창의성은 거의 항상 승리를 거두기 때문이다. 물론 때로는 능력과 시장이 전적으로 협력한다. 엄청난 가치를 지닌 제품을 발명하고 그 보상으로 부자가 된 젊고, 똑똑하고, 열심히 노력한 사업가에 대한 이야기들이 능력과 시장의 완전한 궁합이란 환상을 만들어 낸다. 그러나 똑같이 가치 있는 제품을 발명한 사람들, 유사한 통찰력을 가지고 마찬가지로 열심히 일하는 다른 발명가들은 자신들의 노력에 대해 그저 명목상의 사례금만 거두어들였다. 몇몇 대기업이 특허를 낚아채서 마케팅을 통해 한몫 벌었기 때문이다. 독창적인 발명가가 사업가로서 무능할 수 있고 그들의 제품을 그렇게 성공적으로 팔 수 없는 것은 사실이다. 그럼에도 불구하고 그 시나리오는 심각한 불공평으로 느껴지며, 시장 중심 사고는 평등이나 능력과는 다른 어떤 것에 궁극적으로 가치를 둔다는 것을 인정해야 한다. 사람들은 아무 가치도 없는 제품의 아이디어로 수백만 달러를 벌고, 우리 문명의 가장 귀중한 결실은, 적어도 그것을 만든 창작자가 사는 동안 종종 시장가치가 전혀 없기도 한다.[153.]

정의에 대한 모든 논의에서 빼놓을 수 없는 것 하나는 "공공의 이익"에 대한 고려이다. 실로, 우리는 이미 정의 감각을 어느 정도는, 전체 공동체의 복지에 대한 관심이라고 정의했다. 평등주의자들은, 당연히, 평등한 사회는 시기와 다툼에 덜 시달린다고 주장한다. 능력을 옹호하는 사람들은 사람들에게 최선을 다하도록 장려하는 것은 모두에게 더 좋은 사회를 보장한다고 주장한다. 규제받지 않은 자유시장을 옹호하는 사람들은 거의 항상 시장의 자유가 거의 필연적으로 모두에게 번영을 가져온다는 (역사적으로 우발적인) 주장을 근거로 삼는다. 사실 이런 식의 옹호 없이는 시장경제의 바람직함에 대한 우리의 믿음이 흔들릴 것이다. 소수의 부자 개인들의 기업적 "자유"는 말할 것도 없다. 그러나 공공의 이익은 언제나 평등이나 능력이나 시장에 의해 제일 잘 달성되는 건 아니다. 악명 높은 몇몇 경우에, 전체 사회의 이익은 한 명의 구성원, 혹은 더 많은 구성원들에 대한 가장 역겨운 불공평에 근거하기도 한다. 인간 희생물을 바치는 고대의 제의는 이 점을 가장 명료하게 드러내며 유명 인사들과 희생양의 현대 시스템도 매우 같은 식으로 작동할 것이다. 정의에 대해 말할 때면 꼭 모두의 이익을 고려하게 되는데,

---

153. MacIntyre, *After Virtue*, (Notre Dame: Notre Dame Univ. Press, 1981).

이것은 그 자체로 정의에 이르는 핵심은 아니다.

　정의의 다른 차원들이 있으나(이 중 몇몇은 다음 장에서 언급될 것이다), 지금은 이 논의가 출발한 지점의 관점으로 우리의 관심을 전환하는 것이 더 중요하다. 정의의 차원들이나 정의의 판단 근거를 강조하게 되면, 상호성의 감각과 우리가 세상을 공유하는 사람들과의 동료애를 부각하고자 하는 나의 전 기획의 주제를 잠식시킬 경향이 있다. 너무나 흔히 정의는 이런 차원들 중의 하나 혹은 다른 하나로 규정된다. 나는 정의 감각이란 이런 차원들을 맥락이나 관심에 따라 따져 보는 그런 배양된 판단력이라고 주장하고자 한다. 모든 경우에, 정의는 (스스로를 포함해서) 사람들이 사회에서 같이 어울리는 방식에 대한 전반적인 관심이다. 판단 기준이나 차원들의 선택은 그런 관심보다 덜 중요하다. 홈리스의 곤경이나 미치광이들이 군사적 공격 무기를 소유할 권리에 대한 우리의 ("터무니없는") 현재의 논쟁에서 우리는 그런 논의들을 타당하게 만들 참여 의식이나 연민과는 동떨어진, 권리니 능력이니 심지어 필요를 말하는 무수한 이야기들을 듣게 된다. 여기서 나의 논점은 정의가 실제로 얼마나 복잡한 것인지를 보여 주는 것이 아니다. 그보다 능력, 평등, 권리 등의 우선순위를 따지는 끝없는 논쟁으로부터 벗어나 그 모든 논쟁들 배후에 있는 하나의 관심으로 되돌아가는 것이다.

　"정의의 여러 차원들" 개념은 우리가 수용하기 쉽지 않은 생각이다. 왜냐하면 그것은 우리의 정의 감각이 복합적일 뿐 아니라, 정의 감각이 여러 모순과 갈등으로 가득하다는 것도 의미하기 때문이다. 인간으로서 사람들에 대한 동등한 존중은 어떤 의미에서 반드시 필요한 것이라는 것에 우리 모두는 동의한다. 하지만 그것이 가장 구체적인 사례에 적용될 때, 그것이 무엇을 의미하는지는 전혀 명확하지 않다. 사람들은 마땅히 받을 만한 것을 받아야 한다는데 우리 모두는 동의하는 경향이 있다. 그러나 이런 공식을 단순히 공식의 양식에서 떼어 내어, 재능, 야망, 양심, 성취, 기여도의 측면에서 각기 제각각 다른 실제 사람들에게 적용할 때, 이런 차이들에 대한 고려가 서로에 비추어, 혹은 그들의 필요에 비추어 어떻게 측정되어야 하는지, 혹은 이런 어려운 결정들을 "시장"의 객관성에 어느 정도 맡겨야 하는지에 대해서는 전혀 동의하지 않는다. "시장"에서는 마케팅 기술이 돌연 최우선권을 가지고 아무것도 팔 게 없는 궁핍한 사람들은 시스템적으로 망하게 된다. (경제학 분야의 노벨상은 계량경제학이란 공식 이론 아래 이런 명백한 사실을 감출 수 있는 학자에게 돌아간다.)

우리는 여전히 플라톤이 약속한 것의 빛 속에서 정의를 단일한 이상, 통일된 개념으로 생각한다. 일단 이해되면, 아무리 멍청한 판사나 컴퓨터라도 공평하고 전적으로 공정하게 적용할 수 있는 훌륭한 판단의 절차를 우리에게 제공해 줄 그런 단일한 이상, 통일된 개념으로 정의를 생각하는 것이다. 사실은, 그런 이상이란 존재하지 않고, 그런 절차는 가능하지 않다. 소위 "정의"라고 하는 것은, 다양한 이런 차원들의 이런저런 쪽에 말끔하게 놓여 있기 때문에 판단될 수 있는 구체적인 불의를 교정하는 것이다. 어느 누군가가 굶어 죽어 가고 있으면 그에게 음식을 줘야 한다. 누군가 새로운 종류의 쥐덫을 고안하면 그에 대한 보상과 혜택을 그에게 줘야 한다. 누군가 새로운 텔레비전 세트를 샀는데 배달이 전혀 되지 않고 있으면 텔레비전 세트를 그에게 줘야 한다. 샐리가 10월 18일까지 보고서를 끝내면 보너스를 받기로 약속받아 보고서를 끝냈다. 그러므로 그녀는 보너스를 받아야 한다. 누군가가 당신의 돈을 훔쳤다. 그 돈은 반환되어야 하고 도둑은 처벌되어야 한다. 누군가가 복권에 당첨되면 상금을 받아야 한다.

그러나 이런 차원들이 교차하고, 두 개의 불의한 상황이 정반대의 해결책을 가지고 서로 부딪히면, 정의는 단순한 결정 과정이 아니라 협상의 문제, 필요한 경우엔 결론이 날 때까지 철저하게 다투어져야 할 과정이 된다. (칠레의 국가적 모토는 합리적 방법 아니면 완력이다.) 물론 이것은 모든 외골수의 정의 이론들이 너무나 피하려고 해 온 "해결책"이다. 따라서 내가 "정의 감각"을 말할 때, 개개의 모든 사회적 상황에 적용될 수 있는 단일한 감정이나 감수성을 의미하는 것이라고 여겨지지 않아야 한다. 정의 감각 역시 문맥에 따라 다양하고 정교한 판단 형식을 포함하는 복합적이고 종종 상충하기도 하는 감정들이다. (그런 복합성과 문맥적 감수성은 적절하게 "직관"이라 일컬어지는 것이다.) 우리의 판단력은 명료하게 규정되고 이미 확립되어 내면화된 합리적 정의의 원칙들을 적용하는 문제가 아니다. 왜 냐하면 정의의 단일한 원칙, 정의의 단일한 감각이란 존재하지 않 기 때문이다.

"단순한 정의"

> 정의는 마땅히 받을 자격이 되는 것을 얻는 것
> 이다. 이보다 더 단순한 것이 무엇이랴?
>
> 존 호스퍼스, 『인간 행동』

일견 매우 간단하고 "단순"해 보이는 생각에도 어떻게 정의의 다양
한 차원들이 들어가서 서로 갈등을 일으키는지 살펴보면 도움이
될 것이다. 뒤에서 나는 우리 대부분이 연루되어 있는 일상생활 속
의 정의의 이슈들, 우리가 한 일에 대한 "보상"금의 분배에 대해 고
려해 보려고 한다. 당신이 두 명의 직원을 둔 감독관이고, 그들에
게 분배할 보너스 금액이 정해져 있다고 생각해 보자. (편의상 천 달
러라고 하자.) 당신이 고려해야 할 정의의 차원에는 어떤 것들이 있는
가?

플라톤 이래, 거의 보편적으로 동의하는 적어도 세 가지 사항이
있는 듯하다.

(1) 첫 번째 사항은 정의가 단지 "힘이 곧 정의다"의 문제는 아

나라는 것이다. 힘과 권력은 정의를 옹호하는 데 필수적으로 보이지만, 힘과 권력이 정의를 구성하지 않는다. 직원 두 명 가운데 한 명이, 자신이 많은 액수의 보너스를 얻지 못하면 당신을 때려눕히겠다고 협박한다는 사실이 곧 그녀를 대변하는 주장이 아니다.

(2) 두 번째 사항은 상관없는 고려 사항이 우리의 심사숙고에 들어가서는 안 된다는 점이다. 예를 들어 직원 한 명은 여성이고 나머지 한 명은 남성이라는 사실, 혹은 한 명은 멕시코계 미국인이고 나머지 한 명은 중국계 미국인이라는 사실은 각 직원이 얼마의 보너스를 받아야 하는지의 문제와 아무 관련이 없다. 그러나 물론 "무엇이 관련성이 있나?"라는 문제는 "무엇이 정의로운가?"라는 질문만큼이나 어려울 수 있다. 기실 이 둘은 똑같은 질문이다. 한 직원이 더 열심히 일한다는 사실은 관련 있는 고려 사항인가? (결과만이 중요한, 압박이 큰일에서는 그렇지 않다.) 한 직원이 다른 직원보다 더 똑똑하다는 사실은 어떤가? 혹은 한 명이 회사에 다섯 배나 더 오래 일했다는 것은? 한 명은 매력적인데 반해 다른 한 명은 성격이 더럽고 게으르다면? 한 명이 더 빚이 많다면? 아마도 가장 어려운 문제일 것인데, 당신이 다른 한 명보다 그 한 사람을 더 좋아한다면? 아무 이유 없이 직원들을 다르게 대하는 것은 명백히 불공

정하지만, 그릇된 이유로 다르게 대하는 것, 역시 불공정하다. 그리고 관련 있는 차이점에 대한 고려 없이 그들을 비슷하게 대하는 것 역시 불공정하다.

(3) 동등한 처우에 대한 요구 사항과 차이에 대한 인지를 화해하는 가장 명료한 방식은 동일 기준을 주장하는 일이다. 즉 우리가 결정하는 것은 무엇이나 문제의 평가와 관련이 있으므로 우리는 두 직원에 대해 동일한 기준을 적용해야 한다. 그러나 상관성의 문제에 대한 우리의 결정에서와 같이, 어려운 점은 두 경우가 같은 기준의 적용을 보장할 만큼 충분히 유사한지의 여부를 결정하는 것이다. 한 직원은 성실하게 열심히 일하는 것이 주된 관심사인 일상적인 업무를 수행하는 반면, 다른 직원은 시간이 아무리 많이 (혹은 적게) 걸리든 정답만 맞추는 문제 해결사라면 두 직원을 같은 방식으로 평가하는 것이 공정하다고 보기는 어렵다. 한 학생은 열심히 공부하는 초보이고, 다른 학생은 노련하고 일상적으로 통찰력이 있는 경우 이 두 학생을 다르게 고려해야 하듯이, 다른 직종에서 일하는 (혹은 때로는 같은 일을 하는) 다른 사람들은 공정함을 위해 다른 평가 기준을 필요로 한다.

공정한 평가를 위해서는 어떤 종류의 기준을 활용할 수 있고,

또 필요로 하는가? 다음에서 나는 몇 가지를 제안하고자 하며, 이는 결코 완전한 목록이 아니다.

동등함: 모든 차이들을 무시하고 중간에 대고 잘라서, 그들 각자에게 5백 달러씩 줘라. (그렇게 똑같이 나누면 아무 분노도 유발하지 않고 어떤 합리화도 필요 없다는 환상이다.)

보상(결과): 실제로 누가 더 많이 생산했는가? (물론 생산량을 측정하는 방법을 결정하는 것은 이미 절반의 고민을 해결한 것이다.)

보상(노력): 누가 더 열심히 일했는가? 공정한 고용주라면 모두 잘 알겠지만, 결과가 중요하긴 하나 결과가 항상 참된 보상을 반영하는 건 아니다. 샬롯이 발견의 공을 가지겠지만 그 기초가 되는 95%는 캐롤이 완수했다.

능력: 한 사람이 보여 주는 전도유망성의 정도. 결과만이 중요하게 평가되기 전에, 그 사람은 얼마나 오랫동안 가능성을 보여 줘야 하는가? 그런 가능성에 보상을 주는 것이 진정 공정한가?

필요: 한 직원은 아픈 자녀 두 명에 대학 다니는 자녀가 한 명 있는 반면, 다른 직원은 상당한 신탁 자금을 보유한 독신이라는 사실을 우리가 고려해야 하는가? 직무상의 정의는 항상 직무와 관련 있는 것이어야 하지 않나?

시장가치: 그들 중 한 명이 더 높은 월급을 주는 다른 직업을

가질 가능성이 있는가? 그들을 계속 보유하려면 월급을 더 줘야 할 것이다.

권리: 그들 중 하나에게 특정 보너스를 지불할 것을 이미 약속한, 미결의 계약이나 합법적인 기대가 있는가? 한 명이 "보너스"의 권리를 가질 수 있는가?

공공의 이익("유용성"): 대다수 사람들에게, 나머지 직원들에게, 회사에게, 그리고 더 규모가 큰 공동체에게 무엇이 최상의 효과를 낼 것인가?

의무와 책임: 우리는 얼마의 부담을 보상해줘야 할 것인가? 회사의 최고경영자는 열심히 일하는 직원들보다 왜 그렇게 많은 돈을 받아야 하는가? 이것 중 심리적 문제가 있는가? 전통의 문제는 얼마나 되는가?

위험부담과 불확실성: 우리는 위험한 일에 대해서 더 많은 돈을 지불한다. 그것이 더 많은 기술을 요하든 아니든 간에. 그리고 안전한 직업보다 그것이 더 큰 기여를 하는지의 여부와 상관없이 그렇다. 우리는 자신들의 돈에 위험부담을 더 감수하는 투자자들에게 보상을 한다. 그들이 쓰는 돈과 노력, 그들이 가진 기술의 문제와 별도로 말이다. 어떤 사업의 열매가 육체적 노동을 하는 사람에게 온전히 속한다고 주장했다는 점에서 마르크스는 틀렸다. (물론 위험부담에 대한 보상의 액수가 얼마냐 하는 것은 진지한 논쟁의 문제이긴 하지만 말이다.)

연공서열: 그 사람이 회사에 얼마나 오랫동안 있었는가? 이 자체가 그의 기술이나 업적과 별도로 특별한 위치를 부여하는가?

충성도: 연공서열과 똑같지 않다. (비록 연공서열이 충성도의 표시일 수는 있지만 말이다.) 최근 점점 더 많은 젊은 임원들이 '패스트 트랙'을 밟아 회사를 옮겨 다니고, 점점 더 많은 기업들이 최근 입사한 직원보다 오래된 직원을 해고하면서 (종종 복리후생 패키지가 시작되기 불과 몇 달 전에) 충성도의 개념이 덜 강조되어 왔다. 내가 보기에 이것은 더 심각한 문제의 징후인 듯하다. 즉, 우리 자신들을 전체로서의 사회뿐 아니라, 우리의 직장과 제도 속의 구체적 일원으로 보기보다, 개별적 계약자로 바라보는 경향의 징후인 것이다.

도덕 가치: 위의 모든 사항에 덧붙여, 우리는 때때로 단순한 신뢰성 내지 정직성에 대해 보상을 준다. 비록 이것이 꼭 회사에 이익이 되지 못할 때에도 말이다. (충성도와 유사하다.) 성격의 친화성이 흔히 이 범주에 든다. 개인적 애호 같은 좀 더 의심적은 고려 사항도 마찬가지이다. 그런 개인적 고려 사항이 공정한가? 가치 그 자체도 개인적 고려 사항인가?

전통: 마지막으로, 어떤 제도도 역사적 진공 상태에서 존재하지 않는다. 엄격하게 평등주의적이었든 혹은 언제나 공평하지 않았든(말하자면 750달러 대 250달러), 그리고 더 오래 일한 직

원을 선호하든 혹은 더 신입을 선호하든, 혹은 더 열심히 일한 직원 혹은 생산성이 더 좋은 직원, 두 사람 중에 더 절박한 사람, 혹은 더 두드러지게 미덕이 있는 사람을 선호하든, 보너스가 과거에 언제나 특정 방식으로 배분되었다는 것은 사람들의 기대와 분명 관련성이 있다. 물론 전통에 저항할 수 있다. 그러나 특별한 정당화 없이는 그러지 않는다. 기업 문화를 너무 성급하게 바꾸려고 한 임원이라면 누구라도 알듯이 기업 문화는 자체의 관성을 가지고 있다.

심지어 이런 단순한 내부 사례의 정의에서도 다른 고려 사항들이 존재한다. 그러나 핵심은 아무리 단순한 경우에서도 정의는 결코 단순하지 않다는 것이다. 정의에는 결정 과정이 아니라 판단이 필요하고 거기에는 광범위한 고려 사항들이 있다. 두 명의 직원들 사이에 공평하게 천 달러의 보너스를 나누려고 할 때 우리는 일종의 공평하고 일관된 기준을 적용하고 회사에 대한 그들의 매우 다른 기여(아마도 아주 다른 종류의 기여일 것이다)를 고려하려고 한다. 이 다양한 고려들 사이에 대차대조표를 만들려고 할 것이며 대부분 우리의 판단은 공정하고 합리적이다. 그러나 그런 사례들을 판단하는 법을 우리에게 알려줄 공식이나 이론이 존재하지 않는다는 것이 문제이다. 정의는 맥락적이고 그래서 실제로 정의는 언제나 상충하는 고려 사항들, 정의의 서로 다른 차원들을 포함하고 있고,

정의의 차원은 모두 내적인 모순과 갈등을 포함하고 있다.

물론 메시지(경고하고 보상하고 처벌하고 칭찬하는)를 보내는데 그 보너스를 활용할 수도 있고, 이전의 불공평을 교정하거나 우리 자신의 이전 실수를 인정하는데 그 보너스를 활용할 수도 있다. 그러나 정의는 무수히 많은 재료들과 양념들을 가미한 일종의 스튜 같은 것이 아니라는 것이 핵심이다. 그리고 정의는 서로 상충하는 주장들과 요구들의 이해할 수 없는 충돌은 더더욱 아니다. 천 달러 보너스의 분배에 대해 너무 많이 고민하는 고용주는 실제로 양심적이거나 철학적이 아니라 무능하고 결정을 못 하는 사람일 수가 있다. 정의의 다양한 차원들이 다소 손쉽게 자리를 찾는 것은 정의의 이론 (대개의 경우 그런 결정들을 심각하게 훼손한다.) 때문이 아니라, 문제의 맥락과 제도 내에서의 실행과 참여 때문이라는 것이 팩트다. 정의의 타고난 감각뿐 아니라 습득된 감각 역시 중요하며 종종 비극이라고 하는 특별한 경우에서만, 정의의 두 가시 이상의 차원들이 서로 충돌하거나 모순을 일으키는데, 그 충돌이 너무나 심각하고 유례없는 방식으로 일어나서 우리는 특별한 고려나 협상에 기댈 수밖에 없게 된다. 정치이론에서 볼 수 있는 비교불가능성, 비일관성, 미결정성에 대한 익숙한 호소는, 몇몇 사악한 이데올로기를 옹호하는 궤변까지는 아니라 하더라도, 대개 이론 이전의 우리의 판단력의 지혜에 대한 거절이다.

가장 흔하게 반복된 정의의 이미지는 특정 개인과 상관없는 태도이며, 그것은 멀리 떨어진 채 감정을 느끼지 않으며, 정의의 관심사와 원칙에 의해 말하는 사람들이 아니면 어떤 개인적인 정체성이나 차이들을 인지하지 않는, 눈을 가린 조각상의 모습으로 잘 대변된다. 내가 여기서 주장하고자 하는 것은, 개인과 무관한 그런 태도, 정의만의 특유한 관심사나 원칙들이란 존재하지 않는다는 것, 그리고 정의의 가장 본질적인 차원은 바로 정반대, 즉, 구체적인 사람들에 대한 연민과 감정에 기반한 인식적이고 세심한 판단이라는 점이다.

부자와 가난한 자: 전통과 능력과 시장

> 법은 그 장엄한 공평함으로 가난한 자뿐 아니라
> 부자도 다리 밑에서 자거나 길에서 구걸하거나
> 빵을 훔치는 것을 금한다.
>
> 아나톨 프랑스, [154.] 『붉은 백합』

근대 세계에 이르러 한 가지 관심이 정의의 논의들을 지배하게 되었는데, 그것은 바로 부자와 가난한 자들의 명확한 심연의 간극이었다. 평등주의자들은 당연히 그 문제를 심각한 불평등의 하나로 본다. 능력 옹호자들은 부자가 될 자격이 있는 사람들이 있는 반면, 아직 그것을 증명하지 못한 사람들도 있다고 (변명의 여지 없이) 주장한다. 이데올로기가 없는 많은 사람들은 불평등을 운명이나 운의 문제로 단순히 받아들인다. (우리가 운이 좋은 사람 편에 속한다면 쉽게 그렇게 한다.) 가장 냉담한 사람들만이 절박한 인간적 결핍의 전 세계적 비극에 무관심하다. 그런데 최근에 행해지는 정의에 대

---

154. 아나톨 프랑스Anatole France(1844~1924). 19세기 후반에 활동한 프랑스 작가. 1888년에 카바이에 부인과 연애를 시작하고 그 감정을 로맨스 소설인 『붉은 백합Le Lys Rouge』에 담았다. 드레퓌스 사건 당시 에밀 졸라를 지지하여 드레퓌스의 무죄를 주장했다. 1921년 노벨문학상을 수상했다 — 옮긴이주.

한 너무나 많은 논의와 논쟁들이 그런 필요의 부인이나, 그것에 대해 무엇인가 해야 할 우리의 의무의 묵살, 혹은 풍족한 자와 비참한 자의 커져 가는 간극의 합리화 등을 주된 목적으로 삼고 있지 않은가? 그리하여 세상의 부를 공평하게 분배해야 한다는 불가능한 요구와 현재의 상태를 옹호하거나 합리화하는 다양한 시도 사이에서, 부자는 더 부자가 되고 가난한 사람은 더 가난하게 되어 가고 있다. 우리의 정의 감각은 어디에 있는가? 그것은 불가능한 것에 대한 요구나 무관심의 옹호보다는 더 나은 것이어야 한다. 그러나 부자와 가난한 자의 간극이 문제의 부정의인가? 아니면 부자들의 무관심하고 추상적이기만 한 태도들이 부정의인가? 나는 후자, 즉, 불평등은 그런 부정의가 아니라고 주장하고 싶다. 진정한 부정의는 무관심이다. 그런데 그것은 긴 역사와 깊은 뿌리와 대여섯 가지의 차원들을 가진 그런 형태의 무관심이다.

플라톤이 『국가 The Republic』에서, 그리고 아리스토텔레스가 『니코마코스 윤리학』에서 주장한 것은 정의와 훌륭한 삶이 너무나 불가분으로 같이 얽혀 있어서 정의롭지 않고서는 잘 살 수 없다는 것이었다. 그러나 플라톤과 아리스토텔레스는 귀족들이었다. (혹은 적어도 귀족들의 자제와 함께 살고 그들을 가르쳤다.) 그들은 심한 불공평을 완벽하게 자연스러운 일이고 전혀 불공정한 일이 아니라고 생각했다. 그들은 노예제를 문명사회의 필수 조건이라고 받아들였다. 그러므로 그들에게 있어 부자와 아주 가난한 자의 심한 차이와 정의의 양립, 귀족과 노예제의 공존은 문제가 되지 않았다. 그러나 우리는 "모든 인간은 평등하게 태어났다"는 것을 믿는다. (그리고 이 견해를 가지고 정의에 대한 우리의 모든 사고를 시작한다.) 어떤 사람들(아마도 그저 두 블록만 떨어진 곳에 사는 사람들)은 머리 위에 지붕조차 없거나 손에 먹을 것 충분하지 않은데 어떤 사람들은 그렇게 부자인 것은 공평하지 않다. 그러므로 세상의 대부분의 사람들보다 7백 배 높은 생활수준(그들 중 많은 사람들이 굶어 죽어 가고 있다)을 계속 향유하면서 어떻게 우리 자신들을 여전히 정의롭다고 생각할 수 있겠는가? 우리 자신이 부정의의 수혜자인 것 같은 당혹스러운 사실과 정의에 대한 욕망을 어떻게 조정할 수 있겠는가? 이런 괴로운 문제에 대응할 때 어떤 사람들은 우리가 가지고 있는 것을 지킬 다소 절대적인 권리를 옹호하고, 어떤 사람들은 재분배라는 어려운 문제에 있어 부자들로 하여금 가난한 사람들에게 나눠 주라고 설득(혹은 강요)하는 방법과 이유들을 찾느라 씨름하고 있다.

　문제를 복잡하게 하고 심지어 망치기도 하는 것은 자유시장 경제라고 하는 우리의 뛰어나고 특이한 경제 제도이다. 그것은 한 마디로, 모든 개인이 자기가 원하는 것을 하고, (자신의 시간과 기술을 포함해서) 자기가 할 수 있는 것을 사고팔며, 자신의 시간이나 돈을 (사업과 예술적 노력뿐 아니라 복권을 포함해서) 선택한 사업에 투자하여 보상을 거두어들이거나 손실을 감수하는 경제이다. 시장 시스템의 결과 중 하나는 수입의 막대한 격차이다. 이 격차는 상이한 개인들의 기술과 영리함에 일부 달려 있기도 하고, 행운의 타이밍, 요행수, 그리고 최초로 일어나되 궁극적인 도박이기도 한 것, 즉 언제 어디서 어떤 환경에서 태어나는가 하는 것 같은 우연적인 요소에도 달려 있기도 하다. 하지만 보상이 되는 생각(이제 실제로 미국의 세속 종교의 신념이 되었다)은 그런 좋은 행운이 그들이 누구인지, 그들의 현재 상황이 어떠하든지 간에 어느 때나 누구에게나 일어날 수 있다는 점이다. 그리하여 자유시장 경제의 가장 두드러진 부정의는 자유시장 경제의 가장 자애로운 특징으로 받들어졌다. 따라서 우리 사회에서 그 어떤 것도 "사회 이동"의 신조가 많은 사람들에게 있어 잔인한 환상이라는 것을 점점 더 인식하게 되는 것만큼 충격적인 것은 없었다. 대개의 경우 이미 잘사는 사람들에게 번창함이 생겨나고 부자는 더 빈곤에 들러붙었다.

거의 모든 다른 문화에서도 이것은 명백하고 전혀 근심의 원인이 되지 않았다. 플라톤과 아리스토텔레스는 자신들의 세계의 경제적 분배에 대해 매우 당연하게 여겼다. (만약 그들이 그런 문제에 대해 생각이라도 했다면 말이다.) 사람들은 특정한 삶의 방식으로 태어나고, (스스로 덫에 빠졌다고 느끼든 아니든 간에) 거의 항상 그 방식에 머문다. 군인의 아들은 거의 확실하게 군인이 되기를 원하고 군인이 된다. 귀족 어머니를 둔 딸은 거의 틀림없이 귀족 어머니가 된다. 부자이냐 가난하냐는 삶에서 물려받은 역할과 같이 갔다. 정치인과 장군들은 부유하고 사치 속에서 사는 반면 구두수선공들은 소박하게 살았다. 일을 잘하고 좋은 대접을 받으려면 자신의 운명에 만족해야 했다. 왜냐하면 사람들은 정확히 자신이 해야 하는 대로 살고 있었기 때문이다. 그러나 우리는 (일반적으로) 사람들이 출생의 우연에 의해 자리에 그렇게 갇혀 있어야 한다고 믿지 않는다. (우리는 단호하게 그 믿음을 거부한다.) 우리는 사회적 이동과 자유 선택을 믿는다. 그래서 사람은 "더 나은" 지위를 얻기 위해서 가장 대담한 야심을 품을 수 있고, 가장 커다란 심리적 곤경을 견딜 수 있으며, 자신의 모든 가족과 어릴 적 벗들을 버리고 아마도 그들을 멀리할 수 있다. 그러므로 우리에게 있어 이런 사회적 이동성이 하층민이란 거대한 무리들에게 시스템적으로 닫혀 있다는 것은 가장 큰 염려 사항이다. 왜냐하면 이것은 단지 부당함의 문제가 아니라 위선의 징후이기 때문이다. 분명히 이 시스템(혹은 시스템의 결여)은 독창성, 창의성, 기업가 정신을 육성해 왔고, 이와 더불어 더욱 폐쇄적인 사회에서 상상할 수 없는 규모로 번영이 일어났다. 그러나 언제나 자본주의의 전제와 약속이 운이 좋은 소수의 번영만이 아니라 **전반적인** 번영이었다는 것을 고려할 때, 부자와 가난한 사람들 사이의 간극은 다른 많은 사회에서는 있을 것 같지 않은 특별한 함축을 우리에게 보여준다.

문제의 일부는 우리는 우리 자신의 경제 제도와, 그와 마찬가지로 중요한 우리의 경제 제도에 대한 대안의 성격과 전제에 대해 너무나 최악의 교육을 받는다는 점이다. 경영학과 학생들은 주식시장의 작동과 기업 재정의 기초에 대해 배운다. 그러나 실업의 영원한 문제라든가 분배 정의의 문제에 대해서는 배우는 것이 너무나 없다. 학생들은 수요와 공급, 비용과 이윤에 대해서는 많이 들으나, 가치에 대해서는, 듣는다 하더라도 너무나 적게 듣는다. 자본주의에 대한 유일한 대안은 (또 다른 구식의 개념인) 사회주의라고 하는 끔찍한 어떤 것이며, 사회주의는 선택의 자유를 불가능하게 하고 번영도 가능하기 힘들다고 우리 모두 배운다. 그러나 끔찍한 시장경제와 잘살고 행복한 "계획" 경제가 있다고 하는 식의 패러디를 넘어서면, 자본주의와 사회주의는 공통점이 많다. 가령 예를 들어 플라톤과 아리스토텔레스는 자본주의와 사회주의 둘 다를 혐오할 것이다. 두 체제 모두 너무나 협소하게 경제 중심이고, 물질적인 복지의 중요성을 다른 모든 사회적 가치보다 우위에 둔다. 빈곤이 문제인 것은 사람들이 아프거나 고통을 겪거나 박탈당해서가 아니라 불평등함 때문이다. 사실 행복하고 자족적인 가난한 사람들이라는 개념 자체는 자유주의자와 보수주의자 둘 다를 충분히 산란하게 만든다. 자유주의자들이 그런 것은 이론적으로 그런 사람들은 고통을 겪어야 하기 때문이고, 보수주의자들은 그런 사람들이 "정직한 일"을 하도록 자극을 얻어야 한다고 생각하기 때문에 그렇다. 자본주의와 사회주의는 분배적 정의를 위해 사회 시스템의 근본적인 변화를 설파하는데, 자본주의는 시장을 위해 혁신과 자유를 촉진시키기 위함이고, 사회주의는 물질적 평등을 강제하고 운명과 시장의 우연성을 제거하기 위함이다. (수사에도 불구하고) 두 경우 다 전통적 가치는 힘들어진다.

사회주의 사회에 있다면, (심지어 수용소나 "교화소"가 없다 하더라도) 우리의 고대 그리스 철학자들은 분명 전통적 관계와 가치의 대변동에 공포를 느낄 것이다. 사회적 단합을 말하는 이론들이 뭐라고 선포하든지 간에 고대의 철학자들은 통찰과 탁월함의 부족에 대해 전적인 경멸을 표할 것이다. 우리의 자유시장 사회에 있다면 고대의 철학자들은 (염려와 불안에 대한 명백한 심리적 비용에 더해서) 시장가치의 강조가 치러야 하는 철학적 비용에 마찬가지의 공포를 느낄 것이다. 우리의 시간과 노동, 심지어 우리의 충절과, 많은 경우엔 우리의 사랑까지 포함해서 거의 모든 것에 가격이 있고, 팔려고 내놓은 상태이다. 사회적 의미와 결속같이 사람을 통일하는 감각이 모두 상실되었다. 중요한 것은 (자신의 시간과 노력을 포함해서) 어떤 것이 "가치"를 지니는가 하는 것이다. 사본주의가 부자와 가난한 사람 사이의 격차를 중대시키느냐의 여부와, 자본주의가 가난한 사람들의 삶의 "절대적" 표준을 향상시켰는지 혹은 악화시켰는지의 여부는, 영원한 논쟁의 원천이다. 자유시장 시스템은 전통적 제도와 가치를 사정없이 파괴했다.

플라톤과 아리스토텔레스가 현대 사회에서 빠져 있다고 느낄 것은 바로 전통이다. 물론 전통은 경제 시스템이 아니지만 핵심은 이런 거다. 즉, 시스템으로서의 경제에서 정의를 발견하기가 매우 어렵다고 그들은 주장할 것이다. 정의는 수척한 호모에코노미쿠스[155.] 같은 존재에게가 아니라 오직 통합적인whole 사람들에게만 적용된다. 일차원적이고 단지 임시적일 뿐인 시장의 공동체가 아니라 전체 커뮤니티에 적용된다. 개인의 미덕과 사회적 결속에 대한 이런 의식이 플라톤과 아리스토텔레스에게는 최우선이다. 사회를 같이 묶어 주는 전통이 부자와 가난한 사람의 거대한 간극(혹은 심지어 노예제까지도)을 포함할지라도, 전통은 유지되고 존중되어야 한다. 플라톤과 아리스토텔레스가 부자와 가난한 사람 사이의 차이에 신경 쓰지 않는다면 그것은 그들에게 연민이 결여되어 있어서가 아니다. 플라톤과 아리스토텔레스에게서 관대함은 미덕의 목록의 저 위에 있다. 그러나 빈곤 제거를 주된, 그리고 아마도 유일한 목적으로 삼고 급진적인 사회적 변화를 한다는 생각은 행동에 아무 제한을 가하지 않고, 가치와 중요성의 독립적 의미를 제공하지 않는 시장 시스템만큼이나 정신 나간 것으로 여길 것이다. 분명 그들은 우리가 노예제 없이 지낼 수 있는 것에 놀랄 것이며, 기술을 속되지만 효율적이라 인정할 수 있는 대체물로 바라볼 것이다. 그러나 무엇보다 그들은 사회적 정의와 부의 분배를 놓고 벌이는 이 모든 난리법석으로 어리둥절할 것이다. 여기에서 무엇이 문제란 말

---

155. homo economicus. 국부론의 저자 애덤 스미스는 인간의 경제활동을 자기애에서 비롯된다고 보았다. 이러한 이기적인 모습은 철학에서 말하는 이기주의와는 다른 것으로, 체계적인 계획과 합리적인 판단에 기초하여 목표 달성을 위해 최선을 다한다는 의미에서 '경제적 인간'으로 표현되기도 한다. 경제적 인간은 인간을 합리적 존재로 가정하고 있는 주류경제학 이론의 기본전제가 된다 ─옮긴이주.

인가 하고 그들은 의아해할 것이다. 사람들은 사회에서 차지하는 지위로 인해 자신들이 가지고 있는 것을 가지게 된다. 사람들이 얻는 것, 그리고 얻을 수 있으리라 기대하는 것은 전통으로 결정된다. 20대들(그리고 심지어 40대와 50대까지도)이 앞으로 자신들의 삶을 가지고 어떻게 해야 할지를 놓고 골머리를 싸매는 이 미친 난장판보다 얼마나 더 지각이 있는 일인가!

전통은 물질적 분배에 대한 옹호이다. 요즘은 이런 것에 대해 언급하는 것을 거의 듣지 못 하는데, 그 일부 이유는 "행복한 가정생활" 혹은 "신실한 종교 공동체"가 평균적 가족 수입의 규모로 어떻게 적합한가 같은 경제 이론이 아니기 때문이고, 또 일부 이유는 ("사회주의"처럼) 이것이 비평가에 의해 체계적으로 오해받고 폄하되고 있기 때문이다. 심지어 가장 덜 급진적인 비평가들도 "전통은 현 상태에 대한 옹호일 따름이다"라고 주장한다. "전통은 자유로운 사업 활동의 여지를 전혀 주지 않는다"라고 시장의 옹호자들은 주장한다. 내가 주장하고 싶은 것은, 이 두 비난이 모두 틀렸으며, 우리의 경제 감각은 (전통이 그 속에서 주된 요소를 차지하는) 더 큰 사회적 감수성에 의해 깊이 검증되고, 또 그 속에 내포되어 있다는 것이다. (심지어 자유시장을 가장 부끄럼 없이 옹호하는 사람들의 경우에도 그러하다.) 물론 그렇다고 전통들 사이에 질적인 차이가 없다거나, 정의가 관련된 부분에서 어떤 사람들이 다른 사람들보다 더 나은 게 없다거나, 혹은 전통만이 기존의 실천을 옹호하는데 활용된다는 뜻이 아니다. 분배적 정의 혹은 사회적 정의를 논의할 때, 매우 중요한 것은 정의의 차원이다. 그 이유는 경제와 무관한 사회적 고려는 너무나 흔히 간과되고 있기 때문이다.

물론 사물을 있는 그대로의 방식으로 내버려 두는 것을 옹호하는데 전통이 사용될 수 있고, 또 사용되고 있기도 하다. 그러나 그 전체 역사로서 이민, 혁신 변화의 전통을 가지고 있는 사회에서 그런 옹호는 기껏해야 말도 안 되는 수사적 몸짓에 지나지 않는다. 대부분의 보수주의자로 하여금 포르노와 매춘 같이 수익이 되는 사업을 공격하도록 요구하는 것은 자유시장에 대한 헌신이 아니라, 그들의 전통 감각이다. 자유주의자 존 롤스가 자신의 평등 의식이 매우 확연하게 수반시키는 보다 급진적인 정책 추구를 주저하는 이유를 설명해 주는 것은 추상적인 권리 이론이나 폭력과 사회적 격변에 대한 훨씬 더 구체적인 두려움보다 전통에 대한 감각이다. 물론 전통은 사회 변화에 제동을 걸고, 불평등으로 시작하는 모든 사회에서 전통은 실질적으로 불평등의 지속을 보증한다. 그러나 경제적 불평등이 그 자체로 그렇게 끔찍한 것인가? 아니면 우리가 경제적 가치에만 너무나 과도한 강조를 하기 때문에 경제적 불평등이 그렇게 두드러지는가? 자유시장 시스템은 사실 수요와 공급의 문제에만, 혹은 수요와 공급의 문제에 주로 의존하고 있지 않은가? 아니면 시장을 규정하고 제한하는 보다 심오한 사회적 요인들이 있는가?

이런 질문을 제기하는 것이 곧 질문에 답하는 것이다. 전자 입찰 및 전송 같은 고도로 인위적인 (그러면서도 동시에 매우 정교하게 구조화되고 규제된) 제도들의 경우를 제외하고, 소위 시장은 여전히 (고대 아테네에서 그러했듯이) 공통의 이해, 혹은 상호 보완적 이해를 지닐 뿐 아니라, 좋은 거래를 원하고 협상할 준비가 되어 있는 친시장적 가치와, 알레스데어 매킨타이어가 반복적으로 주장하듯이, '선'에 대한 명시되지는 않았지만 더 범위가 넓은 의미와 일이 이뤄지는 방식을 지배하는 거대한 전통들까지도 포함한 일련의 공유 가치를 가진 사람들이 만나는 곳이다.[156] (다른 나라에서 쇼핑을 해 본 경험이 있다면, 당신과 판매원이 얼마나 많은 기대치를 가지고 있는지 잘 알고 있을 것이다.) 전통은 시장을 유지하고 시장을 가능하게 한다. 전통은 사람들이 올드 웨스트 포커 게임[157]에서 권총을 들고 있는 패자처럼 폭력적으로 변하지 않고 손실을 받아들이도록 가르친다. (왜 우리가 이것을 당연하게 받아들여야 하는가?) 전통은 우리에게 어떤 것은 팔지 말아야 한다고 말한다(매년 그 목록이 줄어들고 있는 것 같지만). 그리고 관성도, 시장도, 부자들의 음모도 아닌 전통이 대부분의 부유층을 부유하게, 대부분의 빈곤층을 빈곤하게 유지한다.

그러나 전통의 옹호가 곧 현 상태의 옹호를 의미하지 않는다. 가난한 사람은 가난한 채로 있고 부자는 부자로 있으라고 주장하는

---

156. MacIntyre, *Whose Justice? Which Rationality?* (Notre Dame: Notre Dame Univ. Press, 1988).
157. 구 서부에서 하던 포커 게임을 의미 —옮긴이주.

것은 더더욱 아니다. 그보다는 경제적 불평등이란 삶의 방식이 짜인 구조의 일부라는 것, 우리는 행복과 좋은 삶에 필수적이거나 혹은 더 필수적인 다른 모든 사회적 가치들을 다 무시하면서 불평등이란 그 한 가지만 부각해서는 안 되고 그럴 수도 없다는 보다 넓은 주장을 하는 것이다. 전통의 중요성을 옹호한다는 것이 곧 자유시장이 없어야 한다거나, 변화가 없어야 한다거나, 경제적 분배를 바꾸려는 체계적인 시도가 없어야 한다고 말하는 것이 아니다. 실제로 알레스데어 매킨타이어가 그의 저서, 『누구의 정의? 무슨 가치?*Whose Justice? Which Virtue?*』에서 주장한 것처럼 자유주의 자체는 전통이다.[158] 자유시장 역시 그러하다. 자유시장은 비역사적인 경제학자들이 지적하듯, 그 시기에 자연발생적으로 나온 장치가 아니다. 전통의 옹호는 궁극적으로 사회적 결속 개념, 공유된 기획, 역사가 다르더라도 공유하고 있는 역사 감각에 높은 가치를 둔다. 전통의 옹호는 훌륭한 삶이 본질적으로 다른 사람과 일관되고 지속적인 관계(우리가 시장에서 발견하는 종류의 관계가 아니다)를 맺는 사회생활임을 전제한다. 이 책을 통해 내가 주장하고자 하는 것이 바로 이 점이다.

우리의 전통 감각에서 가장 중요한 단 한 가지 요소, 우리의 정의감과 불가분의 관계에 있는 한 가지 요소는 능력merit이다. 그것은 즉, 사람들은 보상, 상벌을 받을 만하다는 인식이다. 사회주의

---

158. MacIntyre, loc. cit.; Elizabeth Wolgast, "Wrong Rights," in *A Grammar of Justice*.

체제는 그렇지 않은데, 자유시장 체제는 능력을 인식하고 상을 준다고 별도의 이의나 분석 없이 주장된다. 이 두 전제는 다 틀렸다. 분명 자유시장은 비교적인 시장가치의 감각에 의존한다. 하지만 이것은 능력이 아니라 수요와 공급과 관련이 있다. 재능이나 취향이 없는 데 가장 속되거나 탐욕스러운 독자나 시장에 어필하여 듬뿍, 심지어 터무니없을 정도로 많은 보상을 받는, 유명인, 수완가, 사업가들의 보기 좋은 사례를 우리는 가지고 있다. 심지어 가장 충실한 고객들조차도 자신들의 당혹감을 표현할 수 있다. (혹은 감추려 할 수 있다.) 그러나 거기에 있는 건 수요다, 시장에서 중요한 것은 수요다. 시장은 능력에 보상을 할 수도 있지만 그리 믿음직스럽게 그렇게 하지는 않는다. 시장은 능력의 부족보다 빈약한 마케팅을 더 가혹하게 처벌한다. 한편 스마트한 사회주의 사회는 분명히 탁월함은 보상받고 평범함은 처벌받는다고 보장할 것이다. 이것이 평등의 주장과 어떻게 어울리는지는 문제적으로 보이지만 말이다. 그런데 다음과 같은 문제는 물론 우리 사회에서도 문제적이다. 즉 어떤 사람들은 적어도 어떤 맥락 속에서 다른 사람들보다 더 낫다는 것에 대한 인정 없이, 어떻게 사람들의 장점으로 사람들을 보상할 수 있는가? 하는 문제 말이다. 그리고 보다 나쁜 것은, 그 이유가 운이 되었든지, 기술이 되었든지, 혹은 사회에 대한 실질적인 기여에 대한 보상이었든 간에, 시장에서 더 돈을 많이 버는 사람이 다른 모든 사람보다 낫다는 어리석은 생각을 어떻게 하면 사로잡히지 않은 채 있을 수 있을까? 능력은 적어도 때때로 보상을 받는다는 생각을 우리는 하고 싶어 하지만, 시장이 그렇게 하리라고 기댈 수는 없다.

전통 개념에 대한 최악의 오해 가운데는 전통이 개인의 능력에 대해 전혀 인정하지 않는다는 그릇된 비난이 있다. 전통이 사람들을 인정하는 것은 그들의 사회적 지위 때문이지 그들이 하는 일 때문이 아니라는 것이다. 진실은 그와 정반대이다. 전통이 없다면, 확립된 관행과 가치와 자질에 대한 감각이 없다면, 능력merit이 있을 수가 없다. 왜냐하면 그런 판단을 내릴 근거가 없기 때문이다.[159.] 프랑스혁명이 일어나기 이전의 프랑스에서 무능하면서 외모에 관심이 많은 남자들에 의거해서 우리 모두가 경멸하게 된, "귀족계층"에 대한 악화된 개념은 플라톤과 아리스토텔레스가 옹호했던 개념이 전혀 아니다.

플라톤과 아리스토텔레스는 단순히 "최고가 통치하는 것"으로 보았다. 무엇이 "최고"로 여겨지는가? 우리는 정말로 그것을 물어야 하는가? 전통은 확립된 기준과 가치이며, 이에 따라 사람들은 (자신들이 하게 되어 있는 일이면 어떤 것에서나) 자신들의 최선을 다하도록 기대된다. (국정을 포함해서) 각 실행은 자체의 확립된 기준을 가진다. 플라톤과 아리스토텔레스에게 있어 사람들은 자신들의 사회적 위치가 아니라 자신들이 한 일에 대해 보상을 받아야 하는 것은 명

---

159. Rawls, *A Theory of Justice*, 특히 103f, 310-11.

확했다. 그러나 그런 사회적 위치의 혜택과 훈련을 모두 갖추고 그 위치를 점하고 있지 않으면, 우리는 그런 종류의 일을 할 수 없거나, 그렇게 잘 해내지 못할 것이다. 따라서 분배의 문제는 기껏해야 사소한 문제였다.

물론 우리에게는 분배의 문제가 이슈다. 우리는 사람들이 자신들의 능력에 따라 지불받고 보답받아야 한다고 주장하고 싶다. 그러나 우리 모두는 다음과 같은 사실을 고통스럽게 인식하고 있다. 즉 실제의 업적보다 외모가 종종 더 잘 팔린다는 것, 어떤 사람은 전혀 가치가 없는 상태에서 부자가 될 수도 있다는 것(그들은 아마 신탁 자금과 훌륭한 상품 중개인을 세습했다), 평생 열심히 일한 사람들은 그 기술들이 시장에 의해 대체되었기 때문에 길거리에 나앉게 된다는 것 말이다. 그런 불운의 이야기들에 대한 반응으로 존 롤스는 그의 『정의론Theory of Justice』에서, 우리가 가진 기술과 재능, 그리고 심지어 동기도 결국 운의 문제이고 우리가 통제할 수 없다는 근거에서 개인의 능력에 대한 반대가 허용될 필요가 있다고 생각한다.[160] 그러나 이것은 목표 지점을 넘어서는 것이고 그와 함께 정의의 많은 부분과 정의에 대한 우리의 직관을 희생시키는 것이다. 정의가 관련되어 있는 곳에서, 시장을 너무 많이 신뢰해서는 안 되지

---

160. 이것은 대부분의 "의무론자들"과 공리주의자들이 추구한 주장이 아니다. 그들에게 있어 강조점은 참가자들의 자존감과 개인적 역할이라기보다, 원칙의 합리성에 놓여 있다. (파생적인 경우는 예외임) 롤스는 "자아 존중self-respect"과 "자존감self-esteem"(롤스는 이 둘을 적절히 구분하고 있지 않다)을 정의의 원칙들이 파생되어 나온 부분에서 다루지 않고, "선"의 논의에서 다루고 있다.

만, 그렇다고 능력과 가치merit and worth에 대한 감각까지 거부해야 된다는 건 아니다. 우리의 가치를 판단하는 위치에 있는 사람이 누구인지가 명확하지 않지만, 그렇다고 곧, (프리드리히 하이에크가 오랫동안 주장했듯이) 그것을 시장에 맡겨야 한다거나, 롤스가 제안하듯, 우리는 그것을 모두 포기해야 한다(포기할 수 있다)는 논리가 뒤따르는 건 아니다.

나의 목적은 여기서 귀족 개념을 옹호하거나 분배 (그리고 재분배) 문제를 정의에 대한 우리의 성찰에서 빼야 한다고 주장하려는 것이 아니다. 나는 우리의 자유시장 수사학이 종종 얼버무리는 갈등과 모순들을 지적하고 싶은 것이다. 그리고 우리의 정의 개념을 판단할 수 있는 대조의 지점, 최악으로 억압적이며 가장 무능력한 사회주의 독재와 보통 조야하게 대조하는 그런 것과 다른 어떤 대조를 정립하고 싶은 것이다. 부를 명예와 행복, 가족 및 공동체에서의 지위와 분리된, 독자적인 관심에서 나온 것으로 볼 때, 자유시장은 번영뿐만 아니라 철학적 어리석음(및 자만심)을 낳고, 정의와 좋은 삶에 대한 단절된 개념을 낳게 된다. 사람들이 자신이 가진 것을 당연한 것으로 여기고 아무것도 가지지 못한 사람은 그럴 만했다고 잘못 판단할 때, 마땅히 가질 만한 자부심은 악의적인 잔인함이 되고 정의감은 사라진다. 부유한 사람이 부유할 자격이 있다는 것이 항상 진실은 아니며, 가난한 사람이 가난할 자격이 있다는 것도 거의 진실이 아니다.

경제학이 인간 삶의 별개의 영역으로 여겨진 것은 겨우 애덤 스미스 이후에 와서였다. 그러나 스미스 자신은 경제가 인생에서 가장 중요한 부분이라거나 이윤 추구와 시장에 의해 결정되는 가치가 삶을 의미 있게 만드는 기본적인 도덕적 감정과 상호 애정만큼 중요하다고 한순간도 믿지 않았다. 카를 마르크스가 (비록 자신의 삶에서 그것을 받아들인 것 같지 않지만) 경제가 우리 삶의 "하부구조"를 결정하는 "토대"라고 주장했을 때, 그는 그릇된 생각을 우리에게 주었다. 그보다 우리의 사상과 우리의 윤리가 우리의 경제와 우리의 수요와 우리의 기대를 결정하는 게 맞다. 마르크스 자신은 근대 사회에서 물질주의가 (형이상학으로서가 아니라 생활양식으로서) 만연해 있는 것을 맹비난했다. 따라서 보수주의자들이 경제적 자유가 가장 기본적이고 다른 모든 사유의 전제조건이라고 주장하고, 자유주의자들이 공평한 소득 분배가 모든 사람이 인생에서 자신의 잠재력을 최대한 발휘할 수 있게 해 줄 것처럼 글을 쓸 때 우리는 극도로 의심해 봐야 한다.

좋은 삶은 소득이나 부와 밀접하게 연관되어 있지 않으며, 부에 대한 우리의 관심 그 자체가 행복한 삶과 정의를 가로막는 가장 큰 장애물이라는 것을 경제학자나 사회철학자들이 종종 올바르게 지적해 왔다. (하지만 이런 주장은 너무나 드물게 이뤄졌다.) 경제적 가치는 정의의 주요 관심사가 아니며, 정의에 대한 우리의 감각은 쉽게 정량화될 수 없다. 현대 사회에서 부와 빈곤의 존재는 자본주의나 불평등 자체에 있는 것이 아니라 공동체보다 부를 우선시하고 그 결과 빈곤을 양산하는 가치관에 기인하는 병리현상이다.

기본욕구, 기본 권리

인간이 아무리 이기적이라 하더라도, 그의 본
성에는 다른 사람들의 운명에 관심을 가지게 하
고 다른 사람들의 행복을 그에게 필요한 것으
로 만드는, 몇몇 원칙들이 존재한다. 비록 다른
사람들의 행복을 바라보는 즐거움 외에 다른 어
떤 것도 그 행복에서 자신이 얻는 것은 없다 하
더라도 말이다. 이런 종류의 감정으로는, 우리가
다른 사람들의 비참한 상태를 보고 느끼는 감정
인 연민, 혹은 동정이 있다.

애덤 스미스, 『도덕 감정론 I』, 1장, 1.

우리는 전통에 대한 논의에 맞서서, 그리고 능력과 시장에 대한때
때로 상충하는, 유명한 개념들에 맞서서, 터무니없는 합리화와 세
련된 철학적 속임수를 뚫고 나가서, 우리의 논의의 "장"을 마련해야
한다. 자유시장의 미덕이 무엇이든, 정의에서 능력의 중요성과 버림
에 대한 고려가 무엇이든, 전통이 무엇을 지시하든, 그리고 전반적
으로 권리의 성격이나 기원에 대해 어떤 의혹을 지니든지 간에, 정
의에 대한 논의는 기본욕구에 대한 인식에 의존하고, 이와 더불어
최근에 기본 권리 개념으로 전개되어 온 것에 의존한다. 이것이 없

이는 아무리 사리에 합당하다 하더라도 정의 감각이 있을 수 없다.

기본욕구란 그 대상이 인간의 최저생활을 위해 절대적으로 필요한 (혹은 적어도 가장 예외적인 경우를 제외한 모든 경우에 필요한) 욕구를 말한다. 어떤 성인들과 영웅들은 굶어 죽어 가고 있거나 피 흘려 죽어 가고 있을 때에도 잘 지낼 수 있고, 드가와 모네 같은 어떤 훌륭한 예술가들은 거의 눈이 안 보일 때에도 대작을 그릴 수 있는 게 사실이지만, 우리 대부분은 독감이나 편두통만 앓아도 좋은 삶에 대한 우리의 추구를 일시적으로 중단시키기에 충분하다. 기본욕구란 사람을 건강하게 살아 있게 하는 데 최소한으로 필요한 것들을 의미하고 이에는 가장 명확하게 음식, 적절한 의복, 주거지, 깨끗한 공기, 오염되지 않은 식수 등이 포함된다. 고통으로부터의 해방은 아마 가장 기본적인 욕구이다. 갓난이일 때 양육의 욕구, 유아일 때는 격려에 대한 욕구, 성인일 때는 존중에 대한 욕구 등과 같이 다른 심리학적 욕구 역시 기본적이다. 심리학자들과 행동생물학자들은 유아기에 안기고 싶은 욕구, 꿀벌과 개미로부터 늑대와 영장류에 이르기까지 모든 "사회적 동물"이 가지는, 사회체제에서 자신들의 자리를 차지하고 싶은 욕구는 사회적 동기와 필요성뿐 아니라 생물학적 욕구와 필요성의 목록에서도 높은 자리를 차지한다고 오랫동안 주장해 왔다. 그런 욕구의 충족이 사람을 인간이게 한다. 사람이 음식, 집, 사회에서의 위치를 빼앗기거나 사람을 고통과 굴욕에 놓이게 하면 그 사람을 전적으로 인간보다 못한 어떤 존재로 만든다고 우리는 올바르게 지적한다. (하지만 박탈과 적개심에 대한 흔한 비유인, "동물"같은 존재로 만든다고 하는 건 맞지 않다고 나는 주장한다.)

지금까지는 별다른 이견이 없을 것으로 생각한다. 사람들에겐 자연스러운 욕구가 있고, 이는 사람들이 특정 사회 문화나 특정 공동체의 일원으로 어떻게 학습된 욕구, 제조된 욕구를 습득했는가와 별개로 충분히 실제적이다. 개개인으로서의 우리는 특히 연약하고 취약한 존재들이다. 루소는 풍요로운 땅에서 홀로 행복하게 살아가는 원기 왕성하고 독립적인 개인을 공상해 볼 수 있고, 우리 모두는 우리가 좋아하는 혼자서 잘 살아가는 로빈슨 크루소 유형의 (아마도 허구적인) 예를 골라볼 수 있지만, 사실 우리 대부분은 슈퍼마켓과 기성 직업, 상하수도 시스템, 다양한 사회적 제도를 제공하는 사회질서의 의존적인 구성원으로서만 (다른 방식으로 생존할 수 있는지 여부와 상관없이) 살아가고 있다.

욕구라는 개념은 욕구가 문화와 관련될 때, 그리고 욕구가 권리로 전환되어 다른 사람에 대한 요구를 주장할 때 논란이 된다. 우리는 모든 인간과 동물의 일반적인 생리적 유사성에 기반하고, 삶을 견딜 수 없게 만드는 박탈과 고통이 존재한다는 관찰에 기반하여, 절대적인 욕구 개념을 주장하고 싶다. 그래서 세계은행의 수장인 로버트 맥나마라[Robert MacNamara]가 "절대 빈곤," 너무나 많은 제삼 세계 국가들에서 볼 수 있고, 다소 정도는 약하지만 우리 자신의 나라에서도 볼 수 있는 비참한 빈곤에 대한 전쟁을 선포했다. 하지만 맥나마라의 구상은 정치적 동기는 물론 철학적 논거를 바탕으로 한 격렬한 반대에 부딪혔다. "절대적 욕구" 개념은 상이한 국민들과 상이한 문화들 사이에 있는 욕구의 거대한 차이들을 간과했다. 신경증에 걸린 부자 미국인은 통조림에 든 야채를 먹느니 굶어 죽는 것을 선호할 것이고 많은 "원시" 문화에 속하는 농민들과 가난한 사람들은 풀과 벌레를 잘 먹을 수 있음을 보여 주었다. 당뇨 환자나 심장병 환자는 생존하기 위해 매일 비싼 의료적 치료를 필요로 한다. 그러나 이런 "필요"는 이용 가능한 의료 기술의 수준에 따라 상대적이다. 미국은 차나 냉장고가 없으면 가난하다고 생각하는 반면, 다른 문화권 사람들은 라디오, 오두막, 아마도 큰 바나나 껍질만 가져도 매우 잘산다고 생각한다. 그러므로 욕구는 상대적이라는 주장이 대두된다. 기본욕구 같은 것은 없고 오직 문화와 개인적 상황에 따라 상대적인 욕구만이 존재한다.

물론 사람과 사회는 다르고 그들의 습득된 욕구뿐 아니라 그들이 기본이라 생각하는 욕구 역시 다르다. 그러나 그릴 수 있는 한 가지 선이 없다고 말하는 것이 곧 전혀 선이 없다고 말하는 것은 아니다. 기본욕구 개념을 아무리 많이 상대화하고자 해도 (솔직히 딱 그만큼만 상대화할 수 있다고 나는 생각한다) 거의 모든 사람이 견디기 힘든 그런 차원의 박탈과 고통이 존재한다는 생각은 논의의 여지가 없는 것처럼 보인다. 이런 인식과 더불어, 우리와 서로를 구분하

는 부와 물질적 재화의 불평등이 같은 종류의 것이 아니라는 인식
이 온다. 어떤 사람들은 그냥 못 사는 것이 아니라 견딜 수 없을 정
도로 못 산다. 능력과 "시장의 마법" 문제는 차지하고서라도, 이런
인식과 더불어 우리가 고통받는 동류의 존재에게 느끼는 (혹은 마
땅히 느껴야 하는) 깊은 연민의 감정이 생긴다. 기본욕구는 정의에 대
한 우리의 논증이 시작되는 주제가 아니라, 모든 논쟁이 끝나는 곳
이 되어야 한다고 나는 주장하고 싶다. 굶어 죽어 가고 있는 아이
는 이데올로기적 주장을 위한 주제나 예시인 것만은 아니다.

　여기서 우리의 감정을 정당화하거나 설명하기 위해 의무 개념과
권리 개념을 제공하고 싶은 유혹이 있다. 하지만 이것이 정말 필요
하다고 생각하지 않는다. 우리의 연민의 감정을 왜 정당화해야 하
는가 말이다. 도덕철학이 자신민이 제공할 수 있다고 생각하는 듯
한 지원을 연민의 감정이 왜 필요로 하겠는가? 우리의 경쟁적인 기
획의 경계를 넘어서고, 도덕, 능력, 적절함에 대한 우리의 일상적
감각보다 더 기본적인, 불행의 상태가 있다. 그러나 우리가 정말로
필요로 하지 않으며 비인간적이라고 우리가 공격해야 하는 것은 명
백한 것을 흐리게 하고, 다른 사람들의 절실한 필요에 대한 우리의
인식과 그에 따른 연민의 감정을 막으려고 하는 그런 주장들이다.
기본욕구는 상대적이며, 단 하나의 보편적인 빈곤의 척도라는 의미
에서 절대적이지 않은 건 사실이다. 그러나 아무리 많이 논쟁해도
우리로 하여금 간과할 수 없게 하며, 너무나 강력해서 특별한 인식

과 관심을 요청하는 문제라는 점에서, 기본욕구는 절대적인 것 또한 사실이다. 많은 사람들이 시도했지만, 실제로 존재하는 인간의 불행은 "신의 의지"에 호소하든, 대단히 중요한 정의 이론을 참조하든 간에, 추론되거나 합리화될 수 없다.

욕구 개념에는 수수께끼가 없다. 그리고 그 개념이 도덕주의자나 철학자에 의해 만들어졌다는 의혹이 자리할 여지도 거의 없다. 물론 광고업자들과 동료 압력, 생물학이 아닌 문화만의 산물로 만들어진, 순수하게 인공적인 욕구도 있다. 게다가 문화와 생물학의 경계가 흔히 불분명하다. (예를 들어, 모든 사회가 "건강한 음식"이라 간주하는 것, 선진 사회가 점증하는 복잡성 앞에서 자신의 기본욕구를 유지할 것을 요구하는 기술 등.) 그러나 부인할 수 없는 욕구가 있다. 그리고 문화적 결정주의를 넘어서는 불행의 상태가 있는데 이는 우리의 경쟁적 기획과 무관하고, 도덕, 능력, 적정성에 대한 우리의 일반적 감각보다 더 기본적이다. 이런 기본욕구에 대한 인식과 감수성이야말로, 우리의 정의 감각의 토대를 형성한다. 이런 감수성이 없이는 평등, 공정함, 능력merit의 체제가 정의롭지 않을 것이다. 그러나 감수성은 항상 정의라는 건물을 세우기엔 얇은 토대인 것으로 여겨져 왔다. 기본욕구의 중요성을 인식하는 사람들은 더 강한 원천과 인준이 필요하다고 늘 강조했다. 그래서 구약의 선지자들은 연민의 이름으로가 아니라 신의 이름으로 빈곤을 공격했고, 좀 더 현대의 도덕주의자들은 우리의 연민의 감정을 지원하고 정당화하거나 설명할 의무 개념을 주장한다. 그러나 의무는 행위자에게 속한 것이지 회생자에게 속하는 것이 아니다. 현대의 도덕가와 철학자들은 결핍된 사람을 도와야 한다고 명하는 것과, 가난한 사람들에게 목소리를 주는 것, 그리고 가난한 사람들과 더불어 자선의 문제가 아니라 **권리**의 문제로서, 도와줄 것을 **요청**하는 것 사이에는 매우 차이가 있음을 매우 명료하게 알았다.

　권리는 감정의 궁극적인 방어 수단이고, 연민과 분노의 배후이며, 둔감하고 무감각한 사람들을 위한 후방 진지이다. 식량에 대한 권리, 적절한 거주지, 고문으로부터의 자유와 같은 기본적 권리와 언론의 자유, 종교의 자유와 같이 기본적이진 않지만 그럼에도 불구하고 필수적인 권리를 모두 포함하는 권리 개념이 없는 정의의 개념이나 정의의 체계는 상상할 수 없다. 기본권리의 개념은 다른 사람의 선의나 연민에 의존하지 않는 강력한 무기를 가난한 사람들의 손에 쥐어 준다. 그러나 기본욕구 개념과 달리 기본 권리 개념은 단순히 우리의 기본 생물학을 언급하지 않고, 그 속에 복잡한 도덕적 주장 체계를 구축해 놓았다. 달리 말해, (욕구와 다르게) 권리가 어디서 비롯되는지는 명확하지 않다. 그래서 우리의 건국 조상들은 권리의 존재를 "자명한" 것으로 만들고 그 출처를 신에게 귀속시킴으로써 이 이슈를 얼버무렸다. 오늘날 그 주제에 대해 가장 열정적이고 분명하게 밝히는 저술가들도 (예를 들어 『법과 권리*Tak*-

ing Rights Seriously』를 쓴 로널드 드워킨,[161.] 『무정부, 국가, 유토피아*Anarchy, State, and Utopia*』를 쓴 로버트 노직 등) 권리의 기원 문제에 대해서는 악명 높게 침묵했다. 드워킨은 권리의 존재를 증명할 수 없다(p.81)고 인정할 만큼 그렇게 침묵했고, 노직은 "인간에게는 권리가 있다"고 말하면서 책을 시작할 따름이었다.[162.] 비평가들은 권리라는 개념이 단순히 "허공에서 튀어나온 것" 같다고 불평한다. 게다가 '자명하다'고 여겨지는 권리라는 언어가 현대에 이르러서야 정치 현장에 등장했다는 점[163.]이 우리의 의심을 사고 있고 최근 권리 주장이 엄청난 남용을 당하고 있다는 점은 이러한 의심을 더욱 부추긴다. 사람들은 자신들이 하고 싶은 것은 무엇이나 실제적으로 할 "권리"가 있다고 선포한다. 사람들은 범죄를 저지를 권리가 있고, 자신들이 하고 싶은 말을 할 권리가 있다. 잠재적인 대량 살상자들은 충동적으로 반자동 소총을 살 권리가 있고, 포르노물 제작자들은 헌법에 보장되어 있는 언론의 자유에 호소하며 자신들의 행위를 옹호한다. 그러므로 철학에서 권리는 방어적인 성격을 띤다. 권리는 "허공에서" 나타나는 것이 아니라 "근거"가 필요하다. 제러미 벤담은 권리 개념에 반대하면서 "어린아이나 하는 헛소리"[164.]라고 불렀다.

---

161. 로널드 드워킨[Ronald Dworkin] (1931~2013). 세계적인 법학자이자 정치철학자. 그의 출세작이기도 한 *Taking Rights Seriously*가 한국에서 '법과 권리'로 번역되어 있어 그대로 옮김 — 옮긴이주.

162. MacIntyre, *After Virtue*, 67.

163. MacIntyre, loc, cit.: Elizabeth Wolgast, "Wrong Rights" in *A Grammar of Justice*.

164. 원문은 "nonsense on stilts"이다. 여기서 stilts는 아이들이 주로 타고 노는 죽마이므로, '어린아이들이나 하는 헛소리'로 번역했음 — 옮긴이주.

보다 최근에 알래스데어 매킨타이어는 권리에 대한 신념을 마녀에 대한 신념과 비교했고, 엘리자베스 불가스트[165]는 우리가 의무라는 더 강한 개념을 선호해서 권리 개념을 버린다고 신중하게 제시했다. (예를 들어 우리는 "부모의 권리"에 대해 말하기를 멈추고 환자의 의무와 책임감을 더 주장해야 하는가?) 그러나 우리의 정의 개념에서 권리에 대한 대화는 본질적인 목적에 필수적인 역할을 한다. 그리고 효용성이나 의무에 대한 재강조는 같은 목적에 봉사하지 않는다. 나는 고백하건대 권리에 대한 모든 대화를 의심하고 있다. 그러나 그런 대화 없이는 정의에 대해 생각조차 할 수 없다. 그러나 권리의 "근거"는 이론의 허공이어서는 안 된다. 그것은 우리의 감정들, 침범할 수 없는 것과 침범되는 것에 대한 우리의 가장 기본적인 감정들 안이어야 한다. 기본 권리에 대해 말하는 것은 기본적 욕구의 절박함을 인식하는 것이다. 물론 전자에서 후자가 나오는 건 아니다. 그러나 연민을 느끼는 개인이 궁핍한 사람에게 의무감을 형성하는데 더 이상 어떤 정당화가 필요하단 말인가?

권리 논의의 남용이 권리 논의의 신용을 떨어뜨리는 경향이 있고 우리는 너무 쉽게 권리 개념이 의심스럽다는 결론을 내린다. 왜냐하면 활용과 남용 사이에 "선을 긋는" 방법이 있는 것 같지 않기 때문이다("포르노"를 규정하려는 대법원의 시도들이 좋은 예다). 그래서 권

---

165. 엘리자베스 볼가스트^{Elizabeth Wolgast} (1929~2020) 미국의 철학자. 『정의의 문법 *The Grammar of Justice*』 (1987)의 저자.

리하고 다양한 나라들의 법과 관습이 달라 보이는 사실은 권리 개념 자체를 의심하는 데 사용된다. 마치 모든 사람들에게 보편적이지 않고 필요하지 않은 그런 개념이 사람들에게 그런 중심적인 위치를 차지할 수 없고, 또 그래서는 안된다는 듯이 말이다. 그러나 이 모든 논의들은 부적절하고 불운한 것이다. 다른 모든 도덕 개념과 마찬가지로 권리들을 서로 구분하는 데에는 현명한 판단이 필요하며, 기계적인 결정 절차를 쉽게 허용하지 않는 것이 사실이다. (판사가 음란물에 대해 도전한 배후에 있는 "보면 안다"라는 통찰력.) 그러나 그렇다고 권리 개념이 불법이라는 결론에 이르게 되는 것은 아니다. 권리는 장소마다 다를 수 있지만(미국인들은 정치 지도자들을 놀릴 권리를 가지고 있는데, 다른 많은 국가의 시민들은 그렇지 못하다), 그렇다고 권리가 환영이라고 말할 수는 없다. 이 책에서 너무나 자주 볼 수 있듯이, 우리는 다시 이런 사실을 목도하게 된다. 즉 모든 사회에 필수적이고 정의 감각에 필수적인, 문맥적이되 항상 명료하지만은 않은 완벽하게 합리적인 가치들을 우리가 간과하거나 부인하게 만드는 것은 다름 아니라, 명확하고 절대적인 이상에 대한 비합리적인 요구라는 점이다. 우리가 기본적 권리라 부르는, 적어도 한 세트나 되는 권리들과 관련해서, 보편성과 필연성은 문제가 안 된다. 권리는 절대적으로 정당화될 수 없다는 점에서 상대적일 수 있다. 그러나 권리들이 기본욕구와 관련되는 한 그 권리들은 절대적이며 우리가 그것들을 인식하지 못하면 우리는 거의 인간이 아니다. 정의와 필요를 분리하려는 모든 시도에 맞서, 그리고 정의는 권리로부터 시작되어야 한다고 주장하는 사람들에게 반은 경의를 표하면서, 나는 정의에 대한 우리의 감각은 기본욕구와 기본 권리에 대한 인식, 즉 도움을 줄 수 있는 모든 사람을 구속하는 본질적으로 정당한 요구에 대한 인정을 요청한다는 논제를 제시하고자 한다. 따라서 기본 권리는 특정 의무를 발생시킨다. 그런데 이 일견 단순해 보이는 등식에는 너무나 다른 수많은 문제들이 숨어 있다. 그래서 단순한 감수성이 어디서 요청되어야 하는지에 대한 논쟁이 종종 일어난다. 예를 들어 고문받지 않을 권리를 존중하는 문제가 하나 있다. 우리는 그 권리를 존중하기 위해 그를 고문하는 일을 자제하는데, 아마도 우리에겐 처음부터 그런 충동이 없으므로, 그 요구는 억압적이지 않다. 우리에게 엄청난 식량이 남아돌고 다른 사람들이 굶주리고 있다면, '시장'이 우리의 관대함을 남용하지 못하도록 보호해야 한다고 해도, 우리가 어떻게 헤야 하는지에 내한 의문은 별로 없어 보인다. 하지만 비용이 감당할 수 없을 정도로 커지면 논쟁은 더욱 격렬해진다. 적절한 건강은 분명 기본적인 욕구이지만, 모든 사람이 의료 서비스를 받을 권리가 있다는 것은 무엇을 의미하는가? 환자의 상태와 신분에 관계없이 어떤 질병이든, 어떤 비용으로든 치료받을 권리가 있는 것일까? (병든 아흔 살 노인을 구하기 위해 "영웅적인" 조처를 취해야 하는 것인가? 수십만 명의 아이들이 오래전에 정복했으나 단지 예방 접종을 받을 돈이 없기 때문에 위협을 받고 있는데

희소병 치료 방법을 아는데 수백만 달러를 사용해야 하는가?) 유사하게, 우리는 아이가 우리 사회에서 적절한 교육을 받을 기본 권리가 있다는 데 동의할 수 있다. 그러나 그것을 제공할 관련 의무를 누가 가지고 있는가? 부모들인가? 지역사회인가? 국가인가? 어떤 사람이 홈리스이고 굶어 죽어 가고 있고 (두 가지 기본욕구인) 거주지와 식량을 필요로 한다면, 우리는 그가 그러한 것들에 대한 권리를 가지고 있다는 생각에 안도할 것이지만 누가 그것들을 제공할 의무를 지니고 있는가? 이런 것들은 정말로 도덕적이고 정치적인 문제들이다. 그것들에 대한 해결책을 여기서 제시하는 것이 나의 목적이 아니다. 하지만 내가 차단하고 싶은 것은, 그런 문제의 어려움 때문에 과정이 불법적이라든가 그런 문제를 해결하기 위해 직접적인 무엇인가를 하려 하는 것이 바람직하지 않다고 하는 것(즉 '시장'이 결국 해결해 줄 것이라고 제안)을 추론하는 후진적인 논리이다. 정치와 경제가 멈추는 지점이 있다. 논쟁을 합리성의 표시가 아니라 둔감함과 야만성의 (원인은 아니고) 징후라고 생각해야 하는 지점이 있다. 비인간적인 것은 명확한 것을 흐리게 하고, 다른 사람들의 절실한 필요에 대한 우리의 인식과, 그에 뒤따르는 우리의 연민의 감정을 막으려는 그런 주장들이다.[166.] 기본욕구는 상대적이며, 단 하나의 보편적인 빈곤의 척도라는 의미에서 절대적이지 않은 건 사실이다. 그

---

166. 이 문장부터 소제목이 시작되기 전까지의 문장은 원문 189페이지 문장과 반복되고 있음 — 옮긴이주.

러나 아무리 많이 논쟁해도 우리로 하여금 간과할 수 없게 하며, 너무나 강력해서 특별한 인식과 관심을 요청하는 문제라는 점에서, 기본욕구는 절대적인 것 또한 사실이다. 많은 사람들이 시도했지만, 실제로 존재하는 인간의 불행은 "신의 의지"에 호소하든, 대단히 중요한 정의 이론을 참조하든 간에, 추론되거나 합리화될 수 없다.

정의롭지 않은 세계에서의 정의

> 삶은 공평하지 않은데, 우리 모두 다에게 그렇
> 다는 것은 좋은 일이다.
>
> 오스카 와일드

정의의 다양한 차원들과 그것들이 대변하는 상반되는 이해관계들 사이의 갈등은 그 문제를 (자신의 선호도와 우선순위에 따라) 단번에 해결하려는 이념들과 정의 이론들을 불러일으킨다. 대부분의 다른 정의 이론들과 유사하게 사회계약의 개념은 사회에 합리성의 구조까지는 아니라 하더라도 기본 원리, 하나의 질서를 부과하려는 시도이다. 하나의 지배적인 정의의 차원, "올바른" 차원이 정의를 보증할 것이라는 것이 그 생각이다. 그러나 정의에 관심 있는 사람이면 누구나 대면하게 되는 압도적인 무서운 사실은 부인할 수 없고 회피할 수 없으며, 궁극적으로는 거의 참기 힘든, 세계의 부정의이다. 사람들의 운명과 불가피한 불평등에 대해 아무리 무신경한 견해를 가진다 하더라도, 많은 아이들이 태어나고 있는 환경은 끔찍할 따름이다. 능력이나 시장의 "마법"을 아무리 열렬하게 믿는다 하더라도, 가장 성공적인 사회에서조차 명백한 범법자들, 사기꾼들, 폭력배들에게 귀속되는 거대한 보상과 비인간적인 빈곤과 고통은 가장 열광적인 자유시장주의자들도 울게 만들 것이다. 그리고 견해가 아무리 보수적이라 할지라도, 혹은 현재 상태에 아무리 안주하고 있더라도, 세계에서 계속되는 절도와 강제의 양, 절도와 강제 위에 건립되는 재산의 수는 그 사람의 확신을 (산산이 조각내지는 못 한다 하더라도) 흔들리게 하기에 충분하다. 물론 자유주의자나 급진주의자 중에는 지금의 세상은 엄청난 불의와 불필요한 고통으로 가득 찬 끔찍한 곳이라는 관찰과 확고한 의견으로 시작하여 이 세상을 대신할 완전히 새롭고 더 나은 세상을 제안하고 심지어 약속하는 사람들도 있다. 말할 필요도 없이 필연적인 실망은 우리의 절망과 체념을 더 증가시킬 따름이다.

있는 그대로의 세상과 이상적인 세상 사이의 이런 대립은 플라톤부터 시작해서, 위대한 철학자들을 고무시켰다. 그러나 정의에 대한 우리의 연구를 너무 동떨어지고 믿기 어려운 유토피아적인 것으로 보이게 만들고, (통상 철학자들만이 아니라) 너무나 많은 사람들에게 정의란 없다고 확신시킨 것은 바로 그러한 "초월적인 세상" 감각이다. 있는 그대로의 세상과 정의에 의거해서 우리가 품고 기대하는 세상 사이에는 심연의 간극이 있다. 그것은 예쁘거나 고무시키는 그림이 아니다. 아마도 그것에 대한 최상의 형상화는 제이차 계대전의 초기 시절로까지 거슬러 가 알베르 카뮈에 의해 이뤄졌다. 그는 당시 대중들이 "인간 조건"이라 한 것을 정의에 대한 헛된 기대를 안고 있는 합리적인 인간과 비합리적인 혹은 적어도 무관심한 우주 사이의 희망 없는 대면이라고 묘사했다. 그는 그 대면과 사람이 그것을 인식할 때 느끼는 감정을 "부조리"라고 불렀다.

> 그렇다면 생명에 필요한 잠을 빼앗는 그 헤아릴 수 없는 느낌이란 무엇인가? 나쁜 이유가 있어도 설명될 수 있는 세상은 익숙한 세상이다. 그러나 반면에 갑자기 환상과 빛이 사라진 우주에서 인간은 소외된 사람, 이방인이라고 느낀다. 그는 잃어버린 고향에 대한 기억이나 약속의 땅에 대한 희망을 박탈당했기 때문에 그의 유배는 구제될 길이 없다.
>
> 『시시포스 신화』

그의 유명한 소설, 『이방인』에서 같은 이미지를 수용하면서 좀 더 금욕적인 해석을 제시한다. (이방인인) 뫼르소는 처형당하기 직전에 이렇게 외친다. "나는 우주의 자애로운 무관심에 내 마음을 열었습니다." 그런데 "자애로운 무관심"은 우리가 기꺼이 용납하기 힘든 태도이다. 분명히 카뮈 자신도 그것을 용납할 수 없다. 그의 필생의 작업은 정의에 대한 우리의 합리적인 기대 및 요구와 세상의 존재 방식과 (훨씬 더 속상하지만) 우리의 존재 방식에 대한 현실적 실망 사이의 이런 대립을 화해하고자 하는 시도를 나타낸다고 볼 수

있다.[167]

정의 이론에 대한 철학적 탐색 배후에는 갈망이 있다. 그런 정의 이론을 전개하는 목적은 우선적으로 우리에게 이해를 주는 것이 아니라, 좋은 사회에 대한 교화, 방향성, 청사진을 주는 것이다. 그것은 우리에게 희망을 주는 것이다. 또는 그것은 절망이나 자기 이익 추구에 빠져 (가끔 이 두 가지가 같이 오기도 한다) 세상이 존재하는 방식을 합리화하고, 현상 유지를 옹호하려는 또 하나의 시도일 수도 있다. "모든 사람은 자신이 받는 만큼의 대가를 받을 자격이 있다," "모든 일에는 궁극적으로 이유가 있다"[168]와 같은 잔인한 폭로를 하면서도 말이다. 우리 모두는 정의로운 세계를 원한다. 혹은 적어도 우리가 그런 세계를 원한다고 우리는 생각한다. 우리는 최소한 우리에게 유리할 때 정의가 실현되기 바라며, 우리에게 불리하지 않을 때 정의가 실현되기를 바란다. 그러나 정의에 대해 그렇게 제한된 열망을 지닌 사람들에게도 가장 큰 좌절감은 정의가 요구하는 것과 세상이 실제로 존재하는 방식 사이의 심연이다. 세상은 공정하지 않다. 정의의 근사치조차 아니며, 정의의 이름으로 행하는 많은 일들이 오히려 상황을 악화시킬 뿐이다. 우리의 이론들은 방향성이 없는 세계에 방향을 주고 때때로 지각이 없는 듯이 보이는 세계에 지각을 주려는 시도들이다. 거의 언제나 그 이론들은

---

167. 이런 식의 합리화와 그 전략들에 대한 매력적이지만 궁극적으로는 우울한 경험적 연구를 보려면, 멜빈 러너Melvin J. Lerner의 『정의로운 세상에 대한 신념Belief in a Just World』을 보라.

168. 볼가스트Wolgast의 『정의의 문법A Grammar of Justice』를 볼 것. 특히 7장 참조.

너무 느슨한 것은 아니라 하더라도 잘 맞지 않아서 매달릴 만한 게 전혀 없다. 혹은 어쩌면 그 이론들은 "존재하는 것은 무엇이나 정당하다"는 알렉산더 포프의 유려한 표현, 헤겔의 "실재는 이성적이다"라는 (종종 오해를 받는) 주장, 니체의 극적인 슬로건, 아모르 파티(운명에 대한 사랑, 어떤 일이 닥치더라도 심지어 기쁘게 받아들이는 것)처럼, 세상을 있는 그대로 파악하려는 시도이다. 오늘날에는 그렇게 세속적인 철학자가 드물지만, 합리화 사업(소득 불평등, 비참한 세상에서 호화로운 삶을 사는 것 등에 대한 합리화)은 여전히 철학에서 큰 사업이다.

우리는 "정의로운 세계"에 대한 우리의 믿음을 옹호한다. 왜냐하면 우리가 어떤 불행을 겪든지 간에 정의가 없다는 생각을 견딜 수 없기 때문이다. 철학자들은 더 크게 생각하지만 동기와 의도는 같다. 철학자들은 현실을 합리화하고, 현실을 바꾸려 하며 때때로 현실을 과격하게 만들려고 한다. 그러나 그들 역시 종종 이런저런 격분을 일으키는 일에 설명이나 치유만 원하는 것이 아니라 모든 것이 들어맞고 합당하며 분노를 일으키는 모든 일들이 교정되거나 예방되는 거대한 계획을 원한다. 이런 시도를 진지하게 받아들이면 들일수록 더 많이 실망하게 된다. 이런 끔찍한 실망을 피하기 위해 이론들은 추상적이 된다. 삶이 불공평하다는 결론을 피할 수 없고, 우리가 그것을 변화시켜야 한다는 책임감을 피할 길이 없다. 그런데 이때 대규모로 변화시키는 것이 아니라 조금씩, 한 번에 아주 작게 하며, (수사학적인 경우를 제외하고) 정의를 추구하기보다, 우리 자신의 작은 정의의 영역에서 (그리고 할 수 있다면) 불가해한 세상에서 우리가 발견하는 부정의에 반대한다.

이것은 정의를 포기하는 것이 아니다. 그것은 정의의 위치를 재정립하는 것이고, (수많은 이론가들이 명백히 스스로 강요하지 못 하는 일인데) 도덕적 행운의 현상을 정의의 주된 장애물이 아니라 본질적인 부분이라고 받아들이는 일이다. 그러나 그것은 또한 어쨌건 우리는 이점을 누릴 자격이 있다거나 마땅히 이점을 누릴 만하다고 생각하는 그런 우리의 자만심, 혼란스럽고 이기적인 마음을 버리는 것이다. 우리 중 그 누구도 스스로 이루지 않았다. 우리는 맞는 유전자, 우리의 지성과 우리의 재능, 기본적으로 건강한 몸, 우리가 사는 곳에서 받아들여질 수 있는 피부색을 가지고 태어났다. 우리는 "자수성가한 사람"에 대해 아무리 많은 박수를 치고 싶을지라도, 그 누구도 스스로 자신을 만들지 못 한다. 우리는 태어나면서 받은 혜택을 무임승차했거나 운으로 그렇게 되었다. 우리는 우리가 살고 있는 사회의 행복한 환경에서 혜택을 입는다. 정의를 위해 필요한 것은 우리의 이점에 대해 더 독선적이고 더 안전함을 느끼게 만들어 주는 또 다른 이론이 아니다. 또한 우리는 우리가 살고 있는 삶을 포기하게 만들 이론을 채택해서도 안된다(이 점에 관한 좋은 논의에 대해서는 엘리자베스 볼가스트의 『정의의 문법 *A Grammar of Justice*』을 보라).

그럼에도 불구하고, 해야 할 일이 많다. 상상의 존재들만 살고 있는 이상 세계의 매력적인 점은 그들은 우리의 문제나 성격을 지니고 시작할 필요가 없으며, 충분히 추상적이거나 개략적이라면 논리의 법칙에 대해 걱정할 필요조차 없다는 것이다. 구체적인 동정심을 가진 시민의 상식은 철학자의 뛰어난 관념과 상대가 안 된다. 모든 합리적인 정의의 지지자는 궁극적으로 플라톤이 좋아했던 대상, 트라시마쿠스라는 이름의 똑똑한 젊은이 같은 위치에 있는데, 그는 플라톤의 더 우월한 지성과 추상적 이상주의에 압도되었었다. 그러나 정의는 현실 세계 위에 떠 있는, 인간의 이성으로 발견될 수 있는, 실현되지 않은 이상이 아니다. 정의가 없는 것이 아니라 우리가 잘못된 곳에서 정의를 찾고 있는 것이다. 정의가 어디에서나 발견된다면 그것은 우리 안에서, 즉 세상에는 바로잡아야 할 잘못이 있다는 우리의 인식 속에서 발견되어야 한다. 종종 우리의 코앞에 있는 불의의 존재를 인식하기 위해 모든 것을 포용하는 정의감이 필요하지 않다. 정의는 이상적인 상태나 이론이 아니라 개인적 감수성의 문제이며, 우리로 하여금 세상에 관여하고 세상에 관심을 갖게 하는 (모든 논지가 다 훌륭한 이성이라 해도 이성만으로는 할 수 없는 것) 그런 감정들이다. 나는 때때로 정의가 사랑과 비슷하다고 생각한다. 가장 중요한 것은 사랑을 받는 것이 아니라(그리고 분명히 사랑에 대해 단지 이론을 만들거나, 사랑을 논하는 것이 아니라), 사랑을 하는 것이라는 점에서 그러하다. 그러므로 본질적인 것은 정

의의 실현(종종 이것은 불가능하다)이 아니고, 그리고 틀림없이 정의에
대한 이론을 만들거나 정의를 논하는 것이 아니라, 적극적인 정의
감각이다. 정의란 세상에 대한 그 원기 왕성한 참여 의식인데, 이
속에서 정의의 차원들은 이성적인 공식이나 이론이 아니라 경험과
감정에 근거한 판단 속에서 통합된다. 이 정도로는 충분하지 않아
보일 수도 있겠지만, 어쩌면 다행스럽게도, 이것이 우리가 가진 전
부이다.

5장 정의와 도덕 감정

정의보다 존중받는 미덕이 없고 부정의보다 미
움받는 악덕도 없다. 호감을 주는 것이든, 혹은
혐오스러운 것이든 성격을 고정시키는 데까지
나아가는 특성도 없다. 이제 정의는 도덕적 미덕
이 되었는데, 그 이유는 정의가 인류의 선에 대
한 성향을 지녔기 때문이다. 기실 정의는 그런
목적에 쓰이는 인위적인 발명품에 불과하다 …
그러나 법과 정의의 전체 체계는 사회에 유익하
다. 인간들이 자발적인 관습으로 그것을 확립한
것은 바로 이런 장점에 대한 관점이 있었기 때문
이다 … 일단 확립되고 나면 거기에 자연스럽게
강한 도덕감이 따르게 된다.

데이비드 흄,[169] 『논고』

---

169. 데이비드 흄David Hume(1711~1776) 영국 스코틀랜드 출신의 철학자, 역사학자, 경제학자. 당시 영
국의 경험주의를 완성시켰다고 평가받으며, 애덤 스미스와 함께 스코틀랜드 계몽주의 운동을
대표하는 인물이다. 모든 앎은 강렬함(생생함)으로 느껴지는 감정적 '인상'에 불과하며, 이성적
으로 얻어지는 것으로 보이는 관념조차 사실은 인상에서 왔기 때문에, 지식은 이성적 추론에
의해서 얻어지는 것이 아니라 경험적으로 '얼마나 더 그럴듯한가'에 대한 개연성에서 얻어지는
것이라고 주장하였다. 또한 도덕의 선악 판단은 '그 도덕이 얼마나 감정적으로 유용한가'에 달려
있다고 주장하여, 이후 공리주의 사상에 큰 영향을 끼쳤다 —옮긴이주.

이 책에서 나의 논지는 정의 감각이란 무엇보다 감정의 문제이고, 동료애의 자연스러운 성향에서 배양되며 성격의 지속적 상태로 형성된다는 것이다. 정의는 우선 추상적인 원칙의 문제가 아니며 이론적인 구축물도 아니고, 현실 세계와 (비우호적으로) 대조를 이루는 가정된 이상적인 상태도 아니다. 그러나 지금까지 우리는 이런 정의 감각을 이루는 감정에 대해 너무 이야기한 바가 없고, 보다 일반적으로는 감정의 성격이 어떻게 감정과 정의의 이 친밀한 관계를 타당하게 만드는지에 대해서 거의 말한 바가 없다. 많은 이론가들과 국내에서의 많은 대화들이 제시하듯이, 만일 감정이 생리학적 동요나 갑자기 몰려드는 느낌이라면, 소위 정의 감각이라는 것은 그저 가려움 같은 것 내지 작은 발작, 몇몇 사람들이 자신들의 도덕적 감수성의 원천 내지 증상으로 알아차리는 위장에서의 그 메스꺼운 감정 같은 것에 지나지 않는 것 같다. 그러나 비록 이 감정이 때때로 도덕적 경고 시스템이 촉발되는 징후로 작용하기는 하지만, 이 감정은 정의의 분석이나 정의의 기반으로 충분하지 않다. 나는 정의 감각이란 우선적으로 (부차적이거나 징후적이 아니라) 감정과 관련되어 있다[170.]고 주장하고자 한다. 가장 일반적으로, 우리의 정의 감각은 관여하는 감정caring, 우리 자신과 세상에서의 우리의 위치에 대해서, 우리가 사랑하거나 우리가 가깝다고 느끼는 사람들에 대해서, 세상의 방식과 세상 속에 사는 지각 있는 존재들의 운명에 대해 관여하는 감정에서 출발한다. 관여하는 것이 없으면 정의도 없다. 달리 정의가 우리에게 왜 중요하겠는가? 정의는 세상에 대한 우리의 정서적 개입으로 시작된다. 철학적인 거리 두기나 단지 가설적인 상황에서는 시작되지 않는다.

말할 필요도 없이, 정의와 더 넓게는 도덕에 대한 이런 언급은 오늘날의 윤리 사상의 지배적인 전통과 매우 상충된다. 그 전통은 현대의 가장 중요한 철학자라 할 수 있는 이마뉴엘 칸트의 아주 뛰어난 철학에서 유래한 것이 아니라 하더라도, 칸트의 철학이 그 전통을 가장 잘 대변해 준다. 현대에는 하버드 대학의 존 롤스와 많이 논의된 그의 정의 이론이 그 전통을 가장 잘 대변한다. 이것은 연민과 공감을 비롯한 모든 감정들을 진지한 철학적 사유에서 실제적으로 지워버리는 전통이다.[171.] 이 전통에 의하면 정의와 도덕

---

170. 원문에서는 emotional이라고 되어 있는데, 감정적이라고 번역하면 원문의 의미가 덜 살아나는 것 같아, '감정과 관련된'이라고 번역했다 — 옮긴이주.

171. 다시 말하지만, 롤스가 정의를 둘러싼 감정(특히 분노 감정을 포함해서)에 상당한 관심을 기울이고 있지만, 오직 부차적 관심사로서 관심을 가졌을 뿐으로, 그 감정들은 발달적으로 볼 때 정의에 앞서고 어떤 경우에는 동기 면에서 중요하나 분명히 정의 감각의 일부는 아닌 것으로 본다

은 실천적 이성practical reason의 문제이고, 사심 없고, 감정에 좌우 되지 않고 이상적으로 거리를 둔 시점에서 가장 잘 보인다. 그 전 통에 따르면, 감정은 너무 가변적이고, 변덕스럽고 너무나 개인적이 고 구체적이며 너무나 비합리적이어서 철학적 사유의 적절한 요소 가 될 수 없다. 대조적으로 정의와 도덕은 지속적 원칙, 범위가 보 편적이고 적용이 공평하며 개인적인 것이 개입되지 않는다. 도덕에 대한 이런 전통적인 방식의 사유는 잘못된 것일 뿐 아니라 위험하 다고 나는 확실하게 생각한다. 하지만 여기서 나는 그 전통을 공격 하는 데 시간을 쓰기보다, 도덕과 정의에 대한 대안적 견해, 때때로 "도덕 감정 이론"이라고 부르는 견해에 대해 새로운 해석을 정교하 게 다듬고 옹호하는데 시간을 쓰고자 한다.

"도덕 감정 이론"이라는 말은 완전하게 적합한 이름은 아닌데, 보통 약 2~3세기 전 특히 스코틀랜드에서 대두한 도덕철학을 가리 키는데 사용된다. 이 이론의 가장 잘 알려진 선도적인 제창자는 데 이비드 흄과 (자본주의의 바이블이라 할 수 있는 『국부론』을 쓰기도 했던) 애덤 스미스이다. 그들 둘 다 도덕에서 공감의 "자연스러운" 감정의 중심성을 옹호했다. 그러나 그들은 정의와 공감을 구분하기도 했 다. 특히 흄은 정의가 전혀 "자연스러운 것"이 아니라고 주장했고, 도덕 감정의 범위에 대한 두 사람의 인식은 너무나 제한적이라고

는 것이 중요하다. 수많은 초기의 사상가들과 마찬가지로 롤스에게 있어서도 공감과 동정심은 칭찬받을 가치가 있지만, 이론의 근거로 작용할 만큼 과학적으로 보편적이거나 믿을 만한 것이 못 된다.

나는 주장하고 싶다. 도덕은 정말로 이성 단독의 문제가 아니라 정념passions의 문제이고, 도덕은 자애로운 정념일 뿐 아니라 때때로 격렬한 정념들의 도가니이다. 감정은 이성에 대립적이지 않으며, 우리의 감정들을 우리의 가장 근본적인 사상과 분리할 것을 주장하는 것은 우리의 주제를 부서뜨려 결코 이해되지 못 하게 하는 것이다. 우리의 정의 감각은 공감과 대립되는 것이 아니고, 공감을 미리 상정한다. 정의 감각은 많은 상충하는 정념들의 매우 복합적인 혼합물이며, 이 속에서 공감 같은 감정(딱 공감이라고 하긴 어렵다)이 중요한 요소를 이룬다.

도덕 감정 이론은 이런 견해로부터 시작한다. 즉 도덕의 기초는 특정 감정을 가지는 우리의 타고난 성향에서 발견된다는 것이다. 이 말은 그렇다고 도덕이 무엇보다 올바른 일을 행하는 문제가 아니라는 뜻은 아니다. 결국 도덕은 우리가 관여하는 행위이지 동기와 감정이 아니다. 그러나 올바른 일이 그릇된 이유를 위해 행해진 경우 우리는 스스로나 다른 사람들을 도덕적이라 생각하지 않으며, 탐욕이나 악의에 의해 촉발된 것임이 드러난 정의로운 행동을 칭찬하지 않는 것은 확실하다. 이런 일반적인 관찰은 아리스토텔레스에서 칸트를 거쳐 존 롤스에 이르기까지 많은 세대의 도덕가들로 하여금 다음과 같은 결론에 이르게 했다. 즉 도덕과 정의는 적어도 그 실제 행동과 결과보다 그 행동 배후에 있는 동기나 의도와 더 관계가 있다는 것 말이다. 그래서 도덕과 정의에는 올바른 이성이 필요하다는 통찰은, 행위에 대한 우리의 이유는 이성의 산물이 어야 한다는 지나치게 지적인 명제(자연스러운 말장난이자 철학에서 많은 장난의 근원이기도 하다)가 된다. 이 명제는 우리의 이성이 개인적인 성향이나 감정이 아닌 일반적인 ("선험적"은 아니더라도) 원칙으로 구성되어야 한다는 주지주의자들의 요구를 뒷받침한다. 그러나 예를 들어 궁핍한 다른 사람들을 돕는 분명히 좋은 이유는 "그 사람에 대해 안되게 느꼈다"이다. 실로, 그렇게 설득력 있는 또 다른 이유를 생각하기란 어렵다.

그런데 지난 2세기 동안의 철학을 통독하다가, 일반 독자들은 "나는 그 사람에 대해 안되게 느꼈다" 같은 것이 도덕이나 정의의 근거로서 거의 간과되고 있음(단지 지워진 것은 아니더라도)을 알고 충격을 받을 것이다. 선한 이유는 이성의 산물로 여겨지는데, 일반적으로 이성은 합리적이고 비개인적인 일련의 원칙에서 특정 행위를 냉정하게 추론하는 다소 정교한 과정으로 이해된다. 따라서 선한 사람, 정의로운 사람은 사실상 올바른 규칙을 찾아서 특정 사건에 공정하게 적용하는 사적인 관료의 역할을 하게 된다. "그 사람에 대해 안되게 느꼈기 때문에" 같은 일견 자연스러운 반응은 설 자리가 없다. 그것은 도덕적 관리가 자기 일을 안 하고 있음을 나타내는 표시다. 연민에 대한 호소에 대해 냉철한 도덕주의자는 "피를 흘리는 마음"이라는 익숙한 수식어로 응답할 수 있으며, 도덕과 정의의 복잡한 질문에 그렇게 단순하게 반응하는 것에 대한 경멸을 잘못 판단하는 일은 없을 것이다.

　정의에 대한 통상적인 분석과 이론들이 놓치는 것은 공감과 연민의 우월함에 대한 인식이다. 내가 여기서 옹호하고자 하는 논지의 일부분이 바로 이것이다. 그러나 우리의 정의 감각을 일으키거나 구성하는 감정들이 인자한 감정들에 한정되어 있다면, 그 분석은 분명히 부적절하고 불완전할 것이다. 복수는 어떠한가? 우리가 우리의 사례에서 시기, 질투, 분노같은 감정들을 통해 느끼는 날카로운 부정의의 감정은 어떠한가? 도덕적 분개는? 죄와 수치는? 연민과 공감으로 대변되는 인자한 감정 그 자체로는 우리의 정의 감각을 구성하는 때로는 격렬한 많은 정념들의 거대한 범위나 심오한 깊이를 설명하지 못 한다. 우리는 공감에 대한 전통적인 도덕 감정 이론들이 제공할 수 있는 것보다 훨씬 더 풍부한 도덕 감정들을 원한다. 우리의 정의 감각은 단순히 공감과 연민 같은 인자한 감정들이 아니라, 때때로 서로 경쟁하는 정념들의 도가니이기도 하며, 이 모든 것의 근간에는 세상이 어떠해야 하는지에 대한 본능적인 감각이 있고, 이는 거창한 철학적 청사진이 아니라 구체적인 기대와 요구에 의해 만들어진다. 우리의 정의 감각은 원칙이 아니라 "이것은 불공평해!"라는 감정과 더불어 시작된다. 혹은 다른 누군가의 고통에 대한 예리한 인식과 더불어 시작된다. 정의 감각은 또 상황이 무질서 상태라거나, 어떤 고통이나 처벌이 부당하다거나, 어떤 사람은 명백한 이유 없이 다른 사람보다 더 많이 가진다고 하는 불편한 감각과 더불어 시작할 수도 있다. 정의 감각은 흔히 박탈감, 의미 없는 고통, 자기방어의 의미를 가지고 시작될 수 있고 이것은 복수 감각으로 변할 수 있다. 그것은 "내 것!"이라는 단순한 생각에서 시작하여 질투로 변하는 소유욕이 될 수 있다. 하지만 이 모든 경우에서 가장 중요한 것은 **관여한다는 것**caring, 즉 대상들이 나에게 **중요하다**는 사실이다. 공감이든, 방어적이든, 적대적이든 감정적인 참여 없이는 정의 감각이 생길 수 없다.

　윤리학과 감정의 분리, 이성과 정념의 분리, 정의와 자애로움의 분리는 윤리학과 정의론을 사람과 사회가 어떠해야 하는지에 대한 초연하고 비개인적인 성찰, 순전히 합리적인 주장으로 만들고, 대개의 경우 사람과 사회의 실제 모습을 간과하고, 더 나쁘게는 최악의 모습, 즉 사람들이 본래 이기적이고 상호 파괴적이라고 가정했다. 그러나 지금까지 우리 논지의 핵심은 사람들이 그렇게 이기적이지 않으며 "원래" 그런 건 더더욱 아니라는 평범하면서도 명확한 견해를 주장하는 것이었다. 사람들은 본래 사람들과 어울리기 좋아하는 사회적인 존재이다. 사교성과 이성은 소위 이해타산self-interest처럼 인간 본성의 일부이다. 그러나 적어도 칸트 이래, 전체적으로 윤리학은 한편에는 "순수 실천이성"과 "도덕적 법"과, 다른 한편에서는 아무리 자애롭다 하더라도 "도덕적 가치가 없는" 단순한 "성향" 사이의 불행한 반목을 짊어지고 있다. 그래서 우리의 정의 감각은 왜곡되고 순수 이성 쪽으로 쏠려 온 반면, 우리의 관대한 충동과 불분명하게 기술된 "직관"은 기껏해야 우리의 합리적인 원칙의 증거로서 의심쩍은 인정을 받아 왔다.

우리의 영혼 속에 신성한 이성과 (불쾌한 것까지는 아니더라도) 너무나 인간적인 감정 사이의 근본 대립이 있다는 생각은 물론 고대 그리스로 거슬러 간다. 그리고 우리가 앞에서 언급했듯이, 복수심, 자비, 용서, 연민 같은 감정은 정의와 관련이 없거나 심지어 대립된다는 생각은 장구한 신학적, 철학적, 정치적 역사를 가지고 있다. 그 결과 정의는 추상적이고 형식적이고 공식적이며 심지어 비인간적인 것이 되었고, 개인적 감정은 "단순한" 개인적 감정으로 축소되었으며, 이 개인감정들은 이성의 적절하게 냉정하고 공평한 작용이나 그런 상태를 방해해서는 안 되었다. 이 책에서 나의 목표는 정의에서 잃어버린, 그러나 본질적인 그 요소들을 재도입하는 것이다. 나는 영혼에서 적대적인 것으로 여겨지는 플라톤이 말하는 부분들 사이의 분열(플라톤에게서는 전혀 그렇게 적대적이지 않다)을 고치고 싶고 정의에 대한 우리의 생각과 감정들을 재통합하고 싶다. "정의"는 연민과 자비에 대립적이어서는 안 되며 이런 자애로운 감정들 없이 정의가 이해되거나 실천되어서는 안 된다. 물론 원칙이나 편협한 의무감에 따라 행동할 수는 있지만, 그러한 원칙과 의무가 어디에서 유래하는지 물어봐야 하며, 차가운 것까지는 아니더라도 지나치게 냉정한 '초연한' 행동은 경계해야 한다. 확실히, 대면하지 않는 정부 관료가 우리의 불만거리를 만족스럽게 해결해 줄 때 우리는 완벽하게 만족스럽다. 하지만 우리는 행위자를 단지 수단으로만 축출시켜버렸기 때문에 행위를 행위자로부터 추상화시킬 수가 있고, 그 행위자는 컴퓨터로 쉽게 대체될 수 있다. 우리는 그 사람의 전체적인 성격과 함께 가는 그 사람의 구체적인 동기와 행위에 근거해서 살아 있는 사람의 행위를 정의롭다, 혹은 정의롭지 못하다고 평가한다. 그리고 동기, 행위, 성격의 그 혼합 속에 들어있는 중요한 요소가 도덕적 감정, 우리가 좀 더 일반적으로는 도덕적 감수성이라고 하는 것이다. 사회가 아무리 효율적이고, 심지어는 공정하다고 하더라도, 그런 도덕적 감수성 없이는 정의도 있을 수 없다.

도덕 감정의 역사

우리 헌법에 있는 그런 도덕심과 명예심이 없다
면, 몇몇 개선가들이 주장하듯 우리가 전적으로
이기적이라면, 인간의 삶은 오늘날 우리가 느끼
는 것과 매우 다를 것이며, 즐거움도 사랑도 없
고, 속임수와 의심이 가득한 차갑고, 침울한 상
태가 되었을 것이다.

프란시스 허친슨, 『도덕철학 체계』

넓은 의미의 도덕 감정의 이론은 아리스토텔레스로 거슬러 간다.
비록 그는 행위를 촉발한 감정들을 행위 그 자체로부터, 그리고 행
위를 앞서는 합리적 고려들로부터 그리 예리하게 분리하지는 않
았지만 말이다. 그러나 그는 올바른 감정은 올바른 행위에 필수적
임을 인식했고, 정의로운 사람은 정의로운 생각뿐 아니라, 정의로
운 감정에 의해서도 영향을 받는다고 주장했다. 오거스틴을 비롯
한 많은 다른 기독교 사상가들은 단지 믿음과 사랑뿐 아니라, 다양
한 미덕(그리고 최악의 악덕을 구성했던 그 치명적인 정념도)을 규정한 모
든 감정들을 특별히 강조했다. 그러나 도덕 감정의 이론은 18세기

스코틀랜드에서, 섀프츠베리 백작[172.]의 저서에서 논의되고 프란시스 허친슨에 의해 발전된 "타고난 도덕적 감각"과 더불어 성년에 이른다.[173.] 허친슨은 가치의 이해에서 감정의 중요성을 그저 인식하는 것보다 더 나아갔다. 그는 이런 감정들에 대한 자세한 분류와 설명, 이 감정들이 각기 다른 가치들과 어떤 관계를 맺는지 보여 주었다. 데이비드 흄은 허친슨의 이론을 선택해서 그것을 진정한 도덕 감정의 이론으로 변화시켰다. 애덤 스미스는 자신의 벗 흄으로부터 도덕 감정 이론의 토대들을 가져와서 너무나 많이 간과된 그의 저서, 『도덕 감정론』을 저술했다. 그런데 도덕 감정의 이론이 정의와, 좀 더 일반적인 윤리에 대한 성찰에서 도덕 감정과 그 위치를 해명하는데 상당한 진전을 해 나가고 있었던 것과 마찬가지로, 그 이론은 독일의 이마뉴엘 칸트의 철학에서 거의 치명적인 장애에 맞딱드렸다.

칸트와 더불어 가치에 대한 철학적 사유는 "이성"과 합리적 원칙에 매우 집착하게 되었고 정념을 맹비난했다. 철학자-왕 유형 윤리학[174.]이라는 그 특수 단계는 대체로 2세기도 채 안 되었을 텐데,

---

172. Earl of Shaftesbury (1671~1713). 잉글랜드 영국의 정치인, 학자, 작가. 존 로크의 제자였고, 그의 저서 『덕과 장점에 관한 질문』에서 도덕적 감각을 논함. 그의 사상은 스코틀랜드 계몽주의의 선구자인 프랜시스 허친슨의 윤리철학에 계승되어 계몽운동에 막대한 영향을 끼침—옮긴이주.

173. 이 논의에서 셰릴 칼혼[Cherl H. Calhoun]의 「감정과 가치Feeling and Value」로부터 도움을 받았다. (흄과 스미스뿐 아니라) 섀프츠베리와 허친슨도 그 시대의 도덕철학자들과 대조적으로, 그리스·로마 철학자들과 아주 의견이 잘 맞는다고 스스로 여겼음을 주목해야 한다. 알래스데어 매킨타이어는 그들의 이교도적 위장에 도전했다. (『누구의 정의, 어떤 합리성?Whose Justice? Which Rationality?』의 268-9를 특히 참조할 것)

174. philosophy-king type ethics. 플라톤이 제시한 윤리적 개념. 이 개념은 플라톤의 대표작인

막대한 폐해를 끼쳤다. 칸트는 도덕 문제에서 "성향"에 의존하는 것을 거세게 반대하고, "도덕적 가치"에 대한 모든 평가는 올바른 느낌을 갖는다거나 적절한 인격을 드러내는 것에 의존하기보다, 원칙과 실천이성에 대한 복종에 의존해야 한다고 주장했다. 예를 들어 그는 이렇게 썼다. "도덕 감정의 원칙에 호소하는 것은 피상적이다. 왜냐하면 생각할 수 없는 사람은, 그 문제가 보편적 법칙 중의 하나라고 할 때에도, 감정으로부터 도움을 받을 것이라고 생각하기 때문이다. 감정들이 본래 서로 굉장히 달라서 감정이 선악의 통일된 척도를 제공할 수 없다고 하더라도, 그들은 그렇게 믿는다."[175] 칸트는 정의에 대해 중요하고 길게 논의하지 않았음에도 불구하고, 정의에 대한 현대의 사유를 상당히 정의하고 있다. 그러나 심지어 칸트 자신의 시대에도 그는 철학적 극단주의자로 인식되었고 그를 극단적인 이성주의자라고 생각한 사상가들에게 둘러싸여 있었다. 그의 혹독한 반감상주의는 일부 18세기 스코틀랜드 도덕가들의 작업에 대한 반응이었다. 그런데 그는 거의 즉각적으로 독일에서 그와 같은 종류의 대응을 받았는데, 괴짜이지만 언제나 통찰력이 있는 아서 쇼펜하우어로부터였다.[176] 전반적인 삶에 대해 쇼펜하우

『국가The Republic』에서 소개되었음. 플라톤은 국가의 이상적인 형태를 탐구하면서 정의와 공의에 대한 개념을 다루었는데, 그 중 하나가 "철학자 - 왕philosopher-king"개념임. 철학자-왕은 지혜로운 철학자로서 국가를 지배하는 리더인데, 플라톤에 의하면 철학자-왕이 국가를 통치함으로써 최상의 도덕적 가치와 공의를 실현할 수 있다고 함. 철학자-왕은 국가의 지배자로서 군림하면서 지식, 지혜, 공평성 등의 가치를 견지해야 한다고 플라톤은 주장했음 ─옮긴이주.

175. Kant, *Grounding for the Metaphysics of Morality.*

176. Schopenhaur, *On the Basis of Morality*

어가 얼마나 비관적이었든지 간에, 칸트의 이론이 실제로 도덕의 바로 기초가 되는 것, 즉 다시 말해 연민의 감정을 빠뜨렸다고 지적했을 때 그는 칸트의 정곡을 찔렀다. 불행히도 철학가들은 쇼펜하우어보다는 칸트를 더 따르는 경향이 있고 도덕 감정의 이론은 이 세기가 될 때까지 대부분 간과되다가 영어권 철학에서보다 독일에서 부활했다. 막스 셸러[Max Schele]177.는 1912년 『공감의 본질Nature of Sympathy』을 출간했으나(이 책의 영어권 번역은 1954년이 되어서야 나왔다),178. 이 책은 영어권 국가의 도덕적, 사회적 이론가들에 의해 거의 전적으로 묵과되었다. 주정주의emotivism라고 하는, 많은 악평을 받은 이론에서 북미권 철학이 다시 한번 윤리학과 감정의 관련성을 다시 시작했을 때, 감정과 더불어 윤리학도 같이 축출하기 위함일 따름이었다. 왜냐하면 그것은 단순히 감상일 뿐 아니라, 진지한 논의의 가치가 덜하며 더 변덕스러울 수 있었기 때문이다.179.

전통적으로 도덕 감정 이론은 다른 모든 것보다 **공감** 감정이라는 단 하나의 감정에 관심이 있다. 그러나 도덕 감정 이론가들의 저

---

177. 막스 셸러[Max Scheler] (1874~1928). 독일의 철학자, 사회학자. 1919년 쾰른대학 교수, 1927년 프랑크푸르트대학 교수. 후설의 현상학, 생명철학, 아우구스티누스 등의 영향을 받고 그리스도교적 인격주의 주창. 만년에 가톨릭을 떠나 진화론적 범신론에 도달 —옮긴이주.

178. Max Scheler, The Nature of Sympathy, trans. P. Health (London: 1954)

179. "주정주의emotivism"은 미시간 대학의 찰스 스티븐슨[Charles Stevenson]의 저서 『윤리학과 언어Ethics and Language』) (New Haven: Yale Univ. Press, 1944)에서 가장 잘 제시되어 있다. 그러나 아마도 여전히 가장 잘 알려진 표현은 『언어와 진리와 논리Language, Truth and Logic』 (New York: Dover, 1952)에 실린 에이어[A. J. Ayer]의 논쟁일 것이다. 이 이론에 따르면 윤리적 발언은 신념의 선언과 대조적으로 감정의 표현에 불과하므로 참도 거짓도 아니며, 검증할 수 없으므로 "무의미하다"고 한다. 대부분의 경우 감정 자체는 무의미하며 인지적 내용이 없다고 가정된다.

술 작업과 우리 자신의 대화에서, 공감의 의미에 대한 많은 혼란이 있다. 엄밀히 따지면, (문자 그대로 "같이 느끼는" "열정을 공유하는"의 의미가 있는) 공감은 감정을 나누는 것, 혹은 다른 사람의 감정을 공유하는 능력이다. 이것이 애덤 스미스가 이 개념을 사용하는 방식이고, 그것은 그에게 사람은 본질적으로 이기적이지 않고, 사람들 사이의 정서적 유대를 가진 사회적 존재라는 명제를 옹호하는 방식을 제공한다. 그러나 공감은 종종 이런 "공유된 감정"의 의미가 아니라, 인자함, 다른 사람들을 향해 잘되기를 바라는 마음, 다른 사람들에 대한 공감의 의미로 사용된다. 이것이 흄이 이 말을 종종 사용하는 방식이고 이것은 그에게 인간성을 본질적으로 이기적으로 보는 홉스적인 인간성에 대한 초상을 부인하는 방식을 제공한다. 그러나 명백히 여기에는 오해의 여지가 상당하다. 흄과 애덤 스미스가 "공감"이라고 부른 것은 일관성이 없거나, 최상의 경우 친절한 여러 감정들을 섞어 놓은 잡동사니 같은 것이었다. 속상해하고 고통에 찬 동료 인간을 향해 친절한 감정을 갖고 있다고 말하는 것과, 실제로 그 감정들을 **공유하고** 있다고 말하는 것은 별개의 것이다. 그리고 훨씬 약한 주장인데, 상대방의 곤경을 이해하고 있다고 말하는 것은 또 다른 것이다. 사실 **공감**은 때때로 공유된 감정에 대한 전제 없이, 그저 이해하는 것을 가리키기도 한다. **공감** sympathy은 종종 **감정이입**empathy과 혼동되는데, 감정이입은 또한 다른 사람과의 "동일시", "다른 사람의 입장에 자신을 두기," 다른 사람의 감정을 대리적으로 경험하기로 정의된다. 흄과 스미스 모두 공감에 대해 말할 때, 마치 이타심의 일반화된 의미, 본인에게 아무 이득이 되지 않는, 타인에 대한 관심, 또는 동료애와 동지애의 감정인 것처럼 종종 말하며, 이는 개인적 이기주의에 대한 통상적인 홉스식의 묘사와 대조된다.

　공감이 실제로 감정을 공유하는 것을 포함하는 한, 고통받는 자와 나누는 그 고통은 대개 매우 무력하고 윤리적 행동을 유발하기에 거의 적합하지 않다. 사실 당신이 다리를 세 군데 막 부러뜨렸기 때문에 나는 약간 아프다고 느낄 수 있지만 내 감정을 당신의 감정과 비유하는 것은 터무니없을 것이다. 그런 경우에 감정을 "나누는 것"에 대해 이야기하는 것 자체가 터무니없을 것이다. 당신이 방금 할아버지를 잃었거나 당신이 국세청의 일반 감사 요청을 받았거나 일반적인 "구조조정"으로 인해 직장에서 해고되었다는 소식을 듣고 나는 속상할 수도 있다. 하지만 당신 때문에, 심지어 당신을 위해 나 역시 부정적인 감정(슬픔, 두려움, 분노)을 느낀다는 사실은, "공유된 감정"이라고 부르기에 충분한 그런 감정의 척도가 되지 못 한다. 물론 우리가 실제로 상황을 공유한다면, 돌아가신 분이 우리의 할아버지라면, 일반 감사를 받게 될 사람이 우리의 동업 관계라면, 혹은 해고될 사람이 우리 둘 모두라면, 우리가 적절한 감정을 나누고 있다고 말하는 것이 완벽하게 말이 된다. 그러나 이것은 "공감"의 일반적인 사례가 아닐 것이다. 일반적인 사례는, 당신이 겪는 끔찍한 고통 때문에 그 고통에 대해, 내가 연민pathos이라는 아주 부드러운 감정을 가지는 것이고, 그 둘에 대해 "공유된" 것이라 말하기 위해, 그 둘을 덜 비교하는 것은 거의 의미가 없다. 이러한 이유로 스미스는 특히 공감을 보완하기 위해 정의감이 필요하다고 제안하는데, 공감은 그 자체로는 대부분의 사람들의 필연적인 이기적인 동기에 대항할 만큼 강력하지 않다. 스미스에게 있어 정의란 정정당당한 행동fair play의 내면화된 의식이고 공감과 달리 정의는 전체 사회를 지탱하는 주된 기둥을 제공한다. 공감과 달리 정의는 단호한 내용-determined content을 가진 하나의 정념passion이다. 부정적인 정념이라 하더라도 말이다. 정의는 우리가 우리의 이웃에게 해를 끼치지 말아야 한다는 의식이다.[180] 자애의 감각과 함께, 공감과 정의는 스미스에게 그의 『도덕 감정론』에 나오는 인간의 본성에 대한 묘사를 제공한다. 『도덕 감정론』은 그의 후기 저서 『국부론』의 통상적인 홉스적 해석과 아주 다른데, 그 책에서 자칭 신스미스주의자들은 자본주의의 바퀴가 개인의 탐욕에 의해서만 움직인다고 (잘못) 주장한다.[181] 스미스에 의하면 공감은 동료애, 동료를 위해 느끼기보다 동료와 함께 느끼는 감정이다. 우리의 정의감은

---

180. Adam Smith, *Theory of the Moral Sentiments*, II, ii, 2, 1.

181. 예를 들어 다음 글들을 보라. Corey, Venning, "The World of Adam Smith Revisited" in *Studies in Burke and His Time*, vol. 19, 197. Milton Friedman, "Adam Smith's Relevance for 1976," in *Selected Papers of the Graduate School of Business*, no. 50 (University of Chicago, 1977), 그리고 미출간 원고인 다음을 참조하라. Patricia Werhane, "The Legacy of Adam Smith for Modern Capitalism."

서로에게 해를 입히는 것을 피하도록 하며 두 사람 사이에서, "만인에 대한 만인의 전쟁"이고 "고약하고 야만적이고 짧은" 것으로 묘사된 홉스적인 삶의 묘사는 서로서로 염려하고 서로에게 해를 끼치는 것을 자연적으로 피하는 시민들의 사회라는 훨씬 보기 좋은 묘사로 대체된다.

공감과 정의에 대한 흄의 이론은 스미스의 이론과 다소 달랐고 문제를 좀 더 어렵게 하기 위해 흄은 자신의 초기 저작 『인간 본성에 관한 논고』(1738)의 저술과 후기 저작 『도덕 원리에 관한 연구』(1751) 저술 사이에 마음을 바꾼 것이 명확하다. 흄은 초기 저작에서 공감을 다소 편하게 다루면서, 이해타산의 동기 대부분과 비교할 때 공감은 흔히 약한 감정이라고 언급했다. 그는 후기 저작에서는 수많은 경우에 공감은 이해타산을 압도하기에 충분히 강력한 보편적인 감정이라고 옹호했다. 공감은 "더불어 같이 느끼는 감정"이라기보다, 자비로움의 한 형태, 동료 시민을 위한 감정이고 그들의 행복에 대한 관심이다. 그러나 스미스의 경우와 마찬가지로 흄의 경우에도, 공감은 너무나 자주 이기심의 반격을 받고 이기심에 압도된다. 이런 이유로 정의감이 요청된다. 그러나 스미스는 정의감을 동료에게 해를 가하는 것에 대한 다소 자연스러운 반감이라고 여긴 데 반해, 흄은 정의를 상호 행복을 위해 이성에 의해 구축된 인위적인 미덕이라고 보았다. 정의는 자연스러운 감정이라기보다, 이득이 되는 관습적인 책략이다. 이리하여 스미스가 아니라 흄에게 있어 공감은 진정 도덕 감정이지만 정의는 아니다. 그렇지만 흄도 정의가 너무나 이로워서 도덕 감정과 분리할 수 없게 연결되어 있음을 인정했다. 모두의 전체적인 이익에 대한 감각, "인류의 행복을 바라는 감정, 인류의 불행에 대한 분개의 감정"[182]보다 도덕 감정에 더 근본적인 것이 무엇이겠는가 말이다.

흄은 정의 그 자체가 감정의 문제라고 말하는 데까지는 나아가지 않는다. 하지만 그는 전반적인 도덕 감정과 구체적으로 다른 사람에 대한 공감은 도덕에 너무나 본질적이어서 그것 없이는 윤리가 있을 수 없다고 주장한다. 흄과 스미스는 사람들이 자신의 이기적인 이익에 의해서만 동기를 얻는다는 홉스의 견해에 결사반대하고, 자연스럽고 뚜렷한 "사회적 열정social passions"의 중요성을 옹호했다. 사실 그들의 논지의 핵심은, 스미스의 표현을 빌리자면, "자연은 사회를 위해 인간을 형성할 때 인간에게 남을 기쁘게 하려는 본래의 욕망과 형제들을 범하는 것에 대한 본래의 혐오를 부여했다"는 것이다. 게다가 "자연은 인정받고 싶은 욕구뿐 아니라, 인정받아 마땅한 존재가 되어야 하는 욕망, 혹은 다른 사람들 속에서 그 스스로 인정하는 그런 존재가 되고 싶은 욕망도 인간에게 부여했다." 우리를 같이 묶어 주는 것은 공감만이 아니라 상호적인 인식과 상호적인 열정이 복합된 전체이기도 하다. 따라서 스코틀랜드의 도덕 감정 이론을 너무 많이 땜질하지 않아도, 그 후원하에 정의를

---

182. Hume, *Treatise*, 235; 3장의 주석 1번에서 인용했던 577, 579도 참조할 것.

공감과 통합하고, 전체를 다음 둘 다에 대한 환영받을 대안으로 삼을 수 있다. 즉 "인간은 본질적으로 이기적이다"라는 논제와, 칸트와 가장 최신의 정의 이론가들의 지나친 주지주의적 견해에 대한 환영받을 대안으로 삼을 수 있다.

애덤 스미스는 도덕 감정에 대한 체계적인 이론을 추구하지 않지만, 흄은 그렇게 하고 있으며 그의 전체 이론에서 그는 윤리에 있어서 감정의 중요성을 강조하고 있을 뿐 아니라, 감정을 이해하는 매우 다른 방법을 활용하고 있기도 하다. 그런데 그는 여전히 전통적 모델과 편견에 잡혀 있다. 그의 『논고』에서 자주 인용되는 견해, 즉 "이성은 열정의 노예이며, 또 마땅히 노예여야 한다"는 견해는 감정의 중요성에 대한 그의 급진적인 옹호와 이성과 감정을 적대적으로 보는 전통적 견해 둘 다를 보여 준다. 그것은 정말 대담하고 극단적인 진술이다. 그 진술은 전통적 합리주의를 너무나 충격적으로 거부하고 있으므로 너무나 강렬하고 기억에 남는다. (그런 진술들은 이번에는 감정에 반대하여 이성을 옹호하는 칸트의 극단주의를 자극했다.) 나는 흄의 진술이 문제적이라고 생각하는데, 그 이유는 그것이 이성과 감정의 불행한 분리에 도전하기보다 그것을 더 강화하고 있기 때문이다. 그러나 흄의 이론의 세부적인 부분들을 보면, 그 자신은 이런 적대주의를 초월해서 보고 있었음을 인식할 수 있다. 흄의 많은 미덕 가운데는 통찰력과 철저함이 있는데, 그는 이것을 가지고 "이성 대 열정"이라는 전통적인 반목을 약화시키는 감정들에 대한 일반적인 견해를 전개했다. 그러나 도덕 감정 이론의 주된 미덕은 우리가 본질적으로 그리고 "생래적으로" 우리 자신의 이익과 삶의 야망뿐 아니라, 동료애와 다른 사람에 대한 관심을 지닌 사회적 존재라는 견해이다.

정념의 문제: 정의로서 감정은 무엇이 문제인가?

> 성향에서 나오는 사랑은 명령으로 될 수 없다.
> 그러나 의무감에서 나온 친절은 —비록 어떤 성
> 향도 우리를 추동하지 않는다 하더라도, 그리고
> 자연스럽고 정복할 수 없는 열의 부족이 우리
> 를 방해하더라도 — 실천적이고, 병적인 사랑이
> 아니고 의지 속에 거하며, 녹아내리는 연민에서
> 나온 게 아니다.
>
> 이마뉴엘 칸트, 『도덕의 형이상학을 위한 기초』

감정이 왜 정의에서 중심이 되어야 하는가? 감정은 왜 사유에서 배
제되어야 하는가? 플라톤과 아리스토텔레스는 이성의 적도 제어되
지 않은 열정의 옹호자도 아니다. 그럼에도 불구하고 그들은 올바
른 인격과 미덕에, 특히 매우 중요한 정의감에 올바른 감정이 필요
하다고 생각했다. 성 바울과 성 아우구스투스로부터 아퀴나스, 루
터, 키르케고르에 이르기까지 기독교 철학가들은 덕이 있는 열정
들, 특히 사랑, 믿음, 희망, 관대함의 중요성을 강조해 왔다. 데이비
드 흄과 애덤 스미스는 공감과 자비심의 중심성에 대한 인상적인
옹호론을 폈다. 우리가 매일 하는 윤리적 판단에서 우리는 따뜻함

과 관대함을 높이 평가하고 차갑고 계산적인 이해타산은 불신한
다. 그래서, (올바른) 감정을 풍부하게 인정해 온 긴 역사가 있는데,
왜 윤리학은 최근에 열정에 등을 돌렸는가? 열정에 반대 의견을 피
력한다기보다, 그저 열정들을 묵살했는가?

　도덕 감정 이론은 감정을 단순한 감정, 즉 구체화할 수 있는 어
떤 생리적 변화(홍조가 된 얼굴, 세차게 뛰는 심장, 속이 메스꺼움, 가슴이
들뜨거나 내려앉는 느낌)의 직접적인 결과인 쾌 혹은 불쾌의 감각이라
고 생각하는 그런 오랜 전통과 매우 대조를 이룬다. 정말 감정이
이것밖에 안 된다면, 감정이 왜 두통이나 메스꺼움보다 도덕과 정
의와 더 관련이 있어야 하는지 확실히 알기 어려울 것이다.[183] 그러
나 만약 열정이 그 이상의 어떤 것, (허친슨이 제안했듯이) 일종의 인
식이거나, 혹은 (흄이 주장했듯이) 세상에 대한 좀 더 정교한 일련의
생각과 판단이라면, 이것은 도덕과 정의의 관련을 확실히 설명할
것이다. 예를 들어 도덕적 분개의 감정은 단순히 생리적인 소요가
아니라, 개인적, 도덕적으로 세상에 관여하는 방식이다.

　감정에 대한 생리적인 이런 견해는 고대 그리스철학으로 거슬러
가고 다음과 같은 명확한 관찰에 기대고 있다. 즉 실제로 모든 강
렬한 감정은, 일련의 뚜렷한 생리학적 동요로 구성되어 있지 않다
해도, 그런 동요가 수반되며, 그것이 우리 속에서 어떤 종류의 감

---

183. 구토의 이 개념에는 장 폴 사르트르나 그의 『구토Nausea』(A. 로이드 역, 1959)에 나오는, 사르트
　　르 작품 중 가장 유명한 인물 중 하나인 앙투안 로캉탱Antonine Roquentin이 몇 년 전에 경험한 다소
　　철학적인 다양성이 포함되어 있지 않다.

정들을 유발한다는 것이다. 그래서 중세의 생리학자들은 이런저런 감정에 책임이 있는 신체의 다양한 "체액"[184]에 대해 이야기했다. 그리고 데카르트는 좀 더 추상적으로 우리 몸속에 흐르면서 다양한 감정들을 유발하는 "동물 영혼"[185]의 기능으로 감정을 서술했다. 보다 최근에는 윌리엄 제임스가 감정은 본질적으로 내장의 장애로 인한 일련의 감각이라는 이론으로, 많은 현대 심리학과 철학을 위한 무대를 마련했다.[186] 그러나 데카르트와 제임스조차도 우리의 신체 내장의 생리학에 대해서뿐 아니라 감정의 맥락에 대해서도 논의해야 할 필요성을 느꼈다. 강한 감정이 어떤 생리학적 측면을 지니는 것은 명확해 보인다. 그러나 거의 모든 감정은 어떤 것에 대한 것, 아마도 불쾌하거나 모욕적인 상황이나 어쩌면 최근의 성취에 대해 느끼는 것임도 마찬가지로 명확하다.[187] 감정은 즉각적

---

184. humour. 과거 사람의 건강과 성격에 영향을 준다고 여겨졌음. 그리스인의 자연철학을 바탕으로 질병이 생기는 이유를 이성적으로 설명하려고 한 최초의 이론이 4체액설임 —옮긴이주.

185. animal spirit. 데카르트는 인간이 정신과 물질로 이뤄져 있고 나머지 동물을 비롯한 생물들은 물질로만 이뤄져 있다고 생각했다. 인간의 분리된 몸과 마음은 인간의 혈액 속에 있는 '동물 영혼'을 통해 서로 영향을 주고받는다고 보았다. 이 용어는 고대 그리스 의사 갈레노스가 혈액 순환을 설명할 때 사용한 '스피리투스 아니말레스spiritus animales'에서 유래했다. 데카르트는 '아주 빠르게 움직이는 물질'이라는 의미로 이 말을 사용했다. 최현석, 『인간의 모든 감정』(2011, 서해문집) 참조 —옮긴이주.

186. 윌리엄 제임스의 감정 이론은 그의 1884년 글 「감정이란 무엇인가What is an Emotion?」에 가장 잘 요약되어 있다. 이 글은 칼혼과 솔로몬이 편집한 책, 『감정이란 무엇인가What is an Emotion?』(1984)에 재수록되어 있다.

187. 철학자들은 감정의 이런 전문적인 속성(그리고 의식의 다른 활동들)을 일컬어 "의도성"이라 한다. 의도성에 대한 훌륭한 논의로는 다음 두 저서가 있다. A. Kenny, Action, Emotion, and Will (London: Routledge and Kegan Paul, 1963), Daniel Dennett, Content and Consciousness (Boston: Routledge, 1970). 나는 특히 다음 두 글에서 감정의 의도성에 대해 논의했다. "Emotions Mysterious Objects" (Irani and Myers, eds. Emotions), "Nothing to be Proud of" in Understanding Human Emotions (Bowling Green, 1982)

인 장애로 유발될 수 있고, 오래전에 일어났던 어떤 것에 대한 기억 때문에 촉발될 수 있다. 그런데 그런 원인이나 맥락이 없는 상태에서 일어나는 생리적 장애는 전혀 감정이 아니다. 감정은 세상에 대한 것이지 단지 생리적인 장애가 아니다. (실제로 감정이 생리적 장애를 꼭 포함하고 있는지 여부에 대해선 물어볼 가치가 있다. 분명히 눈에 띌 만한 생리적 혹은 감각적 요소를 가지지 않는, 조용하고 오래 지속되는 감정이 있다. 흄은 정의 감각을 그 일차적 예시로 제안 한다.) 감정은 세상을 바라보고, 세상에 관여하는 방식이고 우리의 정의 감각이 바로 그런 감정 (혹은 복합적인 감정)이다.

전문 철학가와 법 사상가들(그들은 합리성에서 훈련을 받았고, 합리성으로 먹고사는 사람들이다)이 감정을 정의와 도덕의 적절한 영역으로 거부한 것은 다름 아닌, 감정에 대한 그 조야한 생리학적 견해 때문이고, 또 단순한 감정과 명료하고 지적인 이성 사이의 명확한 심연 때문이다. 그러나 조야한 생리학적 견해를 제쳐두더라도, 감정은 더 호의적인 빛으로 나타나지 않는다. 정의는 이성의 문제여야 하며 감정은 그저 적합하지 않다는 말을 우리는 듣는다. 정의에서 감정이 적절한 역할이 없다고 하는 칸트의 8가지 주장은 다음과 같다.

(1) 감정은 표현될 수 없다. 물론 문제는 이런 논의가 (표현될 수 없는 게 아니라 하더라도) 상당히 시도되지 않은 채 있다

는 점이다. 실은, 철학가들과 여러 다른 사회사상가들이 여러 제도와 주장들을 서술하고 분석할 어휘와 방법론들을 발달시키느라 거의 3천 년의 세월을 보냈다. 그들은 감정의 서술과 분석은 시인들에게 맡겼다. 당연히 우리가 물려받은 것은 대체로 비유적이고, 문자로 되어 있지 않은 문학적 언어이다. 심지어 대부분의 심리학자들도 가능한 한 감정과 "정동affect"[188]에 대해 말하기를 꺼리고, 이론 같은 것을 익히는, 좀 더 쉽게 진술할 수 있고 증명할 수 있는 가설에 머문다. 그러나 우리가 우리의 감정을 서술하거나 분석할 수 없다고 말하는 건 터무니없다. 우리는 항상 늘 그렇게 하고 있다. 행동의 환경적 조건과 이전의 패턴 근거 위에서만 행동이 과학적으로 예측될 수 있다고 생각하는 사람들에게는 거의 닫혀 있는, 그런 근거 위에서 우리는 (우리 자신의 행동뿐 아니라) 다른 사람들의 행동에 대해서 꽤 정확하게 예측한다. 감정은 표현할 수 없는 것이 아니다. 이론가들은 그저 감정에 대해 너무 적게 생각하고 너무 적게 말을 하고 있으며, 실상 자신들이 감정이 그렇다고 생각한다는 바로 그 사실에 의거해서 감정을 표현될 수 없는 것으로 만들어 버린다. 말할 게 없기

---

188. affect. 접촉해서 흔적을 남긴다는 의미의 라틴어 affectus에서 나온 말인데, 정신과에서는 다른 사람에 의해서 객관적으로 관찰 가능한 감정 상태를 의미함. 일상에서는 감정(정서, emotion)과 거의 같은 의미로 사용됨―옮긴이주.

때문이 아니라 정의의 언어가 감정보다 이론에만 독점적으로 소유되어 왔기 때문에, 우리는 우리의 정의 감각에 대해 말하는 게 힘든 것이 아닐까?

(2) 감정은 너무 개인적이다. 이 말은 한편으론 겸손함 내지 당혹스러움의 고백으로 받아들여지고, 다른 한편으로는, 철학의 윤리를 너무나 오랫동안 지배해 온 편견으로 읽힌다. 모든 적절한 사유는 "객관적"이고 개인과 무관한 것이고, 초연하고 떨어져 있어야 한다는 생각은 이제 그 실체로 인식되어야 한다. 즉 하나의 방법이 아니라 병리의 한 형태로 인식되어야 한다. 17세기 과학적 방법의 발흥이 종교에 대해서뿐 아니라 윤리학과 우리 자신에 대한 개념에 대해서도 얼마나 재앙적인 영향을 끼쳤으며, 우리를 스스로에게서 멀어지게 하고, 우리 자신을 모든 종류의 비인간적인 방식으로, 특히 다양한 기계의 은유와 원자 이미지로 보게 만들었는지에 대해서는 수많은 글들이 씌어졌다. 오늘날 계산적인 이성이 우리가 이 시대에 매우 좋아하는 기계의 은유인 컴퓨터에 얼마나 잘 들어맞는지는 명백하다. 그러나 감정은 그렇게 잘 맞지 않는다. 그래서 우리로 하여금 감정이 딱딱한 사고에 안 맞는 것이라기보다, 오히려 그 반대로 우리를 인간답게 만드는 것은 우리의 이성이 아니라 우리의 감정이 아닌가 하는 생각을 하게 한다.

(3) 감정을 판단할 수 없다. 우리는 그저 감정을 가질 뿐이다. 하지만 물론 우리는 감정을 현명하거나 어리석은 것으로, 정당하거나 정당하지 않은 것으로, 합리적이거나 합리적이지 않은 것으로 판단한다. 애덤 스미스는 공감 같은 감정의 본질은 그것이 구체적인 맥락과 연결되어 있고, 언제나 그 맥락에 근거하여 평가되어야 (그리고 때로는 바뀌어야) 하는 것이라고 매우 자세히 설명했다. 속았다고 느끼는 사람은 그런 느낌에 대한 근거를 가지고 있고 그 근거들은 자신이나 다른 사람에 의해 평가를 받을 수 있다. 감정은 우리의 정신에 대한 단순한 "사실들"이 아니다. 감정은 논의되고 평가되고 발전되며 더 주장될 수 있는 평가적인 판단이다. 이는 이성과 논점이 더 추상적이고 매우 객관적인 화제에 대해 더 진전되는 것과 유사하다. 정의에 대한 우리의 논쟁은 일반적으로 너무나 열렬한데 그 이유는 우리가 논거를 놓쳐버려서가 아니라, 감정이 결국 논점이 되고, 무엇이 정의로운지 또는 공정한지에 대한 의견 불일치는 단순한 의견 차이보다 감정의 차이를 수반하는 경우가 훨씬 더 많다. 거짓된 의견을 견지하는 사람은 단지 틀린 것이지만, 정의나 부정의에 대한 적절한 감각을 느끼지 못 하는 사람은 부적절한 사람 혹은 심지어는 악한 사람일 수도 있다.

(4) 감정은 주관적이다. 이 말은 맞다. 그러나 주관성이 뭐가 잘못인가? 주관적인 것은 논쟁을 넘어서고 이성을 넘어선 다고 너무나 흔히 전제한다. 그러나 물론 이것은 그렇지 않다. 주관성은 구체적 주체에 대해 환원할 수 없는 관련 이 있다는 뜻이다. 물론 그렇다고 문제의 주체가 논지를 따르거나 제시할 능력이 없다거나, 합리적 사고에 설득된 다는 의미는 아니다.[189] 만약 그것이 바닐라아이스크림과 초코아이스크림, 맛있는 사워 매시 버번과 싱글 몰트 스 카치 중 하나를 선택하는 것이라면 취향에 대한 논쟁은 없을 수 있지만, 복수와 용서, 분노와 수치, 분노와 겸손 중 하나를 선택하는 것이라면 분명 토론과 논쟁의 근거가 있다. 주관성은 정의에 대한 논쟁의 끝이 아니라, 칸트조 차 인식한 대로 언제나 논쟁의 출발점이다. 상황에 대한 감정적인 개입이 (대리로 하는 것이라 하더라도) 없다면, 우리 는 더 "객관적"이 되는 게 아니라, 상황이 단지 상관이 없 는 상태가 된다. 객관성은 선행하는 주관성에 달려 있다. 객관성은 주관적인 방향성, 어떤 틀이며, 그 틀 속에서 어 떤 것이 중요해지는 것이다. 객관적으로 말해서 우주는 심지어 불공평한 것도 아니다. 그보다 카뮈가 주장했듯

---

189. 감정의 합리성에 대한 뛰어난 분석으로는 로널드 드 소우사Ronald de Sousa가 쓴 『감정의 합리성*Ra-tionality of Emotion*』이 있다. 특히 7장에 잘 나타나 있는데, 거기서 그는 이런 문맥들 속에서 "주 관성" 개념에 부과된 다양한 의미들에 대해 논의하고 있다.

이, "무관심"하다. 그것은 정의와 전혀 관계가 없다.

(5) 감정은 비합리적이다. 몇몇 감정은 그렇고, 대부분의 감
정은 안 그렇다. 감정이 그 자체로 비합리적인 것(혹은 더
심하게는 합리성이라곤 없는, 멍청하다고 할 만한 지력조차 없는
것)이라고 하는 건 사실이 아니다. 올바른 이유로 화를 내
는 것은 합리성이 높은 것이고, 반면 좋은 이유가 있는데
도 화를 안 내는 것은 아리스토텔레스의 말처럼 사람을
멍청이로 만든다. 정의감은 그 자체로 우리가 사회 문제에
서 합리성이라 여기는 대부분의 기초이다. 감정이 전혀 없
는 기반 위에 원칙들의 체계를 구축하는 아주 잘 알려진
의미에서의 합리성은 사실 그와 정반대로, 정신과 의사들
이 보통 (예를 들어 정신분열증 환자에게서) 분열이라고 언급하
는 광기의 한 형태이다. 약간 더 역설적으로 표현하자면,
어떤 경우에 어떤 감정을 느끼는 것은 합리적이고 그렇지
않은 것은 비합리적이다. 감정은 그 자체로 비합리적이지
않다. 그보다 감정은 합리성에 본질적이다.

(6) 감정은 변덕스럽다. 이것은 칸트가 감정에 반대하면서 즐
겨하던 주장으로, 이성은 상황이 어떠하든 영원하고 변함
이 없는 데 반해, 감정은 예측할 수 없으며 우리의 기분과
날씨 변화에 의존하고 있다는 생각이다.[190] 예를 들어 공

---

190. 다음 글을 또한 보라. Bernard Williams, "Morality and the Emotions" in his *Problems of the*

감 같은 감정들은 어떤 사회에서 지배적일지 모르나 다른 사회에서는 안 그렇다. 여기서 내가 내 주장을 강요하지는 않겠지만, 내가 보기에 이성 그 자체도 (우리는 수학 법칙에 대해 말하고 있는 게 아니다) 시대에 따라, 문화에 따라 변한다는 것, 그리고 이성은 (편리하고 종종 자기기만적인 합리화의 수단을 통해) 구체적 상황과 편견에 따라 상당히 조절 가능한 것처럼 보인다. 더 중요하고 더 흥미로운 것은 감정에 대한 이 유명한 불만이 자신이 공격하고 있는 흄 학파의 논지, 즉 공감 같은 감정들은 사실 자연적이고 보편적이라는 논지를 (씨름하는 것이 아니라) 그저 간과하고 있다는 점이다. 감정이 인간의 유전적, 사회적, 심리적 형성의 우연성에 의존하고 있다는 의미에서 감정은 여전히 우연적일 수 있다. 그러나 "이성"이라는 이름에 값하는 모든 원칙이 실로 영원하고 보편적으로 진리이고, 상상할 수도 없는 모든 행성의 그 어떤 기이한 존재에게도 적용될 수 있어야 한다는 비합리적인 요구로부터 시작하지 않는 한, 자애로운 인간 감성의 사실적 보편성은 충분한 것 같다. 물론 이렇게 말한다고 해서, 우리 모두는 그 이상의 것을 보고 싶어 하지 않는다는 뜻은 아니다. 사실, 흄은 우리가 정의를 필요로 하는 유일한 이유는 사람들 사이에 자

Self (New York: Cambridge Univ. Press, 1973)

비와 호의가 상대적으로 희박해지고 있기 때문이라는 가설을 제시한다.

 감정은 변덕스럽고 믿을 수 없다는 익숙한 비판은, 감정은 고집스럽고 집착하며, 변덕과 상반되게 그 감정들이 원해지거나 적절함이 지난 뒤에도 한참 동안 남아 있는 경향이 있다는, 마찬가지로 익숙한 불만과 나란히 놓여야 한다. 서른(혹은 스무 살?)이 넘은 성인이라면 편안하던 관계가 와해되거나 폭발되었지만 사라지지 않는 사랑과 함께 오는 고통을 안다. 복수가 불가능하거나 부적절한 뒤에도 줄어들지 않는 복수심의 고뇌를 우리 모두 알고 있다. 그러나 고통과 이따금의 멍청함에도 불구하고, 감정의 이런 다루기 힘든 측면이야말로 기실 감정의 가장 큰 미덕 중 하나라고 주장하고 싶다. 사랑은 일단 자리잡고 나면, 좋을 때나 나쁠 때나 그 자리에 있으려는 경향 때문에 우리의 삶에서 중요한 감정이다. 사랑의 고집스러움이 곧 사랑의 신뢰성이고 사랑의 중요함이 있는 자리이다. 만약 우리가 한 시간 혹은 하루 이틀 정도 사랑할 수 있을 뿐이라면, 그 감정은 ("즐거운" 것이라 하더라도) 의미가 없을 것이다. 만약 복수심이 그 사람의 삶을 규정하는 집착이라기보다 그냥 지나가는 충동이라면, 형사 사법 체계에서 무엇이 그렇게 중요하고 필요한지 알기 힘들다. (처벌이 아니라) 억제하고 갱생시키는 문제를 차치하고라도 말이다.
정의 감각을 우리에게 그렇게 중요하게 만드는 것은, 그 감
정이 사라지지 않는다는 것, 자극받으면 받을수록 우리
의 마음과 사회관계 속에 더 깊이 단단히 자리잡게 된다
는 정확히 그 사실이다. 한편 이성에 의해 생산된 거대 이
론들은 심지어 우리가 그것들에 대한 강의를 하거나 듣는
동안에도, 우리 마음속에 자리잡으려고 상당히 노력을 기
울인다. 그러나 강의가 끝난 뒤 그 이론들은 우리의 노트
와 함께 선반에 놓아진다. 한편 우리의 정의 감각은 항상
기민한 상태로 생생하다.[191.]

**(7) 감정은 보편적이지 않고 오직 구체적인 것에만 관심을 가
진다.** 좀 더 전문적 논의 중 하나이면서 플라톤의 대화로
부터 존 롤스의 신칸트주의 윤리학에 이르기까지 큰 비
중이 있는 논의는 윤리학과 합리성은 구체적 사람들이나
상황이 아니라 보편적인 범주에 대한 것이라는 생각이다.
윤리적 원칙은 "구체적 상황과 무관하게 항상 그렇게 해
라"라는 형식을 가진다. 그러나 우리의 감정은 항상 상황
속에 있다. 우리는 구체적인 한 사람을 사랑한다. 혹은 구
체적인 수많은 사람들을 사랑한다. 우리가 인류를 사랑한

---

191. 감정의 다루기 힘든 측면에 대해서는 다음 글들을 보라. Amelie Rorty, "Explaining
Emotions," in her book, *Explaining Emotions*, 103-126. Patricia Greenspan, "A Case of
Mixed Feelings: Ambivalence and the Logic of Emotion," in the same volume, 223-50.

다면(즉, 뛰어난 두 염세주의자 루소와 마르크스에 대해 흔히 말해 지듯, 구체적인 범주만 사랑하는 것과 대조적으로 사람들을 실제로 사랑한다면), 우리는 모든 개개인의 인간을 사랑한다(혹은 사랑할 수 있을 것이다). (기독교의 아가페적 미덕은 인류에 대한 사랑과 구체적인 모든 개개인에 대한 사랑 사이에서 모호하지만 분명 적절한 해석은 후자이고 전자만 맞는 것은 아니다.) 그러나 플라톤부터 내려오는 이상한 윤리학의 개념에서는, 오직 보편적인 것(보편적인 선)만 정말 중요하다. 구체적 애정은 중요하지 않다. 보편적인 것을 선호해서 구체적인 애정에 저항해야 하고 맞서 싸워야 한다.

이런 전통적 강박의 극단적인 기이한 결과는 많이 논의된, 공리주의 윤리학에 대한 반대 예시counterexample에서 가장 잘 찾아질 수 있다. 실로 그것은 너무나 명백한 반박이어서 존 스튜어트 밀도 공리주의 이론의 고전적 변호에서 그것을 예상했다.[192] 합리적 이론으로서 공리주의는 "각 사람은 유일무이한 존재로서 중요하다"[193]고 주장한다. 중요한 것은 쾌락과 불쾌함 사이의 전체적 균형이지, 개인의 선호도나 애정이 아니다. (흔히 그러하듯이, 보편적 원칙이 염려와 자애로움의 구체적 감정을 이렇게 대체하는 것은 이론을 합리적

192. John Stuart Mill, *Utilitarianism*.
193. 동일한 책 46. 그 구절은 제러미 벤담의 책에서 나온 구절이다. *Introduction to the Principles Concerning Morals and Legislation*.

으로 만든다고 여겨진다.) 예를 들어서 우리가 사람 네 명 대신에 열다섯 명을 구할 수 있다면, 공리주의자들은 우리가 열다섯 명을 구해야 한다고 명령한다. 고무보트 두 척이 공포를 느끼는 당신의 눈앞에서 어두운 호수 속으로 가라앉고 있다. 당신에게 그 두 척 중 단 하나만 구할 수 있는 시간과 방법이 있다. 한 척에는 열다섯 명의 낯선 이들이 타고 있고, 다른 한 척에는 당신의 배우자와 세 명의 아이들이 타고 있다. 공리주의자들은 보편적인 원칙에 기반하여 당신이 열다섯 명을 구해야 한다고 주장한다. 상식과 인간애는 당신이 가족을 구해야 한다고 명한다. 개인적 애정이 우선권을 가져야 하는 상황에서 보편적 원칙에 복종하는 것은 불공정함이 높은 것이지, 보편적 원칙의 패러다임이 아니다.[194.]

(8) 감정은 명령되어질 수 있는 것이 아니기 때문에 윤리학과 무관하다. 윤리학에서 칸트의 가장 악명 높은 주장 중 하나는, "[성경에서] 명해질 수 있는 사랑은 의무, 실천적 이성에 대한 사랑뿐이다. **병적인** 사랑, 녹아내리는 연민에 대한 사랑이 아니다. 칸트가 본질적으로 주장하는 것

---

194. 다시 말하지만, 이러한 명백히 터무니없는 반론은 진지한 윤리 이론의 저명한 지지자들에 의해 예상되어 왔다. 예를 들어, 찰스 프리드Charles Fried는 그의 저서 『옳고 그름Right and Wrong』 (케임브리지: 하버드대 출판부, 1978)에서 칸트에 대해 비슷한 사례를 제기한 바 있다. 문제는 공격을 받는 이론가가 그러한 예에 대응할 수 있는지 여부가 아니라, 그것을 "처리할" 권한을 이론에게 부여하는 데 그치지 않고, 이론의 일반적인 추동력과 구조가 그러한 예들의 부조리를 포착할 수 있는지의 여부이다.

은, 우리는 감정을 명령할 수 없고, 따라서 윤리학은 감정을 포함할 수 없다는 것이다. 이것은 자주 반복되는 주장이다. 예를 들어 니체는 유사하게 이렇게 말한다. 기독교 윤리학과 심리학인 우리가 우리의 이웃을 사랑해야 한다고 명하는 것은 부조리하다고 말이다. 그러나 내가 보기에 기독교가 맞고 칸트와 니체가 틀린 것 같다. 감정을 "명하는 것," 그리고 사람들에게 자신들의 감정을 책임지도록 하는 것은 완벽하게 타당하다. 실로 그것이 우리가 많은 감정을 배우는 방식이다. ("제임스, 너는 네 어린 여동생을 사랑해야 한단다.") 사람이 단순히 하나의 감정을 "행할 수 있는지"의 여부와 상관없이, 우리는 분명 감정에 대해 성찰하고, 비판하고, 그렇게 함으로써 바꾸고 강화하고 없앨 수 있다. 예를 들어 우리는 우리 스스로를 어떤 상황에 놓음으로써 감정들을 배양할 수 있다. (분배적 정의에 대한 예리한 감각을 기르는 좋은 방법은 앉아서 가난한 사람들과 이야기를 나누는 것이다.) 그런 감각의 계발을 피하는 좋은 방법은 자신의 인근에 머물면서 높아지는 범죄율과 우리의 복지 세금을 갉아먹는 게으른 부랑자들에 대한 편집증적 글을 쓰는 것이다. "정의 감각을 가져라"라든가 "분노하라"라고 단순히 말하는 것이 타당하든 아니든, 우리는 우리의 감정에 대해 서로 책임이 있으며, 서로에게, 비록 간접적일지언정, 가져야 할 감정이 무엇이고 피해야 할 감정이 무엇인지 말해 줄 수 있는 건 분명하다. 개인으로서, 그리고 하나의 문화로서, 우리는 우리의 감정들을 **함양**cultivate 시킬 수 있다. 이 말은 단지 감정들을 명령하는 것과 같지 않고, 감정에 대해 책임을 지고 그것들을 자신의 것으로 만든다는 의미이다. 그렇다면 문제는 우리가 어떤 감정을 함양할 것인가이다. 연민과 동료애의 감정? 아니면 방어적인 소유욕의 감정? 정의 감각이 형성되는 곳은 이론 속에서가 아니라, 무엇보다 감정 안이다.

감정의 인식론

감정은 언제나 문제를 일으키는 것 같다. 물론 실제 생활에서 말이다. 폭발적으로 터져 나오는 화난 분노가 금요일 밤 저녁 식사를 망치고, 잘못된 시간에 잘못된 사람과 사랑에 빠져 결혼과 경력을 파탄 낸다. 그러나 감정은 또한 훌륭하고 말끔한 컴퓨터 같은 인간 정신의 모범이 되는 것 같은 사람들, 아직 완성되지는 않았더라도 이성의 의인화 같은 사람들에게도 문제를 일으킨다. 그때 감정은 원치 않는 손님처럼 침입하여, 관심을 요구하고 자신의 의제를 부과하고 이성을 흐리거나 깜깜하게 하고 자신이 장악하겠다고 위협한다. 플라톤은 너무나 오랫동안 감정을 영혼의 가장 저급한 부분들 가운데 하나, 즉 이성에 의해 통제될 수 있는 것으로 여겼다. 흄이 이성은 정념의 노예이며 마땅히 노예여야 한다고 주장했을 때, 그는 전통적인 지배 - 복종의 모델을 뒤집었다. 그러나 그 역시 자신의 뉴턴적 정신 모델에서 감정이 이상한 요소라고 생각했고 감정이 단순히 쾌락과 고통의 인상인지 아니면 그 자체의 합리성을 체현하고 있는 좀 더 심오한 사상인지에 대해서 결코 알아내지 못했다. 고대 시대 이래로 정신에 대한 철학적 심리적 이론들은 감정을 수용하느라 불편한 노력을 계속해 왔다. 여기서 내가 주장하고자 하는 것은, 감정이 이성의 "냉정한cool" 기능과 그리 날카롭게 구분되는 것이 아니라는 것과, 감정은 본질 면에서 주로 인식적이고, 이것은 전혀 정념을 부인하는 것이 아니라는 점이다.

무엇보다 우리는 감정은 원시적이고 배워지지 않으며 비지성적이고, 꽤 합리적이고 이성적인 우리의 삶을 와해시킨다는 생각을 없애야 한다. 등골이 오싹해지는 한기나 두통과는 아주 다른 종류의 "느낌"인 감정은 그저 어리석기보다는 종종 통찰력이 있으며, 단순히 겪는 것이라기보다 함양될 수 있고, 삶과 이성을 와해하기보다 좋은 삶, 심지어 합리성에도 꼭 필수적이다. 감정이 무엇보다 생리적 현상이고, "내장의 장애"의 결과라든가 혹은 시상하부와 변연계의 좀 더 고등한 차원의 흥분(결핍), 중추신경계의 좀 더 "하부"의 (심지어 "파충류적") 중심부 문제라는 생각이 일반적으로 있었고, 그렇게 종종 논의되어 왔다. 그러나 그런 논의는 거의 언제나 기본적인 오류를 범한다. 즉 어떤 생리적인 상태나 사건이 감정을 유발시키거나 감정을 수반시킨다 하더라도, 그런 상태나 사건이 감정을 유발시키는 모든 것이라든가 감정이 단지 생리적 현상에 불과하다는 결론이 도출되는 건 아니다. 감정은 뇌와 정신이 가장 고차원의 중심, 판단과 지성의 기능과도 연관되어 있음을 나는 다른 곳에서 상세히 주장했다. 우리의 감정은 그 나름의 지성을 가지는데, 그것은 분명 초연하거나 사심 없는 지성이 아니라 우리를 세상에 참여시키고, 우리로 하여금 우리 자신과 다른 사람들, 그리고 세상에서 우리가 공유하는 위치에 대해 마음을 쓰게 하는 지성이다. 감정은 정신을 와해하거나 주변적이거나 영혼의 "더 저급한" 부분이 아니라, 정신의 삶의 중심 요소이다. 철학의 가장 거창한 질문에 대한 답을 한마디로 요약하는 것, 즉, 삶의 의미는 우리의 감정에서 찾아진다. 세상의 공평함(그리고 불공평함)에 대한 가장 기본적인 판단인 우리의 정의 감각도 마찬가지이다.

감정이 어리석은 것이라는 잘못된 생각과 더불어, 감정들이 충돌할 때, 감정이 대변하는 문제들은 협상될 수 없고 비이성적이고 해결될 수 없다는 생각이 같이 간다. 감정은 극복될 수 있고 통제될 수 있지만, 감정은 합리적으로 설명되거나 개선되거나 함양될 수는 없다고 말한다. 나는 그와 반대로 감정은 그 자체의 논리와 합리성을 가지고 있다고 주장하고자 한다. 감정은 전략을 가지고, 논쟁과 함양에 열려 있다. 실로, 어리석고 고집스럽고 단단히 고착되어 있고, 해결할 수 없고 협상될 수 없는 것은 소위 이성과 이성의 역설적인 문제들이라고 할 수 있다. 예를 들어 정의에 대한 가장 뛰어난 이론들은 모두 모순에 빠지거나 자기소모적이 되거나 가능한 모든 반론에 맞서 자신을 변호하는데 빠져 있고, 자신들이 서술하는 세상에 대해 거의 무관심한 것 같다. 이런 지적인 막다른 골목을 감안할 때, 우리는 우리의 감정들에 대해 좀 더 상호적으로 이해할 수 있을 듯하다. 지성이 자신의 초연함을 자랑하는 동안 정념은 언제나 참여를 한다. 정념은 세상으로부터의 후퇴가 아니라 세상 속에서의 투영이다. 그렇다고 감정이 스스로에게 몰입할 수 없다는 뜻은 아니다. 스스로에 대한 몰입이 일어날 때, 그렇게 하는 것은 다름 아닌 감정의 세상이지, 단순한 감정이 아니다. 이론과 달리 정의의 감정들은 (자신들이 묘사할 뿐만 아니라, 그 속에서 살아가는) 세상에 이미 참여하고 연루되어 있다.

감정에 대한 우리의 오해에서 생기는 몇몇 문제는 우리가 사용하는 비유에 있다. 예를 들어서 감정이 우리 "안"에 있는 것은 너무나 명확해 보인다. 그러나 우리가 그렇게 자신 있게 가리키는 이 "내부" 영역은 무엇이며, 그런 "내부" 활동이 어떻게 우리의 "외부"에 있는 세상과 접촉할 수 있는가? 이런 문제를 염두에 둔 많은 철학자들은, 19세기 경험주의적 철학자이자 심리학인인 프란츠 브렌타노Franz Brentano가 발전시킨 개념에 의거해서, 감정의 "의도성," 즉 모든 감정은 필연적으로 어떤 것에 **대한** 것이라고 주장한다. 감정은 결코 자립적이지 않다. 감정은 언제나 다른 어떤 것, 사랑하는 사람, 너무나 당혹스러운 상황, 너무나 모욕적인 말 등, 다른 무엇인가를 가리킨다. 예를 들어 불의에 대한 감정은 단지 내면의 폭발이 아니다. 즉, 속았거나 배제된 것과 인과관계로 연관되었을 때 그저 생겨나는 생리현상과 감정의 폭발이 아니다. 그 감정은 속임수 당하거나 배제되는 것에 대한 것이며, 그렇게 인식된 불의가 없었다면 그런 감정도 없을 것이다. (물론 그렇다고 절대 속았다고 잘못 느낄 수 없다는 뜻은 아니다. 하지만 속았다고 믿거나 속았다고 인식하지 않으면 속았다고 느낄 수 없다.)

우리는 감정이 즉흥적으로 생겨나는 경향이 있다는 것을 안다. 그러나 이것은 너무나 쉽게 다음과 같은 의미로 받아들여진다. 즉, 마치 광기로 우리를 괴롭히는 것 외에는 감정이 우리와 아무 관계가 없는 것처럼, 감정이 우리의 의지와 아주 별도로 그저 생겨난다는 의미로 받아들인다. 그러나 진실은 우리가 종종 우리의 감정을 함양하며, 때때로 꽤 의식적으로 그렇게 한다는 것이다. 우리가 사랑에 빠지면 기회가 될 때마다 우리는 새롭게 사랑하게 된 이에 대해 생각하려 든다. 그 사람의 사진을 자세히 들여다보고 대화를 연습하고 미래에 대한 환상에 빠진다. 스스로 그런 상태로까지 이르게 되어, 마치 검사가 논거의 정당함을 입증하는 것과 아주 흡사하게, 혐의가 될 모든 비판적인 측면 속에서 내면의 독백을 계속 이어나감으로써 우리는 화를 내기도 한다. (루이스 캐롤은 "내가 판사가 될 거야. 내가 배심원이 될 거야"라고 썼다.) 감정은 고통이라기보다 무의식적인 행동과 가깝다. 다음과 같이 말하면 구문에 문제가 있겠지만, 감정은 우리에게 주어지거나 우리에게 가해지는 것이 아니라, 우리에 의해 행해지는 것이다. 그렇다고 해서 상황, 우리의 감정 습관 및 성격, 당시의 우리의 생리적 '날씨'에 관계없이 우리가 원하는 감정을 완전히 자유롭게 선택할 수 있다는 말은 아니다. 우리는 케인스 경이 '감정의 습관'이라 부르고 토크빌이 '마음의 습관'이라 불렀던 것, 감정에 얽힌 이야기들이 아니라 인격과 성격을 중시해야 할 때에, 고립된 개별적 감정들에 대해 너무나 많이 이야기한다. 소위 감정의 즉흥성이라 하는 것은 대개 우리가 수개월, 수년, 심지어 수십 년 동안 길러 온 감정 습관이 무심코 표출된 것이다.

예를 들어 끔찍한 불의의 장면에서 금욕주의자의 우주적 체념을 수용하기로 단순히 결정할 수는 없다. 그런 태도는 일생의 실천과 함양이 아니더라도, 수년이 걸린다. 수년을 이기심과 탐욕을 함양하고 계산해 온 뒤에, 정의에 대한 강렬한 정념을 가지기로 단순히 결정할 수는 없다. (그런 정념의 함양을 시작하기로 결정할 수는 있지만.) 하루 중 시간, 건강 상태, 혈류의 화학물질, 공기 중의 이온, 달의 위상 등 다양한 물리적 영향이 특정 감정을 유발하고 특정 방식으로 감정 능력을 제한한다는 사실을 의심하거나 부정하지 않지만, 이것들 중 그 어떤 것도 감정을 단순히 수동적인 생리적 반응으로 환원할 수는 없다. (시험공부를 하는 모든 학생들이 충분히 잘 알고 있듯이, 그런 상황들은 우리의 지성에도 영향을 미친다. 그러나 우리는 이론가들이 똑똑함이나 통찰력이나 논쟁 능력이 환경적, 신체적 상황에 대한 반응에 불과하다고 주장하는 것을 거의 들어 보지 못했다.) 우리의 감정은 우리 자신의 것이기도 하지만, 우리는 우리의 감정이다. 우리가 나중에 어떻게 사과를 하고 어떻게 변명을 하든("정말 죄송해요, 제가 왜 그랬는지 모르겠어요," "저도 어쩔 수 없었어요. 화가 났어요."), 우리는 정말 알고 있다. 분노에 휩싸여 했던 말이 몇 달 또는 몇 년 동안 정중하고 사려 깊게 대화를 나눴던 것보다 실제로 우리가 믿는 진실에 훨씬 더 가깝다는 것을 말이다. 분노의 폭발은 즉흥적이고 심지어 예상하지 못한 것이었을 수 있지만, 너무나 갑자기 표현된 점점 고조되는 분노는 그 자체로 조심스럽게 가꾸어 온 긴 보호의 산물일 수 있다.

내가 다른 곳에서 상세히 설명했듯이, 감정은 주로 판단의 형식이고, 세상을 경험하고 세상에 참여하는 방식이다.[195] 감정은 개념적 구조이며, 타인과 우리 자신을 중요한 극적인 시나리오에 캐스팅한다. 감정적 경험은 우리가 과학을 하거나 상황을 관찰할 때 채택하려고 노력하는 (결코 완전한 성공을 거두지 못 하는) 그런 "객관적"이고 무관심한 태도와 대조될 수 있고 대조되어야 하는 것이 사실이다. 그러나 차이는 감정적 경험은 어리석고 불가피하게 왜곡되고 통제를 벗어난 반면, 객관적이고 과학적인 태도는 지적이고, "사물의 있는 그대로의 모습"대로 정확히 재현하는 것이 아니다. 감정은 우리의 인식과 때로는 우리의 판단력에 예리함을 부여하며 그것은 사심 없는 사람들에게는 가능하지 않다. 그리고 감정은 인간과 관

---

195. Solomon, *The Passions*.

런된 대부분의 문제에서 아무리 뛰어난 사회과학자라도 추정할 수 없는 통찰력과 이해력을 제공한다. 우리의 삶, 우리 자신, 그리고 다른 사람들이 우리에게 가치를 가지는 것은 우리의 감정을 통해서이지, 사고된 우리의 추상적 판단을 통해서가 아니다. 벗이나 이웃, 연인이나 형제자매가 우리에게 의미가 있다면, 그건 그 사람이 객관적인 범주에 들기 때문이 아니라, 우리가 우리의 감정을 통해 그 사람에 대해 신경 쓰고, 그 사람을 인식하고, 생각하고 대하기 때문이다. 우리는 삼단논법이나 사회학적 분석("그는 내 형제이다. 그래서 나는 그를 이러이러한 존재로 생각한다")을 통해 간접적인 방식으로 그들이 우리에게 중요하고, 우리에게 가깝다고 판단하는 것이 아니라, 우리가 오해하기 쉽게 "감정"이라고 부르는 것을 통해 직접적으로 그렇게 판단한다. 그런데 우리는 단순히 감정 안에서 우리의 관계를 인식하는 것이 아니다. 관계를 구성하는 것은 다름 아니라 우리의 감정을 통해서이다. 그래서 독일 현상학자 막스 스켈러^{Max} ^{Scheler}는 감정은 "순수한 인식 행위"라는 생각을 옹호했고, 장 폴 사르트르는 "세계의 마법적 변형magical transformations of the world"이라는 극적인 단계로 감정의 특징을 말했다.[196.] 그 생각에 의하면 우리는 우리의 세계를 조합하고 우리의 감정을 통해 의미를 부여하는데, 변덕대로 그러거나, 고립된 개인으로서 그렇게 하지 않는다. 지적 포유류로서 공유하고 같이 배우는 감정들을 통해서 우리는 우

---

196. Jean-Paul Sartre, *The Emotions*, trans. Frechtman (New York: Citadel, 1971)

리가 그 안에 살고 있는 시나리오들을 만든다. 여기에는 정의와 불의의 예리한 감정적 감각도 포함된다.

감정이 판단력이라는 인식은 능동/수동, 자발적/비자발적, 합리적/비합리적 등의 낡고 파괴적인 이분법을 공격할 때 강력한 무기가 된다. 우리는 감정적 판단을 하지만 (대체로) 어떤 상황의 사실들과 가치들은 너무나 명백하고 불가피한 것이어서, 그 해답이 우리에게 단순히 제시된 것 같다. 우리는 우리의 감정과 우리가 내리는 판단을 함양한다. 이 말은 우리가 우리의 감정과 판단에 어느 정도 책임이 있다는 뜻이지만, 그렇다고 상황과 무관하게 우리는 마음대로 판단할 자유가 있다고 (터무니없는 것에 근거한) 주장을 하지 않는다. 그리고 몇몇 우리의 감정들은 분명히 비합리적이지만, 다른 감정들은 우리에게 합리성의 패러다임을 제공한다. 그렇지 않다면 다음과 같은 사실을 어떻게 이해해야 하는가? 즉, 우리는 "그릇된" 사람이 아닌 "딱 맞는" 사람과 사랑에 빠질 수 있는 것, 우리는 "제정신이 아니지만" 또한 정당하게 질투를 느낄 수 있는 것, 우리의 분노가 때로는 정당하고 때로는 정당하지 않은 것, 때로는 분노나 불의하다고 느낄 자격이 있지만 때로는 전혀 그렇지 않은 것 등등의 사실 말이다. 흔히 감정과 감정에 근거해 행동하는 것의 문제점은 감정은 논쟁할 수도 없고 평가할 수도 없다는 점이라고 말한다. ("감정은 그냥 감정일 뿐, 좋거나 나쁘지 않다"는 근거로 모든 감정을 옹호하는 대중 치료의 말도 안 되는 논리는 같은 어리석음의 다른 면에 불과하다.) 사실은 모든 감정에는 이미 그 자체로 풍부한 평가가 포함되어 있으며 (가장 간단한 예: 두려움에는 다음과 같은 판단이 있다. 어떤 것이 위험하니 그 것을 피해야 한다 - 빨리!), 그런 평가들은 언제나 그 자체로 평가의 대 상이 될 수 있다. 정말이지 우리의 평가들에 대한 평가는 그 자체 로 감정의 일부일 수도 있다. (당황한 것에 대해 당혹감 느끼기, 화를 낸 것에 대해 화가 나는 것.)

감정의 가장 매혹적이나 가장 적게 연구된 점들 중 하나는 우리 가 감정에 대해 성찰하며 그 성찰을 통해 흔히 아주 많이 감정을 변화시킨다는 점이다. 이 명백한 사실이 간과된 것은, 원초적인 생 리적 반응인 감정은 그것에 대한 우리의 성찰과는 완전히 분리되어 야 한다는 맹목적인 가정 때문이었다. (실제로 감정에 대한 보다 추상적 인 많은 이론들, 그중에 가장 대표적인 예를 들자면 프로이트의 정신분석학 같 은 이론은 우리를 우리 자신의 감정으로부터 분리시켜 마치 먼 거리에 있는 것 처럼, 감정을 바라보게 실제적인 영향을 끼친다.) 그러나 평가적 판단으로 서 우리의 감정은 이번에는 자신이 쉽게 평가에 노출된다("지적으로 는 괜찮다는 것을 알지만 감정적으로는 잘못되었다고 느낀다"). 그러나 (동일 한 사람이 하는) 평가에 대한 평가는 그 평가를 바꾸는 경향이 있다. 내가 어떤 사람에 대한 편견의 감정들을 가졌기 때문에 스스로 내 면적으로 채찍질하고 있을 때, 그 사람에 대한 편견의 감정을 오래 지속할 수 없다. 이 말은 단순히, 나 자신에게 그런 편견에 빠질 기 회를 주지 않는다는 뜻이 아니다. 편견을 느낄 능력을 약화시킨다는 의미다.

좀 더 긴 예를 들어 보겠다: 나는 인근의 새로 연 가게에 있는데 나는 아주 급한 상태이다. 판매원은 내 앞에 있는 고객과 상냥하게 수다를 떨고 있고 나는 극히 화가 난다. 화가 많이 나지만 "이곳은 새로 연 가게이고 이 사람은 정확히 자기가 해야 할 일을 하고 있고 상황에 맞지 않는 사람은 아주 급한 나다"라고 나는 생각한다. 그래서 나는 화를 내지 않고 그저 참고 있으며, 그것을 숨기려고 하고 있다. 1, 2분 뒤, "사람들이 여전히 서로를 그렇게 친절하게 대하는 도시에 살고 있으니 근사하지 않은가"라고 생각할 때, 나는 그 대화를 즐기기 시작한다. 나는 내 감정을 억압하고 있지 않다. 나는 성찰을 통해 감정을 **바꾼 것**transformed이다. 시기, 분노, 질투(이런 감정이 항상 또는 일반적으로 나쁘거나 부적절하다는 말은 아니다)에 대해서 얼마나 자주 이렇게 할 수 있고, 또 이렇게 해야 하는지가 이 책에서 다루고 싶은 질문 중 하나이다. 최근 텍사스에서 지적이고 예민해 보이는 한 백인 우등생이 자신의 학업 경력에 대해 드러나게 방어적인 태도를 보였던 사례가 생각난다. 그는 유나이티드 니그로 칼리지 펀드를 위한 최근 광고에 대해 끔찍한 글을 써서 불우한 흑인들을 위한 그들의 주장과 노력을 폄하했다. 나와 꽤 많은 분노한 독자들과 서신 작성자들이 보기에, 방어적인 태도와 시기심이 그 학생의 더 나은 감정들을 압도한 것 같았다. (분노에 찬 그 편지들이 도착하자마자 일어났던) 약간의 성찰이 그 시기심을 약화시킨다. 이때 그 시기심을 위에서부터 부당하고 잘못된 것으로 판단하는 것이 아니라, 실제로 시기심 자체로 들어가서 약간의 당혹감과 후회가 섞인 위로로 전환함으로써 그렇게 한다. 그런 경우에 대해 불공평하고 어리석은 감정과 공평하고 지적인 이성 사이의 단순한 갈등으로 일축하거나 공격하는 것은, 사람의 감정적 관점이 확장되고 수정된다는 점을 놓치게 된다. 흄과 니체가 주장했듯이, 이성이라고 하는 것은 종종 감정 대 감정의 문제이지 감정과 다른 무엇의 문제가 아니다. 그리고 나쁜 감정을 치유하는 것은 곧 올바른 감정을 함양하는 것이다.

성찰을 통한 감정의 함양은 단지 심리학 이론의 영역에서뿐 아니라, (좀 더 근본적으로) 우리의 일상 대화, 감정에 대한 일상적인 신화와 비유에서도 그 자체의 삶을 계발시킨다. 정의의 언어는 정의에 대한 우리의 감정을 형성하고 구조화하는데, 단지 정의 이론뿐 아니라 우리 자신의 이야기, 이상적인 언급, 일상의 주장까지도 그렇게 한다. 다른 한편, 말을 그릇되게 표현하는 방식, 그릇된 비유들은 정의에 대한 우리의 감각을 타락시키고 훼손하고 심지어 파괴하기도 한다. 예를 들어 오직 이성의 편에서만 정의에 관심을 두면서 이성과 감정을 구분하는 것은 우리의 본능적 반응을 축출하거나 경시하고, 비인격적impersonal 주장과 철학자 - 왕의 이론들에 호소하게 가르친다. 이리하여 그것은 "냉정한"(좋은), "지나치게 동정심이 많은"(나쁜) 같은 친숙한 정치적 꼬리표에 의해 강화되어, 합리화를 지지하고 공감을 막는다. 그러나 이러한 오해는 우리의 감정 대화에 만연해 있으며, 우리는 너무 자주 지능과 통찰력을 지칭하는 은유를 기계적인 은유로 대체한다. 감정을 배울 수 없는 것으로 생각하거나 감정을 나약한 것으로 생각하는 것은 이미 감정 수양을 기껏해야 우연이거나 더 나쁘게는 악의적인 것으로 만드는 것이다. 비인격적이고 파괴적인 은유, 특히 내가 감정에 대한 '수압식' 은유라고 부르는 것, 즉 감정이 유동적인 힘으로서 정신을 통해 위로 밀고 올라가고 축적되어 결국 터져 나온다는 생각이 우리 사고에 얼마나 굳건히 자리잡고 있는지에 대해 나는 항상 흥미를 느꼈다. 예를 들어, 우리가 분노를 표현할 때 사용하는 모든 이미지, 즉 "참기," "분출하기," "터뜨리기," "폭발하기," "쏟아 내기," "방향 전환하기" 등 인간의 마음을 배관 시스템과 매우 흡사하게 만드는 모든 이미지를 생각해 보라. (감정 관련한 일상적인 대화 방식이 감정에 대한 위대한 심리학 이론과 대조되지 않고, 심리학 이론에 영향을 미친 것이 명확하다.) 인류학자들은 감정의 원천이 위장에 있다고 알려진 타히티와 같은 다른 사회에서 흥미로운 차이들의 목록을 만들었다. (문화마다 감정이 다르며 심지어 기본적인 감정도 다르다는 명제 중간 지점에 있는 것으로) 마찬가지로 매력적인 것은, 감정이 말해지는 것과 말해지지 말아야 할 것에 대한 범위였다. 타히티 사람들은 분노에 대해 상당히 많이 이야기하지만 분노를 거의 느끼지 않는다. 우리는 낭만적 사랑에 대해 그렇게 많이 이야기하지만, 실제 낭만적 사랑을 경험하는 것은 대조로 인해 가련해 보인다. 로버트 레비Robert Levi는 (『타히탄 사람들』에서) 타히탄 사람들의 심리적 언어를 논의하면서 과잉인지hypercognition란 개념을 도입한다.[197.] 어떤 감정에 대해 우리가 항상 이야기하고 있으면 그 감정은 과잉인지되고 있다. (우리가 실제 그 감정을 가지는 빈도에 비해 그 감정을 거의 이야기하지 않을 때, 그것은 과소인지 된다.) 흥미로운 질문을 한 가지 던지자면, 우리의 정의감은 현재 우리 사회에서 과소인지되고 있는 것 아닌가? 우리는 정의에 대해 덜 걱정하고 있고, 따라서 정의에 대한 감정도 덜 인식하고 있는 것인가? 우리의 신화와 이야기들은 현재 분노와 격분의 표현이라기보다 교훈적인 이야기로 보인다. 그러나 정의 감각에 대해 말하고 신경 씀으로서 우리가 정의 감각을 함양하지 않는다면, 우리가 어떻게 그것을 함양하겠는가? 아니면 그 감각은 기본적으로 개인의 방어적인 태도에 불과한 것이 될까?

---

197. Robert Levi, *The Tahitians*. (University of Chicago Press, 1973)

돌봄과 동정심

'동정심'은 자신이 따를 수 없는 개념이라고 선언
한 사람은 바로 밋지 텍터였다. 『더 퍼블릭 인터
레스트』의 페이지에는 동정의 감정을 참을 수는
있지만 비용이 너무 많이 든다고 주장하는 젊은
… 테크노크라트들의 기사가 가득하다.

노먼 번바움,[198.] 『더 네이션』. 1988.4.23.일 자.

돌봄과 동정심이 없이는 정의도 있을 수 없다. 이 책의 주제는 바
로 이것이다. 돌봄은 모든 감정 중에서 가장 일반적인 감정이다. 넓
은 의미로 감정을 가지고 있다는 것은, 우리가 마음을 쓴다, 관여
한다, 관심을 가지고 있다, "어떤 것을 개인적으로 받아들인다"는
것을 이미 전제한다. 돌봄은 사려 깊고 친절한 감정뿐 아니라, 적대
적이고 앙심을 품은 감정도 포용한다. 괴테의 『파우스트』에서 돌봄
을 축복이 아니라 부담으로 소개되고 있으며, 우리가 보살피고 지
지를 하게 되는 것뿐 아니라 소유와 방어와 복수심을 가지게 되는

---

198. 노먼 번바움[Norman Birnbaum] (1926~2019). 미국의 사회학자. 조지타운 대학 법률 센터 명예교수.
『더 뉴 레프트』지의 창간 편집위원 중 한 명. 『더 네이션』지의 편집위원 역임 ―옮긴이주.

것은 다름 아니라 우리가 누군가를, 혹은 무엇인가에 신경을 쓰고 있기 때문임을 (감수성에 대한 우리의 성급함 때문에) 잊으면 안 된다. 돌본다는 것은 순수하게 장점인 것만은 아니다. 돌봄을 오직 친절하고 양육하는 애정으로만 생각하면 이야기의 절반도 못 들은 것이다. 세상의 친절뿐 아니라 대부분의 폭력도 돌봄과 더불어 시작한다.

동정심은 돌봄보다 훨씬 더 구체적인 감정이다. 그래서 정의의 중요한 요소로서 정의하고 검토하기가 훨씬 더 쉬울지도 모른다. 물론 동정심도 연민과 공감 같은 다른 감정과 연결되어 있다. 그런데 감정이입은 이런 유의 감정이라기보다, 감정을 공유하고 이해하기 위한 테크닉 혹은 전략이고 자신을 다른 사람의 입장에 놓으려는 노력이다. 동정심("같이 고통을 겪는다")의 가장 뚜렷하고 특별한 점은 관심의 대상이 어쨌든 고통 중에 있다는 것이다. 우리는 복권에 이제 막 당첨된 친구에게 동정심을 느끼지 않는다. (물론 아주 예외적인 상황을 제외하고) 우리는 이혼을 하려 하는 친구에게 동정심을 느낄 수 있지만, 결혼하려고 하는 친구에게 동정심을 느끼는 건, 적어도, 부적절할 것이다. (여기서도, 특별한 불행한 상황의 경우엔 예외가 있다) (접두어가 시사하듯이) 동정심의 경우에 우리는 그 다른 사람과 함께 고통을 **느끼지만**, 실제로 그 사람의 고통을 자신이 꼭 느낄 필요는 없다고 종종 말해진다. 실제로 동정심은, 한 사람은 상대방의 불행을 넘어 안전한 위치에 있고, 그래서 동정을 표하는 사치를 고수하고 있음을 시사한다. 지금 막 시험에서 낙제한 학생이 마찬가지로 시험에서 낙제한 동급생에게 동정심을 느낄 수는 없다. 그들은 그저 같이 비참함을 느낄 뿐이다. 그 두 학생에 대해 동정심을 느낄 위치에 있는 사람은 다름 아닌 훌륭한 성적으로 시험을 통과한 학생이다. 비록 그 학생은 아찔한 자기 성공으로 인해 그렇게 하기 힘들 수 있지만 말이다. 자기보다 행운이 덜한 사람들에 대해 느낄 수 있는 능력인 동정심은, 우리의 정의 감각의 초석이 되는 정념이다.

돌봄은 거의 모든 감정을 포괄한다. 우리가 세상에 대해 다른 뭔가를 느끼려고 세상에 마음을 써야 하는 한, 그러하다. 그러나 다른 존재에 대해 일련의 "긍정적인" 감정들, 즉 그 사람이 잘되기를 기원하고 그들을 위해 (가능한 곳에서) 행동하게까지 되는 감정들만 포괄하게끔 돌봄의 특징을 제한할 수도 있다. 그러나 행동하게 된다는 것being moved은 행동하는 것acting과 같지 않고, 우리는 종종 그 운명이 우리의 손을 벗어난 사람들에 대해 마음을 쓴다는 사실을 주목해라. (베트남 전쟁에 복무 중인 군인에게 일어나는 일에 대해 마음 쓰는 것, 다섯 살짜리 아이가 유치원에서 첫날을 시작할 때 그 아이에게 일어나는 일에 대해 마음 쓰는 것 등.) 사람에 대한 그런 긍정적 감정들은 계속 "친절함"을 보증하지 못 한다. 돌봄은 언제나 배은망덕과 배신의 가능성을 마련해 둔다. 비록 관용의 한계가 때로는 놀라울 정도로 늘어날 수도 있지만(특히 부모와 자녀 사이에), 부정적 반응의 가능성은 항상 존재한다. 정말이지 이런 가설을 말할 수도 있다. 즉, 돌봄이 강렬하고 관용의 한계가 더 많이 늘어날수록, 그 한계가 범해진 경우, 그 반응이 더 과격해질 수 있다고 말이다.

물론 몇몇 부모의 경우, 단순히 말을 안 듣는 행동이나 유난히 짜증스럽게 구는 토요일 아침으로 그 한계에 도달될 수 있다. 다른 사람들의 경우엔 아서 밀러와 샘 셰퍼드, 셰익스피어가 몇몇 작품에서 묘사한 것처럼 대규모의 굴욕적인 거부의 행동이 필요할 수도 있다. 하지만 리건과 고네릴[199]은 평범한 딸이 아니고, 리어 역시 평범한 아버지가 아니며, 대부분의 가정에서 상호 보살핌과 애정의 탄력성은 결코 깨어지지 않는다. 게다가 누군가에 대해 혹은 어떤 것에 대해 마음 쓴다는 것은 공격적 방어심과 적대감을 조장하는 위험과 위협 지대를 세운다. 만약 어떤 아버지가 낯선 사람의 학대로부터 어린 아들을 구하려는 노력을 안 하거나 학대하는 그 낯선 사람에 대해 나쁜 감정을 품지 않는다면, 그 아버지가 어린 아들을 사랑하지 않는다고 생각할 것이다. 돌본다는 것은 싸울 준비가 되어 있다는 뜻이기도 하며, 어머니가 자기 자녀를 언제나 돌보는 방식으로 세상을 돌보는, 그런 달콤한 여성의 이미지는, 바깥 세계의 위험과 공격으로부터 자녀를 보호하는 어머니의 달콤하지 않은 이미지와 병치 되어야 한다. 캠핑여행자와 배낭여행자들은 자신의 어린 새끼를 보호하는 암컷보다 자연에서 더 사납거나

---

199. 셰익스피어의 비극 『리어왕』에 나오는 첫째 딸과 둘째 딸—옮긴이주.

위험한 존재는 없다는 것을 알고 있다. 돌봄이 폭력을 낳는다.

　더 좁고 더 친절한 의미에서 돌봄은 다정하고 애정 어린 감정과 그에 합당한 활동들에 국한된다. 예를 들어 모성애는 이런 의미에서 거의 언제나 보살핌의 전형으로 받들어진다. 누군가를 돌본다는 것은 그 사람에 대해 관심을 가진다는 의미이다. 그러나 이 말은 (어떤 구체적인 감정을 포함할 수도 있고 안 할 수도 있는) 행위와 (어떤 구체적 행동 속에 표현되어 있을 수도 있고 아닐 수도 있는) 감정 사이에 흥미로운 애매함이 있는 표현이다. 돌봄은 애정 어린 관심의 특별한 감정(책임감을 동반할 수도 있고 아닐 수도 있음)으로서, 우리의 친구들과 사랑하는 사람들과 우리가 맺는 감정적 관계를 특징짓는다. 그러나 바로 이런 의미에서, 돌봄을 확대해서 일반적인 다른 사람들을 포함시키기는 어렵다. 밀턴 메이어오프^{Milton Mayeroff}는 "다른 사람에 대한 돌봄"을 "그 사람이 성장하고 자신을 실현시켜 나가는 것을 돕는 것"[200]이라 정의했다. 돌봄의 그런 개념은 구분을 짓고 조준을 잘해야 한다. 훌륭한 선생님이 스무 명, 서른 명, 그리고 드물게는 심지어 백 명의 학생들, 혹은 그 이상으로, (추상적인 '돌봄'과는 다르지만 학교 교장 선생님이 '돌보고 있다'고 말할 때처럼) 3천 명 전체를 맡고 정말 잘 보살피고 있는 반면, 우리는 개인적 관심으로서 그런 직접적인 돌봄의 감각을 잃어 가고 있으며, 아주 다른 일반적인 의미의 책임감으로 이동하고 있다. 돌봄은 구체적인 의미에서 환원할

---

200. Milton Mayerof, *On Caring* (New York: Harper and Row, 1971)

수 없이 개인적이다. 그리고 돌봄이 틀림없이 미덕인 반면(나는 그것이 특별히 여성적인 미덕이라고 생각하지 않는다), 그것이 도덕, 즉 일반적인 감정이 될 그런 범위를 가지고 있지 않다고 쉽게 주장할 수 있다. (애덤 스미스가 그와 똑같은 이유로, 즉, 돌이킬 수 없게 구체적이고 일반화를 시킬 수 없다는 이유로, 사랑을 미덕으로 인정하지 않음을 주목할 가치가 있다.)

나는 돌봄을 찬미하고 그것을 정의의 바로 핵심에 두면서도, 돌봄을 무한한 축복으로 여기지 말아야 하며, 사람들이 거의 성취하기 힘든 (남자는 할 수 없는) 또 하나의 성스러운 이상으로 여기지는 더욱 말아야 하며, 그럴 수도 없다고 나는 주장해 왔다. 그런데 돌봄을 본질적으로 "이타적"으로 지정하는 것이 바로 이렇게 하는 것이다. 왜냐하면 실제로 우리가 돌보는 모든 것은 자아를 버린다기보다 자아와 관련 있기 때문이다. 돌봄의 이런 이상화는 때때로 정의(꼭 정의의 합리적 **원칙**들이 아니라)가 이상화된 "돌봄" 계획과 전혀 맞지 않은 감정과 행동을 필요로 한다는 것, 그리고 어떤 것에 마음을 쓴다는 것은 긍정적인 입장뿐 아니라 부정적인 입장에 서게 될 수도 있다는 것과 같은 정의의 명백한 사실들을 위반한다. 굶주림에 대해 신경 쓴다는 것은 굶주림에 반대한다는 뜻이고, (정의의 중요한 측면인) 복수에 신경 쓴다는 것은 온전히 "돌봄"으로 논의되는 그 온화하고 돌보는 감정을 가지고 있지 않다는 뜻이다. 애정으로 이상화된 돌봄은 그것이 대체하고자 했던 추상적이고 이상화된 합리적 원칙들만큼이나 문제가 된다. 그리고 돌봄의 긍정적이고 돌보는 감각조차도 언제나 상냥하고 다정다감한 것만은 아니다. 돌봄과 더불어 책임감이 생긴다. 따라서 돌봄은 죄의식을 낳는다. 돌봄은 불안과 고뇌를 낳는다. 돌봄은 부담이 될 수 있다. 누군가에게 마음을 쓴다는 것은 질투의 감정을 촉발할 수 있고, 그 누군가가 의도적으로 해를 입으면, 복수의 욕구가 생긴다. 모든 사냥꾼, 등산객, 암컷 고양이를 기르는 주인은 안다. 자연에서 가장 사납고 위험한 생명체 중 하나는 새끼가 위협당하는 상황에 있는 어미라는 것을 말이다. 나의 좋은 벗(자유주의 페미니스트)이 언젠가 내가 말했다. 자신은 사형 개념을 받아들일 수 있게 되었을 뿐 아니라, 자신의 아이들을 해치려고 하는 소름 끼치는 인간이면 누구나 자기 손으로 즉시 죽일 수 있겠다는 것을 깨달았다고 했다. 돌봄은, 만약 그것이 맞다면, 적대적이고, 심지어는 폭력적인 결과도 가진다. 넬 노딩즈[Nell Noddings]는 돌봄을 "어머니의 윤리"라고 규명했다. 마치 이 말이 경쟁심과 폭력이 없는, 오직 상냥하고 이타적인 즐거움만 나타내는 것처럼 말이다.[201.] 그녀는 이상하게도 모성의 경험에 대한 일차원적 이미지를 가지고 있다. 분명히, 내가 아는 대부분의 어머니들은 보통 아기들이 수유하거나 잠이 들었을 때, 노딩즈가 "기쁨[joy]"이라 묘사한 그 조용한 기쁨의 순간들을 가지고 있다. (노딩즈는 이런 감정을 많은 남성 철학의 "고뇌"와 대비한다.) 그러나 조용한

---

201. Nell Noddings, *Caring*, e.g., 6.

기쁨을 다른 성인들에게 마음을 쓰고 돌보는 것의 본질이라기보다 심지어 모성에서 (아기가 새벽 3시가 지났는데 3시간을 시끄럽게 울 때 어머니는 어떻게 느끼겠는가?) 마음씀의 본질이라고 생각하는 것은 마음씀의 개념을 윤리적으로 중심이 아니라 윤리적으로 무용하게 만드는 것이다.

돌봄은 최근 철학에서 정의에 대한 대안으로, 남성 철학자와 사회학 이론가들과 싸우는 무기로 많이 각광받아 왔다. 돌봄이 이런 부담을 다룰 수 있을지는 명확하지 않다. 일반적 의미에서 돌봄은, 사랑과 동정뿐 아니라 분노와 복수심에 이르기까지 모든 감정들을 전반적으로 다 다룰 것을 요청한다. 그런데 돌봄 이론가들이 염두에 두고 있는 것은 이것이 아니다. 책임감의 문제로서(예를 들어 아픈 친지를 돌본다든가, 학생의 교육을 돌보는 것 같은 것), "~를 돌본다"라는 특수한 의미로서의 돌봄은 돌봄 이론가들이 하고자 하는 것보다 훨씬 더 "의무"[202.] 같은 전통적인 도덕적 범주에 들게 된다. 우리가 추상적인 도덕 원리에 의거해서 그런 의무를 이해해야 한다고 주장하든 아니든 (우리가 왜 그렇게 주장을 해야 하는가?) 간에 그렇다. 뉴스에서 너무나 많이 나오는 종류의 돌봄은 특수하고 애정 어린 "~에 대한 돌봄"이며, 이것은 의무라기보다 감정의 문제이다. 비록 의무와 감정을 공공연히 대립시켜서는 안되지만. 이런 의미에서 넬 노

---

202. 본문에서는 'duty'와 'obligation' 두 단어를 쓰고 있는데, 단어의 뉘앙스는 조금 다르지만 모두 의무의 개념이므로 여기서는 '의무'만으로 해석했음. 우리가 군 복무의 의무를 다한다고 할 때 의무는 duty를 쓰지만, 자식에 대해 부모님이 의무를 다한다라고 할 때는 obligation을 쓴다 — 옮긴이주.

딩즈의 저서 『돌봄Caring』은 부담과 관심, 욕망과 성향, 다른 사람의 이익에 대한 존중 등의 개념에 의거해서 돌봄의 복잡한 특징을 제시하고 있다. 돌봄은 주로 감정의 문제로 정의되지만, 그렇다고 돌봄에 행동이 결여되어 있거나 행동으로부터 절연되어 있는 것이 아님을 주목해야 한다. 그러나 언제나 그런 것은 또 아니다. 행동이 언제나 가능하지는 않은 것이다. 연인이 수평선으로 항해를 떠나는 것을 지켜보는 연인이나 자녀가 대학으로 차 타고 떠나는 것을 바라보는 부모들은, 자신들의 돌봄을 보여 주기 위해 할 수 있는 것이 없다는 이유로 마음을 덜 쓰는 건 아니다. 그러나 그런 돌봄이 우리의 정의 감각을 대체하거나, 설명할 수 있겠는가? 나는 돌봄의 역할이 매우 한정되어 있다고 생각한다. 비록 우리가 아무리 많은 원칙을 옹호한다고 해도, 돌봄이 없으면 정의 감각을 가질 수도, 계발할 수도 없다고 내가 주장해 왔지만 그러하다. 무엇에 대한, 그리고 어떤 사람에 대한 돌봄은 정의 감각이 자라날 수 있는 씨앗이다.

물론 몹시 차갑고 객관적인 정의의 윤리학에 대한 대안으로서 돌봄 윤리학을 최근 높이 평가하는 것에 의도된 것은 바로 이런 정서적 감각이다. 그러나 나는 이 저서에서 이런 접근과 아주 흡사한 접근들을 옹호하고 있기 때문에, 새로운 돌봄 윤리학을 특징짓는 전투성과 일차원적 분석의 정도에 대해 우려를 표명하는 것이 적합하다고 나는 생각한다. 놀랍지 않게도, 돌봄에 제시된 패러다임이 멀리 떨어져 있는 아버지의 엄하고 냉정한 권위와 대조되는 어머니의 사랑이다. 그런데 심지어 특수한 의미에서도 돌봄은 순수한 애정의 미덕뿐 아니라 폭력적이고 방어적인 감정의 포용도 필요로 한다. 돌봄은 윤리학에서 중요하고, 심지어 필수적이기까지 하다. 그러나 돌봄의 참된 성격과 결과에 대해 스스로를 속이지 말자. 불교 사상이 평화와 계몽에 필수적인 것으로 돌봄을 강조하지 않은 좋은 이유가 있다. 돌봄은 상당한 미덕이다. 아마도 돌봄은 제1의 미덕이기도 하다. 그러나 애정의 감정만으로는 정의의 자리를 설명하거나 대신하기에 충분하지 않다.

반면에 동정심은 훨씬 더 넓은 범위를 가진 감정이다. 어떤 사람이나 생물에 대해 동정심을 느끼기 위해 그 사람이나 생물에 대해 친밀하게 알고 있을 필요는 없다. 한 번에 수백만 명의 사람들에게 동정심을 느낄 수 있고 완전히 낯선 사람에게도 동정심을 느낄 수 있다. 반면에 그들에 대해 완전히 무지할 수는 없다. 우리가 그 사람에 대해 전혀 모르고 있을 때 허구 속의 살인이 우리의 마음을 움직이는 것 같지 않다는 사실에 대해 나는 종종 궁금해 왔다. 예를 들어 아가사 크리스티[Agatha Christie]의 소설들 속에서, 그리고 그녀의 연극 『비소와 오래된 레이스[Arsenic and Old Lace]』에서 한 번도 만난 적이 없는 (또는 아주 잠깐만 만난) 인물이 등장할 때, 그들의 살인은 애도해야 할 비극이라기보다는 풀어야 할 퍼즐에 가깝다. 나는 이 인물들에 대한 우리의 연민의 부족을 설명해 주는 것은 그들의 허구적 지위가 아니라고 생각한다. 동정심은 돌봄보다 더 구체적이고 따라서 더 복잡한 감정이다. 사실, 동정심은 감정이 아니라, 감정을 가지는 한 방식, 즉 다른 사람과 "같이 느끼는 것"이라 할 수 있다. 동정심은 공감, 이해, 연민, 자비, 동료애, 우정 등과 밀접한 관계가 있다. 동정심은 또한 다정함, 친절함과 연관되어 있고 돌봄과 동일시된다. 공감처럼 동정심에 대한 논의는 "공유된" 감정이라는 개념과 관련해서 상당한 혼란을 겪는다. 그러나 동정심에서 견고하고 좋은 의미를 끌어내기 위해, "함께 느낀다"는 강한 감정이 필요하지 않다.

동정심은 아마도 "함께 느끼는 것"이라기보다 "고통을 겪고 있는 누군가를 위해 느끼는 것"이다. 그렇다고 이것은 초기의 몇몇 도덕 감정 이론가들이 주장하듯이, 우리가 강렬함은 좀 덜할지언정 그 고통을 실제로 똑같이 느끼거나 공유해야 한다는 뜻은 아니다. 예를 들어 흄에 의하면, 공감과 동정심은 그런 공유된 감정으로 인해 동일하며 그래서 한 친구가 발가락 통풍이나 편두통으로 고통을 겪을 때 우리는 적어도 쿡쿡 쑤시는 똑같은 통증을 느끼게 된다는 것이다. 만약 한 친구가 끔찍한 이혼을 겪는 중이라면, 우리는 그와 유사한 우리 자신의 경험을 (그림자 형태로) 다시 겪는다. 그러나 그런 그림이 우리의 동지애 감성에는 호소력이 있을지 모르나, 동정심에는 적합한 묘사가 아니다. 벗의 고통을, 희미하게라도, 조금도 겪어 본 적이 없어도, 고통을 겪는 친구에게 동정심을 가질 수 있다. 두통을 앓고 있는 친구를 충분히 동정하면서도 자신은 두통을 겪어 본 적이 없어서 두통이 어떤 것인지 상상할 수 없다고 고백했던 대학원 시절의 한 친구가 생각난다. (불면증을 앓아 본 적이 없어서 그게 뭔지 상상도 할 수 없었던 한 선생님도 있었는데, 그는 극동지역 여행 이후 시차를 겪음으로써 그의 친구들 대부분이 수십 년간 겪던 경험을 일시적으로 하게 되었었다.) "함께 느끼는 것"은 "동병상련"이라는 속담의 한 예에 불과하다고 누군가는 말할지도 모르지만, 이 말은 고통을 겪는 친구는 당신도 같이 고통을 겪기를 원한다고 하는 (대체로 잘못된) 가정과, 고통 중에 있는 벗에 대한 당신의 동정이 의미하는 바는 당신도 그 고통을 마찬가지로 느낀다는 것이라는 흄식의 주장을 혼동하는 것이다. 사실 우리는 그런 종류의 것을 전혀 느낄 필요가 없다. (비록 우리는 필연적으로 무언가, 즉 다시 말해 동정을 느끼겠지만.) 동정을 느낀다는 것은 관심이 있다는 것, 그 고통이 멈추기를 열렬히 바란다는 것, 그리고 고통의 종말을 가져올 것을 행하기를 (아마도 절박하게) 원하는 것이다.

동정심, 연민, 공감이 "감정"이라고 말하는 것은 아주 타당하나, 매우 오해의 소지가 있기도 하다. 사실 이것들은 의식의 측면이며 행동이나 행위는 아니지만 세상에 대한 참여이기도 하다. 즉, 다른 존재의 상황과 고통에 자신을 동일시는 아니더라도 개입하는 사례들이기도 한 것이다. 동정심과 그 유사 감정들은 무엇보다 동기를 이룬다. (우리가 무엇을 해야 할지 명확하든 아니든 간에) 그것들은 우리로 하여금 움직여서 행동하게 한다. 그것들은 우리의 관심을 우리 자신 내부에 초점을 맞추고 세상으로부터 우리를 떼어 내는, 두통이나 발가락 통증처럼 자기폐쇄적인 감각인 것만은 아니다. 동정심과 유사 감정들은 우리의 관심의 초점을 세상과, 고통을 받고 있는 사람이나 생명체에 둔다. 동정심, 연민, 공감은 감정이긴 하지만 "단순한" 감정이 아니다. 게다가 이것들은 정의의 이론이나 원칙을 예시하기 위한 성향이 아니다. 점잖게 표현하자면, 거꾸로이다. 원칙이나 이론이 다루는 강한 동정심에 근거하여 정의 이론이나 정의의 원칙을 수용하도록 마음이 움직여질 수 있다. 동정심이라는 감정은 사회의식이 강한 가장 훌륭한 시와 저널리즘 산문에서처럼, 우아하게 표현될 수도 있지만, 그것은 또한 말로 표현 안 되고 그저 체험되기만 할 수도 있다. 실제로 나는 동정심이 생기는 건 말 못 하는 동물과 아주 어린아이들이기 때문이라고 하는데 아무런 주저함이 없다. 비록 그들은 흔히 혼란을 느끼거나 정확히 어떤 일이 일어나고 있는지 (피해자가 무엇을 겪고 있는지) 알 길이 전혀 없지만 말이다. 내가 허용하고 싶지 않은 것은 동정심(그리고 그와 관련된 감정들)이 "단순한" 감정으로 축출되거나, 응용된 추상적 신념에 지나지 않게 될 정도로 지나친 주지주의 이론에 의해 마음대로 전용되는 것이다. 동정심과 그 부류를 감정이라고 말하는 것은 그것들을 첫 번째 위험에 취약하게 만들지만 명백히 두 번째 위험을 피할 수 있게 한다. 그러나 정념에 대한 건강한 인식론적 그림을 염두에 두고 있는 한, 우리는 감정의 의미를 축소하고자 하는 유혹을 느끼지 않을 것이다.

로렌스 블룸^{Lawrence Blum}은 최근 잘 알려진 그의 논문 「동정심 Compassion」에서 어떤 심각하거나 위중한 상황에 처한 타인을 걱정하는 마음이라는 매우 일반론적이지만 매우 정확한 동정심의 의미를 제공한다.[203.] 예를 들어, 친구를 만나러 가는 길에 약간의 불편을 겪을 뿐인 운전자에 대해서는 동정심이 적합하지 않다. 동정심은 복합적일 수 있다. 돈을 잘 버는 직업을 가졌고 결혼을 잘해 행복하게 사는 시각장애인에 대해 우리는 여전히 동정심을 느낄 수 있으되, 불쌍한 느낌pity은 부적절할 것이다. 블룸은 동정심을 하나의 감정(혹은 감정적 태도), 구체적인 도덕적 가치를 지닌 도덕 현상이라고 분석한다. 그 역시 도덕에 대한 고압적인 "칸트식" 해석에 대해 대안을 제시하고자 하면서, (칸트와 약간 유사하게) 동정심의 감정은 "그 자체로 선한 것"이며, 선행 행위가 없어도 여전히 미덕이라고 주장했다. "선행 성향의 여지가 거의 없거나 전혀 없는 경우에도 동정심이 종종 적합하다고 하는 것은, 동정심의 유일한 의미가 선행의 동기로서의 역할에 있지 않음을 보여준다. … 동정심을 느끼는 사람이 하는 염려와 고통을 공유하는 표현은, 고통을 겪는 사람의 상황 개선에서 어떤 도구적 가치를 지녔는지와 무관하게, 그

---

203. Lawrence Blum, "Compassion" in A. Rorty, ed., *Explaining Emotions*, 507-18.

자체로, 고통을 겪는 자에게 귀중할 수 있다."[204] 바움은 또한 동정심을 칸트식 "성향"으로 생각하지 말아야 한다고 했다. 왜냐하면 동정심을 가진다는 것은 "어떤 사람이 자기가 하고 싶어 하는 것을 하는 것"과는 아주 다르기 때문이다. 동정심은 기본적으로 자아 지향적이라기보다 타아 지향적이다. 동정심의 정서적 지위는 결코 이를 손상시키지 않는다.[205]

이것은 매우 중요한 핵심인데, 첫째 이유는 그것이 감정에 기반한 모든 행위들(그리고 감정 그 자체)을 윤리적으로 해로운 의미에서 "자기 본위"라고 취급하는 경향을 올바르게 거부하기 때문이고, 둘째는 도덕 감정들이, 일반적으로 그 감정들이 유발시키는 행위와 독립적인 (완전히 분리된 것은 아니지만) 도덕적 의미를 지니고 있음을 인식하는 것이 중요하기 때문이다. 만약 어떤 사람이 자주 동정심을 표하지만 결코 기꺼이 도우려고 하지 않는다면, 우리는 그 사람의 말이 동정심의 표현이라고 생각하기를 결국 거부할 것이다. 그러나 사람이 도우려는 자발성의 행동을 할 때 동정심을 느낄 수 있을 따름이라고 주장하는 것은 도덕 감정의 미덕을 심각하게 오해하는 것이다. 아리스토텔레스는 『니코마코스 윤리학』에서 선의 eunoia의 독립적인 덕목에 대해 다음과 같이 지적한다. 즉, 다른 사람이 잘되길 바라되, 그 사람을 위해 노력을 하지 않는 것이라고 했

---

204. 동일 서적, 511.

205. 동일 서적, 513f. Cf. Schopenhauer, *The Basis of Morality*, 148f.

다. 하지만 물론 이것은 다른 사람을 돕는 일을 배제하는 것을 칭찬하는 것은 아니다. 도덕적 감정의 첫 번째 미덕은 우리가 그 감정을 가지고 있다는 것, 그 감정들은 세상에 참여하는 특정 방식을 대변한다는 것이다. 그 두 번째 미덕은, 그 감정들이 때로는 친절하고 사려 깊은 행동들을 유발하여 세상을 좀 더 정의롭게 만든다는 점인데, "선행을 베푸는 사람들"에 대한 냉소적인 비평가들의 다음과 같은 지적은 옳다. 즉, 모든 사람이 자신들의 동정심의 충동에 근거해서 행동하는 세계는 지금과 마찬가지로 엉망진창일 가능성이 매우 높다는 것이다. (명백히 똑같을 것이다.)

고통 자체가 미덕이 될 수 있다고 주장하는 것은 이상하거나 심지어 마조히즘적으로 보일 수 있지만, 동정심을 통해 우리는 어떻게 그리될 수 있는지 알 수 있다. 누군가를 해고해야 하는 간부나 병사들에게 사살 명령을 내려야 하는 군 지휘관은 자신의 임무를 수행하면서 연민을 느끼기 때문에 고통을 느끼는 게 당연하고 또 마땅히 느껴야 할 것이다. 이럴 때는 기분이 언짢은 것이 좋은 것이고, 고통을 피하는 것은 어떤 의미에서 부도덕한 행위이다. 따라서 경영진이 "업무상 결정일 뿐"이라고 항변하거나 지휘관이 "개인적인 감정은 없다"고 주장할 때 그들의 그 거리 두기에서 우리는 일종의 도덕적 부정직성을 인식할 수 있다. "그것을 개인적으로 받아들여서는 안 된다"라고 하는 "지혜"는 이제 그쯤 해 두자. 개인적으로 받아들이는 것은 부도덕하거나 어쨌든 불쾌한 행동을 도덕적인 행동으로 바꾸는 것이다. (물론 부도덕한 행동에 대해 죄책감이나 동정심을 느낀다고 해서 도덕적인 행동이 될 수 있다는 말은 아니다. 피해자를 불쌍히 여기는 강간범은 순전히 적대적이거나 냉혈한 강간범보다 그다지 더 낫지 않다.) "부정적이고" 고통스러운 감정들이 정의 감각에 본질적이라는 것은, 적어도, 이런 의미에서다. 부당한 상태에 대해 죄의식을 느끼지 않거나 신뢰를 배반한 것에 대해 수치를 느끼지 않는다면 그런 감정을 가질 수가 없다. 그래서 아리스토텔레스는 수치를 미덕의 하나라고 다소 힘들어하면서 주장하는 데, 그 이유는 수치를 느끼는 것이 선하기 때문이 아니라 수치를 느껴야 할 때 느끼지 않는 것이 악하기 때문이다.[206] 그런 상황에서는 고통스러운 감정이 선하고 바람직하다. 완전히 무도덕한 향락주의자만이 그 고통스러운 감정들의 미덕을 부인할 것이다.

일반적 의미에서, 우리는 신경을 쓸 때만이 동정심을 가질 수 있다. 여기서 신경을 쓴다는 것은 애정보다는 관심을 의미한다. 구체적 의미에서 그 사람에 대해 신경을 쓰지 않는다 하더라도, 고통을 겪고 있는 사람에 대해 우리는 동정심을 가질 수 있다. 우리는 심지어 그 사람을 경멸할 수도 있다. 그러나 그럼에도 불구하고 동정심을 가진다는 것은, 다른 사람의 이익good에 관심을 가진다는 것이다. (이것이 주된 의미일 필요는 없다. 패배한 상대가 이기기를 바라지 않으면서도 동정심을 가질 수 있다.) 그러나 여기서 무엇을 "관심"으로 볼 것

---

206. Aristotle, *Nicomachean Ethics*, book 4, chapter 9.

5장 정의와 도덕 감정   467

인가는 명확하지 않다. 블룸은 누군가의 고통을 덜어주는 데 진정으로 관심을 갖는 것은 직업적 도전이라고 올바르게 지적한다. 이것은 동정심이 아니다. 동정심이 필요로 하는 것(관심 두는 것이 필요로 하지 않는 것)은 다른 사람의 상태의 "상상적인 재구성"이다. 이것은 "감정을 공유하는 것"이 아니며, "그 사람의 것을 너의 것으로" 혼동하는 것은 더더욱 아니다. 이렇게 혼동하는 것을 블룸은 (맥스 스켈러를 참조하면서) 병리적인 상태라고 보았다.[207.] 우리는 그런 고통을 실제로 겪을 필요가 없으며 그런 고통을 같은 정도로 겪을 필요는 더더욱 없다. 하지만 어느 정도 충분히 비슷한 상황과 경험을 상상하고, 어느 정도 그 상황과 경험을 "오래 들여다봐야" 한다. (공감과 동정심의 "공유"의 분석에서처럼) 종류나 정도의 측면에서 상대방의 감정과 똑같이 느낄 필요는 없지만, 어느 정도의 슬픔은 반드시 느껴야 한다. 그래서 상대방이 육체적인 고통을 느낄 수 있지만, 동정심을 느끼기 위해 육체적 고통의 희미한 반향이라도 느낄 필요는 없다. (사실, 고통을 느끼는 다른 사람을 대면하고 있을 때에도, 자기 자신을 고통 중에 있는 것으로 상상하기란 극히 어렵다. 그건 만일 자신이 아프다면 하고 가정해 보는 것과는 다르다.) 상대방이 굴욕감이나 우울함을 느낀다 해도, 자신이 굴욕감이나 우울을 느낄 필요는 없다. 그러나 슬픔을 느끼지 못 한다면 동정심이 생기지 않는다. 만약 ("상상적 재구성을 통해") 자신이 언젠가는 유사한 고통을 겪을 수 있다는 가능성

---

207. Blum, "Compassion," 509; see also Max Scheler, *The Nature of Sympathy*.

에 대해서만 슬픔을 느낀다면, 이것도 동정심으로 거의 여겨지지 않는다.

우리 시대의 인기 있는 사회철학의 보다 충격적인 측면 중 하나는 "공상적 박애주의자"에 대한 만연해 있는 당당한 경멸이다. 다른 사람을 도우려는 목표만 가지고 있는, 친절한 감정과 그에 따른 행동들이 뭐가 잘못이겠는가? 문제는 동정심이 그 자체로 잘 모르고, 심지어 멍청하고, 방향성이 희미하고, 자기 잇속만 차린다는 점이다. (비록 스스로는 바로 그 반대인 척하지만.) 그래서 보통 동정심은 그 이전에 어떤 것도 명백하지 않았던 지점에서 친절한 행동이나 돕는 방법의 탐색을 촉발하지만, 그것은 또한 빈번하게 성급한 행동을 유도하거나 필요할 수 있는 냉정하고 전문적인 행동(예를 들어 의료 긴급 상황)을 더 어렵게 만들기도 한다. 블룸은 동정심이 이미 희망 없는 상황을 악화시킬 수도 있고, 동정심을 받는 사람들의 곤경에 너무 많은 관심을 집중함으로써 그들의 마음을 상하게 할 수도 있다고 지적한다. 동정심은 "상황에 대한 피상적인 이해에 근거하여 그릇되게 이끌어질 수 있다."[208] 실제로 우리는 다음과 같은 사례들을 생각해 볼 수 있다. 즉 비극에 너무 사로잡혀서 비극에 더 잘 대처할 수 있게 되기보다 덜 대처하게 되는 사례, 다른 사람의 곤경에 대한 피상적인 이해가 우리로 하여금 우리가 환영받지 못 하는 곳에 침범하게 하거나, 우리가 잘 모르는 지점에서 개입하

---

208. Blum, op. cit., 510f.

게 하는 사례들.

　그러나 이런 인정이 냉소적인 비평가들에게 그리 많은 것을 제공하지는 않는다. 동정심의 한계들이 동정심의 미덕이나 동정적인 행위의 전반적 유용성을 거의 저해하지 않는 것이다. 블룸은 "동정심은 타인의 복지에 대한 적극적이고 객관적인 관심을 내포하기 때문에, 합리성만으로 보증할 수 있는 것보다 더욱 깊은 이해를 할 수 있게 박차를 가하는 것이 특징"이라고 올바르게 결론짓는다. 성품이 자애로운 사람은 원칙적으로 가능한 한 합리적이고 지적인 행동에 전념한다. 지성이 없는 동정은 미덕이 아니며, 동정심이 없는 지성은 정의가 아니다. 이 책에서 나의 목표는, 정념을 원래 있던 자리, 즉 도덕과 정의 감각의 핵심으로 되돌리는 것이다. 그러나 정념이 이성과 대립되어야 한다거나 뚜렷하게 구분되어야 한다는 것은 나의 논지가 아니다. (나의 논지의 정반대이다.) 동정심의 의미는 그것이 우리의 정의 감각의 핵심을 형성하며 합리성에 마음을 제공한다는 점이다.

감상과 감상성[감정의 키치]

> 감상주의자는 비용을 치르지 않고 감정의 사치
> 를 누리기 원하는 사람일 뿐이다.
>
> 오스카 와일드, 『데 프로푼두스』[209.]

감상이 영미권의 도덕철학 및 사회철학에서 그렇게 푸대접을 받은
것은 아마도 돌봄과 동정심에 대한 전적인, 그리고 지나치게 달콤
한 강조 때문이다. "도덕 감정" 이론가들, 그중에서도 특히 흄과 애
덤 스미스는 이제 그들의 많은 다른 미덕 때문에 연구되고 있다.
공감에 대한 그들의 예찬은 (아주 최근까지도) 철학적 장면에서 거의
사라졌었다. 칸트는 윤리학의 한 요소인 "녹아내리는 동정심"을 비
꼬는 한마디 말로 단번에 없애버렸고, 다른 "성향"도 그다지 좋은
평가를 받지 못했다. 그러므로 감상성이 훨씬 힘든 시간을 보냈고,
윤리학의 대부분의 논의에서 배제되었을 뿐 아니라, 논의될 때에도
윤리적 결함으로 비난을 받았던 것은 놀라운 일이 아니다. 실제로

---

209. "심연으로부터from the depths"의 라틴어 표현. 오스카 와일드가 옥중에서 쓴 편지글 모음임
　　─옮긴이주.

감상성은 도덕적 문제뿐만 아니라 예술에서도 키치라는 특별한 이름을 얻으며 맹렬하게 비난받고 있다. 예술 작품을 감상적이거나 키치적이라고 부르는 것은 예술 작품이 예술로 인정받을 자격이 있는지의 여부와 상관없이 매우 나쁜 예술이라고 말하는 것이며, 창작자와 감상자 모두에게 의혹을 던지는 것이다. 윤리학에서 어떤 사람을 "감상주의자"라고 부르는 것은 그 사람과 그 사람의 철학적 견해에 대한 진지한 고려를 일축하는 것이고, 아마도 경멸적인 비웃음과 말기적 어리석음이라는 암묵적 비난을 더하는 것이다. 그러나 여기서 내가 말하는 정의 감각은, 그것이 무엇이든 간에, 바로 그런 감상의 예가 아니던가? 그것에 대해 직접 말하자면, 나는 그저 감상주의자가 아닌가?

감상주의자라는 모욕적인 별칭이 항상 강한 비난의 용어가 아니었음을 주목할 필요가 있다. 불과 2백 년 전, 쉴러가 자신과 자신의 시를 일컬어 (괴테의 "순진한" 스타일에 대조되는) "감상적"이라고 언급했을 때, 그는 유약한 감정의 과도한 달콤함과 조작이 아니라, 감정의 섬세함과 지성을 염두에 두고 있었다.[210] 그러나 1823년 로버트 사우디Robert Southey는 작가로서의 루소를 "감상적인 계층 사람들, 열렬하고 병적인 감성을 지닌 사람들, 자신들이 전체 대중들보다 더 세련된 요소로 구성되어 있다고 믿는 사람들을 향해 말을

---

210. 예를 들어 1794년, 8월 23일 자로 쉴러가 괴테에게 보낸 편지와, 다음 서신집을 참조할 것. *Letters on the Aesthetic Education of Man*, trans. R. Snell (New York: Ungar, 1965), letter 9.

하는 작가"[211]라고 일축했다. 엘리트주의라는 비난은 주목할 만하다. 왜냐하면 그것이 곧 역전될 것이기 때문이었다. 감상주의자는 특유의 열등한 감정을 가지게 될 것이었다. 루소의 독자들이 스스로 더 좋은 감정을 가지고 있다고 믿었기 때문에 그 세기 초반에 불쾌했다면, 오스카 와일드의 경멸의 대상인 젊은 알프레드 더글러스 경은 사기꾼 같은 경멸적인 열정을 가졌다고 공격받았다. 세기말이 되자 "감상주의자"는 명백히 조롱과 비난을 나타내는 용어였다.

"감상성"은 감상이 도덕철학에서 그 위치를 잃었던 것과 동일한 시기에 쇠퇴했다는 것(이런 단순한 상관관계는 그 주제를 다룬 대부분의 작가들을 비껴간 것처럼 보이지만)은 놀랍지 않다. 물론 이런 철학적 전환의 핵심이 되는 인물은 이마뉴엘 칸트이다. 감상주의에 대한 칸트의 유례없는 공격은 적어도 부분적으로는 (그가 찬미했던) 도덕 감정 철학 이론가들을 향한 것이기도 했지만 또한 미국과 유럽에서 인기를 끌던 여성 작가들의 물결에 대한 (감정적?) 반응이기도 했다. 이 여성 작가들은 당시 널리 읽힌 수천 권의 돈벌이 작품들과 로맨스들을 생산해 내었는데, 거기서 덕과 선은 곧 감상성과 동일한 것이었다. 철학에서 감상주의는 논지가 아니라 감정에 호소하는 오류가 되었다. (지금은 거의 모든 교과서에서 규정되어 있는 오류이다.) 우리가 너무나 익히 보았듯이, 감상주의라고 비난받는 것은 냉정한 이성보

---

211. Robert Southey, Mark Jefferson의 "What's Wrong with Sentimentality," 519에서 재인용.

다 진심 어린 감정에 대한 불건강한 선호를 가졌다는 의미가 되었다. 보다 일반적으로 감성주의는 도덕적으로 나쁜 취향의 문제, 인간의 사회적 삶의 딱딱한 사실들과 모호성의 자리에 손쉬운 감정을 선호하는 약점이 되었다.

나는 인간의 사회적 삶의 딱딱한 사실들과 모호함을 간과하려 하지 않는다. 그러나 여기서 나의 논지 중 하나는, 감상주의에 본질적으로 잘못된 것은 없다는 점이다. (물론 모든 도덕적 기획에서와 마찬가지로, 여기에서도 병리적인 과잉과 부적절한 대상이 있다.) 오히려 감상주의는 윤리학에 필수적인 것이고, 진짜 염려되는 것은 감정이 결여된 도덕과 정의 이론이다. 나는 감상성(혹은 일반적으로 감정들)이 그 자체로 좋다고 주장하려는 게 아니다. 그러나 너무나 흔한 비난처럼, 감상성은 단순히 그 자신을 위한 감정인 것이 아니다. 감상성이 타당한가의 여부는 문제의 감정의 대상과 성격, "감상주의자"의 성품, 그리고 전반적인 사회적 맥락에 달려 있다. 오스카 와일드에 의하면, 감상성을 구성하는 감정들은 "중요한 방식으로 얻어지지 않고, 값싸게 얻어지며, 너무 쉽게 구해져서 … 감상적이라는 것이 곧 얄팍하다는 것이 된다"라고 했다. 동정심의 감정이 "구해지기" 위해서 (행동으로 증명하는 것과는 다른) 어떠해야 하는지 나는 알지 못하지만, 자연적으로 자애롭다는 것이 악덕이라고는 전혀 믿지 않는다. 그리고 "얄팍함"에 대해 말하자면 나는 (마크 트웨인과 더불어) 다음과 같은 믿음을 오래 가져왔다. 즉, 가장 심오한 통찰은 필연적으로 표면에 있다는 것, 정의는 대부분의 도덕 이론의 "깊은" 추상보다, 표면의 감수성에서 훨씬 더 긴 주행거리를 얻는다는 믿음 말이다. 그래서 최근에 마이클 태너^{Machael Tanner}도 감상성은 "아무 데도 이끌지 않는다"라고 주장했다.[212] 그에 의하면, 감상적인 사람들은 "**적절한** 행동으로 자신들의 반응을 계속 이어가기를 피하거나, 설령 그렇게 반응을 계속 적절하게 이어가더라도, 그것은 우연이다." 만약 이런 반대가 지속된다면 우리가 이 책에서 주장하는 많은 것들이 무의미할 것이다. 그러나 내가 보기에, 감상성이 그렇게 비호의적으로 규정될 필요는 없는 것 같다. 그리고 "적절한" 행동은 사실 소박한 것일 수도 있다. 심지어 의원에게 한두 통의 편지를 보내거나, 메일로 수표를 보내는 것 같이 그렇게 단순한 것일 수 있다. 감상성의 문제는 감성이 조작적이라는 점이라고 때때로 (미학과 혼동하면서) 말해지는데, 실제 자주 그렇다. 이것이 모욕적인지 아닌지의 여부는 맥락과 벌이는 캠페인에 달려 있다. 『톰 아저씨의 오두막집Uncle Tom's Cabin』 같은 소설의 조작적 감성주의는, 그 소설이 19세기 중반에 베스트셀러가 되었을 때, 도덕적으로 결함 있는 국가를 비판했다. 우리는 『애정의 조건Terms of Endearment』과 (좀 더 잔혹한 감정을 고취하기 위해) 〈조스Jaws〉같은 영화를 보러 감으로써, 알면서도 자발적으로 감정적 조작에 스스로 맡긴다. 그러고 나서 그런 영화들이 조작적이라고 우리가 불평하는 사실은, 분석을 요하는

---

212. Michael Tanner, "Sentimentality."

이상한 자기 보호로 내게는 느껴진다. 내가 우선 제시하고자 하는 것은, 우리는 위의 영화의 질이나 섬세함에 대해 우리가 내릴 수 있는 판단과는 별개로, 우리가 우리 자신이 감상성에 당혹감을 느끼며, 그것이 공감이든 공포든 간에 우리 자신의 감정이 지닌 힘에 의해 다소 겁을 먹는다는 점이다. 감상성은 비평가들이 시사하듯 그렇게 비효율적인 것이 아니며, 감상성의 조작적 기능은 그 목표가 선한 한, 덕목이다. 실제로 어떤 구체적인(비록 허구라 하더라도) 감상성에 의해 깊이 마음이 움직여진다는 것은 이론적으로 잘 설명된 도덕적 명령보다, 훨씬 더 믿을 만한, 실천에 대한 촉구인 것 같다.

　감상성에 대한 가장 흔한 비난은 그것이 거짓 감정을 내포한다는 것이다. 그러나 감정에 있어 거짓이라는 건 무슨 의미인가? 또 다른 반대 주장은 감상성이 진짜 감정이 아니라 대리 감정을 다루기 때문에 감상성에 반대한다는 것이다. (내가 여기서 이것을 주장하지는 않겠지만) 내가 보기에 대리 감정은 진짜 감정이다.[213.] 감정을 내리하게 만드는 것의 의미가 그들을 자극하는 상황으로부터 적어도 그들이 한 걸음 떨어져 있게 하는 거라면, 그 점에서 그것들은 (앞에서 다루었던) 일반적인 동정심과 다르지 않다. 좀 더 방관자적인 감정(구체적으로 공감과 동정심 같은 감정)을 위해서 어떤 사건이나 장면이

---

213. 나는 「문해력과 감정 교육Literacy and Education of the Emotions」에서 이 점을 자세히 논의했다. 나의 이 글은 다음 책에 실려 있다. E. Kieran, et al., eds. *Literature and Schooling* (Cambridge: Cambridge Univ. Press, 1984).

허구적인지 아닌지의 여부는 상관이 없다. (한편, 허구가 자극하는 공포와 실제 삶에서의 공포의 차이는 설명하기에 좀 더 만만찮은 일이다.) 그러나 자기 자신의 고통이 아니라 다른 사람이나 생명체의 고통으로 인해 마음이 움직인다는 것은 정확히 도덕 감정이 관여하는 모든 것이다. 허구는 우리의 감정의 기능이라 볼 수 있다. 만약 이것이 감상성이라면, 분명 우리는 도덕과 사회철학 속에서 그것을 더 많이 필요로 한다. 물론 실제 삶에서 고통이 충분하지 않아서가 아니라, 우리는 우리의 정서적 기술을 좀 더 양을 측정하면서 연마하는 것을 선호하기 때문이다. (연습이라기보다 예방접종의 방법을 통한 것처럼) 실제의 고통을 부인하고 허구로 후퇴할 때만이 감상성은 병리적이 된다. (자신이 곧 살해하게 될 수감자들이 만든 낭만적인 오페라를 보고 울었던 루돌프 헤스가 대표적인 예이다.)

또 다른 주장은 감상성이 왜곡하기 때문에 "거짓"이라는 주장이다. 예를 들어 메리 미즐리^{Mary Midgley}는 "주된 문제는 자기기만, 감정에 빠지기 위한 구실을 얻기 위한 현실 왜곡에 있다"라고 주장한다. 감상성은 "실제 사람들로부터의 도피와 그들에 대한 경멸"을 중심으로 한다.[214] 그래서 마크 제퍼슨은 "감상성은 일련의 왜곡된 신념들을 지지한다"라고 주장한다.[215] 그러나 이런 반대에 대한 응답은 무엇보다 모든 감정들은 "왜곡하고 있다"는 것이다. 분노는 오

---

214. Mary Midgley, "Brutality and Sentimentality," 386.

215. Mark Jefferson, "What's Wrong with Sentimentality," 526.

직 모욕만 보고 적수의 재미있는 유머는 고려하지 못 한다. 질투는 경쟁자의 위협만 인지하지 경쟁자의 위트와 매력은 모른다. 사랑은 사랑하는 사람의 덕목만 예찬하지 악덕은 모른다. 시기는 탐나는 대상만을 추구할 뿐 전체의 효용성과 바람직한 재분배의 공정성의 문제에 대해서는 무관심하다. 이것을 "초점"이나 "관심"이라 하지 않고 왜 "왜곡"이라 하는가? 그리고 대안은 무엇인가? 전지전능? 어떤 주제에 대해 알거나 기억하는 모든 것들에 항상 주의를 기울이는 것? (『햄릿』에 감동받기 전에, 의붓자식에 대한 문헌뿐 아니라 덴마크의 역사를 미리 공부하는 것) "좋은" 생각을 가지는 것에는 "고약한" 생각도 있는 것 아닌가? 감상성에서 잘못된 것은 감정을 위해 현실을 왜곡한다는 점이 아니다. 왜냐하면 모든 감정은 자신의 관심사에 특화되게 적합한, 현실의 관점을 구성하기 때문이다.

감상성에 대한 반대를 추적하고 윤리학보다 예술과 미학에 적합한 관심사들을 고려에서 제거할 때 점점 더 명백해지는 것은, 감상성(그리고 예술에서의 키치도 마찬가지)에 대한 진짜 반대는 "지나친 상냥함cloying sweetness," "지나치게 달콤한 끈적거림sugary stickiness" 등으로 다양하게 명명되는, 특정 종류의 정서나 감정에 대한 거부(혹은 두려움)라는 점이다. 감상성의 비난은 거의 언제나 공통된 인간의 감정(예를 들어 아이의 죽음에 대한 우리의 공통된 공포 같은 것)을 향한다. 예측 가능하고 상상력이 부족할지언정, 그런 공통된 감정이 뭐가 문제인가? 그런 문제들은, 특히 당장 대담하고, 모호하지 않고,

"완벽하게" 한다면, 감정을 확실에게 불러일으키며, 그리하여 이류, 삼류의 화가, 소설가, 도덕주의자들에게 손쉬운 수단을 제공하는 것은 사실이다. 그러나 그런 사건들이 진부하다면 그것은 단지 그 사건들이 너무나 흔하고 실제적으로 보편적인 관심의 문제이기 때문이며 그런 평범함이 나쁜 예술과 불편한 설교로 되어질 수 있다는 사실이 이런 아주 자연스러운 감정들을 경험할 때 당혹스러움을 조장하는 것으로 활용되어서는 안 된다. 나는 감상성에 대한 세련된 공격의 궁극적 목표는 감정 그 자체가 아니라(화가 난 분개와 쓰라린 원한은 서구 지성인의 삶에서 유행이 지난 적이 없다), 너무나 쉽게 촉발되고 냉철한 사람들에게 너무나 당혹한 그 "상냥한sweet" 감정이다. 그런 감정들이 현실을 왜곡하는 것은 사실이다. 그러나 이런 감정들의 이상화와 낙관적인 편집이 왜 분노를 불러일으켜야 하는가? 부드러운 감상성보다 딱딱한 사고가 정말 그렇게 더 선호할 만한 것인가? 우리를 너무 감동시켜서 우리가 그것을 생각에서 몰아낼 수 없는 것들에 대해서가 아니라면 우리는 무엇에 대해 생각해야 하는가?

나의 주장은 감상성에 대한 공격이 그릇된 것이며, 더 나쁘게는 그것이 자기기만이나 심각하게 나쁜 신념의 문제일 수 있다는 것이다. (물론 이런 비난은 비평가들이 감상성을 깔아뭉개려고 할 때 쓰는 비난과 같다.) 확신건대, 감상성에 대한 공격은 그 저변에 부드러운 감정에 대한 공격이며, 때로는 철학적 순수에 대한 공격이기도 하다. 디킨스 소설을 읽을 때 불가능하게 이상화된 인물인 리틀 넬^{Nell}의 비극적 죽음에 눈물 글썽이게 되는 것을 스스로 허용한다고 해서 그것이, 미즐리가 제시하듯, "우리로 하여금 현실 세계를 다루게 하지 못 하게" 하지 않는다. 오히려 실제 비극에 대한 우리의 감수성을 활성화 시킨다.[216.] "감정 경제"의 비전(우리가 "소비"에 대해 너무나 많은 공감을 가지고 있을 따름이라고 말해 주는 비전)은 특히 잘못 사유되고, 부패시키는 은유다. 트라우마 하나만으로도 우리의 감정 자원들을 소모시킬 수 있는 것은 맞다. 그러나 리틀 넬 독서가 우리에게 그렇게 할 것 같지는 않다. 사실 공감을 혹사하거나 철저히 소진하지 않고서도 공감을 자극하고 실천하게 해 주는 것이 정확히 감상성의 미덕이다. 그러므로 감상성은 감정적 악이 아니라 덕목이며, 너무나 흔히 감상성으로 비난받는 것은 우리의 도덕 감정과 정의 감각의 실천에 다름 아니다.

---

216. Mary Midgley, "Brutality and Sentimentality," "감상성" 비난과 성차별주의의 연관성에 대해서는 제인 톰킨스$^{Jane\ Thomkins}$의 『센세이셔널 디자인$Sensational\ Designs$』을 볼 것.

6장 정의의 함양과 "부정적" 감정들

··· 가장 훌륭한 사람들의 삶을 검토하고, 너 스
스로에게 물어보라. ··· 불운과 외부의 저항, 증
오, 질투, 고집, 불신, 냉정함, 탐욕과 폭력이 우
호적인 조건 속에 포함되지 않는지 말이다. 그것
들이 없으면 심지어 덕목의 성장도 거의 불가능
하다.

니체, 『즐거운 학문』 (1권, 19)

아무도, 심지어 성인도 화와 격분의 능력, 심지어 증오할 능력 없이는 정의 감각을 가질 수 없다. 실로, 증오 없이는 정의가 불가능하다거나, 혹은 적어도 악에 대한 증오와 불의한 것을 보고 격분하지 않고서는 정의가 불가능하다는 주장이 나올 만하다. 정의의 핵심은 타인에 대한 동정심일 수 있으나 정의의 기원과 그 정념은 좀더 격렬한, 심지어 적대적인 감정에서 찾아진다. 자비와 은총과 용서는 (유보가 있지만) 중요한 시민적, 종교적 덕목이나, 복수심 같은 격렬한 감정에 단순히 반대하기보다, 그 감정을 전제로 하고 있다. 우리의 정의 감각은 평화와 보편적 행복을 꿈꾸고 지향하지만, 우리의 경쟁심, 소유욕, 우리의 "권리"에 적절한 무게를 줘야 한다. 내가 제시했듯이, 감상성에 대한 공격은 정서와 개인적 감정에 대한 일반적인 불편함의 일부이다. 감상성에 대한 공격은 또한 감성에 대한 많은 호소의 지나치게 달콤한 성격을 향하기도 한다. 그 비난은 또한, 상냥한 감정(상냥한 감정의 가장 상냥한 측면)을 달콤하게 하고 지나치게 강조하며, 우리의 도덕적, 대인관계적 삶을 구성하는 많은 부분을 간과하는 도덕 감정 이론 그 자체를 향하기도 한다. "사랑이 모든 것을 이긴다love will conquer all"는 생각은 항상 너무 순진하거나 위선적이다. 세상이 돌아가도록 하는 것은 사랑만이 아니라, 정념들의 큰 도가니이다. 공감과 동정심은 우리의 정의 감각에 필수적이지만 그것은 정념과 감성의 전체 덩어리의 일부, 혹은 막스 스켈러가 "감정들의 민주주의"라고 부른 것의 일부이다. 공감, 동정심, 자비심은 흄과 스미스가 겸허한 절망감을 가지고 지적했던 것처럼, 우리 내면에서 그렇게 강력하지는 않다. 그러나 우리는 홉스주의자들이 그렇게 두려워했던, 이기심과 상호 적대적인 감정의 폭압에 그렇게 눌려 있지도 않다. 우리의 정의 감각은 뉴에이지 감성의 산물일 뿐 아니라, 우리가 종종 불쾌하고 불공정하다고 알고 있는 세계에서의 역동적인 참여의 산물이기도 하다. 타인들도 유사하게 (심지어 더 많이) 억압받거나 박탈당한다고 느껴서 우리가 분개하고 변화시키기 위해 행동하는 그런 세계에서의 역동적인 참여의 산물인 것이다. 양심은 자선만큼이나 그런 정의 감각의 표현이다. 비록 어느 하나를 다른 하나보다 더 선호하는 데는 많은 이유들(시민정신, 인품, 사회적 유용성뿐 아니라 공정성과 신중함과도 관계가 있는 이유들)이 있겠지만 말이다.

나의 전반적인 논지는, 정의가 사회에 공식화되고, 중요해지고, 부과되어야 할 추상적인 원칙들이 아니라, 함양되어야 할 정념들의 복합체라는 것이다. 정의는 원칙이나 의견이 아니라 동정심과 돌봄으로 시작된다. 그러나 정의는 또한 처음부터 시기, 질투, 분개, 화, 원한, 개인적으로 속았거나 무시당해 왔으며, 똑같이 되갚아 주고 싶다는 마음 등과 같은 "부정적" 감정들도 포함한다. 우리의 정의 감정은 이런 "부정적" 감정들로부터 함양된다. 그렇다고 고통이나 불의를 겪어 보지 않은 사람은 동정심이 없을 것이라고 말하려는 건 아니다. 그러나 그런 사람은 고통이나 불의가 뭔지 알지 못 한다는 상당히 직접적인 의미가 있다. "공감"에 대한 일반적인 강조는 자신의 경험과 다른 사람의 경험을 이해하고 "느끼는" 것 사이의 중요한 연관성을 올바르게 나타낸다. 그러나 중요한 것은 우리는 단지 방관자("이상적," "객관적" 등등의 방관자)로서가 아니라, 세상에 참여함으로써 정의와 불의에 대해 알게 된다는 것이다. 우리가 '본성적으로' 동정심을 가지고 있다는 루소의 생각은 이 중요한 연관성을 설명하지 못 하는 것 같고, 합리적 의사결정자로서의 인간에 대한 존 롤스의 관점은 우리가 마치 우리 자신의 참여에 대한 객관적인 관중인 것처럼, 우리의 참여를, 잘해야, 한 단계 멀어지게 만든다. 그래서 우리는 사기를 당하거나 열등하다고 불공정한 취급을 받음으로써, 보상받으리라 기대할 때 처벌받음으로써, 우리가 생각하기에 반박할 수 없이 우리 것이라 믿는 것을 빼앗김으로써, 상처받아서 (아직 이성적이지 않은, 다소 원시적으로) 되갚아 줄 것을 원함으로써 정의를 배운다. 많은 이론가들이 정의의 핵심이라고 여기는,

유명한 우리의 권리 개념은 불가침성, 즉, 특정 침입이나 간섭, 범법 행위에 대한 절대적 불수용에 대한 거의 본능적 감각을 의미한다. 그렇기 때문에 권리는 우리에게 으뜸 패가 되지만 그 권리를 가졌다고 불가침성이 설명되는 건 아니다. 권리의 귀속을 설명해 주는 것은 바로 불가침성의 감각이다. 물론 이 모든 것은 필연적으로 사회적 맥락, 우리에게 일어나는 일이 또한 다른 사람에게도 일어나며 이미 확립된 관습과 기대가 있는, 그런 사회적 맥락에서 일어나야 한다. 그런데 정의는 우리가 관찰함으로써 배울 수 있는 것이 아니며 생각을 통해서만 얻어질 수 없는 것은 더욱 당연하다. 정의에 대한 우리의 지식은 세상 속에서의 우리의 위치를 경험하는 것과 더불어 시작된다. 정의 감각은 무엇보다 항상 우리의 기대와 요구를 충족시키지는 못 하는 세계에 대한 우리의 정서적 반응이다. 달리 말해, 정의 감각은 돌봄과 동정심뿐 아니라 원한, 질투, 분노, 복수 같은 감정 안에서도 그 기원이 있다.

원망, 질투, 분노, 복수는 '도덕적 감정'의 일반적인 목록은 아니지만, 여기서 내 요점은 우리가 사회에 전적으로 관여할 때, 우리가 높은 자리에 앉아 있는 판사가 아니라 피해자이고 과분한 수혜자 자리에 있을 때, 정의를 이해할 수 있을 따름이라는 것이다. 물론 친절한 감정들이 윤리와 정의에 필수적이지만, 그 감정들은 보통 (안전한) 거리를 둔 채 느껴지는 감정이며, 감성이지 정념은 아니며, 동정이지 개입이 아니다. 자비로운 감정은 우리의 감정적 초상화에서 아주 작고 대표적이지 않은 부분일 뿐이며, 가장 선량한 감정조차도 복합적인 면과 어두운 면을 가지고 있다. 어떤 면에서 보호하는 감정과 돌봄 없이는 사랑할 수가 없으며, 돌봄과 함께 방어심이 생긴다. 만약 사랑하는 사람이 상처를 입으면 분노하고 복수의 욕망이 생긴다. 그래서 세상을 바꾸고 고통을 종식시키기 위해 뭔가를 하고자 하는 마음이 없이는 동정심을 거의 느끼지 못 한다. 측은하게 여기는 모든 행위는 그러므로 또한 혁명적 행위이며 세상이 현재 존재하는 방식에 대한 분개, 즉 세상의 현재 상태에 대한 사르트르식의 "No!"를 필요로 한다. 미국의 노숙자들에 대해 염려할 때마다, 우리는 그들을 모른 체 하는 정부에 대해 분노가 인다. 공정성에 대해 신경을 쓸 때마다 우리는 규칙을 깨고 관행을 타락시키는 사람들에게 분노하고 심지어 복수심까지 생기게 된다. 자선단체에 기부하는 것 같은 그렇게 단순하고 보수적인 몸짓조차도 세상의 존재 방식에 도전한다. 분노와 증오도 표출하지 않으면서 동시에 동정심과 공정한 마음을 가질 수 있는 척하기 위해서 그들이 해야 하는 것은 도덕적 감정과 함께 정의감까지 없애는 것이다.

아이러니하게도, 공감과 명백하게 긍정적인 다른 정념들이 종종 간과되었을 뿐 아니라, (특히 시기와 분개 같은) 반감을 주는 정념들의 존재의 부인을 고려하지 않는 냉소주의자들에 의해 실제로 부인되기도 했다는 것은 주목할 만하다. 하나의 명백한 예를 들자면, 니체는 사랑과 연민에 대한 모든 기독교적 해설에 경멸과 회의주의를 쌓아 올리지만, 분노의 존재나 진실성에 대해 잠시라도 멈춰 서서 의심하지 않는다. 그러나 최소한 공감의 능력 없이 분노할 수 있을까? 애정에 대해 아무것도 모른다면, 질투할 수 있을까? 우리가 반감을 주는 정념에 대해 진단할 준비가 되어 있을 때 공감적 정념을 왜 그렇게 빨리 의심하고 심지어 부인까지 하는가? 공감과 반감, 이 감정들은 서로 나란히 간다. 다른 하나가 없이는 자신도 없다. 상실의 가능성 없이는 애착도 없고, (아무리 기한이 짧거나 심지어 대리적인 것이라 하더라도) 애착을 처음 향유하지 않고서 상실을 겪을 수 없다. 우리가 마음을 쓸 때마다 우리는 스스로를 실망과 배반에 열어 두게 된다. 우리가 스스로를 열어서 마음을 쓰지 않았다면, 실망이나 배신을 겪는 일도 없다. 수치심의 가능성 없이 자부심을 가질 수 없고, 자부심이 없으면 수치도 안 느낀다. 긍정적 정념과 부정적 정념은 같이 간다. 부정적 감정보다 긍정적 감정을 꾸미기가 사회적으로 더 편리할 때조차도, 그 두 정념은 실재한다. (대학 생활에서는 긍정적 감정보다 부정적 감정을 꾸미는 것이 더 편리하지 않을까 나는 종종 의심한다) 시기, 화, 분노, 심지어 앙심의 잠재력이 없는 삶은 사랑, 돌봄, 심지어 존엄도 없는 삶이 될 가능성이 매우 높다.[217.]

내 논지의 첫 번째 부분은, 우리가 정의의 어떤 "원칙들"을 가졌

---

217. "부정적 감정"들의 중요성에 대한 좋은 사례들은 다음 글에 잘 나타나 있다. Laurence Thomas, "Morals, the Self and Our Natural Sentiments" in his book, *Living Morally*.

든지 간에, 돌봄과 동정심 같은 기본적인 인간의 감각과, 아주 멀리 떨어져 있고 개인적으로 우리에게 전혀 알려져 있지 않은 다른 사람들과 다른 생명체의 복지에 대해 이해하고 공감할 수 있는 능력을 가지지 않고서는 그 원칙들이 무의미하다는 것이다. 그러나 내 논지의 마지막 부분은, 공감의 정념이나 이타적인 정념 같은 통상적인 정념들은 도덕 감정에는 너무 제한된 것이고, 잘해야 도덕 감정의 내용의 절반밖에 안 된다. 반감을 주는 감정들 역시 공감의 정념만큼이나 필수적이다. 시기와 질투는 연민과 동정심만큼이나 정의의 기원과 발전과 관계가 있다. 불의 앞에서는 분노와 격분에 대해 "부정적인" 면은 없으며, 악한 명분이나 악한 사람의 사랑에는 "긍정적인" 것이 거의 없다. 분명 실망과 상처에 대한 우리의 첫 반응은 정당하거나 공정하기가 거의 드물다. 그러나 우리가 상처를 입거나 비방을 당하고 사기를 당하거나, 피해를 당할 때만이, 우리는 정의 감각을 계발시키기 시작한다.

불의의 우위와 그 정념

> 정의의 위반은 상처다. ··· 그러므로 그것은 분
> 노와 분노의 자연스러운 결과인 처벌의 적절한
> 대상이다
>
> 애덤 스미스, 『도덕감정론』

충분히 계발된 정의 감각은 너무나 고귀한 덕목(심지어 모든 덕목 중
으뜸가는 덕목)이므로, 똑같이 고귀한(비록 더 원초적일 수 있지만) 감정
으로부터만 유래되어야 한다고 너무나 쉽게 추정된다. 나는 이것
이 잘못된 생각이라고 본다. 내 논지는 정의 감각은 일반화로 나타
나다가, 결국은 불의에 대한 사적 감각을 합리화하게 된다는 것이
다.[218] 불의를 결코 겪은 적이 없으면서 모범이 되는 부모나 동료로
부터, 혹은 갑자기 완전한 정의 개념을 받아들인, 성자 같고, 고귀
한, 혹은 풍부한 특권을 가진 존재들의 드문 예도 있다. 그러나 불
행히도 그들은 정말 드물다. 부처가 가끔 그런 예로 제시되는데 예
수는 그렇지 않은 점은 주목할 만하다. 매우 의미심장하게도 기독

---

218. Rawls, *A Theory of Justice*, 553n.

교의 바로 핵심은 신에게 심각한 불의를 행하고 있다는 생각을 하는 것이다. 다른 누군가가 "우리의 죄를 대신해 죽었다"라는 생각은 그것이 성스러운 자기희생이건 아니건 간에 부정의의 극적인 순간을 나타낸다. 우리는 불의를 겪음으로써 불의에 대한 감각을 얻는다. 그리고 우리는 불의에 대한 다양한 경험을 (어느 정도) 일관된 사회적 공감과 반감의 집합으로 통합하고 공감함으로써 정의감을 키우며, 우리 자신이 단순한 구경꾼이 아닌 능동적인 역할을 수행한다.

불의에 대한 우리의 감각은, (나중에 나타나며 이미 수많은 거대 일반화를 포함하고 있는) 일반적인 격분 감각a general sense of outrage이 아니다. 사실 격분outrage과 분노indignation 같은 정념은 종종 정의의 부차적인 감정인데, 이 감정들이 필수적이지 않고 중요하지 않아서 그런 것이 아니라, 이 감정들이 원한resentment 같은 좀 더 원초적 감정의 뒤를 (흔히 빨리 가지만) 따라가기 때문이다. 먼저 우리가 속았다고 느낀다. 그러면 우리는 분노로 반응한다. 격분과 분노는 불의한 것에 대한 우리의 적절한 반응이다. 원한은 그런 부정의에 대한 감각이다. 원한과 그 부류의 감정들은 무엇보다 인식의 형식이고, 세상과 그 속에서 우리가 (그리고 타인들이) 어떻게 대우받고 있는지에 대한 즉각적인 평가이다. 시기처럼, 원한은 일반적으로 불평등을 인식하는 것으로 시작된다. "그는 나보다 더 많이 가졌어!" 그러나 원한은 단순히 차이나 불평등의 문제가 아니다. 우리가 당연한 것으로 받아들이는 차이와 불평등도 많다. 많은 차이와 불평등이 예상되었던 것이고, 성찰해 볼 때 그럴 만한 것으로 인식된다. 어떤 것들은 예기치 못한 것일 수 있는데, 그럼에도 불구하고 "그게 상황이 놓여 있는 방식이지!"하고 만다. 원한은 매우 특별한 종류의 평가적 인식, 즉, 판단이 중요한 역할을 하는 복합적인 사회적 기대에 달려 있다. 우리의 불의 감각이 이미 그 핵심에 무엇이 옳고 적절한가에 대한 판단과 평가를 포함하고 있다는 생각은 합리적 성찰과 단순한 감정적 반응 사이의 전통적 구분을 약화시킨다. 그리고 중요한 문제는 우리가 그런 판단의 실행과 그런 불평등의 인식을 어떻게 익힐 수 있는가 하는 것이 된다. 왜 우리들 사이의 어떤 차이들(사실은 대부분의 차이들)은 받아들여지고 불의의 문제는 전혀 그렇지 않은가? 혹은 왜 우리 사이의 어떤 차이들이 단순히 "상황이 놓여 있는 방식"이라고 판단되기보다, 부정의한 것으로 판단되는가?

분명 답변의 첫 부분은, 차이 그 자체를 그저 차이가 아니라 불평등으로 인식하고 알아차리는 것이다. 물론 이것만으로는 충분하지 않다. 인식은 이것이 차이를 만들어 내는 다름이라는 평가와 판단, 어떤 사람은 유리하고 다른 사람은 불리하다는 평가와 판단을 이미 전제한다. 그러나 훨씬 더 많은 것이 관련되어야 한다. 유리한 지점을 가진 사람은 그런 혜택을 받을 자격이 없다고 판단되어야 한다. 정의 이론의 일부분으로 자주 제시되는 것의 성분이 이론 이전과 성찰 이전의 감정과 판단의 측면으로 이미 전제되어야 함을 알 수 있다. (성찰과 이론의 중요성은, 이것들이 우리로 하여금 우리의 감정과 판단을 단순히 합리화하는 것이 아니라, 교정하도록 한다는 점이다.) 그러나 중요한 불평등은 비록 정당하지 않더라도 그 자체로 불공정을 의미하지는 않는다. 반드시 추가되어야 하는 것은 책임blame이다. 이 지점에서 정의와 불공정 사이의 중요한 비대칭 중 하나가 나타나고, 불공정이 왜 우리의 사유와 느낌에서 우선적인 위치를 차지해야 하는지 주된 이유 중 하나가 나타난다. 정의는 획득하는 반면, 불공정은 당한다.[219] 세상 그 자체는 불공정해서는 안 된다. 이런 관점에서 볼 때 "인생은 공정하지 않아," 왜냐하면 삶은 우리를 위해, 그리고 우리에게 아무것도 하지 않기 때문이야라고 말하는 것은 합리적이지 않다.[220] 불공정 감각은 책임 감각에 의존한다. (책임의 개념이 없기 때문에, 혹은 더 가능성이 높은 것으로 다른 사람의 위반을 올바르게 인식할 만한 자기 존중이 없기 때문에) 책임을 물을 수 없는 사람은 불공정 감각도 가지지 않을 것이다. (그 사람이 정의 감각을 가질 수 있을까? 정치가나 신학자가 희망하는 대로, 행동에 대한 지침으로서가 아니라 오직 추상에서만 가능하다.)

그러나 우리의 불의 감각이 책임 감각을 전제한다는 주장은 여

---

219. 『정의의 문법A Grammar of Justice』에서 볼가스트Wolgast는 불의를 "문법적으로" 선행하는 개념이라고 받아들이고, 정의는 빈번하게 부적절한 외삽법이라고, 확신을 바꾸며 주장한다.

220. "이성적 인간"(그에게 있어 정의 감각은 피할 수 없는 것이다)과 "무관심한 우주" (『이방인The Stranger』에서는 "우주의 인자한 무관심"이라고 나온다)의 이미지는 카뮈의 『시시포스의 신화 Myth of Sisyphus』 (에서 "부조리"의 중심적 이미지를 이룬다. 그러나 그는 절망에 굴복하기보다, 우리에게 "부조리함이 살아 있게 해라"라고 권유한다.

전히 너무 단순하다. 왜냐하면 문제의 책임 추궁이 때때로 오직 개인을 겨냥하고 있기 때문이다. 훨씬 더 널리 퍼진 것은 복잡한 사회적 행동, 사람들에게 부당하게 상처를 주거나 박탈감을 주지만, 그것에 대해 개인이나 특정 집단에게 책임을 물을 수 없는 복잡한 사회적 행동, 심지어 사회 전체의 구조이다. 너무나 행동 같지 않아서 우리가 가장 염려하는, 몇몇 사회적 행동은 집단적 누락 행동, 자신들이 문제의 불평등의 간접적인 수혜자일 때조차도, 너무나 많은 사람들이 절박한 사람들을 도우러 오지 못 하는 것 등이다. 일반적으로 불평등으로 여겨지는 것, 불공정한 차이로 인식되는 것은 거의 언제나 사회와 사회 상황에 달려 있다. 능력의 차이에 근거한 보상의 차이 자체는 부당한 것도 불공평한 것도 아니다. 육체적 강인함과 용맹의 차이는 수공업 집약 사회나 용사 사회에서 중요하기 마련이고,[221] 이런 덕목을 많이 갖춘 사람들을 예찬하고 보상을 주는 것은 부당한 것이 전혀 없다. 한편 너무나 많은 사람들이 필수적인 사회적 역할이 없고 실적보다 외양이 더 가치 있는 그런 사회에서는 육체적 매력의 차이들이 중요한 것이 된다. 그런 사회에서는 루소가 명확하게 언급했듯이, 덕목보다 허영이 중요하다. 불의에 대한 보편화되어 있는 인식은 예외라기보다 규칙이 되기 마련이다.

루소는 그의 저서 『불평등의 기원에 대한 담론Discourse on the Or-

---

221. Rawls, *A Theory of Justice*, 310-15.

igin of Inequality』에서 자연에 차이들이 실재하나 중요하지 않다고 말한다. 그렇게 되게 한 것은 바로 사회이다. 키가 크거나 힘이 세거나 똑똑하거나 금발인 것은 그 자체로 서로를 구별하게 하는 원인이 아니다. 그러나 패션이 이것, 혹은 저것이 더 좋다고 말할 때, 상당한 불평등이 대두한다. 아이들은 멍청한 것보다 똑똑한 것이, 뚱한 것보다 웃는 것이, 못된 것보다 말 잘 듣는 것이, 평범한 것보다 매력적인 것이 더 좋다는 것을 일찍부터 배운다. 그래서 그에 따라 보상(혹은 처벌)을 예상한다. 어른들과 친구들의 대우는 이런 기대들을 재빨리, 그리고 계속적으로 확인해 준다. 실제로 상쇄하는 메시지가 없다면(예를 들어 외모가 다가 아니라거나 "강인함"이 좋다거나 좀 더 일반적으로 모든 사람은 평등하게 태어났다 같은 메시지들), 우리의 불의 감각은 이런 기대의 위반에 국한될 것이다. 우리의 행동과 대조적인 사회적 맥락 속에 있는 예측 가능한 비일관성은 말할 것도 없고, 우리의 기대 안에 있는 역류와 모순들을 감안할 때, 우리의 불의 감각에는 판단과 평가의 맥락과 적절한 형태에 따라 좌우되는, 극히 복잡한 차이와 이탈 감각이 포함되어 있다.

그러나 물론 가장 불행한 아이만이 그런 복잡하고 모순적인 상황 속에서 불의 감각을 최초로 배운다. (R. D. 랭과 그레고리 베이트슨은 아주 다른 방식이긴 해도 다음과 같이 제안했다. 즉, 조현병은 그런 환경에 대한 아이의 적절하게 극단적 적응인 측면이 있다는 것이다.)[222.] 다소 일관

---

222. R. D. Laing, The Divided Self (London: Tavistock, 1960). 그레고리 베이트슨[Gregory Bateson]은

적인 가정환경에서 길러진 대부분의 사람들은 적절하게 통합된 요구와 규제를 받으며 자라고, 그 요구와 규제에 따라 안전과 애정이란 배후의 토대를 지닌 보상 혹은 처벌을 받는다. 우리의 정의 감각은 그런 안정감과 행복감으로부터 시작되지만, 우리는 정의 감각이 아니라 일련의 기대감을 가지고 시작하며, 그 기대감은 조만간 깨어지게 되어 있다고 제시되어 왔다. 한 아이는 다른 아이들보다 더 적게 가지고, 그 아이는 그 점을 알아챈다. 기대감이 깨어졌다. "왜?"라는 질문이 일어날 수도 있고 안 일어날 수도 있다. (아마도 나중에 일어날 것이다.) 지금은 조숙한 분개의 울부짖음만 있다. 사실 (모든 부모가 증언하듯) 문제의 양이 실제로 부족한지 아니면 보기에만 부족한지는 중요하지 않다. 그것은 무엇보다 이유의 문제가 아니다. 과도한 기대가 과도한 불의 감각을 키운다. (그리고 억제된 기대가 불의에 대한 결핍된 감각을 낳을 수 있다.) 그러나 우리의 불의 감각의 부적절성은 아직 문제가 안 된다. 불의의 직접적 감각이 우선이다. 잘 발달된 정의 감각은 훨씬 뒤에 온다. 그리고 자신과 다른 사람에 대해 불의의 경험을 많이 하고 난 뒤에야 온다.

불의는 무엇보다 이런 개인적 모욕감이다. 혹은 다르게 표현하면, 가까이 있는 맥락(아마도 비슷하거나 관련된 맥락)에 국한된 그것이 없으면 원칙의 위반이 주장되지 않고, 광범위한 비교나 대조가 이뤄지지 않는다. 그러한 상황이 내재적으로 부당하다고 우리에게

조현병의 "이중구속the double-bind" 이론으로 유명하다.

알려 주는 이론을 우리는 애초에 가지고 있지 않다. 그보다 우리는 좌절되는 기대를 가지고 있는데, (로버트 고돈이 자신의 저서 『감정의 구조*Structures of Emotion*』에서 최근 주장했듯이) 좌절의 문제를 가지는 건 아니고, (아무리 원초적이거나 근거가 없다 하더라도) 책임감sense of blame을 같이 느낀다.[223.] 아마도 약속에 근거했을 때, 그리고 아마도 다른 아이들이 가진 것에 대한 관찰에 근거했을 때, 한 아이가 기대보다 덜 가지고 있다. (여기서 "합당한 기대" 개념이 적절하거나 한가?) 첫째 아이에게 먼저 주고, 그다음 순서대로 형제들에게 주는 것이 가족의 관행이라고 가정해 보자. 어느 날 저녁, 약간의 일탈이 있었고 첫째는 화가 나고 속았다고 느낀다. 더 어린 동생이 아프다는 설명이 차이를 발생시키는가? 상황에 따라 다르다. 형 자신이 아픈 것인가? 그래서 그가 설득될 수 있는가? 정의 이전에, 그 선결 조건으로 공감을 가르쳐야 한다. 그러나 그것의 기초는 모욕이라는 개인적 경험이다. ("네 여동생이 너에게 그렇게 하면 너는 어떨 것 같니?" "네가 얼마나 기분이 나빴는지 기억 못 하니?") 명백히 부모가 정의와 공정함을 가르치는 방식이 이러하다. "그가 그것을 네게 했다면 너는 어떨 것 같니?" 똑똑한 아이는 그런 질문을 처음엔 속임수로 듣는 것이 놀랍지 않다. 그 아이는 무엇인가가 "끌어당겨지고" 있다는 것을 안다. 그래서 규칙의 위반을 통해 처벌의 기대가 가르쳐진다. 규칙의

---

223. Robert Gordon, *The Structure of Emotions* (Cambridge: Cambridge Univ. Press, 1987). 특히 47-50.

6장 정의의 함양과 "부정적" 감정들　497

위반에 따라 자신이 벌 받을 것이고, 다른 사람들도 벌 받을 것이라 기대한다. 처벌이 일어나지 않을 때, "그냥 넘어가자"는 생각이 일어나는데, 물론 그것은 단순히 정의를 부정하는 것이 아니라, 모방이 도덕에 대한 예찬과 위선인 것처럼, 불의를 개인적으로 유리하게 바꿀 수 있다는 인식이다. (트라시마코스[224]가 아니라 플라톤의 글루콘이 힌트를 얻는 때가 바로 이 지점이다.) 달리 말해 부모들은 자녀들에게 불의 감각을 가르치는데, 일관성을 가지고 그럴 뿐 아니라, 실수와 일관되지 못 하게도 가르친다. (신경증을 지닌 유별난 자녀를 둔 소수의 학자들의 경우를 제외하고) 부모들이 하지 않는 것은 정의와 공정함을 일련의 원칙들로 가르치는 일이다. 불의의 주된 감각을 유발하는 모욕과 기대는 순전히 지엽적이다. 그것들은 일반화되지 않으며 종종 일반화가 가능하지조차 않다. 세 자녀들은 저녁 식사 시간에 일정한 일상에 익숙해 있다. 사촌 한 명이 방문하여 혼란이 생긴다. 여러분의 아이에 대한 정해진 예상이 없다. 그 아이는 특별한 대접을 받을 만한가? 우선 음식을 나누어야 하는지? 아니면 추가로 도와야 하는지? 이 지점은 우리가 "정의의 영역"에 대해 알게 되는 지점이다. 이때는 정해진 영역이 교란되어 우리는 기대의 한계를 알게 된다. 그러나 우리가 먼저 배우는 것은 불의이다. 그래서 우리는 그 영역을 한계 짓는 법을 배워야 한다. 일상은 가족만

---

224. Thrasymachus. '정의란 강자의 이익'이라는 구절로 자주 인용되는 트라시마코스는 칼케돈의 시민으로 아테네에서 소피스트로 활동하였다 —옮긴이주.

을 지칭하는 것인가, 아니면 전체 공동체, 국가, 혹은 세계를 지칭하는 것인가? (많은 아이들에게 가장 충격적인 불의는 새 동생의 탄생과 더불어 온다. 혹은 유일한 자녀인 경우, 그것은 가족 바깥에 발을 내딛는 순간에 오는데, 그 이유는 자신들이 익숙해 있던 영역이 갑자기 확대되기 때문이다.)

정의는 보편성으로 구성되어 있으나 불의는 (널리 퍼져 있다 하더라도) 언제나 국소적이다. 그렇다고 마이클 왈저가 주장한 대로, 더 큰 투영이나 합리화가 필요하거나 정당화될 필요가 없다는 건 아니다.[225] 특히, 그런 일반화와 합리화가 실제로 문법처럼 쓰이는 언어를 익히고 통달했을 때, 그런 투영과 합리화를 하지 않는 것은 극히 어렵다고 주장할 수 있다. 어쨌든, 우리에게 있어 그런 지적인 활동은 실제로 언제나 인식된 불의를 쫓아간다. 비록 서툴고 자민족중심적으로 (거의 항상 그렇게 된다) 그렇게 되는 것이라 하더라도 말이다. 하지만 우리는 정의 이론과 그 배후에 놓인 불의에 대한 예리한 인식을 혼동해서는 안 된다. 일본과 대부분의 "원시적" 문화들은 자신의 사회구조와 위계질서에 근거하고 있는 불의에 대한 예리한 인식을 가지고 있다. 그러나 롤스적인 다양성의 원칙이나 절차를 가지고 있는 곳은 거의 없다. 나는 존 롤스의 『정의론』에서 미로처럼 얽힌 논증 중 상당 부분이 매사추세츠주 케임브리지 빈민층의 생활 환경에 대한 분노를 (결코 입 밖에 내지는 않았지만) 정교하게 지적으로 변호한 것에 지나지 않는가 하고 자주 궁금

---

225. Micheal Walzer, *Spheres of Justice*, 12-14.

하게 여겨 왔다. 또는 로버트 노직의 『무정부주의, 국가 그리고 유토피아』의 얼마나 많은 부분이 결국은 브루클린에서 하버드까지 힘들게 올라온 것에 대한 개인적인 자부심("내가 이룩한 것이니 누구도 빼앗을 수 없다")에서 찾아질 수 있는 것은 아닌지 나는 생각해 왔다. 그러나 이 두 사례에서 우리의 윤리적 분노 감각이 시각과 개인적 경험에 따라 얼마나 다양하고 대립적일 수 있는지 명확하게 드러난다. 그러므로 우리는 이 감각이 모호성, 갈등, 모순이 없이 단일하거나 통합된 것이라 기대해서는 안 된다. 맥락과 얽혀 있는 경험과 도덕교육의 그 모든 조각들이 하나의 조화로운 일관된 전체라고 대체 우리가 어떻게 가정할 수 있겠는가? 모든 것을 포용하는 정의 이론을 공식화하려고 시도조차 하기 전에, 우리는 정의 감각을 가져야 한다. 그러나 정의 감각을 가지기 위해서는 불의에 대한 일반화된 감각이 필요하고, 그것은 불의의 개인적 경험들과 불의의 반감을 주는 감정들, 예컨대, 시기, 질투, 분노와 복수의 욕구에 달려 있다.

반감을 주는 감정들 가운데, 우리의 정의 감각을 기를 수 있는 그 불의의 감각에 책임이 있는 감정은 무엇인가? 어떤 감정을 통해서 불의 감각이 드러나는가? 우선, 도덕적 혐오와 비난을 드러내는 그 모든 감정들, 예컨대 증오, 경멸, 조롱, 혐오, 무시, 반감 같은 감정들은 우리에게 간간이 있는 세상의 끔찍함을 드러낸다. 그것은 근거들로 준비된, 사고를 잘 거친 평가가 아니다. 그것은 끔찍한 맛이나 안 좋은 냄새에 대해서처럼 본능적 반응이다. 니체는 부패와 위선의 냄새를 알아차리기 위해 무엇보다 코를 가지고 윤리를 한다고 말하곤 했다.[226] 우리를 혐오스럽게 하거나 모욕하는 것은, 우리를 기쁘게 하거나 우리의 마음을 따뜻하게 해 주는 것만큼이나 도덕과 정의에 중요하다. 도덕 감정 이론가들이 공감을 그렇게 두드러진 자리에 두고 도덕적 반감과 혐오의 감정들을 거의 간과했을 때, 그들은 분명히 틀렸다. 그러나 반감을 주는 감정들의 목록에서 가장 인상적인 것은 그 길이이다. 재미있고 아마도 흥미로운 사실을 드러내는 질문이 있다. 애정을 나타내는 용어보다, 부정적이고 적대적인 감정을 나타내는 감정의 이름들이 왜 그렇게 훨씬 더 많은가 하는 질문이 그것이다. (너무나 많은 우리의 도덕 감정과 판단이 냉소나 으르렁대는 것으로 이뤄져 있는데, 그렇게 많은 철학가들은 왜 그렇게 '선한'이라는 단어의 의미에 집착하고 있는가?) 다른 언어들은, 우리가 누락하고 있는 감정에 대한 인정을 적어도 포함하고 있는, 반감 감정들에 대한 어휘들을 가지고 있다는 것은 늘 주목할 만하다. 내가 즐겨 드는 예는 독일어 샤든프로이데Schadenfreude, 즉 다른 사람의 고통을 즐거워하는 뜻을 가진 단어이다. 멸시, 혐오, 경멸, (그리고 경멸할 가치조차 없는 것) 같은 감정들 사이의 때로는 미묘한 구분은 여기서 우리의 관심이 아니다. 핵심은 반감을 주는 정념들의 (보증뿐

226. 니체는 도덕철학가의 첫 번째 특징은 예리한 후각이어야 하며, 자신은 아마도 위대한 철학가들 가운데 가장 좋은 코를 가졌다고 주장했다. 『선악을 넘어서Beyond Good and Evil』와 『무정부주의자The Anarchist』에서 그의 다양한 후각적 비판을 보라.

아니라) 힘과 중요성을 알지 않고서는 우리의 정의 감각을 이해할 수 없다는 것이다.

물론 이 중에서 가장 명확한 것은 격분outrage, 모욕offense, 화anger, 분노indignation 같이 직접적으로 도덕적인 감정들이다. 비록 이 감정들은 (우리가 이미 살폈듯이) 우리의 불의 감각 그 자체를 구성한다기보다 불의에 대한 반응 내지 성찰에 흔히 근거를 두고 있지만 말이다. 화와 격분은 모욕에 대해 어떤 사람을 (때때로, 비유적으로 어떤 것을 의미하기도 한다) 비난하는 감정을 그 핵심으로 가지고 있다. 우리는 화와 단순한 성마름, 짜증을 구분해야 한다(이것들이 다소 격렬할 때에도). 왜냐하면 단순한 성마름과 짜증 같은 감정은 비난이라는 본질적인 특징을 가지고 있지 않기 때문이다. 그 감정들은 일반적이든 구체적이든 간에 불편하다는 표현이다. 비록 구체적인 상황의 경우 반복되면 짜증이 실제로 화로 될 수도 있지만 말이다. 분노는 한 걸음 더 나아간다. 화와 격분 속에서 모욕은 아직 순전히 개인적인 것(모욕이나 비방)일 수도 있다. 그러나 분노에 개입된 모욕은 좀 더 큰 관행이나 원칙을 깬다. 달리 말해 그것은 단순히 개인적인 모욕이 아니라 그보다 더한 것이다. (우리는 이 점을 명확하게 하기 위해 때때로 이런 감정을 **도덕적** 분노라고 지칭한다) 화와 격분은 사리사욕이나 개인적 모욕을 목표로 삼을 필요는 없다. 그러나 모욕을 사적으로 받아들이고, 모욕당하는 사람이나 모욕당하는 일행과의 어느 정도의 동일시가 필요하다. 아리스토텔레스에 의하면 화는 자신이나 자신의 벗에 가해진 심각한 모욕을 원인으로 가지게 된다고 했다. 나는 이것을 확대해서, 우리가 공감할 수 있는 사람(들)에게 가해진 모든 모욕이 해당된다고 생각한다. 나는 필리핀 시민들에 대한 마르코스의 태도에 분개하지만, 내가 그렇게 하는데 필리핀 사람을 한 명이라도 알아야 될 필요는 없다. 한편 도덕적 분개는 항상 개인적 사리사욕보다 더 큰 쟁점에 대한 것이다. 약간 역설적으로 표현하자면, 우리가 원칙의 위반에 대해 분개하려면, 가장 개인과 무관한 원칙조차 개인적으로 받아들여야 한다.

또한 권리entitlement와 관련한 감정, 즉 소유와 박탈의 감정이 있다. 이 감정은 위반되거나 침범될 경우 즉시 촉발된다. 예컨대 시기, 질투, 분노, 쓰라림, 앙심 같은 형태로 촉발된다. 이 감정들 뒤에는 흔히 화anger가 나타나고, 가끔 분개indignation도 일어난다. 이 감정들은 너무나 명백한 모든 이유로 인해, 동정과 위엄을 종종 가려 버린다. 이 감정에 중심적인 것은 박탈, 상실, 그리고 상실의 두려움인데, 이 모든 것들이 처음부터 가지고 있던 소속이나 소유의 감각을 미리 전제하고 있음을 주목해라. 자부심은 시기만큼이나 소유적인 감정이다. 허영도 마찬가지이다. 비록 허영의 대상과 자부심의 대상 사이의 차이가 우리의 정의 감각의 성격에 대한 중요한 윤리적 통찰이지만 말이다. (자부심은 그것이 "가짜"가 아닌 한, 가치가 있다. 반면 허영은 그것이 보증된다 하더라도 가치가 없다.)[227.] 법률을 중

---

227. 자부심은 성취의 감정이다. 허영은 (실제이든 상상된 것이든) 미덕을 포함하나, 성취감을 꼭 내

시하는 우리 사회에서 소유권과 소유를 행동과 재산권에 의거해서 생각하는 경향이 있다. 그러나 소유권, 즉 "각자성mineness"의 고유한 감각은 그보다 훨씬 더 깊다. 그것은 사유재산 사회뿐 아니라, 공동 재산 사회에서도 흔하며, 그토록 자랑스러워하는 "영토 유지 명령territorial imperative"의 방식으로, 대부분의 동물들 속에서도 명확하게 존재한다. 일단 사람이 "자신의 노동을 섞으면" 소유권의 중요성은 완전히 자연적이 된다고 존 로크가 상세하게 설명했을 때, 그의 말은 반은 맞았다. (이 재산 감각이 이미 "권리"가 되고, 사회의 애착과 관습보다 더 선행하는 것이라고 서둘러 결론을 내린 한, 그는 반은 틀렸다.)

시기는 박탈감인 반면(그것이 가치있는 것이든 아니든 간에), 질투는 어떤 의미에서 누군가가 이미 가지고 있는 어떤 것을 잃을까 하는 두려움이다.[228.] (한 남자가 자기 아내의 환심을 사는 데 매우 성공한 경쟁자를 질투할 수 있지만, 자기가 한 번도 만난 적이 없는 매력적인 스타와 염문을 뿌리는 잘생긴 정치인에 대해서는 선망할 수 있을 따름이다.) 분명히, 우리가 그러한 감정의 "대상"으로 사람들에 대해 이야기할 때(이미 어색한 표현이다), 문제의 "소유possession"의 감각은, 조야한 소유권 ownership 감각과 전혀 다르게, 매우 까다롭고 복잡하다. 남편과 아

포할 필요는 없고, 일반적으로 성취보다는 과장된 자기 예찬을 시사한다. 『정념들Passions』에서 이 차이를 분석한 바 있다. 특히 344-47, 363-65를 볼 것.

228. 질투와 시기의 관계와 차이에 대한 탁월한 분석을 보려면 아멜리 로티Amelie Rorty의 『감정에 대한 설명Explaining Emotions』에 실린 제롬 누Jerome Neu의 글 「질투 나는 생각들Jealous Thoughts」를 볼 것. 425-63.

내 사이에 있는 이런 소유 감각sense of possession 혹은 소유욕을 전달하는 것은 단지 결혼의 합법성만이 아니다. 그 역의 경우도 성립한다. 그것은 또한 우정에도 적용되고, 심지어 사무실의 협력 회사에도 적용된다. 그래서 자기 "팀"의 일원이 다른 (아마도 경쟁하는) 프로젝트에 차출되면, 화가 나거나 질투가 나거나 혹은 배신당했다고 느끼는 것은 완벽하게 합당하다. 이런 감정들을 나타내는 선봉으로 권리의 언어가 종종 도입되는데, 이런 감정들은 "사유재산"을 믿는 모든 문화에 중심적이고 아마도 능력 의식을 가진 모든 사회에서 필수적이다. 심지어 동물들도 이런 대부분의 감정들을 가지고 있다. 동물들이 권리를 가지고 있다고 말하는 것이 합당한지의 여부와 관계없이 그러하다. 그리고 심지어 소유권ownership이란 말의 일견 명확한 의미는 실은 전혀 명확하지 않다. (우리가 이 용어를 법적인 목적을 위해 너무나 철저하게 규정해 놓았기 때문에 명확해 보일 뿐이다.) 어떤 의미로 우리는 나무를, 개를 "소유own"하는가? 어떤 의미로 남편을, 아내를, 아이를, 피고용인을 소유하는가? 우리가 결코 사용하지 않거나 우리의 통제를 벗어나 사용되고 있는 어떤 것을 우리는 어떤 의미로 소유하는가? 시기와 질투 같은 감정은 소유권에 대해 비교가 될 만한 법적인 의미를 지니지 않는 사회에서 부상한다. (사실, 소유권이 좀 더 정확하게 규정된다면, 법적 장치가 그런 감정에 대한 필요를 제거할 것이라는 주장이 있을 수도 있다.) 이러한 감정은 분배적 정의와 많은 관련이 있으며, 전체 이데올로기가 그러한 감정의

적절한 위치를 작동시키는 경향이 있다는 것은 놀라운 일이 아니다(근면과 생산성에 대한 바람직한 자극으로서의 부러움, 근면과 개인적 발전의 윤리에 대한 교활한 장애물로서의 부러움, 경쟁과 신분 차이를 없애기 위한 좋은 이유로서의 부러움). 여기서 특히 중요한 것은 원한 감정resentment이다. 이것에 대해서는 곧 전체 세션을 할애해서 다룰 것이다. (앙심spite은 흥미로우나 비틀린 경우이고 그 극단성 때문에 정의에 특별히 흥미롭다. "내가 가질 수 없다면 아무도 가져서는 안 될 것이다." 여기서는 앙심을 더 다룰 이유가 없다.)[229.]

감정은 책임감을 부여하는 데, 이것이 우리의 불의 감각에 매우 필수적이다. 우리는 처음에는 책임감을 부여하지 않다가 나중에 감정적으로 반응한다. 감정 자체는 책임감을 부여한다. 어떤 피해 혹은 상처에는 원인이 있다고 감정은 즉각 인식한다(혹은 전제한다). (실제로 우리는 일반적으로 어떤 조사나 증거가 있기도 전에 누군가가 혹은 무엇인가가 우리의 고통의 원인이라고 전제한다. 허벅지에 관절염 통증을 느끼고 있는, 늙은 개는 범인이라 추측되는 것을 향해서 머리를 돌리기도 전에 본능적으로 깨물거나 으르렁거린다. 극장 팬이 표를 사고 난 뒤 계산을 잘못해 놓고 비난하기 위해 즉각 매표소로 돌아간다.) 달리 말해 불의는 단순히 불리한 입장에 처하는 게 아니다. 불의 역시 비난할 누군가를 필요로 한다. 화, 분노, 복수는 모두 (비난의 형식으로) 책임을 부과하는 감정

---

229. 롤스는 그의 『정의론』에서 시기와 원한을 짧게 논의하고 있다. 530-41 참조. 로버트 노직은 『무정부주의, 국가, 유토피아』에서 이런 감정들을 분석하고 있다. 239-46 참조.

들이다. 그런데 감사, 찬탄, "빚진" 감정들도 또한 그렇다. 이 감정들의 경우엔 비난 대신에 칭찬을 부과한다. 우리의 정의 감각(다른 모든 사람들의 정의 감각이 아니다)은 개인적 책임에 중요성을 둔다. 누군가는 비난을 받는다. 누군가는 칭찬을 받을 만하다. 이런 개념들 없는 실력 본위 제도는 생각할 수 없다. 하지만 때때로 우리가 감정에 따른 책임 부여를 과하게 지성적으로 설명하고 있다고 나는 생각한다.

물론 스스로 부과한 책임감의 감정들도 있다. 예컨대 수치, 죄의식, 당혹감, 회한, 후회, 굴욕감 등이 있는데, 이 감정들은 모두 비난을 함축한다. 자부심, 자기애, 명예감 등은 칭찬을 함축한다. 우리가 정의에 대해 느끼는 방식은 분명히 우리가 세계 속에서 우리 자신과 우리의 역할을 어떻게 바라보는가 하는 것에 어느 정도 달려 있다. 존 롤스는 자유주의적 정의 원칙을 이성적 숙고의 사심 없는 상황에 적용할 것이다. 하지만 나는 보수적 비판자들이 자유주의란 무엇보다 세상에서의 자신의 특권적 위치에 대한 예리한 개인적 죄책감이라고 (인신공격식으로) 주장할 때, 그들이 훨씬 진실에 가깝다고 생각한다. 우리는 우선 우리의 상대적 부, 건강, 기회에 대해 불편함을 느낀다. 그런 뒤 우리는 원칙을 고안하여 이 불편함에 어떤 구조를 주고, 우리의 특권을 합리화하거나 적어도 우리가 그 특권을 가지고 살 수 있도록 하고, 또 다소 체계적으로 불평등을 교정하되 전적으로 자기 파괴적은 아니게 교정하려고 한다.

다시 말해 정의의 큰 부분은 자신을 (칭찬할 뿐 아니라) 비난할 수 있고, 정의에 대한 자신의 책임을 인정하고, 그것을 그저 어떤 체제나 사회구조(이 속에서 자신은 기껏해야 우연적인 일행 혹은 어쩌면 단순한 방관자에 불과함)에 일임하지 않을 수 있는 것이다. 어쩌면 불의에 대한 가장 예리한 감각은 모욕당하는 것에 대한 우리의 격분이 아니라, 우리 자신이 불의의 수혜자임을 알게 되는 데서 느끼는 우리의 슬픔이다. 바로 이 지점에서, 불의에 대한 우리의 흔히 유치한 감각이 정의 감각으로 변하게 된다. 이는 우리가 권리와 응분의 몫에 대한 개인적 개념을 추상적인 이론으로 일반화하는 법을 배워서가 아니라, 우리 자신을 다른 사람의 위치에 놓고 보며, 우리가 불의에서 단순한 방관자가 결코 아니라, 거의 언제나 최소한 수동적인 참여자라는 것을 인식하는 것을 배웠기 때문이다.

마지막으로 앙심의 감정, 특히 복수심이 있다. 복수는 흔히 모욕, 화, 원한의 감정과 같이 연합한다. 그러나 핵심에는 행동에 더 전념하게 하는 무엇인가와 극단적인 반감을 일으키는 동기가 있다. 우리는 화를 내거나 분노하지만(화와 복수의 충동이 같은 것이라 본 아리스토텔레스와 다르다), 동시에 똑같이 되갚아 주고자 하는 필요성을 안 느낄 수도 있다. 그리고 되갚아 줄 가능성이 없을 수도 있다. 심지어 화와 원한이 처벌에 이를 때라도, 잘못한 사람은 처벌을 받아야 할 필요가 없다. 그러나 이런 개인적 관련이 복수에 필수적이다. 전형적인 이탈리안 서부극, 〈원스 어폰 어 타임 인 더 웨스트

Once Upon a Time in the West〉에서, 복수자(찰스 브론슨)는 악당(헨리 폰다가 맡은 악역)의 목숨을 살려 주는데, 이는 단지 영화의 클라이맥스에서 그를 죽이기 위해서이다. 복수에서 중요한 것은 정의 과정에서 자신이 본질적인 부분을 차지하는 것이다. (우리 모두에게 있어 "복수는 나의 것이다"라고 말하는 이유이다.) 바로 이 때문에 현대 사법 체제에서 복수를 그렇게 싫어하게 되었다. 그 이유는 물론 사법 체제가 정의, 그리고 특히 처벌 그 자체를 보유하고 싶어 하기 때문이다.

중요하게 주목할 점은 감사와 그 부류 감정도 여기에 포함되어야 한다는 인식이 있다는 점이다. 이때, 물론 양심의 감정으로서가 아니라 "되갚아 준다"는 감정의 의미이다. 선을 선으로, 친절을 친절로 되갚아 줌으로써, 공평해지는 것이 매우 중요하다. 이는 많은 사회에서 개인의 명예, 사회적 위치, 자존감에 필수적이다. 그리고 우리는 이것을 사적으로 해야 한다. 다른 사람이 당신에게 해 준 대접에 대해 누군가 다른 사람이 그 사람에게 고마움이나 보상을 표현한다면, 충분하지 않다. 사람이 감사의 의미로 주는 선물이나 보상이 적절하고 상응하는 것이어야 하는 것은 특히 중요하다. 이는 복수에 있어서 처벌이 그러한 것과 똑같다. (서구 사회에서) 정의의 그렇게 많은 역사가 복수를 정의의 중심적인 것으로 여기고, 감사를 주변적인 것에 놓는 이유, 그리고 그렇게 많은 우리의 현재의 사법 제도가 잘못한 사람에게 벌을 주는 데 바쳐져 있고, 사법 제도가 번창하게 도운 사람들에 대한 보답에 대해서는 거의 언급이나 실천을 하지 않는 이유에 대해 숙고할 만한 가치가 있다. "되갚아 주기"는 응분의 몫 체제에서 대칭적으로 적용될 수 있을 것이다. 그러나 처벌과 보상이 너무나 흔히, 서로 완전히 다른 관심사로 다뤄지고, 전혀 유사하거나 대칭적이지 않다는 지적이 자주 있었다.[230.]

아무리 간략하더라도 적어도 용서와 자비의 감정을 언급하지 않고서는 복수에 대한 어떤 논의도 완성되지 못 한다. 자비가 정의의 주장을 보복과 앙갚음으로 약화시키는 구약에서, 용서와 자비의 감정이 정의 감정과 종종 대비되는 것으로 나오는 것은 주목할만하다. 이런 성경 전통에 반대하던 니체는 자비를 진정한 정의의 특징이며, 오직 신 같은 존재들(니체의 초인들)만이 사용할 수 있는 것이라 여기며, 복수의 욕망을 약자들의 감정인 원한과 연결시킨다.[231.] 물론 신약은 용서의 미덕을 훨씬 더 다루지만, 비평가와 주석가들은 그것이 어떤 종류의 행위 혹은 감정을 의미하는지 종종 당혹해했다. 물론 문제의 일부는, "용서와 망각"이라는 좀 더 최근의 짝이다. 왜 우리는 이 둘을 다 필요로 하는가? 내가 보기에 용서란 복수에 대한 계획이나 희망을 포기하는 것을 의미하고, 친구

---

230. 롤스의 책에서 분배적 정의와 처벌의 비대칭이 시사되었으나 주장되거나 논의되지는 않았다. 같은 책, 314-5, 575 참조.

231. 니체는 『도덕계보학에 대하여On the Genealogy of Morals』 2권에서 정의에 대해 서술하고 있으며, 정의를 동정보다는 힘strength과 "넘쳐흐름"에 기반을 둔, 매우매우 희귀한 인물의 덕목이라 제시한다.

들이 관련된 경우에는 그 관계를 안정된 관계로 다시 되돌리려는 시도를 의미한다. 그러나 망각은 아주 다른 것인데, 그것이 단순히 기분 전환이 아닌 곳에서는 보통 경솔함을 나타낸다.[232.]

그러나 나는 자비와 정의(복수)를 구분하고 서로 맞서게 하는 전통에 반대하여 자비와 정의가 같은 전체 꾸러미의 일부라고 말하고자 한다. 자비와 용서는 불의를 부인하거나 무효로 만들지 않고, 불의를 전제하고 긍정한다. 자비와 용서는 감정적, 사회적 관계의 전체 패턴을 보지 않고 정의에 대한 몹시 좁은 개념(예를 들어 "똑같이 되갚아 준다")을 가지고 있기 때문에 서로 대조를 이루는 것이다. 범죄가 정해진 처벌을 받을 만하지 않기 때문에 우리는 자비를 베풀 수 있지만, 우리는 범죄 자체를 부정하지 않고 사실상 긍정하는 것이다. 또는 처벌이 범죄에 합당하더라도 범죄자에게 적합하지 않기 때문에 자비를 베푸는 경우도 있다. 그 범죄자는 범죄보다 더 중요한 미덕을 가지고 있다. 우리는 자비를 보여줄 수 있는데, 피고에 대해 뭔가를 말하기 위해서가 아니라, 자신에 대한 어떤 면, 즉 자신의 힘, 자신의 친절함, 심지어 자신의 변덕과 예측 불가능성을 보여 주기 위해서 그럴 수 있다. 자비는 정의(또는 복수)와 반대되는 것이 아니다. 더 큰 그림에서 자비는 추상적인 판결이나 원칙이 아닌 개인적인 제스처를 통해 정의가 우세하다는 것을 확인하려는

---

232. 자비와 용서에 의거해서 정의를 가장 잘 분석하고 있는 글은 진 햄튼Jean Hampton과 제프리 머피 Jeffrey Murphy의 『용서와 자비Mercy and Forgiveness』(Cambridge: Cambridge Univ. Press, 1988) 이다.

시도이다.

때때로 감정 그 자체가 불의를 구성할 수도 있다. 우리는 불의의 감정을 드러내는 감정에 대해 논의해 왔는데, 두려움, 슬픔, 혐오, 굴욕감 같은 소위 "안 좋은 감정들"도 있다. 만약 괴로움, 고통, 박탈의 가능성이 없다면, 우리가 왜 불의 감각을 가지는지, 불의 감정이 어떻게 발판을 얻을 수 있는지 알기 힘들다. (이것은 결핍을 정의를 위해 필요한 것이라 여기는 흄 같은 철학자들과 상황이 어떻든지 간에, 그 결과 누가 고통을 겪는지의 여부와 무관하게 불의를 주로 원칙의 위반으로 보는 철학자들을 구분할 한 가지 이유가 된다.) 그러나 우리는 고통을 겪고, 우리가 겪는 몇몇 고통(실은 거의 모든 고통들)은 정서적인 것이다. 우리의 정의 감각을 구성하지는 않지만, 종종 정의에 대한 관심의 주제가 되는 특히 불유쾌한 감정들이 있는데, 현저한 것이 두려움과 굴욕감이다. 사람들이 두려움 속에서 살지 않도록 하는 것이 정의의 목적 (홉스와 로크를 따르는 일부 철학자들은 목적이라고 말한다.) 중 하나이다. 로버트 노직은 무장 강도 사건에서 물건이나 현금을 잃지 않더라도 공포의 본질적인 불쾌감이 개입되어 있기 때문에 권리가 침해당하는 방식을 조명한 바 있다.[233.] 마찬가지로, 정의 규범의 목적 중 하나는 굴욕감이 형벌의 일부로 규정된 경우를 제외하고 굴

---

233. 로버트 노직은 『무정부, 국가, 그리고 유토피아』의 65-71에 두려움과 정의의 관련성에 대해 통찰력 있는 설명을 제시한다. G.W. F. 헤겔은 그의 『정신의 현상학』(1807)에서 아주 다른 설명을 주장했는데, 그는 사회적 발달과 자아 정체성의 본질적인 부분으로서 보았다. (밀러가 번역한 『주인과 노예Master and Slave』의 유명한 부분에 나왔는데, 특히 190-196쪽을 보라. [New York: Oxford Univ. Press, 1977])

욕감을 최소화하는 것이어야 한다. (사실 굴욕은 항상 처벌의 본질적 요소 중 하나였고, 종종 처벌의 유일한 요소이기도 하다.) 사람들을 혐오로부터 구하는 것은 엄격한 의미에서 비난받는 범죄가 "피해자가 없는" 경우에도 "도덕을 입법화"하는 목표 중 하나이다. (물론 사람들의 혐오감의 역치의 가변성과 주관성은 악명 높은 문제가 되고 있으며, 공포와 굴욕과 마찬가지로 일부 혐오감은 피할 수 없을 뿐만 아니라 도덕적 삶에 필수적이라는 매우 그럴듯한 주장이 있다.) 물론 슬픔은 주로 그것이 대변하는 상실 때문에 기분 좋지 않다. 그러나 심지어 실상 상실이 없는 데도 어떤 사람에게 슬픔을 유발하는 것에는 정의롭지 못한 어떤 것이 있다는 주장이 있을 수 있다. 고양이가 차에 치였다고 사람을 속이는 것은 잔인한 행동이다. 실제로 고양이를 계속 안아 주고 애지중지하며 어떤 식으로든 해를 입히지 않았더라도 그것은 부당한 행위이다.

이 모든 감정들을 "부당한 고통" 혹은 단순히 "정신적 고통"이라는 범주에 넣을 수 있을 것이다. 그러나 이렇게 하면, 이런 고통스러운 많은 감정들이 정의와, 정당한 몫의 문제, 혹은 그것의 결핍의 문제로 직접적으로 연루됨을 설명할 수 없다. 회한은 극히 불유쾌한 감정이 될 수 있지만 사람들이 회한을 느끼지 않게 보증하는 것이 정의 시스템의 목적이라고 아무도 말하지는 않을 것이다. 수치심과 죄책감, 심지어 굴욕 같은 다양한 감정들의 경우도 마찬가지다. 감정들의 이런 범주에는, 정의를 가능하게 하는 그런 애정의 상실, 예를 들어 사랑의 상실(혹은 보다 정확히 말해, 사랑의 "대상"의 상실)로서의 슬픔과 존엄성의 상실로서의 당혹감 같은 감정들이 포함된다.[234] 사실, 슬픔을 그 자체의 권리를 가진 감정이라기보다, 감정의 황폐로서 구체적으로 이해할 것을 주장하는 훌륭한 논의들이 있다. 예를 들어 사랑하는 사람이 죽어서, 그 사랑이 더 이상 연인을 가지지 못하면, 화가 나면서도 슬픔을 겪는다. 우리가 우리의 그물을 좀 더 넓게 드리우면, 거의 모든 인간의 감정은 정의와 관련 있음을 알게 될 것이다. 그것이 정의 감각의 한 구성요소로서 관련 있든, 혹은 정의에게 내용과 관심을 주는, 사회 세계에 대한 한 참여 형식으로 관련이 있든 간에 그러하다. 나는 다음 이어지는 글에서 이런 점들을 몇 가지 논의할 따름이다. 그러나 우리의 정의 감각이 소수의 선택된 감정으로 구성되어 있지 않고, 그보다는 우리의 전반적인 감정적 구성의 종합적인 합성임을 주장하고자 한다. 초기 도덕 감정 이론가들의 오류는 정의와 불의에 대한 우리의 감각이 오직 한 두 가지 특별한 감정들에만 의존하고 있다고 생각한 점이었다. 나는 우리의 그런 감각은 실제로 그 모든 것들의 산물이라고 주장하길 원한다.

---

234. Donald Gustafson, "Grief" in *Nous*, (Fall, 1989).

원한resentment과 정의의 기원

정의의 본거지를 반응하는 감정의 영역에서 찾
아야 한다는 뒤링의 명제에 대해서는, 진리를 위
해서라면 이에 대해 정반대로 반박할 의무가 있
다: 정의의 정신이 정복해야 할 마지막 영역은
반응하는 감정의 영역이다!

니체, 『도덕의 계보학에 대하여』

시기심과 원한을 혼동하지 않도록 주의해야 한
다. 원한은 도덕적 감정이기 때문이다. 우리가
다른 사람보다 덜 가진 것에 대해 분개한다면,
그것은 다른 사람이 더 잘사는 것이 불공정한
제도나 다른 사람의 부당한 행위의 결과라고 생
각하기 때문일 것이다. 분노를 표출하는 사람은
특정 제도가 왜 불공정한지 또는 다른 사람들
이 어떻게 자신에게 피해를 입혔는지 보여 줄 준
비가 되어 있어야 한다.

존 롤스 『정의론』

정의 감각에 들어가는 많은 감정 중에서 특히 두 개의 감정은 다양
한 정의 이론에서 별로 관심을 받지 못했지만, 정의 감정에서 주된
역할을 하는 것으로 보인다. 내가 염두에 두고 있는 두 감정은 감

정을 평가하는 마니교적 표준 양식[235]에서 보면 명확히 "부정적"인 감정이며 소크라테스뿐 아니라 프리드리히 니체까지도 포함하는 많은 철학가들이 이 두 감정을 정의와 대조적인 것으로 보고 논의에서 제외했다. 이 두 감정 중 하나는 복수심인데, 나는 복수심이 정의의 본능적인 핵심은 아니라 하더라도 역사적 핵심에 바로 놓여 있다고 주장하려고 한다.[236] 우리는 공정한 분배의 규칙이 아니라 복수에 대한 충동을 통해 적절한 균형과 설욕에 대한 원초적인 감각을 얻는다. (복수에 대해서는 다음 부분에서 논의할 것이다) 똑같이 '부정적인' 또 다른 감정은 원한resentment으로, 정의의 진화와 정의에 대한 최근 논의의 역사에서 놀라운 역할을 해 왔다. 원한은 분명 가장 불쾌한 감정 중 하나로 명성을 얻어 왔으나, 원한은 또한 가장 똑똑한 감정 중 하나이고 가장 철학적인 감정이고, 그 철학의 핵심에 우리의 정의 감각의 핵심 요소가 있음도 인정해야 한다. 원한은 실망이나 굴욕의 쓰라린 감정뿐 아니라, (노골적인 이기심은 아니라 하더라도) 어느 정도의 자기 몰입으로 항상 시작되지만, 원한은 합리화하고 일반화하는 경향이 있어서 자신의 무능함을 세상의

---

235. 마니교는 3세기경 페르시아인 마니가 창시한 종교로서 철저한 이원론에 기반하고 있음 —옮긴이주.

236. 복수vengeance의 어법은, 복수라는 단어가 동기나 감정 그 자체보다 의도를 가진 행동의 계획을 묘사한다는 점에서 다소 어색하다. 나는 때때로 관련되는 감정이라 여기는 것을 나타낼 때 "복수심"이란 말을 썼는데, 이것은 (특정 감정보다는 일반적인 특성을 나타내는) 함축적인 의미가 있어, 덜 적절하다. "보복revenge"은 더욱 적절하지 않은데, 이는 성취된 행위를 지칭하고 동기는 부차적으로만 보기 때문이다. 그래서 나는 감정을 가리킬 때 "복수vengeance"를 때때로 사용하되, 유보감이 있다. 이 감정을 지칭할 적절한 단어가 없기 때문에 이 감정에 대한 우리의 혐오가 나타나게 되는 것일까?

불공정에 대한 주장(혹은 심지어 불공정에 대한 이론)으로 외부에 투사하는 경향이 있다. 부당한 대우를 받았다는 이런 느낌, 그리고 그에 뒤따르는 복수의 감정과 더불어, 그것을 철회하는 동정의 감정과 다른 좀 더 관대한 감정들, 이런 것들로부터 우리의 전반적인 정의 감각이 발전되어 나온다. 실제로, 정의를 실천적 이성의 문제로 이해하기 위해 그렇게 애를 쓰는 롤스조차도, 정의의 심리적 기원에서 원한의 중요성을 인정한다. 그에 의하면, 원한은 다른 누군가가 "불공정한 제도나 그들의 입장에서 행해진 잘못된 행위의 결과로 더 잘 살고 있다"는 인식이라고 한다. 그래서 그는 원한의 감정이 이미 철학적 주장과 반대되는 요구를 담고 있는 것처럼 제시한다.[237] "원한을 표현하는 사람들은 왜 어떤 제도들이 불공정한지, 혹은 다른 사람들이 어떻게 그들을 상처주었는지를 제시할 준비가되어 있어야 한다." 내가 보기에 "해야 한다"라는 표현은 여기서 잘못된 것 같다. 원한은 어떤 특정한 학술적인 혹은 대화적인 의무하에 놓여 있지 않다. 그러나 일반화하고 스스로를 투사하려는 욕구, 현 상태를 파괴하고자 하는 목표를 가진 원한은 명확한 표현, 거침없는 표현의 경향이 있으며, (통상적으로 사용되는 냉정한 객관성의 의미에서 이성적이고 합리적이지는 않지만) 많은 이유를 가지고 있다.

물론 거의 전적으로 원한에 사로잡힌 정의 감각을 가지고 있고, 억압에 대한 감각이 동정심을 훨씬 능가하고 압제자에 대한 가능

---

237. Rawls, *A Theory of Justice*, 533n.

한 공감을 덮어버리는 사람들이 있다. 그러나 심지어 그럴 때에도 원한은 단순한 개인적 괴로움으로 남는 경우가 드물고, 거의 항상, 자신에 대해서뿐 아니라, 일반적으로 고통 받는 동료들 전체에 대해서도 해당되는, 보다 큰 불의의 관점에서 스스로를 생각한다. 그렇다고 원한이 그 내부에 어떤 정의의 원칙들을 구현하고 있다는 뜻은 아니다. 분명 원한이 그런 원칙들을 가지고 있을 수 있고, 모든 경우에 원한은 공정함의 기대나 공정함의 함축적 기준에 대한 호소를 포함한다. 이것들은 (내가 기르는 두 마리 형제 강아지들의 경우에서처럼) "그건 네가 아니라 날 위한 거야!" 같이 단순하고 구체적이다. 혹은 (내가 외교 전문가로 이제 막 배제되었을 때) "그 누구도 정당 정치만으로 대사직을 맡아서는 안돼!" 같이 복잡하고 추상적일 수도 있다. 원한은 개인에 초점을 맞추거나 개인적인 범위인 것은 아니지만, 원한에는 항상 개인적 근거가 있다. 자기가 어쨌건 항상 박탈당했거나 모욕당했다고 느끼지만(혹은 이건 다른 누군가 때문이라고 느끼지만), 불평의 초점은 모욕 자체라기보다 모욕의 성격이며, (적어도 우리 같이 명확하게 "합리적인" 동물들에게 있어서) 불평의 범위는 여기에 명시된 모든 종류의 박탈과 경멸이다. 원한은 감정 중에서 집단 소송이라 할 수 있다. 그래서 원한은 자기에게만 신경을 쓰더라도, 일반적으로 사회적 감정이 되어, 다른 사람들을 자신의 발톱 아래 포용한다. 동행을 좋아하는 것은 불행이 아니라 원한이라는 점에 주목해 볼 수 있다. 충분한 동행과 약간의 용기가 있으면 원한은 심지어 혁명을 일으킬 수도 있고, 종종 그러했다.

원한은 도덕의 기원을 설명하는 것으로 제시되어 왔다. 부정적인 감정에 의거해 도덕을 분석하려고 한 가장 급진적이고 괄목할 만한 시도 중 하나는, 19세기 독일 철학가로, 도덕에 대한 전쟁을 선포한 프리드리히 니체에 의해서였다. 니체는 그 이후, 가치란 존재하지 않으며 어떤 것이든 허용된다고 생각하는 허무주의자로 그릇되게 이해되어 왔다.[238] 사실 니체는 예리한 정의 감각을 지니고, 호머적이라 할 수 있는 특정 가치에 헌신한 도덕주의자였다. 실제로 도덕에 대한 그의 공격은 특히 퇴폐적인 가치라고 그가 생각한 가치, 즉, 평범함을 조장하고 우리 속에 있는 최상의 것이 아니라 최악의 것을 끌어내는 가치에 대한 공격이었다. 사실 정의에 대한 그의 공격은 그가 그토록 예찬한 탁월함에 대한 공정한 보상을 갈망하는 것을 공격한 것이 아니라, 약하고 무능한 사람들이 강하고 성공한 사람들을 향해 보이는 순전히 보복적이고 좋지 않은 감정에 대한 공격이었다.[239] 진실로 니체에게 있어 정의란, 비록 우리

---

238. 니체는 종종 "허무주의자"로 여겨졌는데, 그의 미출간 글들(지금은 『권력에의 의지Will to Power』로 출간되었고 W. 카우프만이 번역하고 편집했다. [New York: Random House, 1967])은 그가 허무주의에 대한 일관된 적임을 보여준다. 기존 도덕의 "삶을 부정하는" 가치들을 가지고 있는 허무주의는 그가 옹호한 것이 아니라 공격한 것이었다. 허무주의는 "유럽을 떠도는 유령"이라는 그의 선언(『권력에의 의지』)과 공산주의에 대한 마르크스와 엥겔스의 경고가 유사하다고 많이 언급되었는데, 그것은 오독이다. 마르크스와 엥겔스는 명확하게 전망에 대해 열정적이었고 니체는 공포를 느꼈다.

239. 최근 철학에서 니체를 최초로, 그리고 가장 잘 옹호한 사람 중 한 명인 월터 카우프만Walter Kaufmann이 니체 자신이 하지 않은 정의 개념을 공격하고 있음은 주목할 가치가 있다. 그의 책 『죄의식과 정의 없이Without Guilt and Justice』를 볼 것.

대부분이 "정의"라고 부르는 건 아니지만, 정확히 모든 모욕보다 우위에 있고 보복심을 넘어서 있다는 우월한 감각이었다. 우리가 흔히 이해하는 정의는 원수를 갚는 것, 각 사람은 자신의 정당한 몫을 갖는 것 같은 개념에 달려 있다. 그러나 니체에 의하면, 올바르게 이해된 정의 감각은 자비와 용서라는 기독교적 덕목의 표현(동기는 아니다)과 매우 유사하다. 이는 판단하거나 처벌할 권리가 없다고 느끼기 때문이 아니라, 좀 더 큰 정의의 법정에 호소해야 한다고 느끼기 때문이다. 그리고 자기의 행동이 초래할 결과를 두려워하기 때문에 그런 것도 아니다. 그보다 니체가 돋보이게 일상적으로 쓰는 어휘로 "기생충"이라 표현하는 사람들과 자기 자신에 대해 걱정하는 것보다 자신의 삶으로 해야 할 훨씬 중요한 일이 있기 때문이다.[240] 각 사람은 자신의 몫을 가져야 한다는 문제에 대해 니체는 다시 주장하기를 정의는 주로 약자의 옹호가 아니라(운이 더 좋은 사람들은 약자들을 도울 의무가 있다는 인정을 그도 하긴 한다), 자신의 덕목의 함양이자 표현이라고 한다.[241] 정의에 대한 니체의 매우 엘리트주의적 견해와 로버트 섀퍼Robert Shaeffer의 『성취에 대한 원한 Resentment against Achievement』 같은 자유주의자의 글에서 오늘날 볼 수 있는 견해 사이에 우리는 조심스럽게 평행선을 그어 볼 수도 있

---

240. 흔히 하는 재치로, 니체는 자기 옹호를 위해 정의를 외치는 사람들을 "기생충"이라 언급한다.(『도덕의 계보학에 대하여』 2권)

241. 윤리학은 결국엔 "자신의 인격에 스타일을 부여하는 것으로 구성된다"고 니체는 말한다. (『즐거운 학문』 [New York: Random House, 1986] 290)

겠다. 섀퍼의 그 책에서, 저자는 "성취의 도덕"과 "성취에 대한 원한"의 도덕을 구분하고 있다.[242.] 물론 니체는 자유주의 사고의 너무나 많은 부분을 차지하고 있는 "권리"에 대한 집착을 별 참아내지 못할 것이고, "성취에 화를 내는 것"으로 추정되는 사람들에 대한 그런 많은 저자들의 쓰린 분노를 맨 먼저 지적할 것이다. 그러나 개인적 탁월함에 대한 니체의 강조와 반동적인 평범성에 대한 니체의 비판은 많은 현대 사상가와 공감대를 보일 것이다.

니체에 의하면 소위 "도덕성"이라고 하는 것은 그저 약자들의 이런 복수심, 이런 반동적인 평범성, 공정함으로서의 우리의 일상적인 정의 감각에 불과하다. 합리성처럼 보이는 것, 도덕적 사고와 정의에 대한 순수한 (그리고 심지어 선험적인) 이상으로 보이는 것은 원한의 표현인 것으로 드러난다. 니체는 우리에게 고대부터의 도덕의 역사와 진화를 매우 응축적이고 다소 신화적으로 서술해 주고 있다. 그 서술의 핵심은 그 역사와 진화 배후에 있는 동기와 작동기제에 대한 심리적 가설이다. 니체는 그의 책 『도덕의 계보학에 대하여』에서 "도덕에서의 노예의 반란"은 "원한이 창조적이 되고 가치를 창조할 때 시작된다"고 했다.[243.] (니체는 그의 논의에서 영어 resentment에 해당하는 좀 더 일반적인 프랑스어를 구사한다. 일반적으로 "계보학"은 기원에 대한 역사적 탐구를 의미한다.) 현대 비평가들은 그런 성찰을 유전

---

242. Nietzsche, *On the Genealogy of Morals*, book 1, paragraph 10.

243. 같은 책, pg.36.

적 오류의 또 다른 사례라고 일축해 버릴 것이다. 즉, 문제는 도덕과 정의의 계보학, 창조, 혹은 동기가 아니라 신칸트주의식으로 말하자면, 오직 원칙의 타당성이라고 여겨진다. 전통적인 이론가들과 니체의 해설가들은 종종 서로서로 딴소리를 한다. 전통적인 이론가들은 도덕적 교훈의 형식과 정당화 관련 주장에 초점을 맞추고, 니체 해설가들은 고귀하고 감정이 섞이지 않은, 꼭 필요한 이상들이라고 여겨지는 것들 배후에 놓인 이면의 동기들을 폭로한다. 계보학과 심리학이 현재의 도덕과 도덕철학의 관심사에 어떻게 개입하는지는 아직도 대부분 답변되지 않은 큰 질문이다. 내가 여기서 논의하고 싶은 좀 더 구체적인 문제는 원한 감정의 복잡한 윤리적 성격과 관련이 있다. 즉, 원한이 어떻게 일반적인 윤리적 판단을 내리고, 어떻게 구체적으로는 정의에 대한 판단을 일으키는가? 그리고 이것은 그런 판단에 대해 어떤 의미를 함축하는가?

다른 어떤 감정보다 원한은 주로 권력의 문제와 관련이 있다. 누가 권력을 가지고 있고 누가 가지고 있지 못한가? 니체는 공리주의자들과 덜 체계적인 쾌락주의자들에게 맞서서, 우리 삶의 주된 동기는 쾌락의 추구(및 고통의 회피)가 아니라, 그의 유명한 말, "권력에 대한 의지"라고 주장한다.[244] 우리가 기본적으로 어느 한 정념에 의해 동기를 부여받는다는 생각에 우리는 저항할 수도 있다. 그러나 우리 삶의 대부분을 지배하는 듯이 보이는 그 정념을 가려내

---

244. Nietzsche, *The Will to Power.*

는 것, 그리고 우리가 쾌락을 위해서가 아니라 권력을 위해 산다고 하는 것은 절대 비합리적인 가설이 아니다. 우리 대부분은 적어도 많은 시간 동안 분명히 자기만족보다 자신의 중요성에 대한 감각을 더 선호한다. 무엇보다 원한은 권력에 대한 감정, 혹은 권력의 결핍에 대한 감정이다. 그러나 니체가 예상한 대로, 권력의 결핍은 원한의 원인이 아니라 내용이며, 원한은 도덕의 원인이 아니라 내용이다. 원한은 도덕과 정의가 생겨나오는 토양이 아니라(니체가 즐겨 쓰는 비유 중 하나이다), 도덕과 정의의 구조이다. 하지만 물론 이 책에서 내가 옹호하는 논제에 의거해 볼 때(그리고 니체 자신의 철학의 많은 부분에 비추어 볼 때), 개인의 덕목, 특히 정의의 덕목은 그 사람의 동기와 개인적 성품에 매우 많이 의존한다. 이렇게 해석해 볼 때, 니체의 원한의 계보학은 유전적 오류의 사례가 아니라 상당한 도덕적 통찰을 보여 주는 사례이다.

따라서 원한의 윤리는 그 원칙과 합리화가 무엇이든 간에 나쁜 성품의 표현이다. 바로 이런 이유로 추상적인 윤리 이론, 보편화 가능성에 대한 소위 논리적 개념, 실천적 추론 모델이 의심스러운 것이다. 그것들은 우리의 관심이 성품의 문제에서 멀어지게 하고, 이에 덧붙여 종종 그릇된 성품에 존경스러운 외관을 제공할 뿐 아니라, 원한의 공격적 무기도 제공하기 때문이다. 그리고 정의 안에 들어가 있는 개인적 감정에 대한 언급이나 인식이 없는 정의 논의는 정의를 옹호하는 것이 아니라 합리화된 방어 감각을 옹호할 위험이 있다는 이 책의 주된 논제는 이런 니체의 관찰과 그리 멀지 않다.

원한(나는 전적으로 친숙하고 정확한 영어 단어를 선호하므로 니체의 프랑
스어 사용을 생략하겠다)은 무엇보다도 권력에 대한 관심과 개입에 의
해 (다른 감정과) 구별되는 감정이다. 그것은 종종 주관적인 단계를
공유하는 자기 연민과 다르다. 그것은 단순히 자신의 불행에 대한
인식이 아니라 일종의 개인적인 분노와 외부 투사, 불의에 대한 압
도적인 감각을 포함한다. 그러나 원한은 증오나 분노의 단순한 형
태도 아니며, 때때로 이 둘과 섞여 있다. 왜냐하면 증오나 화는 원
한이 본질적으로 결여하고 있는 감정적 힘의 기반이 전제되어 있
기 때문이다. 원한은 일반적으로 강박적이다; "지구상 그 어떤 것
도 사람을 더 빨리 집어삼키지 못 한다"라고 니체는 우리에게 말한
다. 원한의 묘사는 종종 스스로를 빨리 태우는 "걷잡을 수 없이 거
센raging"이라는 표현보다, "들끓는smoldering," "부글부글 끓어오르
는simmering," "씩씩대는fuming" 같이, 지속과 소모의 비유들을 포함
한다.[245.] 원한은 또한 특정한 욕망이 없다는 점에서 감정들 중에
서 눈에 띈다. 이 점에서 원한은 유사 감정인 시기와 다르다. 시기
는 매우 구체적이고, 욕망에 기반한다는 장점이 있다. 시기는 획득
이 가능하지 않고, 그럴 권리가 없는 데도 원한다. 원한이 욕망을
가진다면, 그 극단적인 형태는 대상에 대한 완전한 굴욕이 먼저 온

---

245. 니체의 "연소" 비유들은 열과 수역학, "압력cathexis," "비우기catharsis," "폭발," "압도" 등과 종
     종 관련된 물리적 에너지 비유의 오랜 전통의 일부이다. 그런 비유들이 이미 정념에 대해 반대
     하는 편향된 분석을 해서 정념의 중요성과 지성을 저평가하게 만드는가?

뒤, 대상의 완전한 절멸이다. 비록 원한의 보복적 상상력은 그것조차 충분하지 않을 수 있지만 말이다. 그러므로 또한 원한은 앙심과도 매우 다르다. (앙심으로 퇴보하기도 한다.) 원한은 신중함과 전략과 심지어 냉혹한 영리함이 없다면, 원한은 아무것도 아니기 때문이다. 자기 파괴는 전혀 원한의 취향이 아니다. 오히려 그 반대로 원한은 궁극적으로 어떤 대가를 치르더라도 자기 보존의 감정이다. (생존에 대해 말하고 있는 게 아니다.)[246.]

원한은 틀림없이 가장 창조적인 감정에 속한다. 언어와 통찰, 가차 없는 비판과 계보학이 높이 평가받을 가치가 있는 한(니체는 이것들로부터 완전한 자아를 구축하고자 한다), 원한은 또한 가장 다재다능한 감정 중 하나인 것처럼 보인다. 심지어 가장 정의로운 화보다도 더 명료하고, 가장 탐을 많이 내는 시기보다 더 영리하고, 이성의 무심한 정신이 지향하는 것보다 더 비판적이다.[247.] 놀랍지 않게도, 우리의 가장 위대한 비평가들과 논평가들은 원한의 사람들이었다. 가장 의견을 강하게 내는 영향력 있는 도덕가들이 깊은 원한을 지닌 사람들이라는 니체의 말이 옳았다. (도덕에 대해서도 이렇게 말할 수 있는지 여부와 상관없이.) 우리의 혁명가들은 원한의 사람들이다. 정녕

---

246. 니체는 『즐거운 학문』과 다른 곳에서, (다윈에 반대해서) 모든 생명체는, 자신들의 생존을 보존하려는 경향이 있기는커녕, 자신의 생명을 크게 무릅쓰더라도 자신들을 향상시키려고 애쓴다고 주장한다.

247. 알렉산더 니하마스는 자신의 창조자로서 니체에 대한 매혹적이면서도 독창적인 분석을 썼다. (소크라테스가 플라톤의 글을 통해 창조되었듯이). 『니체: 문학으로서의 삶Nietzche: Life as Literature』(Cambridge: Harvard Univ. Press, 1985)

을 빼앗긴 시대에(키르케고르를 믿는다면), 오직 혁명가들만이 기댈 수 있는 감정의 동기 한 가지, 항상 존재하고 강박적이며, 서서히 불타오르되 전적으로 믿을 만하고 지속되는 그런 감정의 동기 한 가지를 가지고 있다. 원한을 통해 그들은 일을 이룬다. 그것이 다른 무엇이든, 원한은 무력하지 않다. 신니체주의적 고정관념은 너무나 흔히, 교양 있는 주인과 문맹인 노예에 대한 고정관념인데, 아마도 교양 있는 사람들인 우리들이 노예제를 선택하는 것을 상상할 수 없기 때문일 것이다. 그러나 원한과 도덕의 계보에서 중요한 유형은 표현력이 좋은 노예와 말문이 막혀 있고 심지어 재치도 없는 주인의 유형이다. 심지어 니체조차 절망감을 표현한 일, 즉 새로운 가치를 창조하는 일을 해낼 수 있을 만큼 충분히 독창적인 존재가 바로 노예이다.[248.] 너무 타락하고 자신에 대한 확신이 너무 없어서 거기에 흡수되어 버리는 존재는 노예가 아니라 주인이다. 헤겔은 『정신의 현상학Phenomenology of Spirit』에서 이렇게 지적했고, 조셉 로제이Joseph Losey도 63년에 나온 그의 영화 〈노예The Servant〉에서 이런 지적을 했다. 말speech은 무력한 자의 칼싸움 같은 것인데, 실제 검이 없는 경우에는 그것도 종종 매우 강력하다. 니체가 그의 저서 『즐거운 학문』에서 말했듯이 언어는 대중의 정치적 발명품일 수도 있지만, 실제 권력이 표현되고 교환되는 매개체이기도 하다. 아이러니

---

248. 니체는 예를 들어 『선악을 넘어서Beyond Good and Evil』(44문단)에서 "새로운 가치"를 주장한다. 이 책에서 그는 "철학자들은 입법자가 되어야 한다!"라고 선언한다.

는 원한의 궁극적 무기이다. 왜냐하면 소크라테스가 매우 능숙하게 보여준 것처럼, 원한은 무지를 힘으로, 개인적 약점을 철학적 강점으로 바꾸기 때문이다. 권력에 대한 자신의 의지의 성공적 표현으로 "이성의 폭군tyranny of reason"이란 말을 만들어 낸, 원한의 무기의 전임자들에 대해 니체가 그렇게 엇갈리는 감정을 가진 건 당연한 일이다.[249.]

니체는 어떤 감정은 "어리석음으로 우리를 끌어 내린다"라는 유명한 말을 남겼지만, 원한은 결코 그런 감정이 아니다.[250.] 원한보다 더 영리하고, 더 강력하며, 더 삶을 (강화하는 것은 아니라 하더라도) 보존하게 하는 감정은 없다. 그리고 니체 자신이 현대성과 기독교 세계에 저지르고자 했던 복수의 위대한 행위를 원한보다 더 잘 이끄는 감정은 없다. 원한의 전제인 무력감은 일종의 오만인 결론이나 혹은 가장 강력한 동기가 되는 경향이 있는 실제 결과와 혼동되지 않는다. 따라서 니체가 원한에 대해 경멸하는 것, 그리고 원한에서 구축한 윤리는 그것의 결론이나 결과일 수가 없다. 그는 그것의 결론이나 결과의 힘에 대해서는 (특히 『계보학』에서) 종종 인정하고 심

---

249. 소크라테스에 대한 니체의 상충되는 견해를 보려면, 카우프만[W. Kaufmannn]의 책, 『니체: 철학가, 심리학자, 적그리스도Nietzsche: Philosopher, Psychologist, Antichrist』(4th ed.) (Princeton: Princeton Univ. Press, 1974, 특히 13장)과, 니하마스의 책, 『니체』, 특히 24~34페이지를 보라.

250. 니체는 이렇게 말한다. "모든 정념은 단지 재앙일 뿐인 그런 단계를 가지는데, 그때 그 정념은 어리석음의 무게로 희생자들을 끌어내린다. 그런 다음 정신과 결합하는 단계가 있는데, 그때 그 정념은 스스로를 정신화시킨다. … 오늘날 어리석음에 대한 예방 조처로서 정념과 갈망들을 파괴하는데, 이 자체도 어리석음을 드러내는 또 다른 격심한 형태로 생각될 따름이다."("Morality as Anti-Nature," in Twilight of the Idols)

지어 찬탄까지 하고 있다. 식물 전체가 자라나는 원천은 (토양이 아니라) 씨앗, 그 최초의 무력감이어야 한다. 니체의 불만은 원한이 사악하거나 심지어 살인을 저지르려는 점이 아니다. 왜냐하면 니체가 공격하는 것은 사악함의 동기이지, 사악함 자체가 아니기 때문이다. (실로, 그는 심지어 잔인함을 칭찬까지 한다. 하지만 자신의 칭찬을 강한 힘에서 나온 잔인함에 국한시킨다. 마치 힘의 의식에서 나온 잔인함과, 나약함의 의식에서 나온 잔인함을 쉽게 구분할 수 있는 듯이 말이다.) 니체는 원한과 그것의 전략적 표현을 위선이라 비판할 수도 있다. 그러나 그렇게 하는 것은 그가 공격하고 싶어 하는 가치들을 남겨 두게 되고, 심지어는 그 가치들을 고귀하게 만든다. 모방처럼 위선도 아첨의 한 형태일 수 있다.[251.]

원한은 무력감을 전제한다. 그리고 니체는 오직 약자들만이 원한을 느낀다고 주장했다고 흔히 생각한다. 그러나 『계보학』 텍스트는 이것이 그렇지 않음을 명확하게 보여 주고 있다. 강자들도 또한 원한을 느낀다. 왜냐하면 그들 역시 항상 자신들이 통제할 수 있는 것은 아닌, 혹은 자신들에게 우호적인 것만은 아닌 그런 세상을 마주하고 있기 때문이다. 원한을 가장 잘 드러내는 예는 하층 계급의 연민에 찬 구덩이에서가 아니라, 권력의 최고위 조직 안에서 찾아볼 수 있다. 예를 들어 워싱턴에서, 가장 권력이 있는 사람들이

---

251. 예를 들어 프리초프 베르그만Frithjof Bergmann이 니체의 『계보학』에 대해 쓴 글을 보라. Higgins and Solomon, eds. *Reading Nietzsche* (New York: Oxford Univ. Press, 1988)

원한에 부글부글 끓는 모습, 매 행위가 좌절감과 무력감을 표현하는 그런 모습에 우리는 이제 익숙해 있다. 니체는 말하기를 약자와 강자의 차이는 원한의 발생이 아니라, 성향과 흥망성쇠라고 한다. 강한 사람은 원한을 경험할 수 있으나 그것을 즉각 행위로 방출한다. 그것이 그에게 독을 주지 않는다. 그러나 힘이 권력의 공적 척도가 될 수 없는 것은 명백하다. 왜냐하면 좌절감을 느끼고 원한을 느끼게 할 욕망과 기대를 결코 스스로에게 허용하지 않기 때문에 원한의 독을 결코 맛보지 않는 선불교 선사와 탈무드 학자의 지혜를 우리가 쉽게 찾아볼 수 있기 때문이다. 물론 이 지점에서 우리는 "오직 유약한 남성만이 좋은 사람이다"라는 니체의 쓰라린 비판을 기억한다. 그러나 이제 우리에겐 정념의 강렬함이란 조야한 저울보다 훨씬 더 섬세한 감정의 윤리학이 필요하다. 원한을 가진 사람은 정념이 결여되어 있지 않다. 심지어 강렬한 정념을 가지고 있다. 그의 정념은 궁극적인 정념으로서, 스스로를 태우지 않으면서 맹렬하게 불태우는 정념이다. 그렇다면 원한과 원한에 기반한 윤리학은 무엇이 잘못되었는가?

원한에 대한 니체의 태도는 복합적이나, 너무 흔히 한쪽으로 편향된 듯이 들린다. 그것은 단지 좋은 감정과 나쁜 감정, 어리석은 감정과 삶을 강화하는 감정의 문제가 아니다. 그것은 단지 강인함과 나약함의 문제도 아니다. 원한은 무력함에 기반을 둔 감정이나 동기를 유발하는 힘, 창조성, 전략적 탁월함은 정념의 영역에서 원한에 견줄 것이 없다. 그리고 무력감은 강력함의 객관적 척도와 구분된다. 아가멤논은 고대 사회의 주인 도덕의 전범인 듯이 보이지만 원한을 가질 수 있었다. 『계보학』에서 주인 도덕의 가장 "때가 안 맞는" 예인 나폴레옹은 들끓는 원한의 도가니 같았다. 그 이유는 그의 키가 작아서라기보다(5피트 6인치), 그가 코르시카섬 출신이어서 심지어 황제로서도 아웃사이더였기 때문일 가능성이 크다. 혹은 좀 더 현대적인 예를 들자면, 필라델피아 사람인 피터 로즈 Peter Rose는 미국에서 가장 육체적으로 강인하고 성공한 사람 중 한 명일 때에도, 분노를 표현한 적이 있다. (그가 형성기에 키가 아주 작았다는 지적이 있었고, 그는 나중에 키가 크게 되었을 때도 그의 방어적 자세를 결코 잃지 않았다.)

달리 말해서 원한은 자아에 대한 원래적 인식에 근거하고 있지, (니체의 주장처럼 여겨지는) 타고난 기준이나 혹은 사회적으로 객관적인 기준에 근거하고 있지 않다. 강인함과 나약함은 궁극적으로 원한과 거의 관련이 없다. 왜냐하면 강한 사람들도 약한 사람들처럼 원한(혹은 나쁜 양심)을 가질 수 있기 때문이다. (약한 사람들은 원한을 체념이나 절망으로 경험할 수도 있다.) 원한은 지위가 낮은 사람들의 감정이 아니라, 요구가 많은 사람들, 제멋대로인 사람들, 오만한 사람들의 감정이다. 그래서 스켈러는 원한에 대한 니체의 비판은 부르주아 사회에 가장 적합하다고 말한다. 그러나 이것은 명백히 니체 자신의 계보학과 맞지 않다. 니체의 계보학은 원한의 길을 거슬러

가서, 비천하고 한심하고 경멸할 만한 존재(그리고 자아에 오직 부차적인 존재)로 "타자"를 보는 개념에 이르게 된다. 원한은 계급과 권력으로부터 매우 독립되어 있다.[252.] 그러나 원한만큼 지위와 권력에 관심을 가진 감정은 없다. 그리고 어떤 감정도 원한만큼 사회적 인식과 의견에 더 관심을 가진 감정은 없다.

적어도 니체의 맥락에서 볼 때, 우리는 들끓고, 사악하고, 가장 불쾌한 실체 속에 있는 것으로 원한을 생각하는데 너무 익숙해서, 원한이 매우 다른 종류의 해석을 요청하고 있음을 보지 못 한다. (예를 들어 스켈러는 니체가 원한을 부당하게 대했다는 이유로 니체를 비난하지 않았다. 그는 단지 기독교와 기독교 도덕이 이 명백히 혐오스러운 감정에 꼭 근거한 것은 아니라는 점을 주장하고 싶었을 뿐이다.) 원한은 극히 철학적 감정이다. 원한은 보다 큰 시각을 인식한다. (니체의 후각에 보다 아리스토텔레스적인 비유를 들자면) 원한은 예리한 시각을 가지고 있다. 원한은 상황이 현재 어떠한가에 대해서뿐 아니라, 상황이 어떠할 수 있는지, 그리고 가장 중요하게는 상황이 어떠해야 하는지에 대해서도 매우 의식하고 있다. 진실로, 원한은 항상 어느 정도는 자기 자신에 대해 분노하는 다소 개인적인 측면이 있지만, 보다 일반적인 고려 사항, 즉 우리가 연민과 정의라고 부르는 것에도 열려 있는 경향이 있다. 원한의 동지애가 오직 "동병상련"류의 동지애라

---

252. 막스 스켈러는 현대 부르주아 도덕의 원한에 대한 니체의 비난을 지지한다. 그러나 그는 기독교 도덕에 대한 니체의 비판은 거부한다. (Scheler, *Ressentiment*)

고 주장하는 것은 실로 가혹하고 부당한 분석이다. 그것은 인정이 많고, 서로 지지하고 공모하는 것일 수 있다. 원한은 억압의 감각이다. 원한을 떠올리면 『더 네이션』과 『LA 위클리』에 기발한 풍자를 쏟아 낸 알렉산더 콕번이 떠오른다. 물론 그는 불쾌하기는 했지만, 결코 무능하거나 비열한 사람은 아니었다. 우리는 그가 존 케네스 갤브레이스처럼 쓰게 해야 할까 아니면 주류의 기성 정치인의 달콤하고 진부한 어조로 그의 논제를 말하게 할까? 원한은 민주주의의 핵심에 놓여 있다. 니체는 이 점에서 옳았다. 그러나 그것은 무력한 원한이나 나약함이나, 노예 심리나 군중 심리는 아니다. 원한은 불의에 대한 단순한 반응으로서가 아니라, 불의에 대한 예리한 의식으로서의 권력 의지이고, 그것은 또 정의 감각의 기초가 된다.

부분적으로는 그 자신의 생물학적 결정론 때문에, 그리고 그 자신의 뿌리 없음과 사회적 무력감에 대한 인식 때문에 니체가 간과한 것은 세계를 바꾸고자 하는, 체험에서 나온 욕구의 정당성이다.[253] 원한 감정은 흔히 억압에 대한 적법한 인식이다. 그것은 평범함이나 무능함의 목소리가 아니라 거부된 정의의 정념이다. 이렇게 말한다고 원한이 고약하지 않다고 말하는 건 아니다. 물론 원한은 고약하다. 앙심을 품은 감정이다. 원한은 사물들을 변화시키기를 원한다. 원한은 정상에 있는 사람들, 권력을 가진 사람들을 독설에 차서 바라본다. 원한은 그들을 끌어내리고자 한다. 그러나 이

---

253. 니체는 "인류의 개혁가"에 대해 냉소적이었다. 『우상의 황혼 Twilight of Idols』, 7장

것이 평범함이 탁월함을 훼손하고, 패자가 승자의 길을 닦는 것처럼 가장하는 것은 전혀 타당성이 없다. 사실 이것은, 헤겔이 그의 『현상학』의 주인과 노예 부분에서 제시한(주장이라고 보기는 힘들다), 현대 세계의 변증법이며, 어쩌면 모든 인간 경쟁 관계의 기본 변증법일 수 있다.[254] 그것은 이상적인 형태의 인간 공동체는 아닐 수 있지만, (이타적인 공동체 감각과 대조되는) 자아-중요성에 대한 감각이 우리 사고의 기초가 되는 한, 그것은 모든 사회관계의 불가피한 요소가 된다. 그런 다음에 그것은 개인들보다 공동체간의 변증법이 된다.

훨씬 더 긍정적인 이런 시각에서 볼 때, 원한은 단순히 이기적인 감정인 것만은 아니다. 비록 항상 자기 본위적인 요소가 그 속에 있지만 말이다. 원한은 자신의 불행 감각을 다른 사람들과 나누고 투사할 것을 고집한다는 점에서, 동정에 기댄다고 말할 수도 있다. 이는 동정적이기보다 생각하지 않고, 성찰하지 않으며 모방적인 '군중적 사고방식'보다 개념적으로 훨씬 더 높은 수준이다. 동시에 나는 이런 동정심이 공동체 감각에 이르게 된다는 결론을 내리는 것에 대해서는 신중해야 한다고 생각한다. 내 생각에 공동체 개념은 훨씬 더 구조화되고, 덜 개인주의적이라고 본다. 그러나 여기서는 그게 중요한 핵심은 아니다. 동정은 공감에 적합하다. 자기 자신의 고통에 대한 인식이 타인의 고통을 알아보기 쉽게 만들며, 다른 사

---

254. Hegel, *Phenomenology of Spirit* (1807)

람들이 자신보다 훨씬 더 불쌍하다는 것을 인식할 수 있게 된다는 점에서 그러하다. 우리는 단지 자신을 위해서, 가벼운 모욕을 당해서 혹은 인정을 못 받아서 원한을 느낄 수 있다. 실제로 우리는 보통 이런 종류의 원한을 사소하고 이기적이고 비열한 것으로 간주한다. 그러나 (이것이 중요한 점인데) 악이라고 우리의 비판을 받을 만한 것은 원한이 아니라, 원한이 흔히 보이는 사소함과 개인적인 한계이다. 보다 대규모 집단의 이름으로 행해졌을 때 우리는 원한을 그렇게 비판하지 않는다. 시저 차베스가 고용주들로부터 자기가 어떻게 취급받았는지에 대해 분노를 크게 표출했었다면, 그는 국민의 민중 영웅이 되지 못했을 것이다. 오히려, 예상 가능한 답변은 이런 것이었을 것이다. "당신이 왜 다른 사람들과 다르다고 생각합니까?" 그러나 그의 원한의 장대한 범위와 그의 정치적 기술은 상황을 아주 다르게 전개했다. 불신을 받는 것은 원한이 아니라, 세계에 대한 한낱 개인적이고, 사소하고, 불균형한 접근이다. 우리의 감정은 사소하고 불쌍하고 협소하게 자기 이익을 챙기는 것이든, 광대하고 연민을 지니고, 원칙이 있으며 대담하든, 우리의 철학을 드러낸다. 그래서 나는 이렇게 주장하고자 한다. 즉, 니체가 공격한 것은 궁극적으로 원한도, 약함도 아니고, 우리의 정의 감각뿐 아니라, 품위 있는 인간이 된다는 것이 무엇인지에 대한 우리의 감각까지도 너무나 파괴시키는, 그 두 가지의 구체적 조합이라는 점이다.

니체는 정의와 "반응적 감정"을 분리했고, 정의를 희귀하고 특별하게 고귀한 감정이라고 옹호했다. 그는 또한, 원한을 통해 표현된 예리한 부정의 감각은 우리 대부분에게 있어 도덕을 재는 시금석임을 명확히 했다. 그러나 따라서 "권리"나 평등의 이름으로, 그리고 그 결과 나타난 강제된 평범함의 평준화 효과 때문이든, 니체가 정의의 남용을 자기 자신의 이익의 옹호라고 반대할 때 우리는 동의 안 해도 된다. 소위 "정의"는 너무나 빈번하게 위선이다. 예를 들어 우리는 "정의"의 이름으로 평등주의적 관점을 채택하나 오직 한 방향으로만 채택한다. 프랑스 혁명 동안 부르주아 계급 사람들은 자신들이 대체하고자 했던 귀족계급 사람들을 올려다보기만 했다. 그들은 훨씬 못 살던 나머지 "제3계급(평민)" 사람들을 내려다보지도 않았다. 정의는 항상 자아와 개인적 정념으로 시작한다. 그러나 그러므로 정의가 꼭 이기적일 필요는 없고, 또 그래서도 안 된다. 정의는 원한과 더불어 시작될 수도 있으나 원한은 사소해지거나, 혹은 고귀한 관대함과 연민의 감각에 대립해서는 안 된다. 실로, 우리는 니체가 너무나 빠져 있던 초인이 아니어서, 우리의 세계에 전적으로 만족하고 그것을 책임지지 못 한다는 것을 고려할 때, 원한 없이 어떤 정의가 가능할지는 상상도 못하겠다.

정의와 복수의 정념

> 악인들이 마땅한 처벌을 받을 때 우리가 기쁜
> 것은 바로 미적 만족, 시적 정의의 느낌 때문임
> 은 부인할 수 없다. … 행해진 악의 크기와 모양
> 에 정확히 비례해서 처벌할 수 있을 때 만족은
> 고조된다.
>
> 아서 렐리벨트[Arthur Lelyveld], 『처벌: 찬성과 반대』

> 나는 억제 논의가 단순히 합리화라고 생각한다.
> 처벌에 대한 동기는 복수지 억제가 아니다. …
> 처벌은 증오이다.
>
> A. S. 네일, 『처벌: 찬성과 반대』

정의에 복수가 현재 담당하는 역할이 아무리 문제적이라 하더라
도, 틀림없이 복수는 원래 정의의 정념이다. 구약에서, 그리고 호머
에서도 **정의**라는 말은 실제로 언제나 복수를 가리킨다. 대부분의
역사를 통해 정의 개념은 선과 봉사의 공정한 분배보다, 죄의 처벌
과 잘못의 상쇄에 훨씬 더 관심을 기울여 왔다. "되갚다getting even"
는 우리의 도덕 어휘에서 가장 기본적인 비유 중 하나이고, 항상
그래 왔다. 노기등등한 올바른 화의 두려운 감정은 상냥한 동정의

감정만큼이나 현재 정의 감각의 정서적 기반의 일부이다. 범법 행위는 처벌받아야 한다. 특히 우리에게 잘못한 사람들은 우리한테, 혹은 적어도 우리의 이름으로 처벌받는 것이 더 좋다. 정의에 대한 정념이 아무리 강렬하다 하더라도, 불의에 대한 우리의 분개는 꼭 정의에 대한 정념의 선결 조건이고, 응보적인 화는 그것의 본질적 결과를 지닌다. "화내지 말고 되갚아라"가 신중한 조언이든 아니든 간에, 그 두 말은 개념적으로 혼동된다. 되갚기는 단지 효과적으로 화를 내는 방식이고, 전형적으로 화를 내는 것은 생생한 복수 욕구를 포함한다.[255.]

싫든 좋든, 나는 이 장의 앞머리 서문에 쓴 아서 렐리벨트의 말에 동의해야겠다고 느낀다. 그가 언급하는 막대한 기쁨과 미적 만족은 우리가 가진 정념의 깊이를 나타내고, 비율에 대한 필요는 가장 비합리적이고 통제 불가능한 감정으로 생각되는 이 감정에 지성이 포함되어 있음을 나타낸다. 물론 그렇기 때문에 복수의 동기는 합법적인 혹은 언제나 정당화될 수 있는 복수 행위라는 뜻은 아니다. 때때로 복수는 전적으로 요청되는 것이고 심지어 의무이기도 하다. 또 때로는 그렇지 않다. 특히 잘못을 범한 사람이나 그 잘못된 행위에 대해 오해했을 경우에 그렇다. 중대한 잘못에 대한 복수의 추구나 악에 대한 복수는 우리의 정의감, 우리 자신에 대한 감

---

255. 복수 욕망을 포함하는 것으로 분노를 분석한 아리스토텔레스의 분석은 그의 저서, 『레토릭』에 담겨 있다. 1378-80.

각, 우리의 존엄성, 그리고 옳고 그른 것에 대한 감각의 아주 근저에 놓여 있는 것 같다. 심지어 애덤 스미스도 그의 『도덕 감정론』에서, "정의를 범하는 것은 상해를 입히는 것이며 … 그러므로 그것은 원한과 처벌의 적절한 대상이다"라고 썼다. 우리는 단순히 도덕 생활을 지키는 사람들인 것만은 아니다. 복수의 욕망은 악의 인식에서 필수적인 측면인 것 같다. 그러나 그것은 또한 그 자체의 통제의 요소, 한계의 인식, 균형감각을 포함하고 있다(혹은 포함하도록 함양되어질 수 있다). 그래서 구약은 복수가 "눈에는 눈으로, 이에는 이로, 손은 손으로, 발은 발로, 태운 것은 태움으로, 상하게 한 것은 상함으로, 때린 것은 때림으로" 국한되도록 가르친다. (복수의 법칙, 출애굽기, 21장 24-25절.) 신약은 심지어 더한 자제, 즉 자신이 복수하는 것을 자제하고 그것을 신에게 맡기고 인내할 것을 요구한다. 구약과 신약은 또한 복수를 권장한다(구약보다 신약이 더욱 그러하다). 그러나 복수의 욕망(그리고 복수하겠다는 장담)이 먼저 있지 않으면 용서도 있을 수 없다.

복수의 욕망은 그것이 아무리 가혹하다 해도 다른 사람들에게 해를 가하는 것만으로 충족되지 않는다. 그것은 감정의 문제이고, 처벌처럼, 단지 그 자체를 위해 해를 가하는 것이 아니라, 항상 어떤 모욕 행위에 대해 일어난다(여기서 우리는 앙갚음과 보복을 단순한 배상이나 보상과 혼동해서는 안 됨을 강조해야겠다. 배상이나 보상은 어떤 경우에는 손해를 만회할 수 있지만 어떤 경우에도 그것은 처벌로 간주되지 않는다). 그렇다면 복수에는 항상 이유가 있다(비록 오해하고 무관하고, 균형이 맞지 않거나 나쁜 이유일 때도 있지만 말이다). 복수는 단순히 합리적인 의무의 문제가 아니나, 의무감에 대립되는 것도 아니며(예를 들어 가족의 명예가 달린 문제일 경우) 혹은 합리성의 감각에 대립되는 것도 아니다(합리성이 심지어 이 감정까지 포함해 모든 감정에서 발견되는 한 그렇다). 복수는 되갚아 주는 것이고 세상의 균형을 찾아 주는 것이다. 이 짧은 구절이 이미 정의에 대한 전체 철학을 구현하고 있다. 비록 아직까지 발화되지 않고 정당화되지 않는다 하더라도. 철학가들은 이런 균형감각이나 인과응보의 감각을 이성 탓이라고 하기엔 너무 성급했지만, 나는 이것이 다소 감정의 기능이라고 주장하고 싶다. 예를 들어 칸트는 범죄와 처벌 사이의 "불평등inequality"을 옹호한다. 하지만 물론 그는 즉시 이성을 택하고 감정을 실제로 완전히 축출한다.[256] 그의 주장에 의하면 복수는 온전히 주관적이고, 전적으로 비합리적이며, 기댈 수 없고 정당화될 수 없다. 복수는 전적으로 척도나 이성이 없고, 균형 감각이나 정의 감각이 결여되어 있다. 하지만 나는 칸트와 많은 다른 철학가들이 이성에게만 부여했던 척도 감각 혹은 이성 감각이 바로 복수라고 주장하고자 한다. 궁극적으로, 여기서 잘못은 그 해묵은 똑같은 이분법이다. 즉 한쪽에 있는 이성과 다른 쪽에 있는 정념 사이에 적대감이 있다고 하는 그 이분법이 문제다. 앙갚음과 보복이 필요하다고 하는 우

---

256. Kant, *Philosophy of Love*.

리의 정서적 감각이 없다면, 처벌에 대한 우리의 추론은 어디서 출발할 것인가? 문제의 모욕 행위가 복수할 만한 것이라는, 공동체의 규범과 도덕뿐 아니라 그 대상과 그 목표에 대한 예리한 감각에 의해 이미 정보를 받고 배양된 것이 아니라면 우리의 감정은 어떻게 될 것인가?

　복수는 정의와 마찬가지로 맹목적인 것으로 알려져 있다(하지만 기존 신화에서 둘 중 어느 쪽이 눈을 가린 채로 묘사되는지 상기해 볼 필요가 있다). 복수는 끝이 없다고 한다. 그것은 복수가 단지 손에서 벗어나는 것뿐만 아니라 애초에 "손에 넣을" 수 없다는 뜻이다. 물론 복수는 위험하다는 것에 우리는 동의한다; 복수는 과격한 바로 그 성질로 인해, 난폭하게 파괴된 이전 질서로 돌아가고자 하는 종종 불가능한 시도를 하느라, 현재 사물의 질서를 와해시킨다. 성공의 불가능성이 좌절과 폭력을 낳고, 이것이 보통 더한 폭력을 낳는다. 복수 행위는(합법적이라 하더라도), 시정되어야 할 새로운 범죄를 초래하는 경우가 너무 잦다. 그리고 복수 행위가 범죄를 저지른 바로 그 사람이 아니라, 그의 가족, 부족 또는 사회 집단의 일원인 다른 사람을 상대로 일어난다면, 문제가 확대될 가능성은 무한해진다. (복수를 확대하려는 많은 전통적 위험이 집단 책임감보다 현대에 와서 매우 강해진 개인 개념으로 인해 축소되거나 제거되어 왔다. 그러나 동시에 개인적 책임에 대한 강조는 복수에 대한 선호를 점차 더 부인했다.) 제도화를 통한 복수의 제한이 필요해진 것은 다름이 아니라 순전히 개인적인 차원에서 일어날 수 있는 실수의 가능성(존 로크가 자연 상태에서 권리 강제의 "불편함"이라 부른 것)뿐만 아니라 복수의 확대 가능성 때문이기도 하다.[257.] 그러나 그렇다고 복수 자체가 처벌에 대한 논의에서 불법이라든가 척도가 없다거나 중요하지 않다고 말할 수 있는 건 아니다. 무제한의 복수의 위험에 대해서는 다음과 같은 반론이 제기되어야 한다. 즉, 만약 처벌이 더 이상 복수의 욕구를 충족시키지 못할 경우, 그리고 처벌이 범죄 피해자의 권리뿐 아니라 정서적 필요를 무시할 경우, 처벌이 범죄자를 재활시키고 다른 범죄를 억제하는 데 성공하더라도(명백히 일반적으로 그렇지 못하다), 처벌은 더 이상 그것의 주된 목적에 봉사할 수 없다는 반론 말이다. 법에 의한 복수의 제한은 전적으로 이해가 되나, 다시 말하지만, 합법적 동기로서 복수의 대대적 거부는 심리적 재앙이 될 수 있다.[258.]

이런 예비 논평은 복수를 반대하는 많은 나쁜 논거들(흔히 이런 주장들은 "부정적"이고 폭력적인 감정들을 하나의 통일된 부류로 일반화하는 훨씬 더 나쁜 논거들이 된다)을 밝혀내기 위한 것이다.

(1) **복수는 (그 자체로) 비합리적이고, 따라서 결코 정당하지 않다.** 잠시만 생각해 보면 우리 모두는 정당화될 수 있는 복수와 정당화될 수 없는 복수의 차이를 (그 즉시는 아니라

---

257. 존 로크가 처벌의 필요성에 대해 논한 것은 그의 두 번째 저서, 『정부론*Treatise on Government*』(Peter Lasleett 편집, Indianapolis: Hackett, 1983)을 볼 것.

258. Cf. Jacoby, *Wild Justice*, 특히 1장.

할지라도) 인식하고 있음을 깨닫는다. 복수는 단지 해를 가하고자 하는 욕망일 뿐 아니라, 어떤 이유, 즉 매우 특별한 이유 때문에 해를 가하고자 하는 욕망이기도 하다. 어떤 학생이 오렌지색 펑크 머리 모양을 했다는 이유로, 혹은 교실에서 어떤 사람의 개인적 이론[259]에 동의하지 않았다는 이유로 그 학생을 때리는 것은 정당화될 수 없다. 하지만 학과 도서관을 태워 버려서 그를 쫓아낸다면 그건 다른 문제다. 그러나 때때로 복수의 정념에 사로잡혀 복수의 이유와 근거를 인식하지 못하거나 정확히 행사하지 못 한다는 사실에 대해서는 어떻게 할 것인가? 여기서 핵심은 **때때로**라는 말이다. 왜냐하면 복수에는 그런 실패를 요구하는 본질적인 것이 없기 때문이다. 반론의 여지 없이 합리적인 맥락에서, 결정권자는 수단을 목적으로 착각하거나, 혹은 자신의 목적 추구에 너무 정신이 산란해서, 가장 적합한 수단을 못 보거나 혹은 단순히 놓쳐 버린다. 복수에서 우리는 또한 수단에 빠져버리거나 목적에 너무 몰입하고 산란해질 수가 있다. 그러나 그럼에도 불구하고 이유와 적합성의 논리는 하나의 기준으로 등장한다. 따라서 문제는 복수가 합법적이냐의 여부가 아니라,

---

259. 원문에는 one's pet theory라고 표현되어 있음. 이 말은 공식적으로 입증되거나 널리 인정받은 이론이 아니라 개인이 믿고 추구하는 개인적인 생각이나 주장을 나타냄 —옮긴이주.

언제 복수가 합법적인가 하는 점이다.

(2) 복수에 "자연스러운" 종말은 없다. 그러나 물론 (그런 종말은) 있다. 복수가 금지와 통제를 완전히 잃게 된다는 생각은 복수에 내장되어 있고 함양되어 온 충족을 간과한다. 그리고 그것은 쌍방 간의 복수 행위가 상승시키는 경향이 있다는 사실과, 복수의 단일 행위가 전형적으로 매우 특수한 목표와 따라서 그 자체의 내장된 충족 기준을 지니고 있다는 사실을 혼동하는 경향이 있다.[260.] 나는 항상 특정 범죄(혹은 일련의 범죄들)를 겨냥하는 복수와 그 기원을 잊었으나 계속되는 개인적, 가족적 혹은 부족적 반목의 형태인 익숙한 반목을 융합해서 우리가 오도된다고 생각한다. 다시 말해, 우리는 (복수의 일부일 수도 있고 아닐 수도 있는) 증오를 복수 그 자체와 섞어 버린다. 심지어 양측 모두 복수할 만한 타당한 이유가 있는 듯이 보일 때에도, 복수에서 폭력이 증가하는 이유는, 엘리자베스 볼가스트 Elizabeth Wolgast가 말하는 것처럼, "상이한 산술"을 가지고 있을 수 있기 때문일 수 있다. 즉, 한쪽에 갚아 주는 계산처럼 보이는 것은 다른 쪽에 의하면 명백히 초과 지불이다. 혹은 잔액을 계산하는 틀 자체가 아주 다르다. 볼가스트

---

260. 에이젠슈타인의 「폭군 이반」 2부에서, 매우 격분한 한 러시아인은 "심지어 짐승들도 분노할 때에 이성적이다"라고 주장함으로써 무고한 사람들의 살인에 대해 반응한다. 인간 살육의 세기들에 대해 고려해 보면, 우리가 짐승 편에 서고 싶을 것이다.

의 예 중 하나는 아가멤논이 아폴로에게 진 빚인데, 아가멤논은 그 빚을 자신의 딸 이피게네이아를 희생함으로써 갚는다. 그러나 이피게네이아의 어머니 클리타임네스트라는 그 빚의 정당성을 인정하지 않는다. 그녀는 오직 자기 딸의 죽음만을 볼 뿐이다. 그래서 그녀는 아가멤논을 살해하고, 그의 다른 자녀 오레스테스와 엘렉트라는 이번에는 그녀를 죽임으로써 아가멤논에 대해 복수한다. 나는 그런 끔찍한 연속적 사건들이 가능하다는 것을 부인하지 않는다. 그러나 특정한 이런 연속적 사건들이 우리에게 비극으로 전해져야 하는 이유가 있다. 그것은 복수의 일반적인 과정이나 복잡성이 아니다. 우리 시대에도 (중동에서처럼) "산술"의 갈등을 찾아내기가 쉽지만, 우리가 이 갈등을 복수의 패러다임이나 복수의 개념적 원형으로 보는 것은 엄청난 실수라고 생각한다.

(3) **복수는 언제나 폭력적이다.** 클린트 이스트우드가 맡은 배역의 인물이나 닌자 암살범의 피에 굶주린 행위는 우리의 환상을 극적으로 지배할 수 있지만 보다 일반적인 복수의 행위는 다음 부서 회의에서 반대표를 던지거나 저녁 식사 시간에 45분 늦게 도착하거나, 상처 주는 논평이나 편지를 악의적으로 비틀어 전달하는 것일 수 있지만, 비유적인 방법을 제외하고는 칼날을 비틀어 전달하는 경우

는 거의 없다. 말의 의미를 부풀리고 도덕적 차이에 대한 우리의 감수성을 무감각하게 하는 요즘의 경향을 고려해 볼 때, 그런 행위들이 실제로 "폭력"을 구성한다고 주장하는 사람도 있을 것이다. 그러나 분명히 이것은 복수에 대한 이런 표준적인 반대에서 실체를 빼내는 것이다. 여기서 중요한 것은, 가해자에게 실제로 해를 가하는 것과 그 사람에게서 자유와 같은 인간의 본질적인 이로움을 박탈하는 것 사이에 있는 (문제적일지언정) 중요한 구분이다. 법의 더 냉정한 요구는 박탈의 방식에 의한 처벌, 예를 들어 벌금 지불이나 범죄자에게 어떤 특권이나 자유(예를 들어 운전의 자유, 대학 도서관을 이용할 자유 등)를 박탈하거나, 혹은 심지어 자유 그 자체를 박탈하는 그런 방식에 의한 처벌을 더 선호하는 반면, 복수는 일반적으로 해를 가하는 것을 목표로 삼는 것은 아마도 사실이다. 사형에 대한 계속적인 소동도 사형이 박탈을 부과하기보다 해(실로 최종적인 해)를 끼치기 위해 고안된, 오늘날의 몇 안 되는 처벌이라는 사실에 일부 기인한다. 그러나 이 중요한 구분이 너무 면밀한 검토를 견디지 못할 것이며, 한 사람을 투옥시키는 것이 기실 그에게 실제적으로 해를 끼치는 것이 아니라고 오랫동안 주장하기도 어려울 것이다. 마찬가지로, 처벌로 간주되어 결과적으로 복수에 대한 욕구를 충족시키지만 폭력적이지 않은 많은 것들이 있다.

(4) 법을 "우리 손안에 넣는 것이" 필요하다. (^{"손안에"} 비유의 활용은 그런 논의에서 넘쳐나는 것 같다.) 추잡한 몸짓에서 강간과 살인에 이르기까지, 역사적으로 개인에게 가해진 모든 위반 사항에 대해 가해자를 처벌하는 것은 가족에게 있었다. 그리고 국가가 개입하는 것이 부적절할 뿐 아니라 사적인 문제에 부당하게 침범하는 것이라고 간주되었다. 그런 범죄의 처벌이 전적으로 국가의 영역이 된 것은 상대적으로 최근의 일이고, 명백히 매우 정치적인 움직임이다. 복수에 대한 도덕적 반대와 공공질서에 대한 열망보다 개인의 권리를 폐지하려는 국가의 일반적 오만과 국가의 통제 욕구가 이와 훨씬 관련이 큰 것 같다. 개인에 대해 저질러진 주요 범죄가 법의 의해 국가에 대한 범죄로 해석됨은 숙고할 가치가 있다. 현행 형법이 그런 범죄의 피해자를 한낱 방관자로 축소할 때(즉, 피해자가 범죄에서 살아남았을 경우), 문제는 복수할 때 우리가 법을 "우리 손안에" 쥐고 있는 것이 아니라, 복수를 하지 않으면 정의가 우리 손에서 벗어날 뿐 아니라, 고려 대상에서 제외되는 것처럼 보인다는 점이다. 처벌에 대한 현재의 관심들, 심지어 "응징"을 하겠다고 선언하는 사람들조차 법에 복무하고, 정의의 필요성보다 법(혹은 이성)에 대한 존중을 인가하는 듯

이 보인다. 물론 법과 법에 대한 존중이 중요하지 않다는 것이 아니다. 우리가 이런 것들과 정의를 말로만 그럴싸하게 동일시하고, 복수에 대한 정념을 매우 상이하고 완전히 비합법적인 것으로 축출하지 말아야 한다는 것이다.

응징은 처벌에 대한 모든 논의에서 중심축이다. 한편 "과거를 회고하는" 응징은 억제와 재활에 대해 "미래지향적이고" 공리주의적 관심을 보이는 태도와 나란히 병치된다. 즉 응징은 과거의 범죄를 "없애는 것"에 의해 설명되고, 억제와 범죄의 개선은 향후 있을 범죄를 예방하는데 관심이 있다. 나는 이런 논쟁의 많은 부분이 순전히 학술적인 것이라고 주장한다. 범죄에 대한 책임과 미래에 대한 관심이 같이 걸려 있지 않은 사례를 생각하기란 거의 불가능하다. (칸트가 다음과 같이 주장해서 우리에게 충격을 준 것은, 바로 이런 실제적인 논점을 해결하기 위해서이다. 즉, "심지어 시민 사회가 그 모든 구성원들의 동의로 스스로 해체하기로 되어 있다고 해도, 감옥에 투옥되어 있는 최후의 살인자를 먼저 처형해야 한다.")[261] 매우 일부분을 제외하고, 이 논쟁에서 빠져 있는 것은 가장 중요한 인성 문제, 즉 개인의 과거 행동과 미래 행동 성향 둘 다를 명백하게 가리키는 인성 문제이다. 처벌 이론가들은 다른 많은 정의 이론가들과 마찬가지로 '처벌,' '억제'와 같은 추상적인 개념에 너무 사로잡혀 범죄자와 처벌을 행하는 사람들의

---

261. Kant, *Philosophy of Law*

개인적인 동기와 인성을 너무 무시한다. 그러나 판사들은 실제로 언제나 "신중함"을 활용하고, 이 "신중함"이란 본질적으로 처벌을 결정하기 전에 자신들이 과거와 미래 같은 많은 요소들을 고려한다는 것을 의미한다. 이리하여 실제 행해지는 응징은 단순히 "똑같이 갚아 주는 것," 미래에 대해 "눈을 감은 것"이 아니라, 죄와 처벌에 연루되어 있는 개인성의 모든 문제들에 대해 강력하게 관심을 가진다.

응징에 대한 우리의 정념, 복수의 필요성은 어떻게 출현하게 되었나? 내 생각에 3장에서 내가 했던 진화론적 성찰들이 이런 질문의 답에 큰 도움이 될 것이다. 이 장에서 나는 주로 홉스 같은 저자들이 서술한 '자연 상태'에 대한 적대적이고 경쟁적인 관점과 달리, 우리의 '자연스러운' 공감과 타인에 대한 동지 의식을 설명하는 데 주로 관심을 가졌다. 그러나 나는 우리가 터무니없이 "착하게" 타고난다는 인상을 안 주려고 내가 매우 조심했기를 바란다. 그럼에도 불구하고 나는 너무나 만연해 있는 이기심의 전제로 내가 후퇴하지 않고, 다음을 보여 줄 수 있기를 원했다. 즉, 항상 개인에게 그런 것은 아니었지만, 집단과 종에게는 협동의 진화에서 뭔가 입증할 만한 이점이 있다는 것을 보여 주기 원했다. 그러나 협동에는 두 가지 측면이 있다. 무엇보다 기꺼이 협동하려는 의향이 있고, 그리고 또한 협동하려고 하지 않는 사람들에 대한 분노와 처벌이 있다. 처벌의 진화 없이 협동의 진화를 생각할 수 없다. 협동에 대한,

이제 고전이 된 케네스 액셀로드$^{Kenneth\ Axelrod}$의 "즉시 보복" 모델은 처벌에 대해서도 설명을 해 준다. "죄수의 딜레마" 유형이 반복되는 상황에서, 혹은 어떤 한 사람이 나머지 다른 사람들을 "속일 수" 있는 능력을 빈번하게 가지는 지속적인 상황에서, 그런 속임수를 막는 최적의 전략은, 확실하게 보복으로 대응하는 것이다. 모든 경우에 범죄자의 동기를 '이해'하는 동정심만 부여받은 생명체는 매번 자신의 이익을 챙기는 일만 하고 속임수를 쓰는 생명체와 마찬가지로 진화적으로 실패한 존재일 것이다. 그러므로 스위프트와 확실한 보복은 게임이론의 교훈뿐 아니라, 사회적 동물의 본성 속에도 있다. 복수는 합리성의 적이 아니라, 합리성의 자연스러운 표명이다. "약속할 권리(니체에 의하면 자연의 "역설적인 일")"$^{262\cdot}$를 가지는 사회적 동물을 양육한다는 것은 자연적 공감과 사회적 연대감뿐 아니라, 처벌에 대한 타고나 욕구도 가지는 존재를 양육하는 것이다.

복수의 욕망은 응징에 대한 우리의 타고난 욕구이다. 말할 필요도 없이 이런 친족관계를 인정한 철학자들은 거의 없다. 특히 칸트는 응징을 합리적인 필연성이라고 옹호하는데, 응징이 전혀 감정적이지 않고, 전적으로 합리적이라고 주장한다. 실제로 모든 "응보형

---

262. 니체에 의하면 인간이 약속을 할 수 있는 동물이라는 것은 인간이 자신의 미래에 대해 책임을 지고, 자신의 행동을 예측하고 통제할 수 있다는 것을 의미한다고 한다. 이것은 인간이 자신의 의지를 표현하고, 자신의 가치를 창조하고, 자신의 삶에 의미를 부여할 수 있는 능력을 갖추었다는 것을 보여 준다. 하지만 이것은 동시에 인간이 자신의 본성과 본능을 억제하고, 자신의 고통과 죄책감을 증대시키고, 자신의 자유를 제한한다는 것도 의미한다. 니체는 이러한 역설적인 상황에서 인간이 어떻게 해야 할지에 대해 많은 고민을 했다 ―옮긴이주.

주의론자들"은 응징과 복수의 분리를 주장한다.[263.] 그들은 응징의 개념이 처벌의 핵심에 바로 있다고 주장한다. 그들은 응징이란 처벌을 가리키는 또 다른 단어에 불과하다고 자주 주장한다. 그래서 응보형주의론자들은 범죄가 야기한 "부패하거나" 혹은 "비자연스러운" 상태를 없애는 것이 이성의 산물, 심지어 철학의 문제라고 옹호한다. 그러나 심지어 응징은 야만적이라고 종종 일컬어져 왔고, 걸스테인[R. S. Gerstein]이 최근 썼듯이, 응징은 "철학과 다른 학계에서 가장 유행에 뒤떨어진 이론"이고, "빈번하게 경멸받으며 축출된다."[264.] 우리는 왜 처벌하는가? 결국 지워질 수 없는 과거의 잘못된 행동은 잊어버리고, 미래로 나아가면 어떤가? 보통의 논지는 다음과 같다. 만약 처벌이 본질적으로 구체적인 과거의 범죄에 대한 처벌이라기보다, 미래의 범죄를 예방하기 위한 방법이라면, 잠재적인 법위반자에 대한 경고로서 전적으로 죄가 없는 사람을 처벌하는 것이 정당하지 않을까? 이 (흔한) 수사적인 질문에 대한 명백한 답변은 이렇다. "그렇지 않다! 그건 불공정의 극치일 것이다." 그러나 응징이 "야만적"이고, "유행에 뒤지고" "경멸과 함께 축출"되었다 하더

---

263. 복수와 응징에 대해서는 걸스테인(Gerstein)의 「사형Capital Punishment」을 볼 것. 그리고 로버트 노직의 『철학적 해설Philosophical Explanations』366-74 볼 것. J. D. 매봇[Mabbot]은 소위 말하는 표준적 입장을 이렇게 요약하고 있다: "처벌 이론에서 응징은 브래들리[Bradley]를 제외하고 그 어떤 중요한 철학자에 의해서도 옹호되지 않았다. … 응징적인 처벌은 복수를 가리키는 점잖은 이름에 불과하다. 그것은 앙심을 품고 있고, 비인간적이며 야만적이고 비도덕적이다." ("The Humanitarian Theory of Punishment," in *Twentieth Century*, March 1949.) 하지만 다음도 참조하라. K.G. Armstrong, "The Retributivist Hits Back" in Acton, ed., *The Philosophy of Punishment*.

264. Robert S. Gerstein, "Capital Punishment: A Retributivist Response."

라도, (억제와 재활을 각각 강조하는) 그 라이벌 이론과 겨뤄서 지배적인 위치를 오랫동안 고수해 왔다. 너무 자주 그것은 "처벌"이란 단어의 의미처럼 순전히 사소한 방식으로 옹호된다. 그리고 너무 자주 대부분의 사람들이 이해할 수 없는 형이상학적 용어로 매우 모호하게 옹호된다. 그러나 자연스러운 것이 반드시 바람직한 것이라고 가정하지 않더라도, 복수에 대한 우리의 자연스러운 욕망은 비록 그것이 이성과 전통의 후원과 법의 매커니즘을 통해 신중한 수정과 억제가 필요하더라도, 비록 우리가 감정 자체의 노예가 되어 그 근거를 명확하게 표현할 수 없더라도, 이미 우리에게 처벌의 좋은 근거를 제공한다고 설득력 있게 주장할 수 있다고 생각한다.

복수와 보복이 "후진적"이라는 주장은 내가 보기에 면밀하게 검토되지 않고 있다. '보복' 전략은 과거의 범죄에 대한 대응일 수도 있지만, 그것이 미래를 계획하는 한 가지 방법인 경우에 전략일 뿐이다. 따라서 응보형주의론자들은 범죄를 억제하거나 범죄자의 성격 또는 최소한 행동을 변화시키는 것의 중요성이나 바람직함을 부정할 필요는 없지만, 그러한 활동이 아무리 좋은 의도나 구상을 가지고 있더라도 그 자체로 처벌로 간주되지는 않는다. 하지만, 다시 한 번 질문하자면, 왜 처벌하는가? 복수에 대한 원초적인 정념과 그 암묵적인 전략을 언급하지 않고는 우리는 이 질문에 답할 수 없는 것 같다. "응징한다"는 개념은 "가해자에게 교훈을 가르친다"라는 의미이기도 하다. 물론 이 문구에는 가해자에게 복수한다는 개념뿐 아니라, 억제와 재활 이론이 담겨 있지만, 핵심은 처벌의 주 동기가 억제나 재활이 아니며, 심지어 응징의 합리성도 아니라는 점이다. 니체가 『계보학』에서 말했듯이, "처벌하고 싶은 충동"이 우선이고 정당화하려는 이유와 시도는 나중으로 미뤄진다.

응징의 근거, 복수 속에 구현된 "지성"은 "처벌이 죄에 맞아야 한다"는 생각이다. 이는 적어도 성경에 나오는 "눈에는 눈"이라는 명령으로 거슬러 올라가는 생각이지만, 오랫동안 공격을 받아 왔다. 고대부터 처벌은 악에 대한 악의 보복이므로 아무리 끔찍한 범죄라도 결코 정당화될 수 없다는 소크라테스의 반론이 자주 제기되어 왔다. 그렇게 생각되면, 처벌이 개인적인 복수 행위로 행해지든 국가 법률 시스템의 냉정하고 의도적인 후원 아래 행해지든, 그것은 또 다른 잘못일 뿐이 된다. ("누가 행하든 간에, 살인은 잘못이다"라는 주장이 사형제도에 반대하는 주된 주장으로 자주 사용되어 왔다.) 그러나 처벌은 "악을 악으로 갚는 것"이 아니다. 독일 철학자 헤겔은 이것은 처벌의 본질을 잘못 이해하는 한 가지 확실한 방법이라고 설득력 있게 주장했다.[265.] "해를 입힌 대가로 해를 입히는 것"일 수 있지만, 부당하고 불법적인 피해에 대해 갚아 주는, 정당하고 합법적인 해를 끼치는 것이다. 그런데 다른 피해에 "딱 맞게" 피해를 어떻게 볼 수 있는가? 하는 것이 어려운 문제이다. "눈에는 눈"이 실제 의미하

---

265. Hegel on punishment: *Philosophy of Right*, translated by T. M. Knox (New York: Oxford Univ. Press, 1967), 140-41.

는 바는 무엇인가? 궁극적으로 그것은 이해 가능한가?

우리가 범인의 전과와 성격, 범죄 정황을 고려하기로 한 이후라 하더라도, 무장 강도 범죄에 "똑같이 해당하는" 징역형의 세월을 어떻게 계산할 것인가? 감옥에서의 시간이 범죄자가 피해자 혹은 지역사회에 가한 피해와 어떤 의미에서 "똑같다"고 할 수 있나? "눈에는 눈" 공식에 대해 내가 선호하는 반대는 18세기에 블랙스톤 경 Lord Blackstone이 보복주의에 반대하면서 제기한 것이다. "두 눈을 가진 사람이 눈 하나만 가진 사람의 눈을 망가뜨렸을 때 그에 상응하는 피해는 무엇일까?"라고 그는 반문한다.[266] 분명 귀여운 주장이지만, 처벌이 범죄와 맞아야 한다는 생각에 반대하는 강력한 주장이 되긴 거의 힘들다. 개념이 섬뜩하긴 하지만, 만약 의도적으로 무고한 피해자를 눈멀게 한 악랄한 범죄자가 사고로 스스로 눈이 먼다면, 우리는 당혹스러운 만족감을 느낄지도 모른다. 법이 그런 처벌을 내려야 한다고 주장할 사람은 분명 별로 없을 것이나 "적합성"은 우리에게 충분히 명확하다.

칸트는 "보복의 법만이 처벌의 종류와 정도를 정확히 결정할 수 있다"라고 보복에 대한 찬성의 이유를 간결하게 설명했다. 물론 그런 결정은 사적인 판단이 아니라 법정에서 내려져야 한다고 그가 조심스럽게 덧붙였긴 했다. 처벌을 합리적으로 만드는 것은 (칸트의 말을 빌자면) 바로 이 "동등성," 즉 범죄에 "적합하다"는 생각이다. 칸

---

266. 블랙스톤은 『처벌의 철학Philosophy of Punishment』 13호의 액튼Acton에서 인용되고 있다.

트의 주장에 의하면 어떤 사람이 살인을 저질렀다면, 그는 죽어야 한다. "법적 정의의 요구를 충족시켜 줄 다른 대체는 없다. 아무리 비참한 조건에서라도 살아 있는 것과 죽음 사이에는 같음이란 없다. 우리는 동의하지 않을 수도 있다. 그러나 소소한 범죄는 그렇지 않지만, 살인 같은 중죄는 심한 벌을 받아야 한다는 데 우리는 동의해야 한다. 빵 한 덩어리를 훔쳤다고 해서 불쌍한 사람을 교수형에 처하는 것은 지금 우리에게 야만적이라 여겨진다. 그것은 우리가 보복이라는 생각을 거부하기 때문이 아니라(우리가 그 사람의 곤경에 동정을 느껴서가 아니라), 우리가 보복이라는 생각을 받아들이고 있기 때문이다. 훔친 음식 때문에 한 사람을 교수형에 처하는 것은 "적합"하지 않기 때문에 야만적이다. 그것은 말도 안 되게 과도하다. 그 말은 우리가 그런 판단을 할 때 "동등성"의 기준을 실제로 사용하고 있다는 뜻이다. 우리는 그 기준 없이는 "처벌'의 의미를 이해할 수 없을 것이다.

복수의 정념과 보복의 개념을 서술하는 우리의 언어의 많은 부분이 상호 연결된 비유, 특히 "동등성" "균형" "적합성" 등의 이미지들로 구성되어 있다는 것을 분명 독자들도 알아차릴 것이다. 이 비유들은 너무나 빈번하게 한 덩어리로 같이 사용되어 왔고, 너무나 빈번하게 마치 그것들이 비유가 아니라 문자 그대로의 진실인 것처럼 다루어졌다. 나는 그런 비유 4가지를 간략하게 구분하고 설명함으로써 이 장을 맺고자 한다.

(1) 빚의 비유: 처벌하는 것은 잘못을 "되갚는 것"이라는 비유. 법적 의무 개념이 이런 빚의 개념보다 선행한다, 내지 빚의 개념에서 나왔는지의 여부에 대해 몇몇 논쟁이 있다 (예를 들어 니체의 『계보학』 에세이 II). 그러나 처벌과 관련해서 "되갚는 것"의 비유적 성격은 아주 명확하다. (홉스와 로크를 통해서이건 혹은 플라톤의 『크리톤』[267]을 통해서이건) 계약이 함축되어 있다는 제안은 같은 비유에 대한 다른 접근에 불과하다. 그것을 다른 비유와 연결하자면, 처벌은 빚의 변제가 실제로 하듯이, "장부의 균형"을 맞추거나, 문제가 되는 잘못을 "삭제"하지 않는다. 그런데 "빚"이라는 은유는 자본주의 사회에만 국한된 것이 아니다. "빚"은 "소비자 부채"와는 다르며, 그것은 신용카드 상환 문제에 적용되는 것과 마찬가지로, 억울한 죽음에 대해 돼지를 주는 뉴기니의 관습에도 적용된다. 대부분의 사회에서 부채는 금전적 계약이라기보다는 도덕적 척도이다.

(2) 적합성의 비유는 처벌이 죄에 "적합"해야 한다는 유명한 생각이다. (W. S. 길버트의 극 『미카도 *Mikado*』에서 이런 대사가 나온다. "매우 숭고한 나의 목표는 … 죄에 적합하게 처벌을 내리는 것

---

267. 원어로는 Crito. 플라톤이 쓴 짧지만 중요한 대화편임. 이 책에서 소크라테스의 부유한 친구인 크리톤은 소크라테스에게 탈옥을 권유하고 소크라테스는 그런 권유를 정의와 법의 관점에서 반박 논변을 펼침. 이 책에서는 정의의 논의, 법의 지위와 사회계약의 초기 논의 등이 나오며, 이는 이후 일반 철학 이외에도 정치철학, 법철학에 큰 영향을 미친다—옮긴이주.

이다 …") "눈에는 눈, 이에는 이" 등과 같은 탈리오 법칙의 손쉬운 공식으로 돌아가서, 처벌이 죄에 "맞아야" 한다는 것이다. 그러나 응보주의에 대한 많은 비판자들이 지적했듯이, 그런 처벌은 고의적인 살인 같은 매우 제한된 수의 범죄에 대해서만 집행되어야 하거나 타당하다. 그러나 심지어 그럴 경우에도 알베르트 카뮈가 유명하게 지적했듯이, "동등성이 인정되려면, 피해자에게 끔찍한 죽음을 가할 날짜를 미리 경고하고 그 순간부터 몇 달 동안 피해자를 감금했던 범죄자를 사형으로 처벌해야 할 것이다." 사생활에서 그런 괴물 같은 사람은 만나지지 않는다.[268.]

응보주의의 옹호자들은 기꺼이 "적합성"의 요구를 약화시키는데, 그들은 예를 들어 적합성이 일반적인 척도만을 제공하며, 중요한 개념은 "비례"이므로 사소한 절도가 (예전처럼) 강력 범죄에 준하는 가혹한 처벌로 처벌되지 않는다고 제안 한다. 물론 우리 모두는 이에 동의하지만, '비례'는 종종 아무것도 없는 정량화를 잘못 제시할 소지가 있으며 처벌의 문제를 해결하기보다는 요약한다. 분명히 생명에는 생명으로 거래하는 것(혹은 더 정확히 말해서 "죽음에는 죽음으로" 거래하는 것)이 맞다. 그러나 이것이 정당한가?

---

268. Camus, "Reflections on the Guillotine," in *Resistance, Rebellion, and Death* (New York: Vintage, 1961)

모든 경우에 해당되는 정상 참작 정황이 많다는 것을 감안할 때, "적합성"은 타당한가? 물론 우리는 적합성이 부족함을 알고 있다. 예를 들어 아프간 부족민들이 자동차 사고(재판이 주어졌다면 그 운전자에게 잘못이 없었을 것으로 선언될 그런 사고라 해도)에 연루된 불운한 여행자를 즉결로 참수할 때, 우리의 공포를 목도해 봐라. 18세기에 호주의 백인 인구의 급증에 책임이 있던 영국 법은, "치명적인 해안"[269]에 도착한 사람들에게 할당된 처벌이 그랬듯이, 적합성이 부족하고 가혹했던 처벌 면에서 놀라웠다.

(3) **균형** 비유: 처벌이 상황을 다시 "공평"하게 만든다는 생각이다. 사람이 "원수를 갚는 것"은 처벌을 통해서이다. 서사 문학에서 선한 세력과 악한 세력 간의 균형을 잡는 것은 악당의 처벌을 통해서이다. 한 가지 문제는 이런 도덕적 균형이 종종 가장 조야한 공리주의적 방식으로, 쾌락과 고통의 균형과 단순하게 동일시된다는 점이다. 마치 악당에게 그 악당이 야기한 고통과 같은 양의 고통을 주면, 저울의 균형이 이뤄지는 것처럼 말이다. (다시 우리는 정의를 나타내는 표준적인 알레고리 인물을 기억해야 한다. 이번에는 저울을 가진 모습으로.) 범죄가 엄격하게 금전적인 경우, (빚을 갚는 것처럼) 균형이 실제로 맞는 것처럼 보이나, 물론 그렇지

---

269. Robert Hughes, *The Fatal Shore* (New York: Knopf, 1987)

않다. 우리는 훔쳐진 돈이나 혹은 달리 취해진 돈의 양을 갚을 수 있으나 이렇게 하면 범죄 그 자체를 아직 고려하지 않는 것이다. 심지어 여분의 돈을 더 갚자마자, "균형"의 실제 의미가 다시 문제가 된다. 원금이 갚아졌다고 하더라도, 이제 범죄의 "비용," "값"은 어떠한가? 다시 내 요점은, "균형"의 비유가 적용될 수 없다거나, 정의에 대한 우리의 생각 방식을 드러내지 못 한다는 것이 아니라, 균형의 비유는 우리의 문제를 해결하기보다 문제를 강조한다는 것이다.

(4) 지움의 비유: 우리가 처벌을 통해 "악을 무효화" 할 수 있다는 생각이다. 피의 복수의 문화는 "피의 자국"(또는 "피의 빛")을 죄의 표시가 아니라, 복수가 가해지지 않은 잘못의 표시로 본다. 그러나 분명한 질문은, 가령 강간이나 살인 같은 죄를 어떤 의미로든 없앨 수 있는가 하는 것이다. 금전과 관련한 죄의 경우, 우리는 그 돈을 갚아줌으로써 그 빛을 "없앨 수" 있으나, 범죄 자체는 아니다. 가령 무장 강도를 겪고 얻은 공포가 어떻게 지워질 수 있는가. 아무리 그 돈을 정중하게 돌려받는다 해도 말이다("여기 있습니다. 아가씨. 나는 지역 경찰 아카데미에 다니는 학생입니다. 범인이 어떻게 느끼는지 알고 싶었습니다"). 더 많은 피해와는 별도로, 그런 범죄에서 겪은 공포를 어떻게 측정할 수 있는가? 그러

나 고대 세계(유배와 말살을 통해 말 그대로 범죄자를 사라지게
했던 세계)로부터, 헤겔, 보즌켓Bosanquet 등의 현대적 개념에
이르기까지, 처벌 이론의 역사에서 무효화 개념은 큰 비
중을 차지한다. 물론 처벌이 범죄를 문자 그대로 제거하
지 않으나, 처벌이 선례로서 범죄를 제거한다는 보잔켓의
제안은, 문자 그대로 받아들이면 이해하기 어려운 이 은
유가, 그럼에도 불구하고 어떻게 엄격하게 응보주의적이지
않고 미래의 행동까지 고려하는 이해하기 쉬운 해석이 될
수 있는지를 보여 주는 미덕을 지니고 있다.[270.]

보복주의는 주로 이론이 아니라 감정에 구현된 일련의 개념과
판단이라고 나는 주장하고자 한다. 미국 대법원 판결인 그레그 대
조지아 사건(1976년)의 다수 의견에서 보복주의가 과장되었던 것 같
다:

> 보복의 본능은 인간 본성의 일부이며, 형사사법 집행에
> 그런 본능을 활용하는 것은 법으로 통치되는 사회의 안
> 정을 도모하는 중요한 목적에 부합한다. 조직화된 사회
> 가 범죄자에게 "마땅히 받을" 처벌을 부과하려 하지 않
> 거나 부과할 능력이 없다고 사람들이 믿기 시작하면,

---

270. 버나드 보즌켓Bernard Bosanquet은 그의 저서 『국가에 대한 철학적 이론Philosophical Theory of the
State』에서 "치유적" 처벌 이론을 옹호한다.

자조, 자경단원의 재판, 린치법 등의 무정부주의의 씨앗
이 뿌려지게 된다.

그러나 적어도 판사들은 복수를 진지하게 받아들였고 복수가
법의 냉정한 권위에 전적으로 희생되어야 한다고 촉구하지 않았다.
그러나 보복적 정의는 아무리 합리화해도 순전히 이성적인 것은
아니다. 그러나 그것은 또 비이성적인 것도 아니다. 그것은 결국 아
마도 단순히 복수가 이성적이냐 아니냐의 문제는 아니다. 그것은
복수가 (당장 머리에 떠오를 뿐 아니라 우리 마음 밑바닥에서도) 본능이 아
니라 우리의 세계관과 우리 자신의 도덕적 감각의 기초적인 부분이
어서, 그런 의미에서 피할 수 없는 것으로서 우리가 세상에 반응하
는 방식의 부인할 수 없는 측면인지 아닌지의 문제이다.
  나는 여기서 복수를 그렇게 옹호하려던 것은 아니었다. 내 주장
은 복수가 정의 이론에서 중심적인 위치를 차지할 자격이 있다는
것과, 처벌에 대해 우리가 무엇을 말하건, 복수의 욕망은 동정, 보
살핌, 사랑 같은 감정과 함께 우리의 고려 속으로 들어와야 한다는
것이다. 그런 감정들을 고려하지 않는 법 원칙의 시스템, 그 감정들
을 대변하여 스스로 동기 부여하지 않는 법 원칙의 시스템은 그것
이 무엇이든 간에 정의의 시스템이 아니다. 그러나 어찌 되었건 복
수가 위험하다는 것을 나는 부인하지 않는다. 중국인들이 말했었
듯이 (그리고 분명 여전히 그렇게 말하듯이) "복수를 하려면 무덤을 두
개 파라." 그러나 나는 복수의 위험과 파괴성이 너무 과장되고, 개

인의 자기 존중감과 진실성 감각의 중요성이 간과되었다고 생각한다. 많은 사람들은 복수가 오늘날 세계 문제의 주된 원인이며, 해결과 평화에 대한 모든 이성적인 노력을 막는, 끝나지 않는 반목과 피의 복수를 유발하는 것이라고 믿는다. 그러나, 복수는 피의 복수와 같지 않고, 반목은 복수와 같지 않다는 나의 주장에 덧붙여서, 복수가 유발한 세상의 격정적인 적의는 부차적일 따름이라고 나는 주장하고자 한다. 많은 경우 세상의 적의는 너무나 많은 정념에 의해서가 아니라 소위 이성적이라고 하는 이데올로기에 의해 생겨나거나, 어쨌건 악화되고 해결할 수 없게 된다. 개인의 편견을 추상화시키고 그것을 절대적인 진리의 위치에까지 격상시켜 반목이나 "되갚고자 하는" 단순한 욕구보다 훨씬 더 협상하기 어려운 일련의 이유들을 복수에게 제공하는 것은 다름 아닌 이데올로기이다. 복수는 적어도 그 자체의 척도를 가지고 있지만 이데올로기는 아무리 "이성적이라 하더라도" 그렇지 않은 것 같다.

물론 복수심에 불타는 것은 악이다. 그리고 너무나 흔히 복수가 위험하고 파괴적이기 때문에 도덕가들이 우리에게 복수의 충동을 "초월"할 것을 촉구하는 것은 너무나 완벽하게 타당하다. 그러나 이 배후의 주장은 용서와 자비를 포함하지 않으며, 니체적인 "주인"의 도덕과 "자기 극복"에 호소할 필요도 없다. 그것은 "다른 뺨을 대는 것"처럼 그렇게 초연하고 성스러운 것일 필요도 없다. 이것이 주장하는 바는 개인적 보복에 이르는 종종 좁은 길을 따르는 대신, 우리 자신의 (대체로 사소한) 불만 사항보다 다른 사람들의 진정한 절박함을 더 의식하는, 그런 확장된 형태의 사회의식을 포용하는 것이 훨씬 낫다는 것이다. 복수를 초월한다는 것은 우리 자신의 연약한 자아에 가해진 타격을 가리고, 복수 충동보다 동정심을 더 우선으로 하는 그런 긴박감을 가지고, 타인의 고통을 예리하게 인식하는 것이다. 그러나 그것은 복수를 포기하는 것이 아니다. 사회 제도와 개인의 진실성과 통제감 모두에 안정감을 제공하는 것은 다름 아니라, 앙갚음에서와 같이, 기꺼이 보복하겠다는 의향이다. 그 반대에 대한 많은 선전에도 불구하고, 경험에 의하면, 스스로를 무기력한 피해자로 보는 것은 자신의 마음을 다른 사람들에게 열어 둘 가능성을 더 많게 하는 것이 아니라 더 적게 하는 것이다. 우리는 스스로 희생자가 되거나 스스로를 희생자로 볼 필요가 없다. 이것을 가능하게 하는 것은 복수 혹은 적어도 복수의 환상이다. 불의에 대한 우리 개념은 비난 개념과 처벌 개념과 뗄 수 없이 연결되어 있고, 불의가 사적인 곳에서는 보복에 대한 절실한 필요도 사적이다. 정의가 더 비인격적이고 통계적이 되어 가는 세계에서 복수는 개인적이 되는 미덕을 보유한다. 비인격적인 것을 요구하는 것이 아니라, 개인적인 것에 대한 좀 더 확장된 의식을 요구하는 동정심도 또한 그러하다. 복수와 동정심 사이에 더 큰 미덕이 있음은 확실하다. 그러나 그럼에도 불구하고 복수는 필요하고, 자신의 범인(복수의 대상)에 대한 동정심은 고귀하기보다 흔히 어리석다. 정의는 용서나 망각이 아니다. 그보다 정의는 자신의 감정의 우선순위를 바로잡는 것이며, 너무나 많은 다른 사람의 고통 앞에서 비난은 제쳐 두고, 그리하여 더 크고 더 고귀한 감정들을 위해 복수를 포기하는 것이다.

보다 확장된 자아에 대한 정념:
충성심, 명예, 수치 복원

> 충성심에는 가정적, 종교적, 상업적, 직업적 형태와 그 외 많은 다양한 형태들이 있다. 어떤 형태를 취하든 충성심의 본질은. … 다음과 같다: 어떤 사람도 자기 자신의 혼란스러운 본성 안을 들여다보는 것만으로는 삶의 계획을 찾을 수 없으므로, 바깥, 즉 사회적 관습과 행위 및 대의의 세계를 바라봐야 한다.
>
> 조시아 로이스Josiah Royce, 『충성심의 철학』

> 수치가 없는 곳에 명예도 없다.
>
> 에티오피아 속담

나는 정의를 무엇보다 감정의 문제로 이해해야 한다고 주장했고, 우리의 정의 감각 속에 들어오는 많은 "도덕 감정들," 특히 배려 caring, 동정심compassion, 원한resentment, 복수revenge 감정을 간략하게 다루었다. 그러나 이런 감정들은 여전히 정의의 감정 지도에 대해 오직 부분적인 그림만 제공하고 있고, 특히 이 감정들은 정의 감각과 함께 가는 소위 "자아에 대한 더 확장된 감각"이 결여하고 있다. 논의나 토의 없이 너무나 흔히, 감정은 단지 사적이고 주관적이며, 느끼는 주체와 주관적인 자아-가치의 문제에만 전적으로 관심을 가진다고 전제되었다. 그러나 감정은 모든 종류의 것에 "대한" 것일 수 있고, 개인과 사회 모두에게 중요하다. 많은 감정들은 사회와 관련되어 있다(우리가 사회에서의 자신의 위치에 대해 분개하거나 최근의 정부 스캔들에 대해 도덕적으로 분개할 때처럼 말이다). 그리고 어떤 감정들은 (그들의 "대상으로서") 사회에 "대한" 것일 뿐 아니라, 그 주체의 바로 그 정체성 안에 사회를 포함하고 있기도 하다. 그것들은 자아에 대한 보다 확장된 감각 없이는 이해될 수 없는 감정들이다.

여기서 특히 흥미로운 것은, 급진적 개인주의가 발흥하면서 대부분의 정의 논의에서 거의 누락되어 온 감정들의 혼합 세트이다. 이 감정들의 세트에는 충성, 명예, (세트의 일부가 아닌 죄와는 구분되는) 수치 등이 포함된다. 충성은 일종의 진정성integrity인데 (자기 충족적이고 필수적인 전체로 여겨지는) 자아의 내부에 있지 않고, 보다 확장된 자아, 집단, 지역사회, 조직, 혹은 제도의 일부로 여겨지는 자아와 더불어 있다. 오늘날 대부분의 철학자들은 충성에 대해 이야기하지 않는다. 왜냐하면 정의가 개인의 자아, 개인의 권리, 웅장한 합의의 작성과 관계있다고 그들은 생각하기 때문이다. 우리가 다른 사람의 권리를 존중하는 한, 혹은 우리가 계약을 존중하는 한, 충성심 같은 불필요하고 아마도 유치한 감정이 무슨 소용이 있겠는가? 피고용인이 3년 연한의 계약에 서명을 했으면 왜 충성하기까지 해야 하겠는가? 게다가 우리의 정치인들과 마찬가지로 많은 이론가들은, 자신들이 어떤 존재이고 무엇을 해야 하는지보다, 사람들이 받아야 하는 것에 대해 말하기를 훨씬 더 편안하게 느낀다. 충성심은 관점을, 우리가 사회(혹은 어떤 제도)로부터 필요로 하고 우리가 받을 자격이 있는 것으로부터 우리가 주어야 할 것, 우리가 빚지고 있는 것으로 바꾼다. 충성심은 우리로 하여금 자율성의 이상을 거절하거나 적어도 무한히 정지하도록 강요하고, 타율성을 괜찮은 것일 뿐 아니라 미덕으로 만든다. 칸트의 많은 추종자들이 충성심(존경과 대립되는 것으로서)을 도덕적 기획에 아주 이질적이며, 정의에 속하는 것이 아닌 것으로 본 것도 당연하다.

물론 충성심은 (충성심의 특별한 변이인 애국심처럼) 책임으로부터의 도피처 내지 부패한 자기 의로움을 드러내는 장이 될 수 있다. 그러나 그렇다고 (많은 사람들이 그러리라 생각하는 것처럼) 충성심은 민주주의 사회에서 자리가 없는 감정이고, 우리의 충성심은 항상 무엇보다 자기 자신에게 혹은 우리의 양심이나 어떤 "높은" 기준에 대한 것이어야 한다는 것은 아니다. 충성심에 의혹을 가진 경우 가장 빈번하게 사용되는 사례는 나치에 충성한 사람들의 예이다. 그것은 분명히 충성심이 악당과 무도덕주의자들의 감정이고 충성심은 정의와 대조되는 감정으로 정의의 일부가 아니라는 점을 보여 주는 것이 아닌가? 그러나 자신의 충성심에서 비판적인 자아 인식의 필요성과 몇몇 충성심은 잘못될 수 있는 가능성은 충성심에 대해 반대하는 주장이 아니다. 그것은 사랑의 위험성이 사랑에 반대하는 주장이 아닌 것과 같다(충성심을 개인뿐 아니라 집단과 제도에도 적합한 다양한 사랑이라고 잘못 간주해서는 안 될 것이다). 민주주의의 미덕은 민주주의가 충성심의 필요성을 제거한다는 점이 아니라, 충성심을 개인 선택의 요소로 만들고, 그 선택을 사람의 정체성의 주된 특징으로 만듦으로써 그런 필요를 합성한다는 점이다. 우리가 살고 있는 인근 지역, 우리가 일하는 회사, 우리가 모으는 친구와 동료들, 우리가 응원하는 팀. 우리가 우리의 자아 감각을 구축하는 것은 그런 "동일시"를 통해서이다. 이 중 어느 하나라도 단지 도구적으로 중요한 것일 수 있다(많은 도시 아파트 건물에서처럼, 단순히 침대와 책을 이웃에 두거나, 단순히 "일자리가 필요"하지만 이미 다른 곳을 찾고 있는 경우처럼). 그러나 자신의 정체성의 전부 또는 대부분이 단지 도구적일 뿐이라면, 즉 충성심이 없다면, 그러한 무방비의 '방해받지 않는' 행위자가 자아라고 말하는 것이 과연 합리적이라면, 그 사람은 매우 빈곤한 자아를 갖게 된다.

최근 윤리학의 역사에서 충성심에 대한 논의가 거의 없고, 충성심이 대두할 때는 보통 도덕적 판단의 기초를 형성하기보다, 도덕적 판단을 방해하는 "편견"의 형태로 나타난다. 그러나, 벗, 가족, 혹은 어떤 특별한 조직에 대한 충성심에서 우러나온 행동의 적법성보다, 세상에 대한 적절한 개념에 더 중심적일 수 있는 게 무엇인가? 정의의 이해에서 문제점은, 모든 구체적 감정과 성향을 거부하고 일반 원칙과 보편적 정책을 과도하게, 심지어 강박적으로 강조하는 것이다. 한편으로 "사적인" 결정들이 있고, 그런 다음에 도덕 원칙이나 정의 원칙에 기초해서 이뤄지는 (훨씬 더 중요하고, 언제나 우선하는) 결정들이 있다. 그런 개인적 결정들이 "주관적인" 감정에만 기반하고 있고 그러므로, 그것들은 자기 이해관계 혹은 이기심, 혹은 어쩌면 순전한 비합리성에 기반하고 있다는 더한 가정으로 나아갔다. 그러나 이는 극히 빈약한 주장이고 그 결과는 (철학자가 아니라) 보통 사람들이 정의라 부르는 대부분은 아니라 해도, 많은 부분들을 제거하는 것이다.

주관성은 이기적이거나 비합리적인 것이 아니다. 가령 주관성은 종종 감정이 현상학적이고 감정이 어떤 구체적인 사람(혹은 아마도 수백만의 특정 사람들)에 의해 경험되는 것이며 일인칭으로 서술될 수 있다는 의미로 해석된다. 그러나 일인칭 서술이 객관적으로 정확하지 않을 이유는 없다. 같은 감정을 수백만의 사람들이 가질 수 있다는 사실은 감정이 단순히 개인적인 것이라는 보통의 생각에 반대되는 주장이지 대중의 비합리성에 대한 주장이 아니다. 사랑에 빠진 사람이 (꼭 비합리적인 것은 아니게) 연인이 사랑스럽다고 느끼거나, 전쟁 중인 국민이 적을 증오스럽다고 느낄 때처럼, 사람이 자신의 감정을 세상에 투사하는 경향 또한 있다.[271] 분명히 그런 투사는 때때로 위험하고 빈번하게 편견이 있으나, 그러므로 그것이 부

---

271. 때때로 우리가 그런 왜곡을 조장하는 끔찍한 방식에 대해서는 샘 킨Sam Keen의 『적의 얼굴들Faces of the Enemy』 (Harper & Row, 1986)을 보라.

당하거나 불법적이라고는 할 수 없다. 태도들의 투사가 없다면, 즉, 증오와 분노뿐 아니라 사랑, 존경, 연민이 없다면, 정말로 세상은 어떻게 보일 것인가? 우리가 우리의 태도들을 투사한다는 그 사실이 곧, 이런 투사가 왜곡되거나 틀렸다는 것을 뜻하지 않는다. 그리고 그것은 우리 감정의 "대상"이 우리가 투사하는 그런 태도를 받을 자격이 없다는 것을 뜻하지 않는다. 우리가 그 누구에게도 어떤 충성심을 느끼지 않는다면, 정의 감각을 가진다는 것이 무엇을 의미하는가?

사람들이 기꺼이 자신들의 이익, 자신들의 행복, 혹은 심지어 자신들의 생명까지도 희생하는 것은 충성심(일반 원칙이나 정책에 대한 충성심은 아니다)에 대한 반응으로 그렇게 하는 것이다. 사람은 자신의 자녀를 위해, 혹은 어쩌면 자신의 국가를 위해 죽는다. 그러나 원칙을 위해 죽는 것은 많은 사람들에게 치명적으로 어리석은 경직성inflexibility으로 여겨진다. (심지어 소크라테스도 그러지는 않았다. 그는 자신의 "영혼"을 위해 죽었다.) 충성심은 그런 지역적이고, 구체적이고 개인적인 애착과 정체성을 드러내는 하나의 감정이다. 그런 애착과 정체성을 정의의 추상적인 개념(그리고 그와 더불어 "도덕" 개념)이 놓치는 경향이 있다. 결국 충성심은 구체적인 자아 감각, 가족과 조직, 혹은 다양한 얼굴과 지지의 목소리를 지닌 집단의 구체적 회원 자격을 제공한다. 충성심의 설득과 비교할 때, 이성적 원칙은 실로 가느다란 격려를 제공하고 자기 이익은 그저 애처로워 보인다.

　(심지어 애국심도 포함해서) 집단 충성심이 하나의 편견이고, 동아프리카 부족 간의 갈등과 중동 지역의 호전적 민족주의로부터, 초강대국들의 대결에 이르기까지 세계의 모든 갈등의 원천이라고 주장하는 사람도 있을 것이다. 인종주의는 어떤가? 그것은 결국 자기 가족이나 국가가 아니라 자기의 인종에 대한 또 다른 브랜드의 충성심이 아닌가? 내가 보기에 인종주의는 자기 인종에 대한 자부심보다 다른 사람들에 대한 증오에 훨씬 더 관심이 있고 열등감을 반영하는 것 같다.[272.] 충성심이 미덕이라고 해서 모든 충성심은 똑같은 가치를 지닌다거나, 어떤 충성심은 전혀 미덕이 아니라는 뜻은 아니다. 인종주의는 (백인 우월주의자들이 흔히 주장하듯이) 자기 인종에 대한 충성심이 아니다. 그것은 다른 사람들에 대한, 막무가내식의 증오이다. 여기서 그 차이는 미약해 보이지만, 그럼에도 불구하고 중요하게 다르다. 충성심은 자기가 속한 집단에 대한 애착이지, 다른 집단에 대항하여 대열에 합류하기 위해 한 집단이 만들어 낸 것이 아니다. 그래서 민족주의도 필연적으로 배타적일 수 있고 종종 분열되어 있다. 그러나 경쟁적이거나 적대적이지는 않다. 적대감은 집단 충성심에서 나오는 것이 아니라, 토지의 부족이나 영유권 분쟁 같은 다른 압력으로부터 나온다.

---

272. 장 폴 사르트르는 그의 『반유대주의자와 유대인*Anti-Semite and Jew*』에서 인종차별주의와 편견은 언제나 심각한 자기기만과 비겁함을 드러내는 표면이라고 말한다. 자기 자신의 나쁜 성향을 드러내는 특성과 악덕을 다른 사람들에게 투사한다.

충성심은 또한 단지 그 사례들 가운데 몇몇이 충성심과 관련되어 있다는 이유만으로 비슷한 사례를 다르게 다룰 때 합리화할 비일관성(이것은 "비합리성"과는 다르다)을 설명해 준다. 마이클 왈저는 우리가 어떻게 가족, 집단, 지역사회 내의 모든 구성원을 보편화하고 동등하게 다루면서 이런 다양한 차원에서 동일한 규칙을 적용하지 않는가를 설명하기 위해 "정의의 영역"이라는 개념을 사용한다. (결핍의 시대에 내 가족을 먼저 보살피지만 나는 모든 가족 구성원을 똑같이 대한다.) 도덕과 정의는 본질적으로, 그리고 무엇보다 대인관계이지만 부족 간에도 적용된다. 문제는 아마도 우리가 한 번에 너무 많은 부족의 구성원이라는 점일 것이다.

충성심에는 아마도 규모의 제한도 있는 것 같다. 지구나 "인류"에 대한 충성심은, 그게 아무리 고귀하게 들려도, 전혀 충성심 같아 보이지 않는다. (물론 자주 언급되듯이 다른 행성에서의 침입 가능성도 항상 있다.) 실제로 우리는 거대 국가에 대한 충성도 다소 부자연스럽게 보는데, 애국심이 그렇게 빈번하게 의심을 받는 많은 이유 중 하나이다. 가족 충성심은 물론 완벽하게 타당하다. 의심할 여지 없이 가족은 충성심 개념의 기원이다. 지역사회와 지역의 지도자에 대한 충성심도 마찬가지로 충분히 합당하며 심지어 지역의 야구팀이나 배구팀에 대한 충성심도 내가 보기엔 완벽하게 진실한 것 같다. 종교 집회 같이 대규모나 구체적인 조직도 충성심의 대상으로 완벽하게 타당하다. 그러나 사람들이 충성심에 대해 또 하나의 웅장한 추상적 개념, 정의와 도덕의 통상적인 규범에 대한 거부 혹은 대체물로 이야기하기 시작할 때 나는 매우 예민해진다. "옳건 그르건 내 조국"이라는 말은 충성심의 표현이 아니다. 그것은 참된 충성심을 가지고 있지 않고, 그러므로 방어할 자신들 나름의 명예심도 없는 사람들의 필사적인 도피처일 가능성이 더 많다.

명예는 더 큰 자아의 또 다른 웅장한 감정이고, 급진적 개인주의 사고에서 멸종위기종과 같은 또 다른 감정이다. 우리가 명예라는 용어를 사용할 때 그 말은 보통 "자부심" 내지 심지어 "허영"까지도 의미한다. 그런데 실제로 이 두 개념은 명예와 아주 다르다. (베트남에서 닉슨이 말한 "명예로운 평화"는 "정치적 굴욕을 피하는 것"을 의미했지, "명예로운 일을 하는 것"을 의미하지는 않았다.) 자부심은 극히 개인적인 감정이다. 그것은 (흄이 『인간본성론』에서 주장했듯이) 개인의 성취와 관련이 있고 개인 자아에 주된 초점이 가 있다. 물론 우리가 우리의 자녀들이나 부모님, 혹은 우리가 소속된 팀에 대해 자부심을 느낄 때처럼, 약간 확대된 자아 개념을 통해서도 다른 누군가에 대해 자부심을 느낄 수 있다. 그러나 자부심은 너무 개인적이고 성취에 너무 관심이 많다. 이에 반해 명예는 성취를 전혀 포함하지 않으며(비록 성취가 포함되어 있을 수 있고, 또 빈번하게 포함하지만 말이다), 순전히 개인적인 감정이라 보기가 매우 힘들다(사람들이 자신들의 명예를 옹호하고 있다고 말하면서 명백하게 자신들의 자부심을 돌볼 때 우리는 그런 행동이 어리석을 뿐 아니라 가식적이라고 느끼는 이유는 바로 그 때문이다).

물론 허영은 명예와 훨씬 더 거리가 멀다. 허영은 보통 방어적이고 종종 피상적이다. (자아의 핵심보다 외양의 문제와 더 관련이 있다.) 명예는 무엇보다 소속감, 구성원이라는 의식, 집단 정체성과 분리될 수 없는 자아 감각을 요구한다. 명예는 집단의 기대에 맞춰 사는 것을 포함한다. 이런 기대들이 명예 규범이나 일련의 도덕 규칙으로 명시되어 있든, 혹은 집단의 관행과 목표에 단순히 함축되어 있든지 간에 그러하다. (그러나 우리를 명예롭게 하는 것은 도덕 규칙에 대한 복종이 아니다. 한 집단의 규칙이기 때문에 그 규칙을 따르는 것이다. 이는 매우 비칸트적이다.) 즉, 달리 말해 우리의 명예는 결코 혼자만의 명예가 아니다. 우리가 대표하고 대변하는 것은 집단의 명예이다. 자신의 명예를 지킨다는 것은 필연적으로 집단의 대표로서 명예를 옹호할 것을 수반한다.

(일본과 브라질 같이) 명예 사회가 있다. 그러나 물론 거기서 "명예"라 불리는 것이 자부심일 수도 있다. 이런 혼동은 일반적으로 자기기만일 뿐 아니라 불명예스러운 것으로도 인식된다. 그리고 '마초주의'라고 하는, 남성 명예에 대한 특히 조상 대대로 내려오는 잔인한 감각이 있는데, 이는 몇몇 명예 사회들에 어두운 그림자를 드리운다. (브라질에서 아내들은 간통이 아니라, 단지 복종하지 않거나, 자신의 경력을 시작하려는 욕망이나 새로운 헤어스타일을 하겠다는 욕망을 표현했다고 해서 남편들의 명예에 도전한다는 이유로 종종 맞고, 가끔보다는 더 많은 빈도로 살해된다. 물론 부적절한 성적 행위는 "명예"를 범하는 리스트의 상단을 차

지한다.) 그러나 (다른 모든 감정이나 미덕과 마찬가지로) 명예는 잘못 캐스팅되거나 남용될 수 있지만, 명예를 더 진지하게 다루는 것이 현명할 것이다. 이것이 바로 알래스데어 매킨타이어^{Alasdair MacIntyre}와 찰스 테일러^{Charles Taylor}가 윤리에서 '전통'을 오랫동안 옹호하면서 추구했던 바가 아닐까 생각한다. 그것은 그 속에 개인성에 대한 갖은 위험들을 포함하고 있는, 그런 공동체가 아니라, 원초적이고 공유된 가치와 기대에 대한 감각, 따라야 할 규칙에 불과하기보다 맞추어 살아야 할 어떤 것에 대한 감각이다. 따라서 정의 감각은 명예 감각과 거의 구분되기 어렵다. 왜냐하면 정의의 기준과 기대는 집단의 개념 속에 내장되어 있고, 그런 기준에 부응한다는 것은 정의로운 것을 포함하고 있기 때문이다. 칸트와 롤스의 경우에서처럼, 정의를 위한 것만이 아니라. 그래서 아리스토텔레스는, 일반적 의미에서 정의란 구체적인 덕목이 아니라 모든 덕목들의 총체이고 특히 명예와 동등하다고 생각했다. 좋은 기독교인들은 단순히 좋은 기독교인이 됨으로써 정의의 기준도 또한 충족시킬 것이라고 흔히 믿었고, 나는 그것이 옳다고 생각한다. (그러기 위해 왜 또 다른 이유, 또 다른 특별한 원칙을 필요로 하겠는가?) 충성심처럼, 명예는 특히 철학적인 덕목이 아님을 우리는 알 수 있다. 명예는 비판적으로 이치를 따지지 않고 집단 가치를 수용하는 것, 성찰하지 않는 것, 일종의 종족 감수성을 전제한다. 그러나 이는 명예를 반대하는 주장이 아니다. (물론 어떤 상황에서는 그럴 수 있다. 그러나 항상 성찰적이고 비판적이어야 한다고 생각하는 것은 잘못이다.)

명예심을 집단에 소속되는 것에 의해 규정되는 일련의 개인적 구속이라고 생각해서는 안 된다. "구속"이라는 개념은 집단에 소속되지 않는 사람, 오직 우연히 집단의 일원이 된 사람, 혹은 집단의 일원이었는데 지금은 필사적으로 탈퇴하고 싶어 하는 사람에게 적합하다. 사람의 명예 감각은 자발적으로는 아니라 하더라도 적어도 사적으로 수용 가능한, 자아 감각의 일부이다. 이런 의미에서 명예는 응분의 몫 혹은 성취 감각과 매우 다르지만, 일종의 덕목merit이다. 명예의 맥락에서 덕목은 그가 누구인지, 즉 좋은 지위에 있는 집단의 일원인지와 관련이 있지, 구체적으로 그 사람이 행한 것 (혹은 행하지 않은 것)과 관련이 있지 않다. 그런 행위들이 그 집단의 일원이 되게 하는 것에 속하지 않는 한 말이다. 그러므로 명예심과 자기 존중 사이에는 타고난 친연성이 있다. 자기 존중은 명예 감각에 달려 있고(그 반대 경우는 성립되지 않는다), 그 집단에서의 지위는 자기 존중을 재는 기준이다. 그 집단에서 굴욕감을 느낄 수 있다면 그는 그 구성원이라고 할 수 없다. 그럼에도 불구하고 그는 자기 가치에 대한 견고한 감각을 가지고 있다. 그러므로 대중적 굴욕을 당한 후 그 사람의 주된 목표가 "그것을 극복하는 것"이라는 요즘 생각은 명예 감각(이에 따르면 우리는 단순히 "그것을 극복하지 않는다"고 전제한다)을 불가능하게 만든다. 집단적인 명예 상실의 한 가지 징후는 더 이상 "망한 삶a ruined life" 개념을 믿는 사람이 없는 것 같다는 점이다. 20세기 초반에만 해도 (그리고 많은 소규모 지역사회에서 여전히) 되돌릴 수 없는 명예의 폭력 내지 위반이 있었다. 한편으로 우리는 그냥 다른 도시로 이사 가거나 다시 결혼해서 "새롭게 출발하는" 것이라고 생각한다. 여기에는 자존심self-respect과 자존감self-esteem의 차이가 관련이 있을지 모른다. 자존심은 그 집단의 일원이라는 점에서 오고, 자존감은 그 집단 내 위치의 기능이다. 물론 그 두 가지는 완전하게 분리될 수 없다. 왜냐하면 좋은 위치를 가지지 않은 집단에서 일원이라는 점에 대해 기분 좋기는 거의 힘들기 때문이다.

명예의 반대는 수치이다. 명예는 자존감을 재는 기준이 될 수 있으므로, 수치는 자존감의 반대라고 롤스가 주장했을 때, 그가 완전히 틀린 것은 아니다.[273] 그러나 모든 사회가 명예사회인 것은 아니고, 모든 사람의 자존감이 명예 감각과 연결되어 있는 것도 아니다. 자존감이 아니라 수치는 필연적으로 명예 감각을 전제한다. 롤스에 의하면, 수치는 자신의 잠재력에 맞추어 살지 못 하는 것을 의미하지 않는다. 수치는 그보다 훨씬 더 구체적으로, 우리가 그

---

273. 롤스는 『정의론A Theory of Justice』의 3부, 440-46쪽에서 자존심self-respect에 대해 자세히 논의한다. 그런데 그는 자존심을 자존감self-esteem과 혼동하고 있으며, 명백하게 성취 지향적인 "아리스토텔레스적인" 개념을 옹호한다. 그래서 로버트 노직Robert Nozick도 (『무정부, 국가, 유토피아Anarchy, State, and Utopia』 239-46쪽에서 자존감self-esteem을 성취의 관점에서 분석하고 그것을 시기와 대조시킨다. 그리고 롤스의 개념보다 훨씬 더 경쟁적인 개념을 제시한다("하버드 신드롬"인가?). "스스로에 대해 그냥 괜찮게 느끼는 것" 같은 평범하고 경쟁적이지 않은 것에는 거의 관심을 기울이지 않는다. 자아실현(케임브리지 식의 용어가 아니라 캘리포니아식의 용어)의 이 열풍 한가운데서 연민을 위한 공간이나 정의의 적절한 개념(정의에 대해 유명한 책을 쓰는 것과 대조되는)을 어디서 찾을 수 있을지 의문이 생긴다.

안에서 우리의 정체성을 획득하는 집단의 기준에 맞추어 살지 못하는 것을 의미한다. (한국에서 어떤 학생이 최선을 다했음에도 불구하고 시험에서 세 번째 실패한 후 최근에 자살을 했다. 그는 자기 가족을 실망시켰고 그것이 수치스러웠다.) 성취 지향적인 사회에서, 자신의 잠재력에 맞추지 못 하는 것은 어쩌면 집단의 기준에 맞추어 살지 못 한다는 것과 동등한 것일지도 모른다. 그러나 성취지향적이지 않은 사회에서도, 지킬 수 없는 약속을 했거나 충족할 수 없는 목표를 설정했기 때문에 수치심을 느낄 수 있다. 그러나 개인의 성취와 실패는 명예와 수치에 본질적인 것이 아니며, 종종 관련이 없다. 그보다 우리는 집단에 받아들여질 수 없고, 이런 식으로 자신의 정체성의 본질적인 인식에 상처를 주게 된다. 수치심을 느낀다는 것("창피하다"는 것과는 다르다)은 문자 그대로 자신이 실패했다는 것인데, 자신의 보다 큰 자아, 자기가 속한 집단이나 단체를 포함하고, 동일시하는 자아를 규정하는 집단의 맥락에서 오직 실패했다는 뜻이다.

이런 의미에서 수치는 죄의식과 대조된다. 왜냐하면 명예 중심적이 아닌 우리 사회nonhonor society에서 적절한 태도를 규정하는 것은 수치가 아니라 죄의식이기 때문이다. 수치는 언제는 집단의 맥락에서 규정된다. 죄(즉 죄의식)는 혼자 짊어지는 것이다. 신 앞에서의 개인의 잘못과 관련되어 있을 때, 성경이 주로 죄와 죄의식에 대해 말하는 것은 놀랄 일이 아니다. 죄가 자아에 스며 있지만 다른 사람들, 동료들은 죄의식의 작용에 명확한 역할을 하지 않는다.

우리는 우리 자신의 목표와 기준에 맞추지 못할 때 수치가 아니라 죄의식을 느낀다. 규범을 깨뜨리거나 도덕적 불운을 범했을 때 우리는 부끄러워하지 않고 죄의식을 느낀다. 고립된 개인들에게는 죄의식이 적합하고 수치는 오직 집단 내에서만 가능하다. 죄의식은 개인 영혼이라는 전통적 개념과 정확히 잘 들어맞는다. 수치는 근본적으로 종족의 감정이다. (니체와 가장 유명하게는 프로이트에 의해) 우리 사회에 죄의식이 너무 많다는 언급이 지속되어 왔다. 나는 이것이 아마도 맞지만, 수치심도 충분히 없다고 나는 제안하고 싶다. 실제 오늘날 미국에서 공개적인 굴욕에 대한 "보상"은 두툼한 책 저술과 수익성 있는 공개 출연인 것 같다. 후회도, 사과도, 보복도 없다. 우리는 마땅히 있어야 하는 것보다 더 많은 죄의식을 가져야 할 것이다. 그 이유의 일부는 우리가 명예 혹은 수치를 위한 충분한 공간을 가지고 있지 않다는 것에 있는지도 모른다.

죄의식과 수치심 사이의 다른 비교점들이 있다. 죄는 구체적인 (혹은 기억할 만한) 잘못이 전혀 없는 데 자신의 전체를 다 집어삼킬 수 있는 것으로 악명 높은 반면, 수치심은 일반적으로 어떤 구체적인 (아마도 매우 심각한) 위반을 포함한다. (원죄 개념을 설명할 때 일반적으로 사용되는 아담과 이브 이야기에서 무엇이 활용되든지 간에, "원죄" 개념은 죄의식이 가진 이런 독특한 형이상학적인 특징을 놀랍게도 잘 포착한다.) 이런 구분은 죄라는 말을 감정을 나타내는 말로 사용할 뿐 아니라, 일상적인 용어("잘못한 사람은 그야! 그가 했어. He was the guilty one! He did it")로 사용하고 또 법적 개념("당신은 기소된 대로 유죄입니다. I find you guilty as charged")으로도 사용함으로 인해, 불분명하다. 우리는 잘못했기 때문에 죄의식을 느낄 수 있지만, 꼭 뭔가를 느낄 필요는 없다. (서로 다른 이 세 가지 의미들의 효과적인 활용을 보여 주는 것이 카뮈가 『이방인』에서 뫼르소를 다루는 방식이다. 일상적인 의미에서 그의 죄는 문제의 소지가 있다. 왜냐하면 살인은 거의 그가 한 것이 아니기 때문이다. 그의 법적 유죄 여부는 법정에서 결정된다. 그러나 유죄의 의미가 무엇인지 깨닫게 되고 그런 다음 그것을 극복하는 것이 이야기의 진짜 부분이다.) 그러나 죄의식의 진짜 문제는 뭐라 딱 꼬집어 말할 수 없다는 사실이라기보다(그것이 감정이라는 사실은 더욱 아니다), 그것이 일종의 거리감, 자신에 대한 감각을 미리 전제하고 있다는 사실이고, 이 책에서 내가 부수고 싶어 하는 나의 전체 대상이기도 하다. 이 세상에서 우리가 실패할 때(우리가 빈번하게 실패하는 일은 불가피한 일이다), 우리는 단지 우리의 원칙이 부족한 것이 아니고, 단지 우리 자신의 기대를 저버리는 것이 아니다(우리는 이것에 너무 많은 관심을 둔다). 우리는 서로서로의 기대를 저버리며, 그 나머지 사람들에 의해서만 우리는 궁극적으로 스스로 실패한 것이다. 충실함, 명예심, 그리고 수치심의 잠재력은 우리 감정의 레퍼토리에서 빠져나간, 이전 시대와 이전 사회에만 적합한 이상한 감정인 것만은 아니다. 이 감정들은 우리가 이 점에서 모두 같은 입장임을 인식하는 것과 더불어 시작되는, 저 정의 감각에 본질적인 감정들이다.

결론

나는 절대 군중에 의거해서 생각하지 않는다.
오직 한 사람에 의거해서 생각한다. 수녀들이 엄
청난 일을 하나도 한 게 없다고 누군가 주장할
때, 나는 이렇게 답한다. 오직 한 명의 사람만이
라도 도왔다면 그것으로 충분할 거라고.

『마더 테레사』(1988)

정의에 관한 책을 쓰고 있다고 내가 지인들에게 말하면 "너는 정의
가 있다고 믿니?" 라는 질문을 종종 받았었다. "아직도 산타클로스
를 믿니?"라는 질문까지는 아니더라도, "진정한 사랑이 있다고 믿
는 거야?"라고 물을 때와 같은, 개인적 탐문과 정교한 불신의 어조
였다. 그러나 중요한 문제는 정의의 존재를 "믿는다"는 문제가 아니
라고 나는 답한다. 만약 정의라는 말이 인생은 공평하고 우리는 모
두 우리가 가질 자격이 있는 것을 얻는다는 것을 의미한다면 말이
다. 너무나 많은 비극들이 존재하고, 우리가 눈을 열기만 한다면,
마땅히 가질 "자격이 있는"지 아닌지 알아볼 기회도 결코 얻지 못
하는 수천만의 사람들이 있다. 풍요롭고 방해받지 않는 행복한 세
계에 대한 유사 신학적인 혹은 유토피아적 (어디에도 없는) 환상을

우리는 품고 있지만, 현실이 불시에 밀고 들어온다. 우리는 우리의 정책과 기대를 조심스럽게 고안하고 그것들을 정의 이론으로 발전시켜 나가기까지 하지만, 불가피하게 운명뿐 아니라 성격과 전통의 고집에 부딪히게 되고, 정반대의 방향으로 이동하는 다른 이론들과 충돌한다. 신과 천국과 지옥과 궁극의 사막을 믿든 안 믿든 간에, 정의가 없다는 것은 아는 사람은 아는 이 시대의 감수성이다. 물론 특정하게 주의를 기울여 규정되고 통제된 맥락에서 (예를 들어 게임에서) 정의는 있을 수 있다. 그래서 우리가 그렇게 그 맥락에 광적으로 끌리는 것일 수도 있다. 마치 (정의가 없다는) 그 끔찍한 인식을 반박하거나, 일시적으로나마 어쨌든 그 인식을 가릴 수 있다는 듯이. 그러나 더 큰 그림은 약 50년 전에 알베르트 카뮈가 (덜 읽히긴 하지만) 자주 언급하곤 하던 자신의 저서, 『시시포스의 신화』에서 설명한 것이다. 카뮈는 그것을 "부조리함"이라고 부르는데, 그것은 즉, 세계가 우리의 정당한 요구와 기대에 무관심하다는 이 엄청난 실망감과 분노감이다. 그런데도 우리는 그런 요구와 기대를 포기해서는 안 된다. 카뮈는 이 추구를 때때로 "부조리함을 살아 있게 하는 것"이라고 다소 오해의 여지가 있는 표현으로 옹호한다. 또한 사회심리학자 멜빈 J. 레너^{Melvin J. Lerner}는 중요하지만 궁극적으로는 우울한 최근 연구에서, "정의로운 세계에 대한 믿음"이라는 "근본적인 기만"에 관한 다양한 형태의 자기기만 유형을 분류했다. 그는 우리가 이 믿음을 유지하기 위해 세상을 잘못 인식하거나 재해석하는 방식을 고통스럽게 자세히 제시한다. 그리고 그는 우리가 그렇게 하기 위해, 보상을 받는 사람에게는 보이지 않는 미덕을, 부정의의 피해자에게는 명백한 악행을 부여하는 데 어디까지 나아갈 수 있는지를 상당히 자세히 제시한다.[274.] 카뮈에게 있어서와 마찬가지로 레너에게 있어서도, (그리고 대부분의 내 지인들에게 있어서도) 정의의 존재를 믿는 것은 "기만"이다. 그러니 정의에 관해 쓸 게 뭐가 있겠는가?

"정의란 무엇인가?"라는 고대의 질문을 내가 다시 던지게 만든 것은 바로 그런 냉소주의이다. 이데올로기적 불만이 있는 사람뿐 아니라 가장 예민하고 연민이 많은 사람도 공통으로 가지고 있는 냉소주의 말이다. 정의로운 세상에 대한 믿음이 진짜로 기만이라면, 그렇다면 정의를 포기할 이유가 없다. 그보다는 정의를 재배치할 좋은 이유가 된다. 우리의 기대와 이상이 현실에 맞지 않는다면(누가 이 사실을 부인하겠는가?), 우리가 현실을 왜 비난해야 하는가? 그러나 우리가 우리 자신을 비난해야 하는가? 불가능한 일, 즉 세상을 바로 세우고, 굶주리는 자를 구하고, 모든 면에서 정당한 보상과 처벌을 보장하는 일을 하지 못한 것에 대한 실패 때문에 우리 자신을 비난해서는 분명 안 된다. 그러나 세상의 현실을 가린 것에 대해, "기만"의 인식을 똑같이 비극적인 (아니 어쩌면 더 비극적인) 절망감으로 바꾼 것에 대해 우리는 우리 자신을 비난할 수 있고, 또 마

---

274. Melvin Lerner, *Belief in a Fair World*.

땅히 비난해야 한다. 혹은 궁극적으로 똑같은 것인데, 구체적인 감정의 자리, 구체적인 잘못과 부정의를 바로잡거나 적어도 조정하기 위한 구체적인 행위가 있어야 할 자리에 기만의 새로운 형태, 새로운 합리화, 새로운 추상적 이상을 만들어 낸 것에 대해, 우리는 우리 자신을 비난할 수 있고, 또 마땅히 비난해야 한다. 바로 이런 근거 위에서, 나는 처벌 이론에 대한 추상적이고 고상한 논쟁에 반대하고 복수의 우월한 미덕을 어쩌면 삐딱하게 주장하고 있으며, 철학 이론의 냉료함과 대조되게 연민의 중요성을 아무 양해 없이 주장하고 있다. 내가 이론과 논쟁을 거부하는 것이 아님은 말할 필요도 없다. 그러나 우리의 감정의 감상성과 우리의 실제 행동의 무의미성을 그렇게 부인할 수 없게 된 것은 바로 이론과 논쟁의 높은 평원에서이다. 마르크스가 백 년도 더 전에 (포이어바흐에 맞서) 주장했듯이, 중요한 것은 세계의 끔찍함을 단지 이해하는 것이 아니라, 그것을 변화시키는 것이다. 그러나 마르크스(혹은 그의 명목상의 추종자들이)가 했듯이, 새로운 이론, 새로운 이데올로기, 잔혹성과 유혈에 대한 일련의 새로운 합리화를 활용해서 하는 방식이 아니다. 세상을 바꾸는 방식은 조금씩 조금씩, 관대함에서 나오는 한 작은 행동이 연이어 나와 수천만의 행동으로 쌓여 진정한 세계의 차이를 만들어 내는 방식으로 일어난다. 만약 세상이 정의롭지 않고, 앞으로도 결코 정의롭지 않을 것이라면, 그리고 심지어 우리 중에서 "최선을 다하는" 사람이 거의 없는 것이 사실이라 하더라도, 우리는 적어도 다음과 같은 비난(모두 오늘날 너무나 적절한 비난)들을 받지 않았을 것이다. "지구상에서 가장 부유한 국가의 시민으로서 … 우리는 자원에 대한 선하고 충실한 집사가 되려고 하지 않았다는 것, 그리고 인간 조건의 개선에 우리의 자원을 쓰지 않기로 의도적으로 결정했다"는 비난 말이다.[275] 세상은 정의롭지 않을지 모르나, 우리 자신은 정의로울 수 있으며, 이는 "마음을 열고" "인류를 위해 눈물 흘린다" 같은, 우리가 세속적 지혜 속에서 혐오하도록 배워 온 그 모든 감상적인 진부함을 받아들이는 것으로부터 시작된다. "피 흘리는 심장"이 되는 것은 잘못된 것이 아니며, (이념이 없더라도) 심장을 가진 지식인이나 정치인은 결코 무방비 상태일 수 없다. 결국 그것이야말로 그 놀라운 기관(심장)의 존재 이유이다.[276] 이론적 지도자의 지적 탁월성과 관여되지 않는 사람들의 도덕적 우월성보다, 도덕과 정치에 더 근본적인 감수성이 있다. 그것은 바로 정의에 대한 정념으로, 순진하지도, 단지 감상적인 것만도 아니며, 자연스럽고 세상에 개입하는 감정이며, 이 감정만이 우리의 행운을 옹호해 줄 수 있다.

---

275. Ray Marshall. 카터 대통령 재임 중 노동부 장관.

276. Charles Siebert, "The Rehumanization of the Heart," *Harper's*, Feb., 1990.

옮긴이 후기

감정으로서의 정의론을 위하여

감정, 도덕, 인간성에 대한 깊이 있는 통찰을 제공하는 철학자, 로버트 솔로몬^{Robert C. Solomon}의 이 책은 정의 문제에 대해 냉소적이거나 무관심한 독자들, 혹은 합리화를 통해 외면하는 독자들 앞에, 정의가 우리의 삶에서 왜 중요한지, 그리고 정의가 우리에게 가까이 있는 얼마나 친근한 것인지를 친절하게 알려주는 책이다. 이 책은 플라톤, 소크라테스 등 고대 철학자부터 홉스, 루소, 애덤 스미스, 니체, 카뮈, 사르트르, 롤스 등 근현대 철학자와 사회생물학, 진화생물학에 이르기까지 무수한 논의들을 토대로 하고 있는데도 전혀 어렵지 않게 잘 읽힌다. 긴 책인데도 단숨에 읽을 수 있다.

일찍이 1970년대에 감정에 대한 철학적 사유를 전개하여 감정의 중요성을 설파한 철학자인 솔로몬은, 정의가 이성이 아니라 감정, 감수성이라고 말한다. 솔로몬에 의하면, 정의는 배양되어야 할 감정이지 사회에 부과된 추상적인 원칙이 아니라고 한다. 흔히 정의라고 하면 추상적이고 멀리 있고, 거대하고, 비인격적인 어떤 이상, 익명의 제도, 시스템, 정부가 갖춰야 하는 원칙, 기준이라고 생각하는데 정의는 개인적 관심의 문제이자 덕목의 문제이고 매일의 일상에서 우리가 살아가는 방식이라고 솔로몬은 말한다. 그에 의하면, 정의 개념을 추상적인 이상의 개념으로 고양시키고 정의의 실행을 제도와 시스템의 문제로만 생각하면, 개인의 책임은 사라지게 된다는 것이다. 그는 기존 철학에서 왜곡되고 폄하되어 온 감정을 재평가하면서, 감정에 인식 능력과 판단력, 통찰력이 있으며, 감정은 삶과 이성을 와해시키는 것이 아니라 좋은 삶, 정신의 삶에 있어 중심 요소라고 본다. 그리고 정의는 소크라테스의 통찰과 더불어 시작된 것이 아니라, 기본적 감정의 촉발과 더불어 시작된다고 그는 말한다. 그리고 정의를 촉발시키는 기본 감정에 단순히 연민, 공감, 나눔, 관대함, 돌봄의 감정뿐 아니라, 시기, 질투, 분개, 앙갚음 등 소위 부정적인 감정도 포함시킨다.

솔로몬의 정의 논의는 정의를 감정으로 본다는 점 외에도, 인간성과 '좋은 삶'에 대한 통찰을 포함하고 있다는 점에서 우리에게 시사점을 준다. 그는 우리의 인간성을 이기적이고, 자기 생존에만 관심이 있다거나, 선천적으로 독립적이고 자율적인 존재로 보지 않는다. 그에 의하면 인간은 공동체에서 떨어져서는 단순한 생존은 물론이고 자기 이익이나 자기만족이 불가능한 사회적 존재이다. 우리는 이해관계를 가진 개인이라기보다, 애착과 애정, 사회적 정체성의 관점에서 스스로를 정의하는 사회적 존재이다. 개인의 행복 내지 효용은 우정과 공동체 없이는 의미가 없고 정의는 '함께하는 행복의 추구'이다. 우리는 개인으로서 좋은 삶을 추구한다고 생각하고 싶어 할지 모르나, 사실은 우리가 같이 그것을 추구하고 있다고 그는 말한다. 그런 의미에서 '좋은 삶을 같이 추구하는 것'이 정의라고 그는 말한다.

그에 의하면 이런 삶, 이런 정의를 방해하는 것이 우리의 추상적인 거대 이데올로기이고, 자신의 필요와 자격보다 더 많은 것을 가지려하는 '탐욕'이다. 탐욕에 대한 그의 논의는 무척 흥미로운데, 그는 탐욕을 단지 자본주의 사회가 조장한 병폐로만 보지 않는다. 그는 자본주의 사회뿐 아니라 사회주의나 공산주의 사회도 탐욕에서 자유롭지 않다고 이야기한다. 그가 보기에 현대사회에서 탐욕이 문제적인 것은, 그것이 가진 추상성과 만족을 모르는 끝없는 욕망의 성격이다. 그것은 자신의 진정한 욕망, 진정한 필요, 진짜 기대와는 아무 상관이 없으며, 더 많은 것을 향한 만족을 모르는 의미 없는 욕망이라고 솔로몬은 말한다. 탐욕은 목표가 없고, 자제나 만족을 모르기 때문에 영원히 좌절감을 주고, 그렇기 때문에 탐욕을 가진 사람들은 덜 가진 사람에 대한 공감을 느끼기 힘들고, 자신들은 냉소주의에 빠지기 쉽다. 그런 의미에서 정의는 자신에 대한 '합리적인 기대'와 더불어 시작되고 '추상적인 탐욕'을 제거하는 것이 그 첫 목표 중 하나라고 솔로몬은 말한다. 그 점에서 우리 대부분의 경우, 정의의 반대는 불의라기보다 탐욕이라고 솔로몬은 말하는데, 우리 시대의 감정을 뼈아프게 지적하는 부분이라고 생각한다.

솔로몬의 정의 논의에서 인상적인 또 다른 부분은, 정의를 단일한 이상, 통일된 개념으로 보지 않고, 여러 모순과 갈등을 내포한 복합적인 감각이라고 보는 부분이다. 공평하고 전적으로 공정하게 적용할 수 있는 훌륭한 판단의 절차를 우리에게 제공해 주는 단일한 이상, 통일된 개념으로서의 정의는 없다는 게 솔로몬의 생각이다. 그에 의하면 정의란 다양한 여러 차원에 놓여 있는 구체적인 불의들을 교정하는 것이다. 그런데 여러 차원들이 교차하고, 두 개의 불의한 상황이 정반대의 해결책들을 요구한다면, 정의는 단순한 결정 과정이 아니라 협상의 문제가 되기도 한다. 이렇게 볼 때 정의 감각은 모든 사회적 상황에 적용될 수 있는 단일한 감정이나 감수성이 아니라, 문맥에 따라 다양하고 정교한 판단 형식이 필요한, 복합적이고 종종 상충하기도 하는 감정들이다. 개별적 차이와 다양성의 맥락을 고려하여 정교한 판단을 할 수 있는 정의 감각은 함양되어야 할 자질이다.

솔로몬의 이 책은, 불공평한 문제들이 산재해 있는, 있는 그대로의 세상과 정의에 의거해 우리가 품고 기대하는 세상의 간극에서 오는 실망을 피하기 위해 과도하게 이론을 추상화하거나, 현실을 합리화하고 무관심하거나 냉소적이 되어서는 안 된다고 우리에게 간곡하게 말한다. 우리가 처한 현실에서, 조금씩, 작은 변화들을 추구하면서 작은 정의들을 추구해야 한다고 솔로몬은 말한다. 구체적인 잘못과 부정의를 바로잡거나, 혹은 적어도 조정하기 위한 구체적인 행동을 우리가 해야 한다고 그는 촉구한다. 그에 의하면 세계의 변화는 새로운 이론, 새로운 이데올로기, 새로운 합리화가 아니라, "관대함에서 나오는 한 작은 행동이 연이어 나와 수천만의 행동으로 쌓여 진정한 세계의 차이를 만들어내는 방식"으로 일어나기 때문이다.

결국 이 책을 관통하는 솔로몬의 문제의식은, 우리 시대의 사람들이 정의를 불가능한 것으로 여기고 정의를 단념하거나 외면하거나 합리화하면서 타인의 존재 상황과 고통에 대해 무감하고 자신의 성공, 명예, 칭찬만을 끝도 없이 축적하려고 하는 것은 결코 잘 사는 삶이 아니라는 것이다. 그에 의하면, 정의로운 것, 다른 사람의 행복을 염려하는 것은 우리 자신의 욕망을 충족시키는 것만큼이나 잘 사는 삶의 일부이다. 그리하여 정의는 우리 자아의 본질적인 일부이면서, 우리가 좋은 삶을 살기 위해서는 반드시 필요한 감수성이고 오직 행함으로써 키워지는 감수성이다. 우연히도 성경에 나오는 가장 현명한 왕인 솔로몬과 같은 이름을 가진 저자의 이런 통찰력 있는 논의를 통해, 우리의 정의 감수성이 키워진다면 두꺼운 원서를 가지고 씨름한 번역자의 노력이 보답 받을 것 같다.

마지막으로 여러 예기치 못한 우연한 일들과 필연적으로 해내야 하는 일들로 인해 자꾸 지연되었던 번역 일정을 무한한 인내와 공감으로 지원해 준 오도스 출판사의 김하늘 편집장에게 감사의 마음을 전한다.

정의라는 감정에 대하여

발행일 초판 1쇄 발행 2023년 11월 28일 | **지은이** 로버트 C. 솔로몬 | **옮긴이** 김영미 |
펴낸이 최현선 | **펴낸곳** 오도스 | **주소** 경기도 시흥시 배곧4로 32-28, 206호(그랜드프라자) |
전화 070-7818-4108 | **이메일** odospub@daum.net

odos 마음을 살리는 책의 길, 오도스